中国社会科学院　学者文选

侯外庐集

中国社会科学院科研局组织编选

中国社会科学出版社

图书在版编目（CIP）数据

侯外庐集／中国社会科学院科研局组织编选. —北京：中国社会
科学出版社，2001.7（2018.8 重印）
（中国社会科学院学者文选）
ISBN 978－7－5004－2968－5

Ⅰ.①侯…　Ⅱ.①中…　Ⅲ.①侯外庐—文集②社会科学—文集
Ⅳ.①C53

中国版本图书馆 CIP 数据核字（2001）第 022905 号

出 版 人　赵剑英
责任编辑　周兴泉
责任校对　李小冰
责任印制　王　超

出　　版　中国社会科学出版社
社　　址　北京鼓楼西大街甲 158 号
邮　　编　100720
网　　址　http：//www.csspw.cn
发 行 部　010－84083685
门 市 部　010－84029450
经　　销　新华书店及其他书店

印刷装订　北京市十月印刷有限公司
版　　次　2001 年 7 月第 1 版
印　　次　2018 年 8 月第 2 次印刷

开　　本　880×1230　1/32
印　　张　14.625
字　　数　347 千字
定　　价　79.00 元

出 版 说 明

　　一、《中国社会科学院学者文选》是根据李铁映院长的倡议和院务会议的决定，由科研局组织编选的大型学术性丛书。它的出版，旨在积累本院学者的重要学术成果，展示他们具有代表性的学术成就。

　　二、《文选》的作者都是中国社会科学院具有正高级专业技术职称的资深专家、学者。他们在长期的学术生涯中，对于人文社会科学的发展作出了贡献。

　　三、《文选》中所收学术论文，以作者在社科院工作期间的作品为主，同时也兼顾了作者在院外工作期间的代表作；对少数在建国前成名的学者，文章选收的时间范围更宽。

中国社会科学院

科研局

1999 年 11 月 14 日

目　录

编 者 的 话

侯外庐（1903—1987）是我国著名的马克思主义历史学家，原中国科学院哲学社会科学部委员、历史研究所所长、一级研究员，第一、二、三、五届全国人民代表大会代表，第六届全国政协委员、常委委员。

侯外庐先生在青年时代结识了李大钊，在其引导下开始信仰马克思主义，并把学习、研究和宣传马克思主义作为毕生的事业。他研究马克思主义理论是从翻译马克思的《资本论》开始的。为了读到《资本论》的德文本和法文译本，他于1927年赴法国留学，从事《资本论》的中译本工作；其间，经成仿吾、章伯韬介绍加入中国共产党。1930年回国后，他历任哈尔滨法政大学、北京大学和北京师范大学教授，并继续从事《资本论》中译本工作，于1936年出版了我国最早的《资本论》第一卷全译本。至1938年，他已经完成了《资本论》第二、三卷绝大部分的译稿，并与重庆生活书店签订了出版合同；旋，因故中止。为时十年的《资本论》中译本工作奠定了他对马克思主义的信仰；同时，也使他得以掌握马克思主义的科学方法论。这无论是对他的政治观点和学术观点的形成都产生了深刻的影响。

马克思主义与中国历史研究相结合滥觞于本世纪20年代初，由李大钊发其端；而马克思主义的中国历史科学的创立，严格地说，是始于30年代初，而以郭沫若的《中国古代社会研究》一书出版为其标志。受到郭老此书的启迪和鼓舞，侯先生产生了一种愿望，决心研究中国历史各经济发展阶段与政治思想、学术思想的关系。而当时正在开展的中国社会史论战，又使他更关注于中国古代社会性质的讨论和亚细亚生产方式理论的研究。他于1934年出版了《中国古代社会与老子》一书，1939年发表了《社会史导论》一文。这是侯先生转向史学研究的重要标志。从此，他确立了社会史与思想史相结合的学术研究方向。

侯外庐先生既是一位著名的学者，更是一名党在思想理论战线上的忠诚战士。他一生的研究工作总是与中国革命的实践、与党的学术文化事业的发展紧密联系在一起的。1932年，他因在北平的大学讲堂上"宣传与三民主义不相容之主义"而与许德珩、马哲民等教授被捕入狱，时称"许侯马事件"。抗日战争爆发后，他积极投入抗日救亡的宣传工作，宣传党的抗日政策，先后出版了《抗日民族统一战线论》和《抗战建国论》等著作。1938年以后，他在重庆主编《中苏文化》，使该刊成为国统区宣传马克思主义、宣传苏联社会主义和宣传党的抗日主张的重要思想理论阵地。1941年"皖南事变"后，他遵照周恩来的指示，把工作重点转到学术研究方面，专门从事中国社会史和思想史的研究，先后出版了《中国古代社会史论》、《中国古代思想学说史》和《中国近世思想学说史》等著作。侯先生的上述著作始终坚持用马克思主义的理论和方法研究中国古代史和思想史，有针对性地批判了当时历史研究领域中形形色色的反马克思主义观点，为马克思主义与中国历史研究相结合，促进马克思主义的中国化做出了开拓性的贡献。抗战胜利后，他于1946年到上海，受生活书店的委托，与杜国庠、赵纪彬等学者为《新中国大学丛书》编撰多卷本的《中国思想通史》，至1951年，已经完成了该书的第一、二、三卷的编撰和出版。

建国伊始，侯外庐先生积极参加新政协的筹备工作，出席第一届全国政治协商会议。新中国成立后，他历任中央人民政府政务院文化教育委员会委员、北京师范大学历史系主任、北京大学教授、西北大学校长等职，积极投身于新中国文化教育事业的创建工作。1954年以后，他调任中国科学院历史研究所担任学术领导工作，直至1987年逝世。三十多年来，他为历史研究所的学科建设、组织建设和队伍建设，为新中国历史科学的繁荣和发展做出了重要的贡献。他亲手创建了全国第一个研究中国思想史的学术机构，主编《中国思想通史》第四卷（隋唐宋元明部分），修订《中国思想通史》第一、二、三、五卷，至1960年，终于完成了我国第一部用马克思主义观点系统总结几千年历史思想遗产的多卷本的通史体中国思想史专著。与此同时，他还从事中国封建社会史研究，探索中国封建制的产生、形成及其发展规律和中国封建土地所有制形式及其特点等重大历史理论问题，从而引起了历史学界广泛、热烈的讨论，推进了中国封建社会史研究的深入开展。

"文化大革命"期间，侯外庐先生受到残酷迫害，身患重病，虽身处逆境，但仍时刻为中国历史科学的前途命运担忧。1973年恢复工作后，他主编了《中国近代哲学史》。"文化大革命"结束后不久，他主编了《中国思想史纲》。1981年，他又与邱汉生、张岂之一起主编《宋明理学史》，历时六年，终于完成了建国以来第一部系统研究宋明理学发展史、具有开创性的学术专著。他还应三联书店之约，在助手的协助下，撰写了个人回忆录——《韧的追求》。由于他在中国近代学术思想发展史上所处的重要地位，因此，回忆录的出版为我们了解本世纪前 80 年、特别是本世纪前半叶我国思想文化战线的状况提供了许多有价值的历史资料；同时，也为他一生的坎坷龙程做了很好的总结。人们将会从这位学者兼战士为其理想和信念而不懈奋斗的一生中得到有益的启示。

侯外庐先生的学术成就是多方面的，而最重要的是在中国社会史和思想史的研究领域。这些成就最突出的特点是：始终坚持从中国的历史实际出发，把马克思主义的理论和方法创造性地运用于中国社会史和思想史的研究，从而形成了独具特色的中国社会史和思想史的学术体系。

首先，他运用马克思主义关于亚细亚生产方式的理论分析中国古代社会，指出它与"古典的古代"一样，同属于奴隶制社会而又具有"亚细亚的古代"的"早熟"性的特点，而其所走的是"人惟求旧，器惟求新"的维新路线。

其次，他运用马克思主义关于封建主义生产关系的普遍原理结合中国封建制社会的历史实际，研究中国封建制的产生、形成及其发展规律，指出中国自秦汉以来封建制社会专制帝王的土地所有制是中央专制主义的经济基础，严格区分封建土地所有权、占有权和使用权的界限，肯定中国封建制社会后期资本主义萌芽的存在及其向近代社会转变的难产性。

第三，他运用历史唯物论的基本理论对我国几千年的历史思想遗产进行科学的总结，始终坚持如下原则：

一是按照中国社会史的发展阶段论述各社会阶段的思想发展；

二是坚持社会史和思想史相结合的方法，着重说明经济基础与上层建筑、意识形态之间的辩证关系；

三是紧密联系实际，坚持马克思主义的革命批判精神，驳斥中国思想史研究领域中的反马克思主义观点，分清学术理论是非；

四是学贵自得，重在开拓创新，努力发掘中国思想史上的唯物主义和反正宗的"异端"思想的优良传统；

五是实事求是，注重实证，从史料的实际出发，严加考订，辨别真伪，注意掌握原始资料，不发空泛不实之论。

侯外庐先生著作宏富。本文集仅从他的《中国封建社会史论》和《侯外庐史学论文选集》中选取 14 篇，按内容分类，成社会史篇和思想史篇。每篇又按总论和分论分成两组，每组论文按发表时间先后为序。限于篇幅，入选诸篇仍不能反映侯外庐先生学术思想的全貌，有挂一漏万之嫌。敬祈专家、学者不吝赐正。

本文集中有关马克思、恩格斯、列宁原著的引文，或是侯先生的早年自译，或是根据 40 年代或 50 年代初的译本，与最近的译本相比，虽意思基本一致，但语句的表述仍有很大不同。为尊重侯先生文章的原有风格，包括习惯用语，也为了保持其文章内容的前后连贯性，除少数引文改为最近译本外，多数引文仍旧，仅在注中标明"参看"最近译本字样，特此说明。

卢钟锋

2000 年 3 月 9 日

社会史篇

关于亚细亚生产方式之研究与商榷*

一、亚细亚生产方式论争中各派的意见

研究历史，首先需要知道生产方式，根据特定的生产方式来

---

* 本文原题为《我对于"亚细亚生产方法"之答案与世界历史家商榷》，初刊于《中华论坛》第一卷第七、八期合刊（1945年8月）。文前有作者一段《附记》，全文于下：

作者对于亚细亚生产方法这一问题，从苏联学者论战以来，就列在我的研究课程表之中。十余年来，这个恼人的问题无时不在材料继续提供之下，思索又思索，考核又考核，一方面是理论原则的材料整理，他方面是原则引用于东方古代史上的决疑说明，阙一不可能解答这一问题。这正是一种博古通今的课题，谈何容易。我初步寻求出答案来是在战前一年，但并不敢贸然把自己的"理论延长工作"贡献出来，和世界学者商榷。就在我写《中国古代社会史论》的时候，虽然大体上根据自己的研究，说明中国古代史的发展规律，而并没有从原则上全盘地拿出来。因此就有几位朋友或面询或函问我为什么保留系统的说明呢？其实我亦不安。此文是我在两年半以前，用了一个月工夫写出来，更兴奋的是在我写完时，又发现了理论大师的遗著（按：指马克思《前资本主义生产形态》，现收入1979年人民出版社出版的《马克思恩格斯全集》第46卷上册，第470—498页，题目改为《资本主义生产以前的各种形式》——本书编者），佐证了我的假定。然而，我慎重着，率不发表到如今。其间我把此稿送交过几位朋友预先征求批评，但都没有否定的商榷，故初稿写竟，在此二年多的时间，我也没有修改过。现因《中华论坛》编者再三敦促，重读一遍，决意把它发表，深望爱好历史理论的专家给我以严正的批评。

1943年1月定稿
1945年6月附记

此文后经作者修改，编入其所著《中国古代社会史论》第一章，题为《亚细亚古代社会规律的研究》。本文按该书1963年第2版排印，题目是遵照作者本人的意见改的。

区别某一社会的经济构成（或经济形态），因为生产方式决定社会的性质。生产方式对于人类历史的发展规律的关系，和种差对于生物的发展规律的关系是相类似的。

所谓生产方式，在马克思《资本论》全书一百多条的论述中，是指"特殊的生产资料和特殊的劳动者之间的结合关系"（切不要误解为技术）。在这里，我们要研究的是：什么叫做亚细亚生产方式？世界学者对这个问题至今还没有解决，据过去的讨论和论战，大致有以下几种不同的意见：

（一）认为亚细亚生产方式是东方史里一种独特的社会构成，由于东方社会的地理条件，便在东方、西方历史之间划出了一个分水岭。这是马扎尔、哥金、巴巴扬等人的主张。

（二）认为它是世界历史发展中的一般的社会构成。把它当作一种假设或空白看待，以为在马克思的时代研究还没有成熟；实质上它却是封建构成。这是哥德斯、波卡纳夫等人的主张。

（三）认为它是东方奴隶社会的构成，是世界历史发展中一般的社会构成的变种。这是柯瓦列夫等人的主张。

（四）认为它虽是一种社会构成，但只是历史发展上的一种过渡形态或混同形态，处在农村公社到古代奴隶社会的转化过程中。这是雷哈德等人的主张。

关于以上的论争，苏联学者间曾经展开了热烈的论战，《关于亚细亚生产方式》一书就是这个论战的概况。问题虽然没有解决，但确实到了接近解决的时候了。这个问题的讨论曾经扩展到日本的论坛，一时颇为热闹，这里面引人注意的是早川二郎所主张的"贡纳论"。他的论断的详细内容载在他著的《古代社会史》里面，这里只把他的结论介绍一下。

早川二郎所根据的是《政治经济学批判》中"以贡纳为主的征服者"，"征服者使被征服者氏族之旧日生产方式仍然继续，而单以获得贡物为满足"。他说：

> 我们看到贡纳制之存在与氏族制之保存，其间具有必然的关联，即只有氏族制度从而亦即种族内的同血统意识之保存，才能有效地制止异族向征服者的公社内渗入和同化，制止征服者公社成员向异族地方散住，因而使社会之发展不移向古典奴隶制，而移向种族奴隶制或贡纳制。

早川二郎认为这是东方古代的特殊性，东方进入文明社会的路径，和雅典进入文明社会的路径相距甚远，却和斯巴达相近，所以他又说：

> 一般言之，贡纳制之成立，常有因此种制度之压力而使征服者共同体内社会对立不复表面化（并非使之不发展）的场合。例如在斯巴达方面，情形虽稍有不同，但国有奴隶制之发展，即曾使共同体内之贵族与自由民的抗争，最少未如雅典那样地表面化。

照上面所说，他又好像说"贡纳制"也是一般的，所以他引《资本论》"在文化之初期时代，作为相互对立的单位的，不是个人而是家族氏族等等"来做证明。

主要的问题是："贡纳制"是不是一种社会构成呢？他的答复是否定的。他说：

> 所谓"贡纳制"者，乃氏族制时代到奴隶所有者社会经济构成的过渡期。不待说，它并非若何独立的社会经济构成。在生产方式上说，这里只能看到共同体制与初期家内奴隶制之混合。此外别无可述。……亚细亚生产方式，也不是一个独立的社会经济构成。

这样，在形式上的论断，早川二郎是和雷哈德的过渡期论相似，不过他特别强调"贡纳"制度罢了，因此，他的贡献和缺点也和雷哈德相当。

著者在 1931 年这个问题提出讨论的时候开始研究，经过了十来年的探求，觉得有把我的研究结果发表的必要，因为如果不把这个问题弄清楚，就不能研究中国古代社会的性质。

二、亚细亚生产方式究竟是什么？

上面关于这个问题的论争的介绍，我们所注意的是后来居上的几个学者。首先我们要问社会发展的序列是什么？亚细亚生产方式是过渡期呢？还是一个特种的"构成"（formation）呢？

第一，根据著者的研究，社会发展的序列，在马克思、恩格斯的著作中不一定只是像《政治经济学批判·序言》中所指"亚细亚的、古典的、封建的、近代的"。例如在马克思遗稿①中，就有如下的说明：

> 古典古代的历史，这是城市的历史，但同时是以土地财产和农民为基础的城市的历史；亚细亚的历史，这是一种城市和农村不可分割的统一体（在这里，大城市只能看作王公的营垒，看作在真正意义上只是经济制度的赘疣）；在中世纪（日耳曼时代），农村本身是历史的出发点，它的进一步发展，后来进入城市和乡村对立的形态；晚近的历史，这是城市关系渗进乡村，而不像在古代，乡村关系渗进城市。

以上遗稿列举的次序和《政治经济学批判·序言》有些不同，"亚细亚的"在序言里列在"古典的"之前，这里却列在"古典的"之后，所以"亚细亚的"是可以随意排列在"古典的"前面或后面，两者的意义是相当的。

---

① 马克思遗稿，指《前资本主义生产形态》，改用日知译文，《文史哲》1953 年第 1 期。（下同）——编者

这里虽然没有提出生产方式，但就"历史"说来，却是相当于最基本的社会经济构成的阶段。因为《资本论》第一卷第十二章说：

> 一切发达了的，并且以商品交换为媒介的分业，是以城市与农村的分离为基础。我们可以说，社会的全部经济史，是总括于这种对立的运动之中。①

《家庭、私有制和国家的起源》也说：

> 文明使一切已确立的分业加强而剧增，尤其是更激成了城市与农村的对立。这里，或者如古代，城市握有农村的经济支配，或者反之，有如中世纪，农村握有城市的经济支配。

在《政治经济学批判·序言》里说："大体说来，亚细亚的、古典的、封建的及近代资产阶级的诸生产方式，可区别为社会经济构成之累进的诸时代。"或者像在《导论》里倒转过来说："这样，资产阶级经济学，在自我批判……开始以后，才达到对封建的、古典的及东方社会之理解。"

然而，《资本论》把亚细亚的生产方式和古典的生产方式，明显地在一个题目下面放在同等的序列：

> 在古亚细亚的、古希腊罗马的等等生产方式内，生产物到商品的转化过程，从而，人的商品生产者资格，只起着次要的作用。②

这样，对亚细亚的和古典的生产方式，都是用一个特征把它们放在一个共同的范畴里，把两种观念放在同一的"古代"范围里面。这引起我们严重的注意。并且，这也可以使我们明白：上面马克思的遗稿的序列何以能够把亚细亚生产方式移置在古典的

---

① 参看《资本论》第1卷，人民出版社1963年第2版，第424页。（下同）
② 同上书，第62—63页。

生产方式之后。

最明显的问题，是《政治经济学批判·序言》中的各种生产方式没有一种是阶级社会之前的东西，因为《政治经济学批判·序言》说它们是对抗形态，成为历史的"序幕"。至于社会主义社会却是历史"序幕"以后的社会。这样看来，哥德斯的"假设论"实在是断章取义。但是这里有一个严重的问题：亚细亚生产方式是不是"过渡期"，像雷哈德和早川二郎所说的呢？如果是过渡期，为什么马克思在他的著作里可以掉换古典的和亚细亚的前后的位置呢？如果像他们所说，亚细亚的生产方式不是社会的经济构成，为什么又有区别时代和指明时代的特别阶段，像上面引文所讲的呢？

只就形式上来看，这也是讲不通的理论吧！下面，我们更要就内容上来研究一下所谓过渡、所谓氏族公社的解体过程。

在马克思、恩格斯著作里过渡期的农村公社的存在，是历史上一般的规律，这里有着氏族解体过程的二元性，一方面表现在私人占有土地和共有土地不相容，他方面表现在血缘基础的社会和地域基础的社会不相容。从社会各家庭的分裂到个人成员间的分裂，从单纯种族间的分业到社会内部的分业，渐渐产生了城市和农村的第一次分裂。在希腊英雄时代和罗马王政时代，都有过这样的过渡期。这在《资本论》中曾说："奴隶经济，不指家长式的奴隶经济，乃指后期希腊、罗马时代的奴隶经济。"[1] 家长式的经济，就是解体过程的最后阶段。所以，过渡期是一切文明社会的共同阶段，不是东方社会所特有的东西。《家庭、私有制和国家的起源》说明得更详细。因此，把过渡期当作东方社会的特别路径，或者把它当作全体历史的代表路径，都是没有根据的。因为，

———————————
　① 参看《资本论》第3卷，第771页。

如果照前者说来，那末过渡期为什么在西方不显著呢？事实上，马克思、恩格斯的著作里却有很多的说明。如果照后者说来，那末为什么过渡期以东方为代表呢？但是事实上，它的特别路径却是西方所没有的。在著者看来，过渡期的说法，固然比"空白论"进步，但是实在讲来，还是一种神秘的假定，那就是说成什么都可以，同时说成什么也都不可以。没有法子，只好把它叫做过渡期，或者叫做"混合"吧！这里，便要求我们说明社会发展史进入文明社会的路径了。

著者研究的结果，与其说东方过渡期的特征比西方过渡期的特征更显著，毋宁说，相反地，西方有显明的过渡期的英雄时代和王政时代的前期社会，东方恰恰没有这个截然分异的过渡期。因为各个社会的路径不同，只有小土地所有形态才是奴隶社会支配的典型形态。马克思说：

> 这种自耕农的自由的小土地所有形态，当做支配的通例的形态，在"古典的古代"最繁荣时期，形成社会的经济基础。①

"古典的古代"的路径，并不是惟一的路径，这古典的典型，严格讲来，只有希腊。所以《政治经济学批判·导论》中说："有发育不良的小孩，也有早熟的小孩。在古代氏族中，属于这种范畴者甚多；惟希腊人为发育正常的小孩。"

我们现在且不问谁是"早熟的小孩"，只就上面所指的各式文明"小孩"来说，不但没有谁是"过渡的"意思，反而明白地说是一种"范畴"。

据《家庭、私有制和国家的起源》的分析，古代西方文明的路径，有希腊式的、罗马式的、日耳曼式的三种，这里首先要知

---

① 参看《资本论》第3卷，人民出版社1966年第2版，第1053页。

道的，后两种就是发育不良的，但是大体上三者都依照了相同的历史过程前进，都是首先经过氏族公社的农耕制（过渡），然后转变成为"把土地分作各个小块"，成为小土地所有者的制度，最后，由于贵族和小生产者之间的斗争，在债权者对债务者的关系之下，使小生产者没落，因而形成古典社会的大土地所有制。另外有别的路径，就是由公社分配给各家族，所谓"在公社或国家是土地所有者的那种东方国家里，土人的言语中，甚至没有'土地所有者'这样的字。"①

所以，西方到文明社会的方式，是"旧的公社的土地所有权，已经破坏，或至少以前的公社耕种制已经让位给各家族单位分种小块土地的制度。"② 这便是《资本论》第3卷中所指的"自由的土地私有权的法律概念，在古代世界，只有发生于有机社会秩序之分解时代"。东方却不然，"土地所有者，可以是代表公社的个人，在亚洲、在埃及地方就是如此"。"奴隶是用他人所有的生产条件来劳动，不是独立的。所以这里必须具备人身的隶属关系，必须在某种程度之内没有个人的自由，必须当做土地的附属物，而不能和土地离开，那就必须是最严格的隶农。假设奴隶不是隶属于土地私有者，却像亚细亚一样，隶属于既为土地所有者又为主权者的国家，地租和税就会合并在一起的。在这种情形之下，政治上和经济上的隶属关系，就是国家的臣属关系。在这里，国王是最高的地主。这里，主权就是全国的累积的土地所有权。在这里，没有土地私有权，不过对于土地有私人的和共同的占有权和使用权罢了。"③

---

① 参看《反杜林论》，人民出版社1956年第1版，第181页。
② 参看《反杜林论》，第185页。
③ 参看《资本论》第3卷，第1032页。

因此，氏族公社的个别权力者，转化成为国家，或者转化成为主人，是有不同的情形。所以说："这种主人适应于各种情形，或转化而为东方的王公诸侯，或转化而为希腊的氏族王公或克勒特氏族的酋长等。"①

这里，首先要问的是"转化"的特殊条件，在希腊虽然有向王公的转化（如英雄时代），但是"土地差不多是完全由独立农民耕种的，显贵的氏族王公所有的较大邑地，是种例外，且很快就消灭了。"② 然而在东方，土地向王侯所有权的转化，却是通例，而且也难以消灭。所以像希腊古代王公的特权，是过渡的，是氏族公社解体过程中的暂时形态；然而它在东方国家，便不是过渡，非但不是过渡，而且它通过了古代社会，并没有消灭；非但如此，它在后来东方封建社会还是用家谱的形式保存到近世。所以《资本论》说：

> 太古的狭小的印度公社，一部分，还存在到现在。它们是以土地的共有，农业与手工业的直接结合……为基础。③

> 这些公社不断地用同一的形态再生产出来，并且在偶而被毁灭的时候，用同一的名义、在同一的地方，再树立起来。这种简单的生产有机体，解释了亚细亚各社会的不变性的秘密：为什么亚细亚诸国家不断的兴亡和王朝时常的变动，但与此相反，亚细亚的社会却没有变化。社会的基本经济要素的构造，决不受政治上的风云的影响。④

因此，不论在印度、埃及、希腊、罗马、日耳曼都有它们自己的过渡期，重要的是马克思在《资本论》里所说的"从各种不

---

① 参看《反杜林论》，第185页。
② 同上书，第80页。
③ 参看《资本论》第1卷，第430页。
④ 同上书，第432页。

同的原始共有财产的形式发生出来的各种不同的解体形式。"尤其在所谓"热带地方，河川沼泽的管理，最后还有宗教的职能"的解体形式更加特殊些。在这一点，《资本论》说明了亚细亚国家的国有土地之后便接着说：

> 由直接生产者榨取无偿剩余劳动的特殊的经济形态，决定支配和隶属的关系。它是直接由生产发生，但反过来，在生产上却发生决定的作用。由生产关系发生的经济共同体的全部构成，以及它的政治姿态，就是在这个基础上建立起来的。生产条件所有者与直接生产者的关系（这种关系依照当时的形态，自然会与一定的劳动方式的发展阶段与社会劳动生产力的发展阶段相适应），把全社会的构成，君臣关系的政治形态，简言之，当时特殊国家形态内部的秘密和隐藏着的基础，显示出来。然而，同一的（在主要条件上说是同一的）经济基础，仍然可以由无数种互相不同的实际的情况，例如自然条件、外来的历史影响等等，在现象上显示出无穷尽的变异和差别来。不分析这种实际上所产生的情况，是不能理解这一点的。[①]

这是多么明白的指示！它把具体的路径的地位有力地分析清楚了。在具体的历史上，复杂的实际情况是有所谓"混同"的形态，然而，我们如果把"混同"认做"过渡"，那便显然有悖于科学的分析。《资本论》又说：

> 第一是各种地租形态的混同。这些形态是与社会生产过程各发展阶段相照应。不管是哪种特殊的地租形态，它的一切类型总有一个共同点：地租的占有，是采取这种经济形态，土地所有权就是在这种经济形态上实现它自己的，但地租又

---

① 参看《资本论》第3卷，第1032—1033页。

以土地所有权的存在为条件……土地所有者，可以是代表公社的个人，在亚洲、在埃及等地方就是如此。这土地所有权也可以单是某人对某人（直接生产者）享有主人权利这一事实的附属条件，例如在奴隶制度和农奴制度下就是如此。①

主要是研究这一点：生产条件的所有者和直接生产者的关系（这里的关系就是指的生产方式）把全社会的构成显示出来。不管形态怎样的混合，这里既然指明亚细亚的生产方式把社会构成显示出来，"构成"便显然是存在的，这就不必要说成它是过渡了。因为"土地所有形态，和一定的生产方式的其他一切所有形态一样，它的合理的论据，是生产方式本身。"②

因此，氏族公社的解体过程和到文明世界的路径是多样的，即使是在同一的经济形态上也有各种现象上的差别。问题是在分析那些具体路径顺着什么轨道运行，像《反杜林论》中所举的"应当别论"的一些问题。

我们知道，上面所说的埃及也好，亚洲也好，由公社的解体过程所产生的特殊的国家，又像马克思所讲的"收取贡纳的国家"，或"东方专制君主的国家"，显然不是看它们的分配所得形态或政治形态所能了解的，它们背后的秘密仍然是"生产方式本身"。这样的国家形成，在历史上所走的路程是前行的，比希腊、罗马的历史差不多早了一千年，因此我们可以说有几点具体的特点：

（一）在历史的发展中，亚细亚的生产方式所支配的古代东方社会构成，比"古典的古代"早走了若干世纪（近年来苏联学者特定为早期的原始奴隶制）。

---

① 参看《资本论》第3卷，第828页。
② 同上书，第812页。

（二）这种前行史是不是说它的"构成"是一种特殊构成，是在古典的、封建的、近代的三种构成以外，是东方专有的"构成"呢？我的答复是否定的。

（三）然而它究竟是什么呢？我的答复是，因为它的具体的实际的情况，如热带、河流、黄土地带，四周种族繁荣林立、宗教等等，形成了一个范畴，那便是"早熟的"文明"小孩"。

（四）这是不是像柯瓦列夫的"变种"理论呢？不是的。古代文明的路径有好多种，它不过是各种路径里面的一种具体路径罢了。这里，让我们来仔细研究一下为什么用"古典的"这个名词。所谓古典的只代表通例形态的希腊、罗马古代。除了"古典的"之外，还有非古典的形态，所以说有"古典的古代"、"亚细亚的古代"。分析起来便是这样：$\left.\begin{array}{l}\text{亚细亚的}\\\text{古典的}\end{array}\right\}$古代。例如说：

> 这种自耕农民自由的小土地所有制，当作支配的通例形态，一方面在"古典的古代"最繁荣时期，形成社会的经济基础；在另一方面，又在近代诸国，当作封建土地所有权解体所引起的各种形态的一种。英格兰的"尧曼里"（自耕农民），瑞典的农民阶级，法兰西和西部日耳曼的农民，都属于这一类。在这里，我们没有说明殖民地，因为在殖民地，独立农民是在别一种条件之下发展的。[①]

这样看来，不论在古代、在近代，都有个别的情况，在"古典的古代"以外显然有亚细亚的古代，在通例的近代以外，也显然有殖民地（甚至像帝俄那样）。

因此，亚细亚的生产方式实在是"古代"的一种路径。这不是著者闭门造车。我们拿马克思、恩格斯著作中常见的词语，像

---

① 参看《资本论》第3卷，第1053页。

"古代东方"，"从古代印度到爱尔兰"，或者像上文所说"古代亚细亚"等看来，觉得并没有曲解。马克思甚至在《德意志意识形态》中还说："第二个形态，即古代的公社财产及国家财产。这是多数种族因特殊契约或征服关系集中于城市而产生的，在这种场合，奴隶制度依然存在。"

（五）然而为什么没有在别的社会构成中指出特别的路径，只是指出了"古代"的两种并立的路径呢？答复这个问题，除了要仔细研究一下上面的引文为什么特举古代而外，我们还须知道，在各个历史发展的阶段，都有着具体的历史路径。马克思主义教导我们要对这样的不同路径作具体的分析。其实，我们在封建社会的发生过程中，同样可以看出各种路径，按照恩格斯所说的，这些路径，像佛兰克王国、东哥德和罗马的结合、撒克逊王国等，这其中的典型是佛兰克王国。所以，上面《前资本主义生产形态》引文关于中世纪的历史是在以农村本身为历史的出发点的说明里面，特别注明了"日耳曼时代"。同样的，我们研究古代文明的发生，在"古典的古代"而外，也就不能不着眼于亚细亚的古代。

由此，我们就知道，为什么"古典的"和"亚细亚的"位置序列可以随便前后安置，为什么"亚细亚的"和"古典的"生产方式可以在古代"生产物的商品转化，扮演着从属角色"这一论题之下一并说明，又为什么在《反杜林论》里特别说明"从印度到爱尔兰"古代文明路径的不同。

（六）不论哪一个"古代"都有过渡阶段，却不是某一个古代代表过渡期。它们都是由于土地所有形态的转化，成为文明国家。照马克思、恩格斯著作所说的，古代东方国家的发生是采取了国家所有土地的路径，一开始便是大土地所有制，这不能不说是"早熟"。在土地国有制之下的技术条件，铁还没有出现便进行"千耦其耘"的劳动力使用制。换言之，在青铜器时代便进到文明社会，不但是早熟，而且在历史上也的确先行了一个时期。这并不是合理与不合理的区别，种差和变种的区别，却是像《反杜林论》所指出的，一个多少着重在传习的力量（例如治水），一个是分期变革的。前者是"东方的古代"，后者是"古典的古代"。后者在土地制度上由小生产再变化成为大生产的情况是这样：

> 小土地所有制，创造出了一个半身处在社会外面的野蛮阶级，他们不但未曾脱离原始社会形态的粗野情形，而且还要忍受一切文明国家的痛苦和穷困。大土地所有制，则在农村（那是劳动力的自然能力所赖以收容的最后场所，在那里，它是当做国民生活力更新的准备基金贮藏着）把这种劳动力根本破坏。①（按：《家庭、私有制和国家的起源》中所说，这种破坏，后来便产生了作为农奴的过渡形态——隶农制。）

亚细亚的生产方式所支配的路径便不同了。《反杜林论》里说，东方的王侯也好，希腊的王公也好，都有他们由公共职能转化的理由，除了对外战争之外，便是公共职能由于传习更加独立起来，不过在希腊，王公土地所有的邑地是例外，不久便消灭，在东方却得到合法性的发展。为了明白这一传习的作用，我们再引《资本论》来作为参考：

> 在原始的未发达的状态下（这种社会生产关系及其相适应的生产方式，就是用这个状态作基础的），传习必定有极重要的作用。又很明白，在这里和在其他各处一样，社会支配者的利害关系，要使现状当成法律，并由习惯和传习使一定的限制当作法律的限制，固定下来。……只要当作现存状态基础不断的再生产，以及与现存状态相照应的关系之不断的再生产，一经在时间的推进中，采得调节的支配形态，这个

---

① 参看《资本论》第3卷，第1062页。

结果就会发生出来的。并且这种调节与支配，也是每一种生产方式不可缺少的要素，如果它要取得社会的稳定性，而脱却它的偶然性或无定性，换言之，生产方式要取得社会的稳定性，相对地脱却它的偶然性或无定性，只有取得这个形态，才能做到。但是在生产过程中以及它相应的社会关系陷在停滞状态中时，要取得这个形态，只有凭同一生产方式单纯的反复的再生产。假使它是长期的继续下去的，它就会当作习惯和传习固定下来，最后，也当作成文的法律神圣化起来。①

"维新"的历史，更是这样，但也的确像上引文所说："这种发展，还要依存于环境的利益，生来的种族性质等等。"②

因此，据著者的研究，古代东方国家走进文明的路径，依存于这些传习等等，再把它固定化起来。这个转变可以叫做"古代的维新制度"，亚细亚生产方式就是这样地支配社会的构成。

照以上所讲的东方古代路径的特点看来，灌溉、热带等自然环境是亚细亚古代"早熟"的自然条件，氏族公社的保留以及转化成为土地所有者的氏族王侯（古称"公族"），是它的"维新"的路径，土地国有没有私有地域化的所有形态，是它的因袭的传习，征服了周围部落的俘获，是它的家族奴隶劳动力的源泉。生产方式的本义既然是特殊的劳动力和特殊的生产资料的结合关系，所以亚细亚生产方式便是：

土地氏族国有的生产资料和家族奴隶的劳动力二者间的结合关系，这个关系支配着东方古代的社会构成，它和"古典的古代"是同一个历史阶段的两种不同路径。

亚细亚生产方式的第一要素土地所有形态，上面已经说明了，

---

① 参看《资本论》第3卷，第1035—1036页。
② 同上。

现在再讨论一下另外一个要素——劳动力。照恩格斯说，古代东方是家内奴隶制，但是这里却要明白，所谓家内的并非指不事生产的仆役，而是指家族的集团，例如《家庭、私有制和国家的起源》说：

> 他们并未达到完全的奴隶制——既非古代的劳动奴隶制，又非东方的家内奴隶制。

上面两个社会既然都是完全的奴隶制，那末两者都不过是路径问题罢了。所以《自然辩证法》说：

> 在东方，家族奴隶制是特殊的，即是，在这里，奴隶不是直接地形成的基础，而仅是间接的氏族的成员。

根据中国古文献，这是很适合的。族人分赐的制度，正是集团的氏族奴隶制，它的单位不是个人，是所谓"家室"。

还有，我们也应当了解什么叫做"城市和农村不可分割的统一体"，"大城市只能看作王公的营垒，看作在真正意义上只是经济制度的赘疣"。

在"古典的古代"，是这样的："文明使一切已经确立的分业加强、增剧，尤其是更激成了城市和农村的树立……如古代，都市握有农村的经济支配。"[①]"城市使氏族制趋于没落，代之而兴的是以地域为单位的国民。"[②]

亚细亚的古代的趋向却不一样，氏族遗制保存在文明社会里。两种氏族纽带约束着私有制的发展，不但土地是国有形态（公室贵族的所有以及世室贵族的"公社"所有），生产者也是国有形态（和希腊略为不同的是，奴隶买卖不常见）。在上的氏族贵族掌握着城市，在下的氏族奴隶住在农村，两种氏族纽带结成一种密切

---

① 参看《家庭、私有制和国家的起源》，人民出版社1956年第1版，第159页。
② 同上书，第110页。

的关系，却不容易和土地连结，这样形成了城市和农村特殊的统一。此外，在奴隶之外，生产者也有公社之下的自由农民，他们的地位是很低的。由于氏族纽带的约束，所以诸侯营垒的大城市形成经济制度的赘疣。土地既然不能变成私有，地域单位就很难成立，这样城市的基础实在是不稳固，动不动便要迁移，像中国古代的"迁国"。

亚细亚生产方式既然是古代的社会构成，为什么在马克思、恩格斯著作里又把公社制度引申到东方封建呢？例如《资本论》说：

> 单纯的协业的效果，在古代亚细亚人、埃及人、埃特罗斯克人等的巨大建筑物中显著地表现出来。……亚细亚的或埃及的君主或埃特罗斯克的教主的这种权力，在近世社会中转移于资本家了。①

同样地，《资本论》中还说到，印度的公社，在英国殖民地政策伸进印度之后，才开始破坏。这一点，是和"马克"保存在日耳曼，"米尔"保存在俄国同样，不过亚细亚的保存古制更加浓厚一些罢了。例如《资本论》说：

> 在古代土地共有制过渡到独立自耕农以后，这种共有制的遗迹，还在波兰和罗马尼亚等处保留下来。这种遗迹，在此等国家成了借口，来完成向低级地租形态的转移。②

中国后来的郡县制度，也是把氏族公社的单位保存下来，产生了中世纪乡党族居的自耕农制。早川二郎的"贡纳论"并无精彩之处，但是它对于中古亚细亚的封建的说明却可供参考：

> 由于未成熟（不如说早熟），遂使公社的土地所有形态，

---

① 参看《资本论》第 1 卷，第 400 页。
② 参看《资本论》第 3 卷，第 1048 页。

通过奴隶所有者的构成之全时期而能不被奴隶制度所破坏，（何谓全时期，早川没有说明）得以延续残存于封建制度之下。更因为公社土地所有形态之残存，使公社内不致树立（西方的）农奴制度。[①]

所以，"不管政治上如何有繁多的风云"，公社的生活，却始终停滞下来；不管"亚细亚诸国之不断的盛衰兴亡与王朝更迭"，公社却始终保障了农业与手工业的结合，把社会束缚在"限定了的小天地"之内，时常照同一方式再生产出来，像蜘蛛做网一样。这里已经牵涉到东方社会的中古不变性的问题，应在中国中古社会史里去详细讨论。

最后，我们关于亚细亚生产方式，大体上已经有了明晰的概念，这即是它所支配的社会构成是"早熟"和"维新"的古代东方国家。它和"古典的"虽然出现有先后，但是在本质上却属于同一类型，只是路径有些差别。

如果我们用"家族、私产、国家"三项来做文明路径的指标，那末，"古典的古代"是从家族到私产再到国家，国家代替了家族；"亚细亚的古代"是由家族到国家，国家混合在家族里面，叫做"社稷"。因此，前者是新陈代谢，新的冲破了旧的，这是革命的路线；后者却是新陈纠葛，旧的拖住了新的，这是维新的路线。前者是人惟求新，器亦求新；后者却是"人惟求旧，器惟求新"。前者是市民的世界，后者是君子的世界。我们如果依据马克思所说亚里士多德的"人是政治的动物"的命题，指人是城市的动物，把"人类"这个概念抽象化做"市民"，那末，和亚里士多德有同样伟大学者地位的荀子的"人之道即君子之道"的命题："人域[国]是，士君子也，民也"。这里《荀子·礼论》篇便把"人类"

---

① 早川二郎：《古代社会史》，第118—119页。

这个概念抽象化做"国中君子"。

以上是关于亚细亚生产方式的新意见，著者做了引申论的尝试，然而还需要做进一步讨论。

三、关于亚细亚古代的马克思主义文献

亚细亚生产方式这个名词，在刊物上时常有人提出疑问，也有人提出解答，但是解答还是不够令人满意。各国学者在这一问题上已经作过的讨论固然值得我们参考，可是我们还应当努力研究。

各国学者的研究，占上风的是后起的奴隶社会变种论和走向文明的过渡论。这两种说法，著者仔细研究之后，觉得都难成立。著者从马克思主义经典文献里所得到的指示，认为古典的和亚细亚的是两种"路径"，因为"古典的"就是"古典的古代"，亚细亚的就是"东方的古代"，实在说来两者是古代的平列体系。在《政治经济学批判·导论》中，亚细亚的是指的"早熟"的文明"小孩"；古典的是指的"发育正常"的文明"小孩"。

从亚细亚的保留公社以及氏族国有土地看来，在古代文明社会是一种"维新"路线。如果说生产方式是特殊的劳动者和特殊的生产资料的结合关系，东方古代的生产资料便是土地国有形态，劳动者便是通过家族单位间接地成为生产的基础，像《自然辩证法》中所说的那样（见前引文）。

因此，我们要研究古典的和亚细亚的具体路径，像《反杜林论》所区别的"从印度到爱尔兰"，东方与西方相异的形态。关于这个问题，著者在上面已经做了一个系统的研究，供学者参考，现在再把著者最早知道的马克思遗稿《前资本主义生产形态》一段话录在下面：

古典古代的历史，这是城市的历史，但同时是以土地财产和农民为基础的城市的历史；亚细亚的历史，这是一种城市和乡村不可分割的统一体（在这里，大城市只能看作王公的营垒，看作在真正意义上只是经济制度的赘疣）；在中世纪（日耳曼时代），乡村本身是历史的出发点，它的进一步发展，后来进入城市和乡村对立的形态；晚近的历史，这是城市关系渗进乡村，而不像在古代，乡村关系渗进城市。

这里应注意的是：（一）亚细亚历史排在古典的古代历史之后，可见过渡论是讲不通的；（二）亚细亚城市的特殊性质；（三）古代是城市支配农村，中世纪封建是农村支配城市（《家庭、私有制和国家的起源》也有详细的论述，见上引文）。

马克思遗稿《前资本主义生产形态》，是著者在做出以上结论之后（约在 1943 年）才发现的。其中说的三种生产形态，即"东方的、古典的、日耳曼的"，这和恩格斯平列"希腊的、罗马的、日耳曼的"三种路径，是相同的。这篇遗稿，在作者所见到的关于古代理论的马克思、恩格斯文献中，是最详明、最长篇的资料。

这篇遗稿极为珍贵，其中讲的东方的、古典的生产形态（严格说，即是指奴隶社会），经过仔细研究之后，不但它的论断的深刻令我惊奇，而且使我假定的亚细亚生产方式的判断，得到确实的佐证。下面是这篇文章里我们应当注意的几点：

（一）这篇遗稿把东方的、古典的私有形态平列。而且，它对于东方的和古典的两种形态的同点和异点有详细说明，比较对照之处比别的文献都显著。因此，我们可确定地知道，亚细亚的（或东方的）和古典的生产方式，是一个古代社会"构成"范畴之下的两种财产起源的路径，那些所谓"变种论"和"过渡论"显然是误解。

（二）关于亚细亚的和古典的在"古代"的相同之点，这篇文章所说（参看第一段）和上面所论的大同小异；关于二者的异点可以用下面这句话来总括："财产的第二种（古典的）形态——它也正像第一种（东方的），同样的产生了（它自己的）地方的、历史的等等本质上的多样性——是更为有变动、更为具有历史性生活的产物，是原始部落之命运注定的及其曾经变态的产物……在这里，各个人的财产本身绝不是像在第一种形态那样……是常由自然路径成熟的。"可见古典的古代"由自然路径成熟"，正是所谓"发育正常的小孩"与"早熟的小孩"的东方形态和路径是有区别的。后者正是指的温室的生长路径，是由于像前面所引《反杜林论》说的热带和黄土地带的灌溉等自然环境所生长起来的。

（三）关于二者的具体路径显示了怎样的不同呢？那篇遗稿里已经有了概括的分析和比较，现在为了更容易了解起见，把重要的论点列述于下：

1. 城市和农村的分裂关系——在亚细亚古代的形态之下，城市和农村虽然是同时形成的，但城市地位的特殊性，表现在对外族的贸易，表现在宗族的政治所在地（像所谓"宗子维城"）格外重要，所以可以时常"迁国"，在古典的古代形态之下，城市已经创造起作为土地所有者的中心，农村成了城市的领土，这便是由氏族单位到地域单位的转变史。

2. 私有关系——在第一种形态之下，像马克思遗稿所说"土地是伟大的实验室"，所有的关系是国有土地，即是文中所谓"作为最高的所有者或惟一的所有者而出现"，所以法律上似乎是没有私产，所得形态是"贡献等等的形态"。在第二种形态之下，个人的私有土地和国有土地划分开来，"一个人的财产直接地不是公社的财产"，这样便和第一种形态区别开来，这种个人财产地域化的发展，使土地私有的条件更加成熟，因而有法律上的平等观念，梭伦变法是划时代的代表作。所以，亚细亚的形态，由于迁移破坏了"由自然路径成熟的"部落特性，古典的形态便由于地域化助长了"由自然路径成熟的"过程，即是私有土地形态的路径（梭伦变法和中国"初税亩"在同一年代，当公元前594年）。

3. 劳动过程的占有关系——在东方古代的形态之下，真正由劳动过程的占有方面起着重要作用的是灌溉和交通，在这样的场合，氏族首长的传统便延续下来，也即是所谓对于公社的保留。在古典的古代形态之下，因为土地的私有占领，新的劳动条件使个人的能力更加发展，土地私有制度便使分工更加扩张起来。

这两个"古代"路径，都是由公社的过渡生长起来，但是第一种是和公社密切结合，第二种却在后来把公社的氏族躯壳完全冲破。文献中所讲古典的形态中公社和个人私有的相依存以及相冲突的关系，便是指路径中的生成过程。个人和劳动者的主观观念和自然前提，是指小生产者。因为在希腊，最初出现的是小生产的私有者，后来才产生了大土地所有者，并且渐渐把小生产者并吞。以下的一段是马克思遗稿对比亚细亚和古典的一段的译文，省略了三种古代形态中的日耳曼路径（着重点是我加的——庐）：

在这两种形态里，个人并不把自己当作劳动者，而当作所有者或同时也在劳动着的集团（Gemeinwesens）的成员。价值的创造不是这种劳动的目的——虽则他们也可能花费剩余劳动，以便替自己换取别人的［劳动］，亦即剩余生产品——而保证各个所有者及其家族乃至全部公社的生存，才是它的目的。个人之转变为名副其实的劳动者这回事，本身属于历史发展的产物。

首先，自然形成的集团：家族和扩展为部落的家族，或许多以自相通婚来结合的家族，或部落的联合（Kombination），便是这种土地所有制之第一形态的第一个前提。因为我们可以设想，游牧，以及一般从一地到另一地的移徙，这便是一种生活方式的第一形态，在这种生活方式下，部落不是定着地安居于固定的地方，而是移动着，利用它所遇到的牧场——人类并非天生定居的（只有在特殊肥沃的自然环境里，他们才有可能像猴子一般坐在一棵树上——他们通常像野兽一样游荡着）——所以部落的共同体，即天然的团体，不是作为集体占有（暂时的）和土地利用的结果而出现，而是作为其前提而出现。既然人类终归要变成定居的，那末这种原始的共同体就要视种种外界的（气候的、地理的、物理的等等）条件乃至人类的天性（他们的部落特征）而在若干程度上有所改变。自然形成的部落的共同体，或适当地说，群体，是人类占有他们生活以及此种生活所因而重演且有实体形态的活动（如牧人、猎人、农人等等的活动）之客观条件的第一前提（血统、语言、道德等等的共同性）。土地——这是伟大的实验室，是既供给劳动资料又供给劳动材料的兵工厂，又是移民的地盘，集团的基础。人类很素朴天真地对待土地如同对待集团的而且是在活的劳动中生产和再生产自己之集团的财产。每一单个的人只是作为（集团）之一环，作为这个集团之一成员而出现——他是所有者或占有者。经由劳动过程的实际占有，是在一些前提之下发生的，那些前提本身不是劳动的产物，而是劳动之自然的或神授的前提。这种形态本身可能实现为十分不同的样式，而其基础则有同样的最基本的关系［亦即集体的土地所有制］。例如，下述情形与这种形态毫不矛盾，如在大多数基本的亚细亚的形态里面，高居这一切小集团之上的结合的统一体，作为最高的所有者或惟一的所有者而出现，而因此实际的公社却不过作为承袭的占有者而出现。因为这个统一体是集体财产之真正的所有者与真正的前提，所以它本身可以是一种特殊的、站在这许多实际的各个集团之上的东西，由是在这些集团里边，每一单个的人，事实上已被剥夺了财产，或者说，在这些集团里边，由于当作这许多集团之父而体现为专制君主的结合的统一体，通过各个人所属的公社而赋予各个人，所以各个人在无机自然界中所发现的他的主观上物体的财产（也就是说，各个人之对待劳动和再生产之自然条件，如同对待归他所有的，对待客观的条件一样），对于他只是间接的。剩余的生产品，虽则在法律上被确认为经由劳动而实际占有的后果，但不用说仍属于这个最高的统一体。所以说，在东方专制主义的条件下，以及在专制主义之下似乎并无财产的条件下，事实上作为专制主义基础的这种大部分在小公社范围内由手工业和农业相结合所产生的部落的或公社的财产，是存在的，因此之故，这样的公社变成完全能够独立存在，而且本身包含有所有再生产和扩大生产的条件。公社之一部分的剩余劳动，属于最终成为一人形式的最高集团，而这种剩余劳动即表现为贡赋等等的形态，又表现为用以赞扬统一体———一部分是现实的专制君主，一部分是想象的部落存在，也就是神———之劳动的集体形态。此类公社的财产，既然它实际上就在劳动中被实现了，便可能或则这样的表现，即小公社彼此独立生长，而在每一公社的内部，个别的人则与其家族独立地在分配给他的一份土地上劳动。（从一方面说，这是为着积蓄公共储藏品的一定劳动，例如为着保险，为着支付集团本身的费用，也就是为着战争、祭祀之类；领主的支配［即财产的处理］，在其最原始的意义上，在这里首先遇到，例如在斯拉夫的公社，在罗马尼亚的公社，等等。在这里为过渡到劳役制等等奠立了基础。）或则这样的表现，即统一体可能就在劳动的过程中扩展为能够产生整个制度的共同体，如在墨西哥，特别是在秘鲁，在古代克勒特人中，在印度的一些部落中。其次，在部落制度内部的共同体，更有可能表现为或则结合的统一体由部落家族的首长之一人所代表，或则由各家族的父之相互联系而成为结合的统一体。与此相应，这种社会的形态也就成为或则较为专制的，或则较为民主的。属于全体而以劳动实际占有的条件，如在亚细亚各民族中起着非常重要作用的灌溉河渠，如交通工具等等，在这情形之下，是最高统一体亦即高居各小公社之上的专制政府手里的事。在这里，与这些农村并列的城市，就其真正的意义而言，其形成只有在特别适宜于对外贸易的地方；或则在国家首长及其长官当使用劳动换取收入（剩余生产品）时开支这种作为劳动基金之收入的地方。

　　［财产的］第二种形态——它也正像第一种，同样的产生了地方的、历史的等等本质上的多样性——是更为有变动、更为具有历史性生活的产物，是原始部落之命运注定的及其曾经变态的产物，它也是以集团（Gemeimwesen）作为第一个前提，但又不同于第一种的情形，当第一种情形时，集团就是本体，而个人只不过是本体的偶然因素，或只是纯由自然形成的本体的组成部分；这个第二种形态不以土地场面作为自己的基础，而是以早已构成农民（土地所有者）居住地（中心地点）的城市为其基础。在这里，耕地是城市的领土；乡村不是等于土地之简单的附属物。土地的耕作，土地的实际占有，无论有什么困难，而土地本身绝不妨碍于把土地看做有生命的个人之无机的自然界，看做他的工场，看做劳动资料、劳动对象和主观的生活资料。公社所遭遇的困难，只

是由于或则其他公社先已占领了土地，或则其他公社在这公社所占领的土地内来骚扰它。所以战争成为那样重要的公共任务，那样重大的公共工作，它或则要求占领生存的客观条件，或则要求保护并永久保持这种占领。这就是为什么包括家族的公社一开始就按军事来组织，好像军事的或军队的组织一样，并且这样的组织，也就成为公社以所有者资格而存在的条件之一。住宅之集中于城市，是这种战斗组织的基础。部落制度本身便引起高级氏族和低级氏族的区分——而这种差别因胜利者与被征服部落之混合等等就更加发展。作为国有财产的亦即公有地的公社财产，在这里和私有财产分开。在这里，各个人的财产本身绝不是像在第一种形态那样的成为公社的财产，因为在第一种情形时，各个人的财产并不是与公社分开的个人财产，而只不过是这种人的占有。事实上只能被集体劳动（例如东方的灌溉制度便是这样）所利用的各个人的财产愈少，那末历史的运动，由一地到另一地的转移，对于纯由自然形成的部落特征所加的破坏，就愈有决定的意义；部落愈是离开自己原始的住地而占领别人的土地，因而堕入十分新的劳动条件里，而每一个人的活力得到更大的发展（部落一般特色之向外表现得越加显著，像否定的统一体一样，而且必定要这样表现），那么使得各个人成为土地的——特殊份地的——私有者而他和他的家族得以单独耕作土地的条件，也就更为具备了。公社（像国家一样）在一方面是这些自由和平等的私有者间之相互关系，是他们对抗外间世界的结合；同时，公社也是他们的保障。在这里，公社制度之奠立在劳动的土地所有者即份地农民之为公社成员一事上，亦犹奠立在另一事上，即份地农民的独立，系以他们彼此间作为公社成员的相互关系、系以共同使用公有地的保证以及共同的光荣等等，而获得保障。公社成员身份在这里仍然是土地占有的前提，但作为公社成员，每一个人又是私有者。当对待自己的私有财产犹如对待土地之时，他同时也就是对待这种私有财产犹如对待自己在公社中成员身份的基础，而保持此种基础，犹如保持公社的成员一样，恰也正是保持公社的存在，反之亦然。公社于是乎发生了虽则它在这里早已不仅事实上是历史发展的产物，且亦被这样的认识，因为公社在这里是土地财产的前提，也就是说，是劳动主观对待劳动之自然前提，犹如对待归其所有的一种前提，所以这种属于劳动主观的所有物是间接的，而这种所有物之所以是间接的，系由于劳动主观乃国家之一成员，所以是间接的，系由于国家的存在，因之也是由于被认为神授的等等的前提。在城市集中，城市的领土包括周围的农村地带；有了为直接消费而工作的小农经济，有了作为妇女家庭副业（纺与织）的工业（Manufaktur），或作为只在各独立生产部门（Fabri［手工业者］等等）单独经营的工业。在组成集团之自由的和独立保证自己生存的农民间平等的保持，以及作为他们持续存在条件的应有的劳动，便是集团继续存在的前提。他们以所有者资格来对待劳动的自然条件；但这些条件还必须由个人以其本身的亦即本身劳动的条件和客观因素来亲自劳动而经常有效地加以巩固。从另一方面说，这种小军事集团的倾向却又把个人挤出这些范围等等之外（罗马、希腊、犹太等等）。尼布尔说："当占卜者的预言使诺玛相信神许其当选的时候，虔敬的国王所首先关心的不是关于神庙里的礼拜，而是关于人类。把罗慕路以武器获得并经其许可住民的土地分割之后，诺玛便创立了境界神的祀典。所有古代的立法者，而首先是摩西，都把为着保持善行、公正和美德的自己法令的成就建立在土地所有制的基础之上，或者说，至少都是建立在为最大多数公民保证继承土地所有权这一基础之上的。"①个人被处在这样获得生活资料的条件里，是以获得并非他的目标，而是自己生存的独立保证，作为公社成员的自己再生产，作为耕地所有者因而作为公社成员的自己再生产，才是他的目标。公社的持续存在便是全体公社成员作为独立保证自己生存的农民之再生产，农民的剩余时间则属于公社所有，属于战争劳动等等。自己劳动的财产因劳动条件的财产亦即耕地的财产而成为间接的，就财产方面说，因公社之存在而得保障，但就公社方面说，则因公社成员之在兵役等形态中的剩余劳动而得保障。公社成员不是在创造财富的劳动中以合作来再生产自己，而是在为了保证联盟内外安全之集团利益（想象的和现实的）的劳动中以合作来再生产自己。财产，这是罗马公民的财产，罗马的财产；只有作为罗马人，才是这样的土地私有者，而作为罗马人，他一定是土地私有者。

四、东方文明与西方文明起源之差别性

根据马克思遗稿的明确理论，我们更知道亚细亚的与古典的异同所在，不容许对东方古代社会作出什么"空白"的谬论，且让我们再以马克思、恩格斯的著作来证明吧。

文明是与国家的成立相抱相育、相资相助。世界史皆然，中国古代也不能例外。

在西洋古希腊罗马社会，国家和氏族制度之间有严密的痕迹把两者区别开来。"国家和氏族制度区别的所在，第一是在于它由

---

① 《罗马史》第1卷，第245页。

领土以区别国民，因我们已经见到，团结氏族团体的血族关系之旧纽带，为了他们依靠如今不复成为事实的条件——即全体氏族须住在一定领土之上——故已变成没有效力。领土还是一样，但人类已有变动。……这个按照地域的住民组织，是一切国家的共同特色。"①

按照地域单位来生活的文明社会，有它的特征："一方面是固定了当做社会分业基础之城市与农村间永远的对立，他方面是发生了财产所有者在死后尚得处分他的财产的遗言制。这种制度是直接给古氏族以打击，且在希腊梭伦时代以前所未曾知道的。"②

所以，文明的新特征，除了当时直接生产者是由氏族成员分化出来之外，便是财产所有关系。因此，区别文明社会的要素，"第一是财富，第二是财富，第三还是财富。……野蛮人间，如我们所见，几乎是没有权利与义务之差别的，但文明却使这两者的差别变成非常显明。"③ 这里主要指的是：分业，农村和城市的分裂，权利和义务的差别，生产者和所有者的分离。

我们认为，上面恩格斯的著述，是指的一般的路径。国家创造了公共的强制权力，使文明国家的法律神圣地位，代替了氏族祖先崇拜的神圣地位，所以说，"文明时代最有势力的王侯及最大的政治家或将军也许要艳羡那最平凡的氏族长所独特得之于自发的无可争执的尊敬，因为氏族首长是在社会以内，而他们却被迫得占居一个在社会之外又在其上的地位。"④

但古代文明路径在一般的规律性里，还包含了特殊的规律性，这在西洋社会就有三种实例：

---

① 参看《家庭、私有制和国家的起源》，第163—164页。
② 同上书，第169页。
③ 同上书，第170页。
④ 同上书，第165页。

第一，雅典所代表的最纯粹形态。在这里，国家是直接地而且主要地从氏族社会内部发展所造成的分裂而产生的。

第二，罗马的路径。在这里，氏族制度在许多站在外部只有义务而无权利的平民之中，成为独享的贵族主义。平民胜利当然冲破了旧氏族秩序，并且在它的废墟上建立起国家；但不久，氏族的贵族和平民都在国家之中同归于尽。

第三，日耳曼的路径。在征服罗马帝国的日耳曼人中，国家的发生，直接由于非氏族制度所能支配的对庞大的外国领土的征服，但这种征服，既不一定要和旧住民发生激烈的战争，也不一定引起进步的分业。因为征服者和被征服者双方经济的发展阶段差不多一样，所以社会的经济基础可以依旧不变。氏族制度也由此得以在数百年间，用"马克"的公社形态，保存不变，甚至在后世的贵族家族或在农民家系中还保存着。

以上依据《家庭、私有制和国家的起源》归纳的三种路径，是古代的西洋的实例。就欧洲和东方的路径特殊点来看，著者以为又可分作两种，就是：

> 在历史开始时，土地所有者，是氏族的或农村的公社，他们经营着公社的农业，从印度到爱尔兰，绝大面积的土地的耕种，最初都是由这种氏族和农村公社来进行的。在工作上，或是以公社力量共同耕种［第一种］，或是把农地分作各个小块，由公社分配给各家［第二种］。①

所谓从印度到爱尔兰，正指从东方到西方，东方是第一种为主，西方却是第二种为主。因为同书下文接着说："在公社和国家是土地所有者的那种东方国家里，土人的言语中，甚至没有'土地所有者'这样的字。……只有土耳其人在其征服的国家里，才

---

① 参看《反杜林论》，第180页。

首次推行类似地主封建制度的东西。在希腊英雄时代，已经划分成许多等级，这种等级是以前长久的、我们所不知道的历史底显然结果。在这里，土地差不多完全是由独立农民耕种的，显贵的氏族的王公所有的较大邑地，是种例外，且很快就消灭了。意大利（指罗马时代）之所以成为沃壤，主要是由于农民的劳动，当罗马共和国末期，巨大的地产所谓 latifundia，排斥小农而代以奴隶的时候，它们同时亦以畜牧代替了农业。"①

可见西方古代主要是走的第二种路径，东方古代的路径却是氏族保有大部分的土地，显然是土地国有制。文明社会的发生，据恩格斯所指示，是依照两种方法进行的，一种是公共职务的传统，一种是部落间的冲突。至于东西文明发生的路径，却各有不同：

在每个这样的公社，最初就存在着共同的利益，他们不得不将保护此种利益的责任，在共同监督之下，委诸个别人身上。这些责任，有如：解决争端，制止个人方面的违犯规则；看守水源，特别是在热带地方，河川沼泽的管理；最后，还有宗教的职能等等。这些职务，都存在于任何时代的原始公社，譬如日耳曼的"马克"里。在印度，直到现在，还有这种情形。这样的职务，显然被赋予了一定的权力，以便利于其工作，这种权力便是国家的萌芽。生产力逐渐发展起来，人口密度的增加，在各个公社间，生出了同一的或相异的利益关系。这些公社群，组成更大的全体，引起新的分业，新的机关的建立，以保护共同的利益，反抗敌对的利益。这种机关既然成为这些全体群的共同利益代表者，则他们对于各个公社便保有特殊的、而且有时对立的地位。它们因以下理

---

① 参看《反杜林论》，第182页。

由更加独立起来。第一，在万事自发自生而形成的社会，这种公共机关的职务之遗传承继，亦是差不多当然要自发自生地形成的；第二，和其他群体部落间冲突增加了，因而此种机关的必要亦更增大起来。至于此种社会职权对于社会的独立如何变成对于社会高高在上的支配，如何最初为社会的公仆乘机逐渐转化而为它的主人，如何这种主人适应于各样情形，或转化而为东方的王与侯，或转化而为希腊的氏族的王公或克勒特氏族的酋长等等；他们在转变的时候，在怎样的范围内利用武力，最后如何个别的支配者结合成了支配者阶级，这些问题，另当别论。我们现在要确定的是，政治的支配，到处都是以社会职务的执行为基础，而且此种支配，惟有在其自己的社会职务执行之时，才能延续下来。在波斯、印度等国，昌盛一时而后趋于衰落的东方王朝，很明白地知道自己首先是流域上灌溉制度的经营者，在东方如没有灌溉，那么农业是不能进行的。[①]（着重点是引者加的）

这段话毫无问题是指着东方文明社会的发生。现在我们可以大胆地假定，亚细亚的文明路径是由公社的维新来从事农耕的分业，西方的文明路径却是由成员间的土地分散来从事分业，两者在不同的方式之下发生。或者有人要问，这段话指的是否古代社会，答案是明白的，的确是古代的社会构成。同书下文还一再引申西方的方式说："在旧的公社的土地所有权已经崩坏，或至少以前的公社耕种制已经让位给各家族单位分种小块土地的制度。"[②]并且明明说，这是上文东方古代方式以外的方式，这个生产方式，形成了古希腊罗马的大规模的分工，因而产生了昌盛的古典文

---

① 参看《反杜林论》，第184—185页。
② 同上书，第225页。

化——艺术、科学、哲学。

上文所谓"另当别论"的一些问题，就是在普遍的一般规律之下，应该专论的特殊规律。这正是研究中国古代史要特别注意的问题：如何在具体的历史情况下来具体研究那些转化的路径。明白了这点，亚细亚生产方式便迎刃而解。我们研究所得的结果是，这一生产方式所支配的社会，毫无疑问是古代社会的一般规律之下的特殊路径，问题是怎样依据史料，科学地究明那些"另当别论"的具体问题，不要只看到"封建"的外衣。现在苏联学者研究的总倾向，以为"封建"外衣是因袭的看法。①

---

① 苏联《哲学问题》1948 年第 2 期，译文载《光明日报》1950 年 8 月 20 日。

中国古代社会与亚细亚生产方式[*]

一、什么叫生产方式

"生产方式"是经济学的基本范畴。广义的经济学本身便是经济范畴的历史科学，狭义的经济学本身便是资本主义经济范畴的历史科学。后者例如《资本论》序文说："我在本书中所要研究的，是资本主义的生产方式，以及相应于生产方式的生产诸关系和交易诸关系。"前者，例如《政治经济学批判·序言》所说："亚细亚的、古典的、封建的及近代资产阶级的诸生产方式，可区别为社会经济构成之累进的诸时代……"

生产方式是什么呢？照马克思的意思，是"特殊的生产资料与特殊的劳动力的结合关系"。这里应当注意两点：第一，在一个社会内部有种类复杂的劳动力和生产资料，当它们只各自存在并没有结合的时候，还不能成为生产方式。例如："无论生产之社会的形态怎样，劳动力和生产资料都不失为生产的要素，可是它们

＊ 本文初刊于 1942 年出版的《中国古典社会史论》一书，现据人民出版社 1963年第 2 版《中国古代社会史论》之修改稿排印。

在相互分离状态存在时，只是可能的生产要素，因为要进行生产，两者非结合不可，随着这种结合之特殊的性质与方式而区别社会构成之种种经济的时代。"① 所以，单看两者在一个社会里是否存在，便断定这是什么社会，那是很危险的。

第二，这种结合要占据支配或优势的地位，例如《资本论》开宗明义首句的"社会"一词，便规定以"资本主义生产方式居于支配地位的社会"。而在研究种种经济范畴，如商品、货币、资本、剩余价值、利润、利息、地租各章里，在规定各个范畴的内在关联的特质的时候，总是首先限定说："立于资本主义的生产方式基础之上"，或"在资本主义的生产方式之上"，或"立于资本主义生产方式的一个社会"等等。最显明的例子，是苏联在五年计划以前，虽然五种经济形态共存，但是处于支配地位的却是社会主义的生产方式。

生产方式是规定社会性质的前提条件。在《资本论》中把它和生物学上的"种差（Differentia Specifica）相比，或称为"倾向律"。

按照马克思的定义来讲，生产方式，当做物质的前提条件，决定着时代发展的社会经济构成之诸阶段。就革命的性质来讲，生产方式当做物质条件，是把旧社会的职能破坏，同时又建立起新社会的职能。因此，马克思说：

> 这分配……给予生产诸条件本身以及生产诸条件的代表者以一种特殊社会的资格，它决定着生产的全部性质和全部运动。②

但是，每一个社会都有它的特殊的生产方式，所以说：

---

① 参看《资本论》第2卷，人民出版社1964年第2版，第20页。
② 参看《资本论》第3卷，第1152页。

　　如果只知道许多生产方式共同的商品流通抽象的诸范畴，则我们一点也不知道这些生产方式的种差。[①]

　　每一个社会的生产方式对于各个社会的生产关系是"再生产着生产关系"，对于生产力是"再发展着生产力"。但是在社会主义社会的生产方式，却对于生产力与生产关系都有发展作用，它们是相适应的。

　　具体来说，古代社会的生产方式是，当做工具使用的劳动力和奴隶主所有的生产资料两者的结合；中世纪社会的生产方式是，私有的劳动工具相连的劳动力和地主所有的生产资料两者的结合；资本主义的生产方式，是自由工资的劳动力和资本家所有的生产资料两者的结合。然而每个社会都有各自的落后的东西，各社会构成的生产方式在各种落后的经济形态里面站在支配的地位。

　　上面所讲的是基本知识，此处不能详细说明（参看拙作《苏联历史学界诸论争解答》）。然而，如果没有辩证唯物主义的方法论作为研究者必须遵守的条件，一切判断便会陷于错乱。

二、殷代社会的特性

　　前面已经指出，亚细亚的生产方式，是奴隶主土地国有（即氏族所有）的生产资料和集体氏族奴的劳动力两者的结合。在研究这两个生产要素的具体内容和发展过程之前，让我们先在这里研究一下殷代的先行过程。

　　我们知道文字是野蛮末期进入文明社会的一个标志。中国古代的文字记载，最早的是殷代末年的卜辞。卜辞是武丁时代以后的东西，是殷末百余年间的可靠文献。现在所存甲骨文资料里，

---

　　① 参看《资本论》第 1 卷，第 107 页。

能认识的字大概有一千。研究甲骨学最有成绩的是王国维、郭沫若。大体上像王国维所说，由文字可以探求制度。照王氏的断定，殷代没有禅让制度，宗庙社稷或国家之成立，还很难看出来的，或国家至多是在低级的阶段（如列宁在《论国家》中所说的，"它在漫长的形成中"），这有些相当于古希腊的公共墓地的阶段。他又断定殷人所以不能灭周，是由于没有具备奴隶劳动力新的支配使用的条件。他根据殷人先妣特祭、兄终弟及，断定殷代是处在家族酋长制支配的时代，母系权威还存在。他还断定殷人无尊卑贵贱之分，到了周代才开始形成道德观念，就是说，文明社会的权利和义务还是分不清的。以上这些都是他董理古史的结论。郭氏后来居上，他由文字的研究讲到社会经济制度的研究。他的论著有《卜辞通纂》、《甲骨文字研究》等。他对于殷制的论断前后稍有修改，而成绩是很大的。

这里有三个问题要研究明白。

第一，殷代卜辞所出现的臣、奚、奴、仆等字，经过很多人的考据，有的如奚、奴等是认错的字。因此，如果我们照这臣仆等字来说殷代有奴隶社会构成，是大成问题的。恩格斯说，奴隶现象早在野蛮中期就发生了。要知道远古时代的制度变化是很慢的，那里的一千年只当今人的十年八年。一个社会构成是否建立，还要看它是否具有支配性质。卜辞中的"奚"、"仆"二字的解释是人名或族名，因此很难决定究竟是什么性质。"众人"有的用在庭园农业，有的用在对外征服。郭沫若在他后来的书中指明这是奴隶大众，也有人认为"族众"是当时公社制之下的农民，其地位相当于奴隶，而不同于奴隶。然而我们由卜辞中所记载的杀伐数千人而俘获却不过十余人看来，由征伐占据重要地位而灭国的条件却不具备看来，由俘获者作为人牺牲的用途看来，由族人集体出征看来，奴隶社会的构成，还只处于初级阶段。

第二，农耤已经是存在的，卜黍卜年便是证据。但是要知道，氏族农村公社在过渡时期，它的转化的物质经济条件就是庭园耕植，所以单就有无农耕来确定历史阶段，是不可靠的。"观其牲牢品类，牛羊犬豕无所不备，而用牲之数有多至三百四百者，实为后世所罕见"。[①] 那么，牧畜或家园牧畜，必定也是殷代的主要产业。这里，有人会说，盘庚以前凡八迁，到盘庚便定居下来不再迁徙，似乎盘庚以下二百余年并不是游牧生活了。其实不然，试看周人东下，古公亶父定居岐山之胥，已经"周原朊朊"，"筑室于兹"，但却继续向东迁徙，经过公刘、太王、王季、直到文王，才有了文明的条件，然而武王还由丰迁镐，到了周公才可以说从渐变到突变，建立了古代的文明制度。所以盘庚以后并无一定不迁之理。郭沫若曾经打破了这个疑问，由殷王世系的研究，得知帝乙时代确曾迁沫，所谓殷这个地方，在现在的沁阳，周人称之为衣。武王伐纣，在孟津渡河，就是先攻殷这个地方。既然有迁移的事件，那末，至少可以断定殷末农耤的制度，不能超过庭园农业生产，而且这种生产是和游牧业混合着的。确定什么样的历史阶段，主要还要看财产所有形态是怎样。"所有"这一概念在卜辞中没有痕迹，"田"字的贞卜，只是就祖宗的保佑而说，所以"受"只是"授佑"的"授"，并不像周金的"受土"、"受民"（生产资料和劳动力的所有）。

第三，卜辞有邑（如封邑）字、鄙字，更有"大邑商"的明文，这毫无疑问地指出城市是在形成之中。封邑、作邑，如𡇯𡊝（封土），是在封树界土的阶段。所谓疆界之封，只是用树木栽在田土上面。国字和城字也偶然出现。所以城市和农村分裂的程度，是相当于国家成立的萌芽期，和周代太王、王季时代"作邦作对"

---

① 《卜辞通纂考释》，第100页。

的文明相似。而且所谓"邑"，并非一开始就能树起城市。国家的文明，列宁曾经说过，它是在漫长期间产生的。最古的城市，如《马克思恩格斯通信集》说：

> 像德尔希或阿格拉那样的城市全体，几乎是靠民兵生活的。当国王于某一期间出征战场时，城市即有随之迁移的必要。因此，这种城市，决不是而且也不能是巴黎的都市，不过是较原来的荒野设备得稍舒适一点的野营而已。

由以上论证看来，前两者是论证劳动力和生产资料的结合关系——生产方式，后者是论证城市国家的起源，它们都是关键问题，并不像某些研究者漫无标准地引用材料。据我们的研究，殷代可以和古巴比伦对比，不能和希腊比较，即：

古代巴比伦在青铜器时代，殷代也在青铜器时代；古代巴比伦发明了图形文字，殷末也出现了图形文字；古代巴比伦在所谓两河流域开始从事农耕，殷末也在黄土地带有了卜黍的记载；古代巴比伦牧人的记载遗说很多，殷代牧畜也是主要生产；古代巴比伦人和亚述人战争频繁，殷族也和当时的鬼方、土方等等有战争；古代巴比伦杀人的方法很进步，殷末卜辞所载伐人的数目也很多；古代巴比伦曾大伐犹太人，把他们当作俘虏，殷末卜辞也有俘获的记载。

据卜辞的材料，殷代是以牧畜业和农业生产并重的。据罗振玉的卜辞分类，占第一位的是卜田（田猎），第二位是卜风雨（与牧畜有关系），第三位是卜年（农事），第四位是卜渔。

猎品中有野猪、狼、鹿、兕、兔、雉、象等类，获鹿一次多至三百八十四头，获猪一次多至一百十三头，获狼一次多至四十一头。渔字也很多。可见渔猎还是殷代的重要生产，但是也和游乐有关。

牧畜的名称，在卜辞中洋洋大观，牛、羊、犬、马、豕、豚、麤等等，数目多得很。牧畜是主要生产，有以下三点可以证明：

（1）祭祀用牲，记载特多，一次用牲至三、四百。这样大的规模，如果没有繁盛的牧畜生产是不可能的。

（2）用牲的名目，记载非常严格，分类也多。杜守素说牛、羊、犬、马分类如此严密，足以证明这些生产的特性反映成为人类的观念。他这个见解是很有创造性的。罗振玉说："其祭时牢牲之数无定制，一以卜定之。其牲或曰大牢，或曰小牢，……又曰牡、曰牝、曰羊、曰犠。"

（3）用牲的方法很复杂，足证畜类当作食品的分类很进步。罗振玉说："其用牲之法曰燎，曰埋，曰沈，曰卯。"（均见《殷虚书契考释礼制》）有只用一法，有兼用两法三法的。

卜辞中记载"田"的事例很多，但"田"是用作刍秣狩猎的，这已经有了定论，所以田的记载是牧畜的证实。

但是农业在殷代已经发达了，这也是无可怀疑的。卜辞中有黍、稷、粟、麦、禾等，是耕耘的证明；所用的劳动工具，是石斧、石锹、石犁等，生产技术显然很幼稚。

从上面所举的生产状况看来，殷代似乎是处在野蛮末期的畜牧兼农耕的阶段，并且有转化到文明阶段的痕迹。恩格斯说：

> 大概为野蛮低级阶段的亚细亚人所未知道的庭园耕作，再迟也不过中级阶段，已当作田野耕作的先趋而发生了。……为家畜用之谷物，很快便成了人类的食物。①

又说：

> 在一切部门——牧畜、农业、家内手工业——的生产之增进，使人的劳动力，能够生产超过维持劳动力所必需的生产品。它同时更增加了氏族、家族公社或个体家族底成员之

---

① 参看《家庭、私有制和国家的起源》，第154页。

每日劳动量。新的劳动之参加，是所欢迎的事。它由战争——把俘虏变为奴隶。在一定历史条件之下，社会劳动之最初的大分业，是因劳动生产性之增进，财富之加多，又因生产活动领域之扩大，必然地引起奴隶制。①

殷代社会的特征并没有超出上述阶段的范围，至多是在从野蛮末期进入文明（无铁而有文字）的时期。既然重要的生产是牧畜生产，它的社会意义就是"畜群产为氏族所有无疑"。

有些人看了奴隶制的萌芽又发生怀疑，是不是奴隶社会就是这样？否，否！"对于野蛮前期的人类，奴隶是无用的。"（恩格斯语）

因此，对于殷代的奴隶，尤其是因战争而俘获的氏族奴之变为奴隶，就不必大惊小怪地说："看奴隶！这是奴隶社会！"

卜辞记载殷族征伐其他部落如马方、土方、鬼方的事件很多。所俘获的吕方、土方的人，有"为臣"的记载。并且一次征伐斩杀至二千六百余人之多。这些奴隶，有的作为牺牲（代牛、羊祭），有的用作仆役，有的成为兵卒，有的从事牧畜，证明并没有达到典型地使用奴隶的阶段（大规模的农业土地生产）。

所以我断定支配殷代的生产方式，是氏族公社所有的畜牧和农业生产资料与氏族成员主要的共同劳动力二者间之结合。卜辞中的"族众"就是这样的劳动力，他们近似于奴隶的地位。

族长的"王"可以"田于旂"、"田于鸡"、"相田"、"观黍"。共同生产者应当是族的成员。但是另外的劳动力的奴隶也会参加。

铁和文字是野蛮末期进入文明社会的两个重要条件，这是无待引证的。但冶铁的发明，不但殷代没有证据，而且西周社会的可靠文献中也没有充分证据，我以为没有铁的技术革命而能进入

---

① 参看《家庭、私有制和国家的起源》，第155页。

文明期，只有依靠所谓"极有利的条件与环境"。殷末周初在黄土地带繁殖的有众多的部落，其中族众有的因战争俘获转化而成为奴隶劳动力。文字是殷人发明的，所谓"惟殷先人，有册有典"①。在早周先祖公刘时代也进到使用文字的阶段，"于时言言，于时语语"②。据卜辞的字形看来，甲骨文字处在文字史上的最早的图画阶段，它在殷人向社会分工（第一次）的途径之发展中所起的作用是没有问题的（出土的卜辞只有一百多年的记载）。

所谓"家族、私产、国家"的标志，不能看成信手拈来的概念。殷代"传子"的制度是一种家族酋长制的，"作邑、封邑"是国家的先行形态。至于"私产"，却是希腊社会由家族贵族到显族财产贵族的典型，那种由土地私有单位为基础所成立的希腊城市，并不是惟一的历史路径。应当注意的是，无论哪一种社会都有几种路径，古代有希腊（典型）和亚细亚几种路径；中古有撒克逊王国、东哥德与罗马的结合，以及法兰克王国（典型）几种路径；近代资本主义有英国、德国、法国（典型）几种路径；帝国主义时代有英国（殖民性）、法国（殖利性）、德国（铜铁性）——（典型）几种路径。所以，就由家族到国家的起源看来，殷代盘庚以后时期是略当于希腊英雄时代或罗马王政时代的阶段；就产业所有的形态看来，殷代没有土地私有的前行运动固然是历史阶段的必然，但到了西周，城市国家显然已经成立，可是也没有土地私有制，却走了另一个路径——国有制（氏族公社保存之下的公族所有制）。

因此，我们可以断定殷代社会是奴隶社会的初级阶段（说到奴隶社会的发展，那末，我们有可以依据的经典著作，不能无视

---

① 《周书·多士》。
② 《诗·大雅·公刘》。

《家庭、私有制和国家的起源》的指示）。在这里，郭沫若感到"文字符篆"的作祟，暗示学人应当遵奉金石家的方法；著者更提出学人还应严守马克思主义的方法论和重视历史学的范例。有了这两样基本知识作为指针，便可以使人免去摸索。

三、周代生产方式底劳动力特性

前面说过生产方式是特殊的劳动力和特殊的生产资料的结合。这里，我们先研究周代生产方式中的一个要素——劳动力。

（一）由俘获而转化的新劳动力

俘获转化成为奴隶，起源很早，据恩格斯讲，约当文明社会以前的野蛮中期。在中国古代部落战争的俘获是新劳动力的主要来源（和希腊由内部分化的典型有别）。西周的历史可大概分期如下：

第一期，文王时代。西周金文中说到先王，都是"丕显文武"，并没有远古传说。主要文献材料的特征是战争征伐的俘获和"受土"、"受民"。存世的金文最早的武王时代的《大丰殷》，它的内容是和作墉有关的。其次是《小臣单觯》，内容是"克商"、"锡贝"。武王时代的器物只有这两件。文王时代的周器还没有出世。但是根据可信的《周颂·大雅》，文王时代的灭国，俘获是大可观的。卜辞有"寇周"之句，殷周两氏族之间早已存在战争是无可怀疑的。文王"翦商"的志愿没有完成，但是他由西向东，灭国亡氏不在少，有密人、混夷、黎人、邘人、崇人，其中崇人是最大的氏族。由"是类是祃，是致是附"[①] 看来，俘获是可观的。

---

① 《诗·大雅·皇矣》。

"文王卑服，即康功田功"①，文王"作邑于丰"②。由于城市和农村的第一次分裂，社会内部的分业必然出现，新劳动力要用在"庶民攻之"的方面，是不会有什么问题的。

第二期，武王、周公时代。武王伐商就率领了不少的西北、西南的土族，如庸、蜀、羌、卢、彭、濮。翦商便是使殷民一大氏族投降成为俘虏。这其中不尽然是殷族，大概是殷族结合诸族的同盟——这种看法比较符合历史事实，有如希腊、罗马国家的前身。史书所见到的，如《左传》定公四年所记，周王分给鲁公的殷民六族有條氏、徐氏、萧氏、索氏、长勺氏、尾勺氏；分给康叔的殷民七族有陶氏、施氏、繁氏、锜氏、樊氏、饥氏、终葵氏。据《史记·殷本记》所载，还有殷氏、耒氏、宋氏、空桐氏、稚氏、北殷氏、目夷氏，《索隐》以为北殷氏《系本》作髦氏，又有时氏、萧氏、黎氏（即饥氏）。除十三族分给了鲁、卫，其余的或者在周公东征以后迁到洛邑。宋氏大概是后来继承殷祀的宋国。周公灭殷践奄，奄也是东方的一个大族，所谓"因商奄之民"。其他还有在北部所征伐的戎、狄，分给唐叔的就是这一族的怀姓九宗。

如果说在新的劳动力的获得上，文王是立基起业（業字，周金作羕，表示武力掠夺），合法地建立新的"周索"，那么周武王便大告成功。《周书》所谓"建邦启土"，"用附我大邑周"。最可信的是周金《大盂鼎》"丕显文王，受天有大命，在珷王嗣玟作邦，辟厥匿，匍有四方，畯（畯）正厥民。"

第三期，周公以后的南征。昭、穆时代，伐荆楚，征淮夷，伐南夷，金文多载这类史实，《大雅》也有许多南国的记载，如

---

① 《周书·无逸》。
② 《诗·大雅·文王有声》。

"荆俘"，"因是谢人"之类。此外，征狎犹族虽然在中叶才"执讯连连，城于兹方"，可是该族在初年早已不能和周室相安，如《小盂鼎》的鬼方。

当时围绕姬周族的所谓一千八百"国"，是大量的新劳动力的来源。周代建国时的这些部落到春秋时剩下不到两百"国"。这一奴隶大来源，不但和西洋古代近似，由战俘到奴隶的转变成为内部分业的先行形态，而且由于大量族奴的俘获，产生了周代的过剩劳动力。一方面使农业的土地生产迅速发展，他方面使周代的殖民成为必要，所谓"大启尔宇"[1]；或营国筑城，所谓"仆庸土田"[2]，"有俶［始］其城"[3]。

被俘的氏族变成奴隶，主要地称作某族人或人鬲，大抵是全族转为生产者的意思，数目是很大的。

成王时代的周器《矢令毁》，"姜赏令贝十朋，臣十家，鬲百人"。

康王时代的周器《周公毁》载"薹井侯服，锡臣三品，州人，槖人，鄘人"，所锡的是三个族人。

同时代的《大盂鼎》载"锡汝邦司四白，人鬲（即民献，从郭氏创释）自驭至于庶人六百又五十又九夫。锡夷司王臣十又三白，人鬲千又五十夫"。

这种大量的人鬲，当指族人。《小盂鼎》就说明了它的来源："王□盂目□□伐鬼方，□□□□□执兽三人，狄职四千八百□二职，孚人万三千八十一人，孚［马］□□匹，孚车十辆，孚牛三百五十五牛，羊二十八羊。盂或□□□□□□乎我征，执兽一

① 《诗·鲁颂》。
② 《召伯虎毁》。
③ 《诗·大雅·崧高》。

[人]，获聝百三十七聝，[孚人□□□□人]。"

这比卜辞中记载的俘获数目大到一千倍，它的意义不但在于数目，更在于把这样大的数目和马车牛羊并重，可以知道有新的用途。

这里所称的"夫"，相当于《周书》的"民献有十夫"，天降殷民若"稽夫"，以后《小雅》转为"食我农夫"的"夫"，我以为就是指生产者。

伐国是周金中的主要内容，例子很多。成王时代的《明公毁》，有"王令明公遣三族，伐东国"，其他如《班毁》、《员卣》等器都有类似的记载。昭王时代的《录䟒卣》，有"淮夷敢伐内国"，穆王时代的《竞卣》，有"命伐南夷"，孝王时代的《师酉毁》有"……西门夷，䍒夷，䍪夷，京夷，异刀夷"，厉王时代的《虢季子白盘》有"博伐猃狁，于洛之阳，折首五百，执讯五十"，《不娶毁》有"折首执讯"，《疅侯鼎》有"伐角瓿"，《成鼎》有"率南淮夷、东夷，广伐南国、东国"，《成鼎》近已出土，（"成"字是"禹"字之讹），《敔毁》有"馘首百，执讯四十，夔俘人四百"，《克鼎》有"锡汝井、迖、㲋人糟，锡汝井人奔于量"。这些被俘的夷人群，或井人、迖人、㲋人等，就是部落族俘获成族奴。他们的命运，是和殷民六族被分给鲁国，殷民七族被分给卫国，怀姓九宗被分给晋国，正相照应。

（二）由族人的集体奴分散成家族单位奴

以上说的是新劳动力的集体单位，如井人、夷人等，但事情并不是如此简单。集体单位自然要分散的，所以族的单位就变为家的单位了。张荫麟教授也说，周代"奴隶是以家为单位的，一个奴隶家里不论男女老幼都是奴隶。他们的地位是世袭罔替的，除了遇着例外的解放"。[1]

这并不是违反历史来用家数计算，或是把"家"认作农奴，或是把"家"内奴当作不生产者。家族单位是由氏族集体俘奴分散转变的。

周初的《令毁》便有"赏令……臣十家，鬲百人"。这里的臣十家究竟是否鬲百人，文义不明。

康王时代器，锡家的数目很大，多到二百家。金文《麦尊》说"侯锡者（赭），㸤臣二百家"。假若用上例家族内人数计算，每家十人，二百家便有二千人，比《大盂鼎》所载人鬲数目还多。这样多的家数引起我们注意的是参加生产的问题，因为家内奴隶用不着这样大的数目，尤其在当时社会生产的状况之下。

然而生产者不必专事农耕，也可以从事手工业，如恭王时代器，"命汝官嗣成周，贮廿家，监嗣新造，贮用宫御。"[2]

其他，如《不娶毁》"锡汝臣五家，田十田，用从乃事"，又如《令鼎》"余其舍汝臣十家"。

这里有一个问题，凡锡家都称作"臣"，不用"人鬲"、"人"、"夫"、"民"等称呼。答案很简单，臣是表示顺服者，想必是早被俘获受了相当训练的，和"殷顽民"有别。这可参考郭沫若释臣释民的解说。因此用家做单位，已经是指集体族俘经过陶冶分化出来的，可以说是熟练的生产者。

（三）他们是奴隶也是生产者

前面我们引恩格斯的著作，说明东方社会的奴隶不是直接参加生产，而是通过家族间接参加生产。例如：

---

①　张荫麟：《中国史纲》，第31页。

②　《颂鼎》。

锡臣、锡人和锡器物、货币、牛、马并列，是周金中常见的现象。这除了把人当作工具解释而外，没有别的，因为这种生产者不同于农奴的一个主要特征，就在于他的工具性，所谓"能言语的工具"。

在《令殷》"锡臣十家"上面，还有"贝十朋"一句。《不娶殷》的"锡臣五家"，上句是"弓一矢束"，下句是"田十田"。《小盂鼎》所载的俘获，俘人数目下面，并举俘马、俘车、俘牛、俘羊的数目，另外上句说俘人，下句说受民，最后说"锡贝五十朋，锡田于敆五十田，于早五十田"。[①]

这类例证很多，不胜枚举。

周金中不但士、女、牛、羊、田、货并举同锡，而且有人和其他各种东西之间的比值。周孝王时代的《曶鼎》，是宝贵的史料。

《曶鼎》铭文分三段，不是同一时候的文字。第二段写人和马丝的对换，人和一般的等值形态《价》比价。即是：

一匹马 + 一束丝 = 五夫；

五夫 = 一百寻

（我既卖汝五夫效父，用匹马束丝……用百寻。非出五夫□誓。……受丝五夫。）

第三段，写匡季赔偿曶的禾十秭，比价是五田和四夫。争讼以后，曶不答应，结果决定赔偿三十秭，用七田和五夫代偿。即是：

禾卅秭 = 田七田 + 人五夫。

（凡用即曶田七田，乒五夫，曶觅匡卅秭。）（参看《两周金文辞大系》和《奴隶制时代》）

据郭沫若计算，五夫百寻，一夫便是二十寻，算成汉代的五

---

① 《敔殷》。

铢钱，一夫合四十六文。三十秭是六千把，一把可得米一合，共六石，即等于田七田和人五夫。由此，可以看出人对物件的比值极低。人既然和马、丝有比，和禾有比，那末，生产者的人格决不是中古的农民。

厉王时代的《离从盨》，是写田和邑的交换。田和邑交换，郭氏的解释是田和邑人的交换，《易·讼卦》的九二"不克讼，归而逋其邑，人三百户"证明。（《易经》是杂乱伪书，不足为用。）"邑"并不只是邑人，也是人和田的结合，这是历史上极明显的事实。这个铭文所说应当是良田和不良的"邑"相交换。作邑、封邑都是就土地和庶民合计，所以我认为"邑"是国家成立的经济形态。邑和田（土地）并提，周金《离攸从鼎》就有"谢分田邑"。《周礼》井、邑、邱、甸、县、都的四进法，是伪撰的。邑有土地的要素，春秋以后的史料更加显著。邑和人并提，如《周书》的殷民迁于洛邑，《论语》的"十室之邑"、"千室之邑"。

有些作者论田、邑的大小，拿邑比田大的证明作为学术上的发现，实则田是指土地，所以周金说锡臣几家，常接着说锡田几田，锡邑却并提"民人都鄙"，如春秋时代《齐子仲姜镈》铭文："侯氏锡之邑，二百又九十又九邑，与邿［?］之民人都鄙"（西周文献多是命作邑，而锡邑之盛却在春秋时代）。

所以，良田可以和薄田加人夫（邑）相交换，这亦是人奴的实例。

以下我们再进一步研究人夫、人鬲、人臣是否生产者。

我们从上面所举的周金知道，锡田常和锡人并提，这正是土地和生产者的结合样式，并非偶然的事件。所以人和田并提，就是"受民受疆土"。[①] 没有这种结合，则文明社会是难以发展的。

---

① 《大盂鼎》。

田在周代是耦耕的，农具主要是石器、木器。所以在周金中锡马是常事，锡牛却很少见。据不完全统计，牛在周金中，除了《小盂鼎》俘牛三百五十五牛的记载，另外只有两个例："锡亢师盎金小牛，曰用襟，锡令盎金小牛曰用襟。"① "锡汝马十匹，牛十。"② 前一例可以看出 牛的名贵；后一例，可以看出牛被重视。马既然加一束丝可以当五人，那末，牛对人的比值，无疑地还要高些。

在《卯毁》中锡牛之后是锡田。同样地，在《敔毁》中受民之后是"锡田于敆五十田，于早五十田"。牛和人是同样可以和土地结合的生产工具。

《大克鼎》就更加明显，"锡汝田於野，锡汝田於渒，锡汝井家絜田於墅，目厥臣妾（家内奴），锡汝田於廉，锡汝田于匽，锡汝田于陠原，锡汝田于寒山。"——这样多的田地，自然需要生产者，所以接着便说"锡汝井、迷、絜人鬲（耤），锡汝井人奔于量"。三族人数不详，但是锡族人来从事耕种，便可以想见其规模了。

《克盨》还有"典善夫克田、人"之文，显然是和人一齐典当，这是劳动力和生产资料的结合。这种结合是重要的，《周语》说：

> 宣王即位，不藉千亩。虢文公谏曰："不可。夫民之大事在农。上帝之粢盛於是乎出，民之蕃庶於是乎生，事之供给于是乎在，和协辑睦于是乎兴，财用蕃殖于是乎始，敦庞纯固于是乎成。……王事唯农是务。……今天子欲修先王之绪，而弃其大功，匮神乏祀，而困民之财，将何以求福用民。"

---

① 《令彝》。
② 《卯毁》。

这段文字比起周金铭文来顺利得多了，但是所谓还合乎事实。

（四）他们是以家室计的集体生产者（附论邑的地位）

周代生产者是集体族奴，这种集体族奴是以家室计算的。《周礼》说"都鄙封沟，以室数计之"。《诗经》中"以开百室，克定厥家"，"百室盈止"，"宜尔室家，乐尔其孥"，"室家之壸"，也都是指的家族奴。《小雅·雨无正》章，说明了作室的理由，"谓尔迁于王都，曰：予未有室家，鼠思泣血，无言不疾。昔尔出居，谁从作尔室？"都外有野，野要有作室者，有了"百室盈止"的族奴，才有"千耦其耘"的劳动力。

《周书·梓材》的"大家"，应当是孟子所谓"为政不难，不得罪于巨室"的"巨室"——最大的族奴所有者。《梓材》同时也把"若作室家"作为"既勤坦墉"的条件。

周代"家室"有特殊意义。国和家是对称的，如周金有"我邦我家"，《周书》有"其害于而家，凶于而国"。国是说城市的"纲纪四方"，君子所居，"岂弟君子，福禄攸降"；家是奴隶主的财产计算单位；"室"是劳动者的构成单位，如"十室之邑"。友人陈洪进先生调查康、藏，至今那里还是拿"室"做单位。

春秋时代国君无权，"室"可以被大夫瓜分，如鲁三桓分公室之众。公族大夫失败了，"室"便被夺，如齐国的栾、高、陈、鲍四族争战，栾、高战败，国人追逐他们，陈、鲍瓜分了他们的"室"。"楚子为令尹时，杀大司马蔿掩而取其室。"① 此外如吴季札放弃他的"室"去耕田。② 如"归我卫贡五百家，吾舍诸晋阳"③。

---

① 《左传》昭公十三年。

② 《左传》襄公十四年。

③ 《左传》定公十三年。

如"晋侯赏桓子狄臣千室"①。如"齐崔杼杀高厚于洒蓝，而兼其室"②。"齐子尾卒，子旗欲治其室"③。这都是赏赐或争取奴隶财产的事件。又如大夫可以自由处分他的室，"宋公子地嬖蘧富猎，十一分其室，而以其五与之"④。"子重、子反杀巫臣之族子阎、子荡及清尹弗忌及襄老之子黑要，而分其室，子重取子阎之室，使沈尹与王子罢分子荡之室，子反取黑要与清尹之室。"⑤

《孟子》有"万室之国"，又有"我欲中国（国中）而授孟子室"。又市和室相对，如贵族可以"室于怒，市于邑"⑥，这又和《孟子》"耕于王之野，出于王之市"相似，因室在野鄙，墨子称"四鄙之萌人"。

奴隶和牛马的区别，据墨子学派的逻辑概念是这样的，牛马是能动的工具，奴隶（臧主耕，获主织）是能动又能说话的工具，前者是"类"名，后者是"私"名。所以，"命之马，类也，若实也者，必以是名也。命之臧，私也，是名也，止于是实也"⑦。

我们把"室"认作奴隶的集体单位，这样的室还可以买卖，例如"岁变糴则岁变刀（货币），若鬻子"，"宜不宜，正欲不欲，若败邦鬻室嫁子。"⑧

这样的"室"，在商鞅治秦的时候，曾经在法律上变革过，对于同室的奴隶群，作了人伦的规定，例如《史记·商君列传》，"民有二男以上不分异者，倍其赋……大小僇力本业耕织，致粟帛多

---

① 《左传》宣公十五年。
② 《左传》襄公十九年。
③ 《左传》昭公八年。
④ 《左传》定公十年。
⑤ 《左传》成公七年。
⑥ 《左传》昭公十九年。
⑦ 《墨子·经说》上。
⑧ 《墨子·经说》下。

者复其身……而令民父子兄弟同室内息者为禁。"

荀子也说，"恃手而食者，不入宗庙"，佐以"庶人无姓"的话看来，可以想见群居之室的情况。可是这样会使劳动力的再生产发生危机，在"尽地力"的战国末期便要"复其身"，这近乎希腊的"隶农"，作为奴隶和农奴之间的过渡形态。

庶民是周代的动力，"无民而能逞其志者，未之有也。国君是以镇抚其民。"① 所以俘人、夺野、侵鄙，是古代战争中的大事。上面说西周的俘获是周金记载的主题。《逸周书》也说，"武王遂征四方……馘魔亿有十万七千七百七十九，俘人三亿万有二百三十……"春秋时代，《左传》关于俘获的记载更多，如郑伯侵陈，大获（隐公六年），齐人归卫俘于鲁（庄公六年），楚又诱其遗民，而尽俘以归（哀公四年），"乌余以其众出，使诸侯伪效乌余之封者，而遂执之，尽获之。皆取其邑，而归诸侯。"（襄公二十七年）

因此，和俘获相连的便是取邑、侵田、伐鄙，这是《左传》的经常记载，和灭"国"是有区别的，如晋文公载书说，如背盟，则"群神群祀，先王先公，七姓十二国之祖，明神殛之，俾失其民，坠命亡氏，踣其国家。"（襄公十一年）

春秋时代室和田的结合已经定型，名称便是"邑"。因此不像西周锡家、锡人和锡田并提，却用兼备两者的要素的锡邑。

春秋时代，关于邑的记载更多。邑固然是室和田的结合，但也是生产者的所在，《左传》所谓"民将叛之，谁与居邑。"（昭公十三年）又如"郑伯尝入陈之功……享子展，赐之……先八邑。赐子产……先六邑。子产辞邑，曰：'自上以下，隆杀以两，礼也……请辞邑。'公固予之，乃受三邑。"（襄公二十六年）"与晏

---

① 《左传》昭公二十五年。

子邶殿，其鄙六十……弗受……与北郭佐邑六十，受之。"（襄公二十八年）其次，西周金文赐臣若干家和人鬲若干是和赐田在一处连带讲的，到了春秋的金文，如《子仲姜镈》便记作赐邑，"侯氏锡之邑，二百又九十又九邑。"邑所依靠的重要条件有两个，即室和田，所以下面说，"与邨之民人都鄙"。

春秋金文《齐侯镈钟》有赐釐邑的记载，因为是造国，所以县（参看下文郡县）和家同时并赐。"余赐汝釐都□□，其县（都鄙）三百。余命汝嗣诒釐，造戎徒四千，为汝敌寮。……余赐汝马车戎兵，釐仆三百又五十家，汝台戒戎作。"

四、从报偿法则来区别生产者的性质
（附论等列）

不论"萌人"也好，"恃手而食者"也好，"人鬲"、"农夫"也好，春秋、战国时代普遍地称作"庶民"的也好，据《国语》所记载的形象，是这样的："以旦暮从事于田野，脱衣就功，首戴茅蒲，身衣襏襫，沾体涂足，暴其发肤，尽其四支之敏。"《左传》所载，"譬如农夫，是穮是蓘。"（昭公元年）

从周金起到后来的"民"字，像刺目形。刘师培说：

> 《论语·泰伯》篇云，民可使由之。郑注云，民，冥也。《春秋繁露》云，民者，暝也。《贾子大政》篇云，"夫民之为言萌也，萌之为言盲也。是民为愚昧无知之称。"[1]

梁启超也有同样的考证，他在《太古及三代载记》中说，"民字与古奴字通"。在汉朝人的古籍里，还普遍存在着这样的看法。梁氏在他的《古代民百姓释义》中说：

---

[1] 《刘申叔遗书·论小学与社会学之关系》。

民之为义，《说文》云，民，众氓也。贾谊《新书·大政》篇，民之为言萌也，萌之为言盲也。《春秋繁露·察民》篇，民者瞑也。《尚书·吕刑》，苗民勿用灵。郑注，此族三生凶恶，故著其民而谓之民，民者，冥也，言未定仁道。《论语》，民可使由之，不可使知之。郑注，民，冥也，其见人道远。《孝经·援神契》，民者，冥也。《荀子·礼论》篇，相注，民，氓无所知者。《周礼》，以兴利耡萌。郑注，萌犹懵懵无知貌也。……民氓转注。《诗》，氓之蚩蚩。义亦与萌、盲、氓同，盖贱蔑之不以齿于贵族也。

春秋时代，这种人在小人之列，"小人之言，僭而无征"①，必须"使毋失其土宜，众隶赖之，而后即命"②。然而他们却要逃亡，便有所谓"有亡荒阅"，因为严格的"周秦"都鄙之别，正由"富子"的政权成长而破坏，所以管仲答桓公说："昔者圣王之治天下也，三其国，而五其鄙，定民之居，成民之事。"桓公又问"成民之事若何？"回答说："四民者勿使杂处……处工就官府，处商就市井，处农就田野。"③ 这和子产的政治，"都鄙有章，田封洫〔鄙〕，庐井有伍"相似，都是"仁政"。这样"都鄙有章"的城市和农村的关系，毕竟难以维持，要人民不移动，便不得不实行改良的剥削方法，所谓"相地而衰征"。

在这里，我们必须研究一下对于农夫的报偿性质。马克思说：

> 在徭役劳动，劳动者为自己的劳动和为领主的强制劳动，空间上也好，时间上也好，都有明显的区别。在奴隶劳动，奴隶……连他实际上为自身而工作的劳动日部分，也作为主

----
① 《左传》昭公八年。
② 《左传》文公六年。
③ 《国语·齐语》。

人的劳动而表现出来，他的劳动是当作无偿劳动而表现出来的。①

《小雅》的"岁取十千"显然不是指税率。至于"我取其陈，食我农人"的主奴关系，显然不是支付劳动的报偿部分，而是用陈旧的食物养活奴隶，奴隶的劳动却是当作无偿劳动来表现的。

其他如"尔不我畜，复我邦家"，"畜"是再生产无偿劳动的方法，被畜的不是农奴。

《国风·七月》篇云："一之日，于貉，取彼狐狸，为公子（贵族）裘，二之日，其同，载缵武功。言私其豵，献豜于公。"

《国风》是春秋初叶的作品，这时已到"私肥于公"的转变期（私，尚非希腊第二阶段的私有制）。《国风》作品，我以为要把它和贵族作品的《周颂》、《大雅》区别开来。《国风》显然富有悲剧性，多半是"国人"（自由民）作的。自由民不是一无所有的，他可能是小生产者（希腊社会最初很多，这种人因为和贵族相争而没落了），所以这里"言私"不能指为农夫、农人。并且"载缵武功"，正是自由民的事业。古史材料是要异常小心地来辨别的。

汉儒的《礼记》所说"问庶人之富以畜对"，这种文献是难以相信的，即使有这种事，那也是指的战国的隶农。

墨子所谓"睘民"，据《国风·杕杜》篇"独行睘睘"，注解是"无所依貌"，即是自己没有任何劳动工具，只是"恃手而食"，这样的人和中古农民有严格的区别。《杕杜》篇大叹"同父"，"同姓"，这大概是指没有氏族保障的人们的没落境遇，他们是从自由民转化的农民或其他氏族员的降服分子，文义不明，且不讨论。

春秋时代，"大夫皆富"，"政将在家"，所以生产者也有些变动。中国虽然没有典型的土地私有的显族贵族阶段，但由所谓

---

① 参见《资本论》第 1 卷，第 665 页。

"亶侯多藏"或"哿矣富人"的相对的发展，必然发生了寄托在氏族组织之下的"富子"，如齐国陈氏，在金文中的田陈之陈，写作墬，从土，就可以看出向土地单位转变来代替氏族单位的象征。

在这种情形之下，社会阶级自然要从一元的上下之别，所谓"礼所以别贵贱"（氏族贵族和非氏族贵族），发展出多元的分别。希腊是奴隶制的典型，但是亚细亚的社会也有自己的具体路径。春秋时代，乱臣贼子便是一种阶级分化。社会分业的结果，有的人可以成为专门的观念家，如从春秋的"缙绅先生"到战国的"文学之士"；有的人可以因内部财产的兼夺，由贵族降为奴隶，如晋国的郤、乐诸氏；也有的因为特种功绩获得解放，如"斐豹，隶也"，可以把奴隶"丹书"烧掉。但是生产者的基本性质，在春秋时代却并没有发生变革。春秋的公族大夫乱政仍然受着"明贵贱，辨等列"的"周索"的影响，仍然被"张公室"的理论所诛伐。

> 君将纳民于轨物者也，故讲事以度轨量谓之轨；取材以章物采谓之物，不轨不物，谓之乱政。[1]

> 礼，经国家，定社稷，序民人，利后嗣者也。[2]

> 名以制义，义以出礼，礼以体政，政以正民。[3]

所以，"神不歆非类，民不礼非族"，"刑不上大夫，礼不下庶人"。社会虽然在转变，基本的社会关系却要保存。只要拿出"周索"的道理，那是没有人敢反对的。例如：

> 国家之立也……天子建国，诸侯立家，卿置侧室，大夫有贰宗，士有隶子弟，庶人工商，各有分亲，皆有等衰，是以民服事其上，而下无觊觎。[4]

---

① 《左传》隐公五年。
② 《左传》隐公十一年。
③ 《左传》桓公二年。
④ 同上。

封略之内，何非君土，食土之毛，谁非君臣？……天有
十日，人有十等，下所以事上，上所以共神也（按：二元的
阶级区别）。故王臣公，公臣大夫，大夫臣士，士臣皂，皂臣
舆，舆臣隶，隶臣僚，僚臣仆，仆臣台，马有圉，牛有
牧。……周文王之法曰，有亡荒阅，所以得天下也。①

战国的社会，一方面是郡县制的不平衡发展（楚、秦、晋），
已经有了"隶农"（Colonfct）的过渡形态，他方面是私有财富进
一步发展，出现大量的私有奴，如商业资本家的吕不韦可以"食
河南雒阳十万户……家僮万人。"② 在周季私有制有了发展的可能
的时候，就是古代社会将要告终之时。所谓告终，不是一下就转
入封建制，因为"氏族公社的保存"和"土地私有制的缺乏"是
东方古代社会的特点，这种"死的抓住活的"的束缚，使汉代以
后的封建制产生了皇族的土地所有制，同时公族变为豪族地主，
使汉代社会还保存着大量的奴婢和部曲。

五、周代生产方式的生产资料特性

（一）劳动工具的测度器的性质

依据叙述的次序，我们应当先说明周代的劳动工具。"从来的
历史记述，虽说几乎不知道物质生产的发展，即不知道一切社会
生活的基础，因而不知道一切现实历史的基础，可是最少，对史
前时代、铁器时代"的"工具，不但是人类劳动力发展的测度器，
而且是劳动在其中被完成的社会诸关系的指示器。"③

---

① 《左传》昭公七年。
② 《史记·吕不韦列传》。
③ 参看《资本论》第 1 卷，第 195 页及附注。

　　然而，测度器和指示器只可用来辨认某个社会的关系，却不可把"铁刀"或"技术"错认作划分社会发展阶段的决定条件，这却是过去的学者所常犯的毛病。

　　周代已经从殷代农业牧畜并重的社会，发展到农业生产的时代。金文中的先王是由文武开头，他们所以"丕显"，主要在于"受民受疆土"。出现在《国语·鲁语》、《诗经》的追祀后稷，和金文周字从囷相应，乃是追祀田功的氏族祖先的传说。

　　农业生产出现在《诗经》上的，主要是黍稷（高粱），种类有秬、秠、穈、芑、重、穋、稙、穉等。次要的是稻、菽、来（小麦）、牟（大麦）、麻等。园艺有瓜、瓞、桑以及桃、李、梅、棘等果树。

　　工具的生产很进步，出现在周金的种类也很多，大半是赏赐的享乐之物。只举《毛公鼎》一例：

　　　　锡汝秬鬯一卣、裸圭、瓒宝、朱市、恩黄、玉环、玉瑹、金车、䡝幬较、朱鞹靷靳、虎冟熏里、右轭、画轉、画轜、金甬、道衡、金踵、金轵、敕戫、金簟笰、鱼箙……金膺、朱旂……

　　家庭用具有大釜、小釜、鼎、甗、筐、筥、罍、饼、鉴等等。

　　交通工具有车、舟等。

　　劳动工具（包含武器）有耒、耜、钱、镈、铚、耨、攴斧、斤、大刃、刀剑、削、戟、矛、矢、弓、网、笱和陶瓦等。

　　在西周主要的农业生产上，不但周金中没有铁的记载，而且在可靠的文献中也没有用铁的直接证据。西周是青铜器时代，是不会有问题的（殷代青铜器已经发达，周人是继承殷的文化）。铁的使用大概在春秋时代开始，到战国便盛行起来。

　　我们已经讲过，没有铁器的发明而进入奴隶社会，是因为有一定的环境（黄土地带）和条件（四围满布的万国繁殖的人力），因而也可能产生第一次城市与农村的分裂，产生城市支配农村的历史，尤其是在政治上两者不可分裂的历史；然而如果说没有铁器就能进入封建社会，农村成为出发点，自然经济之下的农业和手工业结合起来支配城市，那便是奇谈。正如虽没有实行电气化，但是利用共有生产资料和自觉的集体劳动力，有计划地消灭城市和农村的对立，以建设社会主义是可能的；然而没有大工业的"工作机"革命，却在农村废墟上建立社会主义，那同样是民粹派的奇谈。

西周虽然没有发现使用铁器，但是从春秋到战国，渐由一两国（齐、楚）使用，而后及晋和各国。劳动工具改善了劳动条件，并且进一步准备了改变生产资料所有的条件。

西周社会不见有牛耕的记载，主要是"千耦其耘"的滥用人力的耦耕制。究竟春秋何时开始用铁，也难判断，但是据《论语》所载，"犁牛之子骍且角，虽欲勿用，山川其舍诸"，牛既然用于耕田，铁器可能已经发明。

江淹《铜剑赞序》说："春秋迄于战国，战国迄于秦时，攻争纷乱，兵革互兴，铜既不克给，故以铁足之，铸铜既难，求铁甚易，故铜兵转少，铁兵转多。"

《左传》昭公二十九年说："遂赋晋国一鼓铁，以铸刑鼎，著范宣子所为刑书焉。"

《荀子·议兵》篇说："楚人……宛钜铁钺，惨如蜂虿。"

《国语·齐语》也说："美金（铜）以铸剑戟，试诸狗马；恶金（铁）以铸锄夷斤斸，试诸壤土。"

此外传说的干将、莫邪的制造，也都是冶铁术。[①]

据此，铁器在春秋已经发明，也有可能开始用在耕田方面。

---

① 《吴越春秋》。

战国"尽地力""修耕战"，大概是铁器使用的普及时代。

《孟子·滕文公上》说，"许子以釜甑爨，以铁耕乎？曰然。"《史记·货殖列传》说，"蜀卓氏之先，赵人也，用铁冶富。"《荀子·议兵》篇有"楚人……宛钜铁钝。"《韩非子·五蠹》篇有"铁铦短者及乎敌"。《墨子》书中铁器更多，可是都在可疑的伪篇里面，如《七备》诸篇。《管子》是伪书，但是有的材料可当作战国末世到秦、汉之际的传说去看待。如《轻重乙》篇说："一农之事，必有一耜、一铫、一镰、一鎒、一锥、一铚，然后成为农……一女必有一刀、一锥、一箴、一针，然后成为女。"不但有这样的铁器工具，而且还"必有"，才具有农民的身份，并且男女都"必有"，更是农业和家庭手工业的结合，正是指出封建社会起源的特征。

春秋时代的铁器和公子皆富、公室皆卑相应，战国时代的"礼堕修耕战"（铁耕）和土地私有的转化相应。然而土地私有倒不是像有些人所说"乃封建特征"，而是古代社会的第二阶段的特征。相反的，劳动工具归农民所有，由于小私有的发展使农业和家庭手工业相结合，使农民束缚在土地上面，这些才是封建社会的经济条件。

（二）西周的土地国有制（生产资料的氏族贵族专有）

我们在西周的可靠材料中，没有看到劳动工具属于农夫所有的一点痕迹；反之却有充分材料证明人鬲、农夫是和劳动工具同等（价值还要低些），被贵族所任意赐予或分赏。

人和田并锡，是在金文上屡屡提到的，如臣十家、田十田，上面已经引过了。既然人是按照族数（七族、六族、九宗、井族人、迁族人等）分锡给氏族贵族，成为他们所专有，那末，古代社会生产的基础的农村土地，是什么所有性质呢？

在这里我们不用多费笔墨，来辨别《周礼》的田制和孟子的井田理想的真伪。为了简捷了当起见，只根据金文和《诗经》的材料来说明。

金文如《克鼎》，锡田是按照旧有部落说的（引文见前），所以锡人也按照族名集体来说。如《卯殷》、《不娶殷》等，锡田是用数目计算，所以锡臣也用家数计算。如《召尊》，锡田是按里计算，"赏毕土方五十里"，这和《克鼎》锡地类似。又如锡田按照邑来计算（见上引《子仲姜镈》），锡田按县来计算（见上引《齐侯镈钟》），都是春秋以后的事，和《左传》所记的赐邑相类。

《中斋》有"今贶畀汝福土，作乃采"，这和"先王命汝作邑"相类。统治阶级的作邑、封邑是对于土地和人民两者的专政设计，不是封建，详论见前。

这种锡田，正像《散氏盘》的封田，四边有树封的界限，但是不是土地私有制呢？不是的。

土地国有制是周代的特点，所谓"莫非王土"。《大盂鼎》所谓"相先王受民受疆土"。这种受土的所有制形式是氏族贵族所有制，土地是不能自由买卖的。周金《沈子殷》："休沈子启肇田"，下面说，"用飨己公，用络多公，其孔哀乃沈子也唯福"。① 这就是土地是氏族贵族所专有的说明。

西周时代，不论是在丰在镐在洛的封邑受田，不论是关于殖民的诸国封略、作城分鄙，第一要义都是城市和农村的分裂，"实墉实壑，实亩实藉"②，依靠城市支配农村，又利用氏族关系来使城市和农村相统一，土地所有制却在这种"建邦启土"的前提之下，由于氏族贵族独占，生产力难以发达，不能产生典型的生产

---

① 参看《两周金文辞大系考释》，第47页。
② 《诗·大雅·韩奕》。

资料私有的显族。生产资料既然属于氏族贵族所有，因此所得形态，便是"公食贡，大夫食邑，士食田，庶人食力"，所以赋税和地租无法分别。刘师培也说，中国古代是土地国有制，贵者即是富者。

《诗·大雅·公刘》篇说，"度其隰原；彻田为粮"。彻，显然不是孟子所说的彻法（至于助法、贡法，连孔子也因文献不足征而不知道），乃是垦辟的意思，《古史辨》已经说过了。作邦必须"大启尔宇"，这种所有形态，《诗·周颂·载芟》篇说得很明白：

> 载芟载柞，其耕泽泽，千耦其耘，徂隰徂畛，侯主侯伯，侯亚侯旅，侯彊侯以。

生产物是"获之挃挃，积之栗栗，其崇如墉，其比如栉。"[1]这和"百室盈止"的劳动者并列，并没有什么彻法。

到了大量收获的时候，所得是和祖妣对着说的，已经是氏族贵族所有的说明："丰年，多黍多稌，亦有高廪，万亿及秭。为酒为醴，烝畀祖妣，以洽百礼，降福孔皆。"[2]

土地国有如《诗·周颂·桓》篇所说，"绥万邦（劳动力的来源），娄丰年（生产资料的所得），天命匪懈。桓桓武王，保有厥土。"《诗·小雅·信南山》篇也说，"信彼南山，维禹甸之。畇畇原隰，曾孙（贵族）田之，我疆我理，南东其亩。"

《周礼》所谓"营国，左祖右社"，《小雅》所谓"以社以方"，其中禘祖的意义是推尊氏族的先公先王，至于用"社稷"来代替国家的名称，正是指在公社的遗迹上实行氏族贵族所有制的形式。祖天社地，是后人的说法，但这是很符合于古制的。《荀子·礼论》篇："礼，上事天，下事地；尊先祖而隆君师。……社止于诸侯，

---

① 《诗·周颂·良耜》。

② 《诗·周颂·丰年》。

道及士大夫。"《说文》："社，地主也"；《孝经·纬》："社，土地之主也"。这些材料和春秋时代大量赐"社"的记载相合。

地主又是奴隶主，"主"字金文像灯，作𠃍，即是一切光明所寄托，顾亭林的《日知录》中说："春秋时称卿大夫曰主。"注云："《周礼·太宰》九两：'六曰主，以利得民。'注：'郑司农云，主谓公卿大夫。'"

《书》言"诞作民主"，即是作奴隶之主。民是贵族子子孙孙所世享的，如"殷民世享"。周代"作新民"一语的意义，前人没有解说，这个新字即是前无古人的"新"，即是器惟求"新"的周人的创作，和作新邑东国洛的"新"，同是文明社会的特征，是周人所发现的。

以下我们再说《小雅》"甫田"的意义。

国、野（城市和农村）经界的划分，诸侯有国，大夫食邑，君子居国，小人狎野。这种性质和希腊、罗马一样，城市支配着农村，但从统治关系方面讲来，城市和农村又是不可分裂的统一，这是亚细亚特殊的地方。

公族大夫把四鄙的土地掌握在自己手中，而且设置"宰"官来治理庶民，直接占有群室，在经济的意义上讲来，"诸侯的营垒便成赘疣"了。中国古代文献和马克思讲的亚细亚古代的规律是相符合的。国野对峙虽然是周索，可是历史不一定就那样齐正，所以国中尤其是郊外也可以有一部分土地供耕种，大夫的邑到后来却更要向城市的地位发展。

国中的田虽少，但是也有小规模的耕田，因此，孟子有"国中什一使自赋"的说法，在城市的大范围内（国中），城市和农村是难以分裂的。反过来看鄙野，固然绝大部分的土地成为国的产业的基础，但是大夫的"邑"却由于统治的便利逐渐具备城市的地位，然而在一国一城的礼法制度上，却又不容许它成为都市，因此邑也就是不可分裂的城市和农村。

我认为甫（大）田、大田是鄙野的公田（氏族贵族所专有之田），南亩、十亩却可能是小生产市民如百姓、国人、士人所使用的田（即使有所谓授田制度，恐怕也只限于国中），后者当然是从属的土地所有制度，起支配作用的还是前者。西洋古典社会，也不是清一色的，自由民也有它们的一份。

　　无田甫田，维莠骄骄，无思远人，劳心切切！无田甫田，维莠桀桀，无思远人，劳心怛怛！①

　　十亩之间兮，桑者闲闲兮，行与子还兮。十亩之外兮，桑者泄泄兮，行与子逝兮。②

大田是广大的土田，十亩是近郊的园地。前者是对庶民说的，后者是对国中的国人（自由民）说的。比较明显的是《小雅·甫田》的材料：

　　倬彼甫田，岁取十千，我取其陈，食我农人，自古有年。今适南亩，或耘或耔，黍稷薿薿，攸介攸止，烝我髦士。

甫田和南亩是相对说的，一个在野，一个在国中，对待农人和对待髦士，也大有区别。髦士，《大雅·文王》篇有"古之人多髦，誉髦斯士"，我认为这是指一部分国人，即是自由民。

　　大田多稼，既种既戒，既备乃事，以我覃耜，俶载南亩，播厥百谷，既庭且硕，曾孙是若。③

上面这篇诗所说的"大田"和"南亩"，当指同篇下两章"公田"、"私田"的区别。"南亩"大概由于自由民的经营，把百谷改良得"既庭且硕"，可以作为野鄙大田的种子，所以下文接着说

----

① 《诗·齐风·甫田》。
② 《诗·魏风·十亩之间》。
③ 《诗·小雅·大田》。

"彼有不获穉，此有不敛穧；彼有遗秉，此有滞穗"的关联诗句，不仅指着天雨无私。

还有一点要说明的是，古代公、私的意义和现代不同。"公"是指的大氏族所有者，"私"是指的小宗长所有者，"公"指国君以至国事，"私"指大夫以至家事。所谓"私肥于公"，是政在大夫或"政将在家"的意思，私并不是私有土地的私，孔子"张公室"，抑世室，就是为国君争权，这是应当分辨的。

因此，"雨我公田，遂及我私"，这"私"也不是自由买卖的私有土地，至多是在大量鄙野土地以外的自由民所使用的小块田地。那土地生产资料的主要所得形态如"乃求千斯仓，乃求万斯箱"，却是"曾孙（贵族）之稼"，"曾孙之庾"。

这样看来，土地是西周的主要生产资料，这种生产资料的所有形态是"国有"或"曾孙田之"的氏族贵族所有制。在周金铭文中和最早的《周颂》历史诗里没有"私"的现象。《小雅》的时代晚得多，因此它所指的，已经相对地改变了周公的制度。

（三）春秋时代生产资料所有的变化

春秋时代的田制变化，在《左传》、《国语》等书中，有鲁宣公十五年的"初税亩"和"相地而衰征"等文。但古书异常简略含混，可以得出各种各样的解释，要研究清楚是很难的。文章的意义不但古人孟子和朱子所见不同，后人所见更大有出入。

"初税亩"，《左传》只说，"初税亩，非礼也；谷出不过藉，以丰财也。"在这里，田制开始（初）变化是没有问题的，可是这种变化并没有达到支配的地位，只是一国的现象，这也没有问题。问题是在于什么样的变化？能否实行？（如春秋末年哀公还问有若，"年饥，用不足，如之何？"正指变化无定的情况。）

"履亩税"是"非礼"的，不但春秋中叶成为问题，而且在春秋末年关于赋税，孔子还说"有周公之藉"（见《国语》、《左传》），也成问题。我们知道东周仍然是拿氏族做基本单位，还没有用地域做基本单位，没有生产资料（土地）的私有制，不但不能尽地力，而且不能爱护地力，以致动不动便要迁国，更不惜放弃过去所耕的田了。著者认为，税亩的制度，是由下面开始和土地结合，至少大夫是和土地结成相对的难以分离的状况，这是没有什么问题的。

西周的生产力虽然低弱，但是劳动力却有广泛的部落来源，又由于殖民的"启宇"，还可以向外面取得生产资料，因而古代的"封国"就成为历史的必然了。到了西周中叶以后，周宣王已经受到"不藉千亩"却去"料民"的批评，显然，那时生产力遭到维新关系的束缚。当时氏族间的征战连年不息，不但国费增加，而且影响了生产，《小雅》的记载甚多，例如《小雅·出车》有所谓"忧心悄悄，仆夫况瘁"。《小雅·杕杜》也说："有杕之杜，有睆其实，王事靡盬，继嗣我日，日月阳止，女心伤止，征夫遑止！""有杕之杜，其叶萋萋，王事靡盬，我心伤悲，卉木萋止，女心悲止，征夫归止！……"

到了春秋，征战更多，有人统计在242年之间（纪元前七二二——前四八一年），共有297次氏族战争。《诗·唐风·鸨羽》说："王事靡盬，不能蓺稷黍。父母何食？悠悠苍天，曷其有极！……王事靡盬，不能蓺稻粱。父母何尝？悠悠苍天，曷其有常！"

春秋有"兴灭国，继绝世"的礼，因此劳动力的来源减少，同时殖民也到了饱和状态，土地扩张受到限制，各国又要在"救患救灾"相对的互助之下，供给维持生活的资料。所以，为了挽救生产力的低落，便要改革旧制，劳动者就有和土地结合的必要，奴隶便渐渐升到隶农的地位，这正是农奴的过渡形态。

春秋时代的大夫和劳动者都和土地发生紧密关系，可以从下面的特征看出来：

第一，大夫得到的赐邑，是土地和庶人两者在一起，这和西周的田和人分开是不一样的。

第二，大夫之间的氏族内战的对象，是争邑、兼邑，并在有些国家内部，贵族们兼邑之后组织成县（人民悬而不离）。如《左传》说："晋韩宣子卒，魏献子为政，分祁氏之田以为七县，分羊舌氏之田以为三县。"

这样产生了税亩之制。税亩虽然不是氏族贵族的礼制，却也不能骤然说这是什么纳物地租。因为隶农的条件首先是"不移于土地"，齐国"相地而衰征"的制度也在于"使民不移"，挽救劳动力本身的再生产，向小农生产开始转变（如罗马）。

有些人引晏子和叔向的谈话，以"民三其力，二入于公，而衣食其一"，解释春秋田制的变化，却不知道上下文主要都是说大夫富有，有显族的变态形势。请看：

> 叔向曰，齐其何如？晏子曰，此季世也，吾弗知，齐其为陈氏矣。公弃其民而归于陈氏。齐归四量，豆、区、釜、钟。四升为豆，各自其四，以登于釜，釜十则钟。陈氏三量皆登一焉，钟乃大矣。以家量贷，而以公量收之。……民参其力，二入于公，而衣食其一。公聚朽蠹，而三老冻馁，国之诸市，屦贱踊贵。民人痛疾，而或燠休之，其爱之如父母，而归之如流水，欲无获民，将焉辟之？

这是齐国大夫陈氏的半显族形势。接着叔向自己说出晋国的同样情形：

> 叔向曰：然。虽吾公室，今亦季世也。戎马不驾，卿无军行，公乘无人，卒列无长。庶民罢敝，而官室滋侈，道殣相望，而女富溢尤。民闻公命，如逃寇雠。栾、郤、胥、原、狐、续、庆、伯（诸族），降在皂隶，政在家门，民无所依，

君日不悛，以乐慆忧，公室之卑，其何日之有！

晏子又问那末该怎样才好？叔向说：

> 晋之公族尽矣！肸（叔向名）闻之，公室将卑，其宗族枝叶先落，则公室从之。肸之宗十一族，唯羊舌氏在而已，又无子，公室无度，幸而得死，岂其获祀！[①]

陈氏"以家量贷，以公量收"的情况，和希腊土地集中时代，奴隶和主人的关系表现为债权者和债务者的关系，是相似的。至于三分之二入公，又很像希腊小农转化为奴隶时代的六分之五交租。[②]

氏族贵族没落，由显族贵族代替，这是西洋古典社会的正常历史。春秋的富子，是由公室到世室。虽然也是一样的蓄积财产（季氏富于周公；孔子以富而好氏族的礼制为难，所谓为富不仁；孟子以不施仁政而富，是富桀），但是世室仍然建立在小宗族的基础上面，没有像在希腊打破氏族制变成地域性的国民。

春秋大夫和国君以及大夫和大夫之间的阶级内讧，说明了财产所有的变化，逐渐分散在占有土地生产资料的小宗族手里。但是这种变化（兼室、夺邑）通过春秋时代都在过渡的状态，没有形成"土地私有"的显族贵族，这是应当注意的。所以春秋时代的生产资料所有形态，基本上还是继承"周公之藉"，所起的变化乃是由大氏族向小宗族的土地所有。隶农的过渡形态的萌芽，产生税亩和地征，并不能由此决定封建社会生产方式已经出现。

（四）郡县制的产生及其前途

郡县制度是由春秋到战国逐渐发生发展起来的，到秦商鞅便

---

① 《左传》昭公三年。

② 参看《家庭、私有制和国家的起源》，第107页。

用法令正式改革。

春秋时代的周金有锡"三百县"的铭文，上面所说晋国也有兼邑成县的事实。郡县的县指"悬而不离土地"，郡指"人以群聚为郡"（《史记》）。西周生产者合起来是以族为单位，分开来也是家室的制度，因此他们的游离状况好像牛群、羊群，大夫必须设宰官来治理他们。到了春秋时代，这现象还是存在的。有人作过统计，孔门弟子中作宰官的不在少数。生产者无疑是没有和土地密切结合。但是，春秋时代的生产者，已经减少了大规模的移动，而和土地一起构成固定的"邑"。到了县、郡发生，生产者便就其氏族的所在地，开始被束缚在土地上面。由于当时生产者还没有成为农民，乃是家族奴隶，因此成县成郡也是就他们固有的血族纽带，来和土地连结。因此，后世中国家族的姓氏组织，以及某姓是某郡的连带关系，还保存着氏族公社的遗迹。《国语·齐语》载管仲家、轨、里、连、乡的征兵制度，虽难确信，但由邑成县成郡的氏族纽带，却是后世三老五更、三长制以至保甲制的渊源，同时也是封建社会地主阶级加重剥削的基础。

土地生产资料所有制的长期转变经历了艰难的过程，到郡县的成立，才产生中国不合法的土地私有制。这种制度在中国古代，在地域上是由晋、楚、秦三国开始的。渐渐地普及于各国，在时间上是从春秋中叶以至秦并六国慢慢地发展而来的。不到商鞅变法的时候，这种制度也还不能看成是支配的形态（《拿破仑法典》对于近代也是如此）。生产资料的土地公有向私有转化的过程，从未合法的私有到合法的私有的过程，是和劳动者从束缚于邑到束缚于郡县的过程，奴隶转化成为隶农的过程以及从他们未合法的私有工具到合法的私有工具的过程，都是相适应的。

郡县的起源和发展，时间很长，顾亭林《日知录》说：

《汉书·地理志》言：秦……不立尺土之封，分天下为郡县，荡灭前圣之苗裔，靡有孑遗。后之文人祖述其说，以为废封建，立郡县，皆始皇之所为也。以余观之殆不然。

按照顾氏的统计，参以《左传》、《国语》等，列举事例如下：

晋襄公以再命，命先茅之县赏胥臣。（僖公三十三年）

楚子县陈。（宣公十一年）

郑伯逆楚子之辞曰，使改事君，夷于九县。（宣公十二年）

晋侯赏士伯以瓜衍之县。（宣公十五年）

韩献子曰，成师以出，而败楚之二县。（成公六年）

（蔡声子曰）晋人将与之县，以比叔向。（襄公二十六年）

绛县人或年长矣。（襄公三十年）

宣子曰，晋之别县不惟州。（昭公三年）

（蓬启疆曰）韩赋七邑，皆成县也。……因其十家九县……其余四十县。（昭公五年）

（叔向曰）陈人听命，而遂县之。（昭公十一年）

晋公祁氏之国，以为七县，分羊舌氏之田，以为三县。（昭公二十八年）

（简子伐陈，誓曰）克敌者上大夫受县，下大夫受郡。（哀公二年）

（子毅曰）彭仲爽，申俘也，文王以为令尹，实县申、息。（哀公十七年）

夷吾谓公子絷曰，君实有郡县。①

智过言于智伯曰，破赵则封二子者，各万家之县一。②

① 《国语·晋语》。
② 《战国策·赵策》。

> 武公十年，伐邽，冀戎，初县之；十一年初县杜、郑。①
>
> 王余祭三年……予庆封朱方之县。②

县的发生比郡更早些，它是楚、晋、秦三国的制度，郡主要在战国时代发生，由秦、晋开始。《日知录》说：

> 《史记》，吴王发九郡兵伐齐，范蜎对楚王曰，楚南塞厉门，而郡江东。甘茂谓秦王曰，宜阳大县，名曰县，其实郡也。春申君言于楚王曰，淮北地边齐，其事急，请以为郡便。《匈奴传》言，赵武灵王置云中、雁门、代郡。燕置上谷、渔阳、右北平、辽西、辽东郡，以拒胡。又言魏有西河、上郡，以与戎界边。则当七国之世，而固已有郡矣。……史言乐毅下齐七十余城，皆为郡县。而齐湣王遗楚怀王书曰，四国争事秦，则楚为郡县矣。张仪说燕昭王曰，今时赵之于秦，犹郡县也。……周武王仅八百国，春秋时见于经传者百四十余国，又并而为十二诸侯，又并而为七国，此固势之所必至，秦虽欲复古之制，一一而封之，亦有所不能。

上述材料说明：

（1）郡县制度已经破坏了西周的都鄙制度。

（2）县在秦、楚、晋三国开始，晋是所谓"疆以戎索"的，和秦、楚很类似，和齐、鲁、卫、郑"疆以周索"不同，所以改变是由"周索"不严的各国开始。

（3）置县不论是由于国内的氏族兼并或国外的氏族灭国，和西周到春秋初年的俘虏族奴、殖民封国，显然是有区别的。它是在地域单位上保有生产资料的劳动者，从没有具备私有土地的情况看来，这比希腊显族落后。从劳动力的恐慌（春秋的三桓分室

---

① 《史记·秦本纪》。

② 《史记·吴太伯世家》。

是由于鲁公失民；战国时代担心"寡人之民不加多"，比欧洲第三世纪危机更严重）来看，春秋首先"求庶"，奴隶却反而逃亡，如"晋国之盗逃奔于秦，羊舌职曰……善人在上则国无幸民，谚曰民之多幸，国之不幸也"[①]；战国时代是"老弱转乎沟壑，壮者散于四方"，"民有饥色，野有饿莩"，统治阶级的利害关系迫使着必须把奴隶和土地结合来尽地力，客观上就有了隶农形态的萌芽，这比希腊显族阶段要进步些。

（4）县成聚富庶，郡荒陋近戎夷，在春秋末年县比郡肥，后来战国才由于设置郡守县令，把县统属在下面。

在郡县成立的缓慢过程中发生了隶农形态，所谓"其犹隶农也"[②]，这问题还是著者十年前的主张，最近因详读古文及古史论诸范作，更加相信这个假定。隶农是过渡形态，在罗马更有显著的例子。恩格斯说：

> 以奴隶劳动为基础的大土地所有制经济，再也不是有利的了；然在当时，它还是大农业的惟一可能形态。现在，小农生产复成仅有的生利的形态。田庄依次区分为小的地面，租给缴纳一定租金的农民或者借给每年能得劳动生产额六分之一或仅九分之一的农民……他们虽不是奴隶，却仍非自由民，他们不能与自由民结婚，而且他们同阶级的婚姻并不被认为有效，仅同奴隶似的当做肉欲行为看待。他们实是中世纪农奴的先驱。[③]

然而，如果没有达到以农村为出发点的领地自然经济，那种形态还是过渡的，或先驱的，因为依据所得形态和所有形态来分

---

① 《左传》宣公十六年。
② 《国语·晋语》。
③ 参看《家庭、私有制和国家的起源》，第144页。

类，古代社会和中世纪有很大的分别。

> 雅典人与罗马人是按所得而分类，中世纪封建国家，政治权力则视现实的所有土地之量而规定。[1]

因此，西周时代如"岁取十千"，"万亿及秭"，如"我仓有庾，万亿斯箱"，"公食贡，大夫食邑"；春秋时代如"税亩非籍"，"二吾犹不足，如之何共彻"，"二入于公"，皆在"所得"上求解答，而赐邑在春秋中叶还受礼的"隆杀以两"的限制，如贤大夫子产不能不因之"辞邑"，来表示"所得"不能过大。

但是我们要知道，春秋的郡县仍然在萌芽形态，而且灭国获俘的都鄙制度还有支配的力量。战国初年墨子还说，入人之国，"民之格者则劲拔之，不格者则系操而归。大夫以为仆圉胥靡，妇人以为舂酋。"[2]

春秋时代，因为都鄙制度还很严密，因此主要还是侵夺田邑。如：卫伐郑，取廪延；郑公孙申疆许田；莒人伐鲁东鄙以疆郑田；季孙等伐邾，取漷东田及沂西田；晋侯伐楚，鲁取济西田；秦伐晋，取武城；楚伐郑，取成，齐侯取郓；以及鲁国南鄙北鄙被人所侵之类。

又由于内部氏族关系的束缚，生产力不能发展，于是在外部产生了"存小国"之礼。从东周初诸侯城楚邱而迁卫，后来齐人救邢把它迁到夷代，楚人把许迁到叶等等，事例很多。

春秋灭国，虽然有置县的事例，但所灭的国都是戎蛮夷狄。如：齐师灭潭；楚灭黄、灭夔、灭江、灭六、灭庸、灭舒蓼、灭舒鸠、灭胡；晋灭赤狄、灭潞氏、灭甲氏、灭肥、灭陆浑之戎、灭鼓；莒灭鄫；齐灭莱；吴灭州来、灭徐等等。

---

① 参看《家庭、私有制和国家的起源》，第165页。
② 《墨子·天志下》。

诸夏之国被灭的，如陈、蔡、许，却重新被"封"。楚灭陈，后五年又"封"陈；陈、楚灭蔡，后二年又"封"蔡。齐、鲁、郑灭许，郑国消化不了，叫许叔恢复社稷，后来再灭许，又使许复国。

战国便不同了，内部生产力有了发展，容纳别国的劳动力也有了条件，因此，诸侯兼并，成了七国，最后都被秦兼并了。

春秋"封国"的礼制证明氏族贵族的阶级地位还是有保障的，战国灭国设置郡县的变法，一方面产生了变种的显族贵族，他方面酝酿出土地小私有的形态（如李悝的经济政策，见后）。现就郡县在战国继续发展的情况，列举如下：

惠文君十年魏纳上郡十五县。十一年县义渠。后九年灭蜀国为蜀郡，后十三年取楚地置汉中郡。昭襄王二十二年伐齐河东为九县，二十九年取楚国的郢置南郡。三十年取巫郡及江南为黔中郡。三十五年置南阳郡。四十四年取韩南郡。庄襄王元年，灭周、伐韩，置三川郡，四年攻上党置太原郡。始皇五年拔魏二十城置东郡，十七年灭韩以为颍川郡，十九年灭赵以为邯郸郡，二十二年灭魏以为砀郡，二十四年灭楚以为楚郡，二十五年降越以为会稽郡，二十六年灭齐以为琅邪郡。

（五）商鞅变法的历史转变

郡县制到商鞅变法的时候，不但"荡灭前圣之苗裔，靡有孑遗"，冲破了氏族制，而且显族在长期的转变中，其阶级地位也已取得保证。因此，战国时代有些类似希腊文化的发展情况。同时"隶农"形态的萌芽，也孕育着"自然经济，土地束缚，人格的政治隶属"等等封建的因素。

名词上是"废封建"，内容上却是废除西周以来城市和农村的关系，企图开始建立另一种以农村为出发点的关系（郡县）。秦孝公时代算是有些中古封建社会萌芽，经过始皇时代类似罗马帝国的统一，到汉武帝才以法典的形式真正开始了封建社会的前途。同时，一系列的解放奴隶令也在汉代进行着。

商鞅的口号是"治世不一道，便国不法古"，一开始就和秦国的氏族贵族甘龙、杜挚诸人斗争。他是"内不私贵宠，外不偏疏远"，和先王之度（礼别）对立。他的要政，据《史记》所载："民有二男以上不分异者倍其赋"（近似隶农），"大小僇力本业耕织，致粟帛多者复其身"（强调自然经济），"令民父子兄弟同室内息者为禁"（改革生产者的身份），"有军功者各以率受上爵，为私斗者各以轻重被刑"（非礼也），"明尊卑爵秩等级各以差次"（等级制的萌芽），"名田宅臣妾衣服以家次"（私有性质），"宗室非有军功论不得为属籍"，"有功者显荣，无功者虽富无所芬华"（打破氏族贵族的阶级区划），"为田开阡陌封疆（破坏氏族所有制），而赋税平"，"集小都乡邑聚为县"（废公族单位），"平斗桶权衡丈尺"（废公族的单行法）。但商鞅的变法仅是阶级斗争过程中的历史悲剧，韩非所谓"能法之士"与"重人"是"势不两存"的。氏族贵族的势力还是很大的。

对商鞅的历史评价，后代有不同的看法。司马迁称他：

> 行之十年，秦民大悦，道不拾遗，山无盗贼。民勇于公战，怯于私斗，乡邑大治！[①]

董仲舒则说：

> 秦……用商鞅之法，改帝王之制，除井田，民得卖买，富者田连阡陌，贫者无立锥之地。……邑有人君之尊，里有公侯之富。……力役三十倍于古，田租、口赋、盐铁之利二

---

① 《史记·商君列传》。

十倍于古，或耕豪民之田，见税什五。[①]

朱熹说：

> 阡陌之地，切近民田……是以……尽开阡陌，悉除禁限，而听民兼并买卖，以尽人力，垦辟弃地，悉为田畴，而不使其有尺寸之道，以尽地利，使民有田，即为永业……使地皆为田，而田皆出税……[②]

由此，我们知道所谓井田，就是贵族专有土地，废除井田便产生土地经营的小生产制了。设郡县和开阡陌是相连的，一是推翻氏族贵族，使土地不合法地私有，并且进到小生产制，二是使生产者由奴隶逐渐变成隶农，来维持劳动力的再生产。对于"人力"和"地利"的注意，在战国是和春秋不相同的。商鞅变法，在这两点上开始使生产资料和劳动者进一步编制，使生产力得到发展。

商鞅变法，设置郡县，意味着地域单位的成立，使生产者依据他们氏族集团的所在地，固定不移。

到秦始皇时代，废除"封建"制度，彻底扫灭古代的城市，和西洋中古毁坏城市国家一样。始皇三十二年刻碣石门说：

> 皇帝奋威德，并诸侯，初一泰平，堕坏城郭，决通川防。

"堕坏城郭"无疑具有中古以农村为出发点的萌芽，吕思勉关于这点，可称读书得间。他说：

> 《始皇本纪》但言销兵，《李斯传》则云："夷郡县城，销其兵刃……"贾生言秦"堕名城"（《始皇本纪赞》）。《秦楚之际月表》曰："堕坏名城，销锋镝"，《叔孙通传》，通对二世问曰："夫天下合为一家，毁郡县城，铄其兵……"严安上

---

① 《汉书·食货志》。
② 《朱子大全》卷七十二《开阡陌辨》。

书：言秦"坏诸侯之城，销其兵……"《汉书》本传则夷城郭
实与销锋镝并重。[①]

秦、汉之际夷毁城郭，是和西洋罗马灭亡时代的古代城市的
毁灭有相同的意义。

从战国到秦统一，这样的大变革时代，秦、楚两个后起的国
家，都是没有被"先王建制"严密封锁的国家。这两个国家事实
上都早已脱出氏族桎梏，自由发展。例如秦早就在武公"十年伐
邽冀戎，初县之"，孝公置县令。楚在鲁宣公十二年就击败陈，把
陈改作楚国的县。它们不像其他国家的逐渐自然递嬗，如郑国七
穆，鲁国三桓，齐国的田氏，缓慢地进行合法的转移。

荀子很赞美秦国，夸它民俗朴素，官吏忠实，大官守法，朝
廷清静，认为是最好的政治。楚国要想抗秦，主要归结到推翻没
落贵族的专政来挽回人民的"离心"。然而，这一变革，就因为是
亚细亚的历史，所以艰巨难产。秦国虽然统一天下，但毕竟是从
旧的氏族国家改造的，很多法制是对旧公族政治妥协的，因此，
商鞅变法使秦强盛，反而遭受公族的惨杀。秦定六国后还想因袭
分封诸子的制度，使群臣会议，只有李斯主张郡县制。他说："诸
子功臣以公赋税重赏赐之，甚足易制，天下无异意，则安宁之术
也；置诸侯不便。"[②] 稍后，在反秦战争中，楚国旧族由项羽领导，
还做了一番回光返照的活动。汉高祖争天下，开始也还适应公族
旧势力，捧出六国之后的偶像作为护身符。在他取得天下的时候，
却大骂那些劝他立旧贵族的臣子，说他们几乎把他的大事弄糟了。
秦始皇、汉高祖对于氏族不能容忍，然而对于新兴地主却满不在
乎。例如王翦"及时以请园池为子孙业"，始皇大笑，与以善田。

---

① 吕思勉：《秦汉史》，第6—7页。

② 《史记·秦始皇本纪》。

萧何为相，"买田宅数千万"，别人都替他担忧，可是刘邦知道了却安之若素。反之，韩国旧族张良，却很快变得消极了。

从这里我们得出了中国古代社会生产方式的特征，即劳动力和生产资料的结合，在时代变革中有以下的发展和变化：

从西周到春秋，"体国经野"、"都鄙有章"，是城市和农村的第一次分裂；"作邦"、"封国"、"宗子维城"，是城市支配农村的历史；曾孙公田、封树赐田，是氏族贵族的土地国有制；族奴专有、家室分赐，是集体劳动者的所有制。至于从战国初期到秦统一，废封建置郡县，是城市和农村的显族发展形态；开阡陌，尽地利，是以农村为出发点的萌芽；废除分封诸子的制度，实现土地的私有和买卖，是中古小单位生产的课题；农具小私有和尽地力并且使人力束缚在土地上面，是隶农以至农奴转变的历史。

中国封建社会土地所有制形式的问题

——中国封建社会发展规律商兑之一

一

中国封建社会史的重要问题，也如中国其他社会发展阶段的重要问题一样，首先是人类在生产过程中的相互关系，即（甲）生产资料的所有制形式；（乙）由此产生的各种不同社会集团在生产中的地位以及它们的相互关系……；（丙）完全以（甲）（乙）二项为转移的产品分配形式。所以，研究中国封建制度，并不是从超经济的强制入手，而是从封建土地所有制入手。（参看斯大林《苏联社会主义经济问题》第65页）

研究中国数千年来的封建土地所有制，不是一件轻而易举的工作。我们既不能不利用历代的《食货志》、《文献通考》的《田赋考》，以及《治平类纂》的《田赋》等等历史文献，又不能不采取批判的态度以廓清一向被前人所误会的看法。我们既要理解封建土地所有制形式的一般规律，以作为研究的出发点，又要从中国封建历史上具体的土地所有制形式去发现其特殊的

* 原载《历史研究》1954年第1期。

规律。

什么是封建时代的土地所有制形式呢？它是历史发展中的一种经济范畴，它是一定的生产关系的表现形式，而完全依存于一定的经济条件的。列宁曾以劳役经济作代表形态，指出："既定土地经济单位的全部土地，即既定世袭领地的全部土地，分成了领主的土地与农民的土地；农民的土地作为份地分给了农民，农民……以自己的劳动与自己的农具耕种这些土地，从之获得自己的衣食。……农民的剩余劳动就在于他们用自己的农具去耕种地主的土地；这种劳动的生产品归地主所有。……农民在自己份地上的'私人'经济，是地主经济的条件，其目的不是给农民'保证'生活资料，而是给地主'保证'劳动人手。"列宁对此曾规定了四个必要条件为前提，即第一，自然经济的统治；第二，直接生产者被分与一般生产资料，而且使其束缚于土地；第三，农民对地主的人格依赖，且须有程度不等的"超经济的强制"；第四，小农经济的极端低下和墨守成规的技术状态。[①] 因此，封建的土地所有权，是某些人依靠封建的生产方式对于土地的垄断权。

这样的封建生产关系是"为全社会的构造，君臣关系的政治形态，简言之，各个时期的特殊国家形态，最内部的秘密和隐藏着的基础，显示出来。不过，同一的……经济基础，仍可由无数不同的经验上的事情，自然条件，种族条件，外来的历史影响等等，而在现象上，显示出无穷无尽的变异和差别来。不分析这各种经验上给予的事情是不能理解这一点的。"[②] 因此，

①　参看《俄国资本主义的发展》，《列宁全集》第 3 卷，人民出版社 1960 年第 1 版，第 157—161 页。（下同）

②　参看《资本论》第 3 卷，第 1033 页。

经济条件相同的经济基础，并非古今中外都是一色一样的，而是在现象上具有各式各样的差别，重要的问题是对于具体的条件作具体的分析。

马克思在分析劳役地租的末尾，着重地说明上述的差别性，并且还注意到一定的传习以至法律。他说："社会的统治阶级的利害关系，总是要使现状当作法律，成为神圣不可侵犯的，并且把它由习惯和传统而固定化的各种限制，当作法律的限制固定下来。"另外，马克思指出，为了使现状的基础不断地再生产，还须有调节与支配，以期相对地脱却偶然性或无定性。① 所以这些都是上层建筑对于经济基础的反作用的积极因素。

其次，同是地租（土地所有者把劳动力的超过支出额占为己有），也有各种形态，同是一类形态的地租（如劳役地租）也有极其多样化的形式。列宁在《俄国资本主义的发展》一书中，根据马克思的地租分析，以为"这种强制的形式和程度可以是极不相同的，从农奴地位起到农民不完全享有权利的身份为止。"在同书中，列宁反对民粹派对于前资本主义制度的虚伪的看法时，一方面把前资本主义形态的特点综合地得出这样的结论："前资本主义的乡村，乃是（从经济方面看来）小地方市场之网，这些小地方市场把极少的各类小生产者都联结起来，而这些小生产者是被自己孤立的经济、它们之间的大批中世纪障壁，以及中世纪依存关系的残余所弄得分散了的。"另一方面，他又指出这种分散性是多种多样的，数出了二十二类农民，"所有这一切类别都是以土地关系的历史，份地的多寡，赋税的多少等等而各不相同。"马克思列宁主义教导我们这样的综合与个别的分析研究，是我们研究中国

---

　　① 　参看《资本论》第 3 卷，第 1035 页。

土地所有制形式的典范。[①]

二

　　我们应该怎样理解中国封建制土地所有制的具体形式呢？马克思、恩格斯、列宁对于"亚洲式的土地所有制形式"的论断，在这里是首先应该注意的。

　　封建制的土地所有制形式，有属于私人的，有属于国家的，如马克思所说的"不管地主是私人还是国家"[②]。他把不隶属于私人，而隶属于国家的地租形态，是作为亚洲式的土地所有制主要的形式看待的。他说：

　　　　假设他们不是隶属于土地私有者，却像在亚细亚一样，隶属于既为土地所有者同时又为主权者的国家，地租和课税就会并在一起的，或者说，不会再有和这个地租形态不同的课税了。在这种情形下，政治上和经济上的隶属关系，就是对国家的臣属关系。……在这里，国家是最高的地主。在这里，主权就是全国的累积的土地所有权。在这里，没有土地私有权，不过对于土地有私人的和共同的占有权和使用权。[③]

　　我们从中国历史看来，这样的最高地主，就是皇族地主，也即马克思指的"国家（例如东方专制帝王）"，或"君王是主要的土地所有者"。他赐给农奴的土地使用权，这就是列宁所说的"亚

---

　　① 关于地租形态的区别，如劳役地租与纳物地租的区别，在于前者是"农民以其在地主土地上的劳动创造剩余产品"，后者是"农民在自己土地上生产剩余产品，并因受'非经济的强迫'而将其交给地主。"（《论马克思恩格斯及马克思主义》，第36页。列宁在别处对于"自己"二字打上注意号。）二者的区别不在于表面现象上是否以实物交租。因此，如把鲁宣公十五年"初税亩"之断为实物地租，似应商榷。

　　② 参看《资本论》第3卷，第1037页。

　　③ 同上书，第1032页。

洲式专制政府中的官吏的意志分配于农民的旧有份地。"[①] 这是古老的"亚洲式的土地所有权形式"。

马克思和恩格斯也曾经提示过，自由的土地私有权的法律观念之缺乏，土地私有权的缺乏，甚至可以作为了解全东方世界的真正的关键。政治史和宗教史的根源都在这里。

既然东方专制帝王的土地所有制形式是了解全东方情形的关键，我们就可以知道中国自秦汉以来的中央专制的经济基础了。在欧洲，中央集权是封建主义没落以至资本主义形成时期的产物，在中国早期封建就有了中央专制，这正表明了政治史之依存于经济基础——皇族垄断的土地所有制形式。历代党争的真实根源、中国历代君主之直接利用宗教而无皇权教权的分立的根源，也可以从这种经济基础上说明。这是我们研究中国封建社会史所必须先决的问题。

为了把问题弄明确，首先，我们要把各不同时代各不同阶级所要求的土地国有的意义区别开来。在封建社会，所谓土地为国家所有乃是皇族垄断，表现为亚洲式的古旧所有制度；在资产阶级的民主革命中，土地国有制是一种急进的纲领，表现为扫除封建所有制的彻底革命（废除绝对地租），而为无产阶级革命铺平道路；在社会主义之下，土地国有是"乡村里社会主义革命的第一个巨大的步骤"。

其次，我们要把各不同时代各不同阶级所要求的"均田"或"平均土地"区别开来。在封建社会内专制政府的所谓"均田"不是别的，正是亚洲式专制政府把农民束缚于份地的、免除农村人口流亡的、土地皇族领有而给使用权于农民的封建所有制形式。

---

① 参看《社会民主党在 1905 年至 1907 年第一次俄国革命中的土地纲领》，《列宁全集》第 16 卷，人民出版社 1988 年第 2 版，第 243 页。（下同）

在资产阶级的民主革命中，平均土地（除开民粹派式的小资产阶级的所谓社会主义幻想）是进步的政纲。

最后，我们要把中国封建史上的各阶级的"均田"理论和政策区别开来。从王小波、杨么的"等贵贱、均贫富"和李自成的"贵贱均田"到太平天国的"天朝田亩制度"，是农民革命的阶级斗争的要求。从董仲舒、李安世到苏洵等官吏的"限田"、"均田"、"井田"政策，是巩固皇权的"反动词调"；从黄梨洲到颜习斋的屯田、井田论，是启蒙知识分子对于近代世界的幻想。同样的"均田"的外表，而具有各不相同的阶级背景，如果混同起来，一概看待，那我们就会为传统观念所束缚，不能说明真实的历史。实际上中国历代的"均田"制度，不知迷惑了中外的多少学者！把王莽的"王田"制说成进步的改革政策，把董仲舒的"限田"论说成"伟大的政治家"的贡献，那就是只从表面上看问题。真正的问题是在于为谁均田，这才是重要的。

在这里，我们必须慎重地把实际上作为皇族地主所有制形式的"均田"制度弄清楚。它是古旧的东方土地所有制形式。它在中国历史上保持了很长的时期，原因正如马克思讲的"愈是适应于陈旧的传统（在农业上，传统的方式长久保持，在亚洲的农业与手工业的结合中保持还要长久），也就是说，占有的实际过程所遭受的变更愈少，那末，陈旧的财产形态就愈巩固，而集团一般地说也因之更为巩固"。① 顾亭林也说"官田自汉以来有之"，但他因时代所限，不知道"均田"是什么所有制。我们在晋代"占田"制之下看出的"课田"与"户调"，在北魏至隋唐"均田"制之下

---

① 马克思：《前资本主义生产形态》，用日知先生译文。这篇手稿包括了古代奴隶所有制、封建所有制以及资本主义所有制的萌芽形态，各句各段都有历史背景。读这篇手稿要和其他经典著作相证研究，否则容易弄错文句的所指性质。

看出的租庸调，正是拿法律把农业与家庭手工业的剩余产品结合起来，从而把自然经济巩固起来（租谓农业剩余生产品，调谓手工业剩余生产品）。"占田"与"均田"中的农民份地与国家土地的区划是十分严密的，其分配形式是在实物地租形态之下混合了劳役地租，多数的法律把剥削规定在对分制以上，即以剥削率而论，多是百分之百以上，这使陈旧的传统的对于劳动者的强制方式更加巩固，从而皇族地主集团的统治也就更加巩固。他们对豪强地主集团的斗争也就更加强而有力（南北朝至隋唐帝国时代，由北朝的传统制度的沿习，统一了南朝，这可以说明北朝的统治集团所走的路，是和南朝的统治集团所走的路相反的，南朝正是豪强地主集团的温床）。马克思曾经在实物地租的分析中，缜密地说明了实物地租是很少纯粹形态的，甚至在其实质上寻常是混合了劳役地租，他举的例子就是亚洲的封建社会。他说：

　　各种地租形态，会有无穷无尽的种种配合，因而成为不纯的，混合的，但我们对于这种种配合，也不能不深入研究。由于生产物地租的形态（那与一定种类的生产物和生产本身结合着），由于农村经济和家庭手工业的结合（那是实物地租必不可少的），由于近代完全的自给性（自耕农民的家庭大都是自供的），由于它和市场和生产运动及历史运动（那是在它以外的社会圈内发生的）相独立的事实，总之，由于自然经济的性质，这个地租形态，对于静止的社会形态，例如亚细亚的静止的社会形态，成了恰好的基础。在这个形态上和劳役地租的形态上，地租都是剩余价值的从而是剩余劳动的通例的形态，那就是直接生产者无代价地（在事实上还是强制，虽然这种强制已不复在旧时的野蛮的形态上表现）对土地（最必要的劳动条件）所有者所必须提供的全部剩余劳动的通例的形态。①

这一段精密的经典范例，是我们研究中国封建社会史的依据。从这里，我们知道，在中国中古社会的地租形态是复杂的，特别是以"屯田"、"均田"形式出现的地租形态，是混合了以"强制"为特征的劳役地租。尽管它们常是用租调的实物为准绳，但在法律上又是用空间的划分为依据，如若干亩为公租田以及若干亩为"永业田"等等。这也说明了凡是劳役地租长期存在的场合，社会形态就难于改变而形成所谓长期的静止状态。

三

上面我们依据马克思、恩格斯和列宁关于亚洲封建土地所有制形式的理论，知道中国中古封建是以皇族地主的土地垄断制为主要内容，而土地所有权的法律观念是比较缺乏的。这里所谓法律观念是指着所有权在法律上的思想，至于法律之外的事实是另外一件事。现在我们再进一步研究这一理论，是怎样地适合于中国历史的具体状况。

我们且把中国古代社会的宗法所有制形式（即马克思在《前资本主义的生产形态》中所指出的东方古代奴隶社会的土地公族所有）和由秦汉郡县制继承古代传统，而形成的中古皇族土地所有制形式两者之间的区别暂不讨论。这里，我们先说明"君主是主要的土地所有者"，这种制度是怎样地居于统治地位的。秦汉以来这种土地所有制形式是以一条线贯穿着全部封建史的，其所以是主要的，是指这种生产关系居于支配的地位，并不是说除此而外没有其他占有权的存在。相反地，这种主要的土地所有制形式，

———————————

① 参看《资本论》第 3 卷，第 1039 页。

是和许多领主占有制以及一定的私有制并存的。首先是豪强地主
（即《史记》、《汉书》所谓豪杰武断于乡曲）的"占有权"；其次
是农民当做自己土地的"使用权"（见上文引句），甚至有一定的
土地买卖权。豪强地主，即历代官修史书上公开责骂的豪族、豪
杰、豪强、豪门、豪民、权富、门阀、形势、形要、权势等，他
们如何形成并发展，因篇幅限制，难于在此论列。这里，先把他
们的性质说明：

（一）他们是秦汉以来郡县制（"人以群居为郡"，"悬而不离
土地曰县"）和农村家族组织的产物，是古代"名望"与"地望"
相结合的古代贵族的残余。秦汉帝王为了"强本抑末之计"，最注
意这些人物，他们曾经被优待，历次迁至长安，借以抑其势力。
唐宋以后"强干抑枝"的方法，也是这个传统。他们从最初就是
不合法的占有者，因为他们和皇族地主的土地所有制相矛盾，当
他们威胁到皇族政权的时候，他们的财产就可能被没收。汉武帝
听取董仲舒的天人三策，定于一尊，而不听取他的"限田"疏；
因为在经济对抗中还有经济的相互利用。但武帝在必要时又可以
把豪强的土地没为"公田"，如元鼎三年（公元前 114 年）"分遣
御史、廷尉、正监、分曹往即治郡国缗钱，得民财物以亿计，奴
婢以千万数，田、大县数百顷，小县百余顷，宅亦如之。"[1] 历代
的这样的斗争很多，王莽的"王田"制，则是想百分之百地实行
君主土地所有制，结果，他和农民在经济上对抗，又和豪族地主
在经济上对抗，短命的皇帝和他的武断措施是分不开的。

（二）历代旧史上所谓"内重外轻"，实质上就是指的"君主
是主要的土地所有者"居于支配的地位；所谓"外重内轻"，实质
上是指的豪族地主威胁着中央专制的君主土地所有制（例如南朝、

---

① 《史记·平准书》。

唐末）。这也反映到汉、唐、宋、明的党争史。① 另一方面，历代聪明的皇帝大都在强弱或本末之间，采取一定的优遇办法，以安定豪族地主的占有制，作为皇权与豪权的联系。因此，所谓"限"、所谓"占"，是以占有若干千顷的土地数目以及若干千"户数"的农民，为最高限额。依品级等而下之，以为官品吏民的占有规定，并非把土地一律为皇帝独吞；而独吞方式在事实上与理论上，也是不必要的并且是不可能的。例如汉高祖之得天下，因为依仗了六国"豪杰"之力不少，他就宣布过土地是可以和大家同享的，虽然他做了最高地主，乐得失态。因此，武帝时代，司马迁就看到豪强的力量不小，汉末甚至有了"名田"制度，但本末已倒置，形成了党锢。又例如宋高祖之得天下，取之过易，对于军权政权十分注意集中，而对于经济上的豪族占有权，则采取让步政策，以赌咒的方式，允许豪族各安其占有权的地位。后来北宋财政危机正与此有关。又例如经济上、文化上处于落后地位的民族的统治者取得天下（北魏等国，金、元等国），学习了汉族历史的传统，不能不依赖豪强士族的帮助，常以一定的法制去优礼他们。而且，按照其游牧生活的社会关系，一方面采取"均田"或"官田"的制度是比较顺利的，另一方面对于豪族地主的归顺，采取优遇的占有制也是比较利于统治的。这样的土地占有制，反映到历代皇权下的官僚制度，如汉之选举贤良（以"门阀为选"），曹魏之九品中正（"上品无寒门"），唐代以来之科举（最初在唐代含有改良政策，形成牛、李党争）。

---

① 唐、宋、明党争和前代党争是有区别的。宋代在豪族以外出现了庶族地主（所谓"工商权富之家"），王安石就代表庶族地主和宋神宗皇族地主联合，以打击豪强权势之家。而旧党则是企图造成皇族地主与豪族地主的联合，如文彦博（明白说要皇帝和士族相处，不要和人民相处）、司马光（明白大倡其贫富贵贱的阶级论，参看他的《论阶级》）。明末东林党、复社有着萌芽状态的自由市民性。

（三）历代豪门贵族的占田是有一定限制的，或者是不成文法的或者是成文法的（如汉之"各为立限，不使过制"的名田，晋之官品占田）。尽管说占田经常是逾限的，但占田在法律观念上是缺乏私有性质的，这种占有权也可以改变或者取消的，和西洋封建领主的"不纳不课制"也是不同的。

（四）从汉代董仲舒以来，历代史不绝书地都骂秦改三王之制，除井田，民得买卖，富者田连阡陌，贫者无立锥之地。这虽然有一面的事实，即豪强横夺，整个中古史没有例外，然而另一面的主要事实，即土地为皇族所有，却被所谓"名田""均田"的外表掩盖了。"名田""均田"是一种对于豪强地主斗争的法制以及传统的政策，实质上除了土地争夺之外，更重要的是对于农民的占有，历史上"括田"总是和"括户"并提的。东汉光武核田，首提"户数"，各代对于逃户亡户的搜括，正是和土地皇族所有制分不开的。马克思曾引用格林的话："在把一国征服之后，征服者接着要做的，是把人占有。"① 争取到劳动力，再给与名义上的独立农民以若干土地去使用（如"土断人户"），美其名曰抑豪强、均贫富，实则这就是马克思讲的，"直接生产者……独立地经营他的农业以及与农业相结合的农村家庭工业。……这些小自耕农民会自行组成一种多少带有原始性的生产共同体。因为，这所谓独立，是对名义上的地主说的。在这个条件下，那种为名义地主的剩余劳动，只有用经济以外的强制手段，不问他所采取的形态怎样，方才能够榨出"。② 因此，历代皇族地主和豪族地主之争取劳动力是一项激烈的斗争，史书记载特多。东汉末年大倡"名田"的时候，从政权争夺中，地方上豪族就出现了大量的"部曲家

---

① 参看《资本论》第3卷，第1031页。
② 同上。

族"，用来筑坞筑堡以自保，或归顺一个大豪族以割据。历代大攘
垦田增加而户口减少的时候，豪强门下就被发现了大量的荫户逃
户。秦汉以来都有户律，如在《唐律疏议》中规定了脱户法，离
开户籍的要受法律处分。这说明所谓"公田"的强制剥削程度，
并不下于豪族地主的占田剥削程度。其次，豪族地主的力量之所
以存在，除开历史原因外，皇族地主对于他们是作为对抗者，同
时亦作为政权的辅助者和支持者。只看史书上所载的皇帝与士族
的政治关系就会明白的。（本文重点不是论豪族地主，故仅仅从比
较上说明。其实历史上的"兼并"的豪族地主，正是列宁所称的
"家长制的农村生活的东方野蛮制度"。这也就是"上品无寒门"
的宗法残余制。）

　　在中国封建社会史上，这种皇族土地所有制形式分做两个阶
段，前一阶段从秦汉起（约公元前 3 世纪中叶）到唐代开元、天
宝之末（约 8 世纪中叶），后一阶段从唐代安史之乱（约 8 世纪中
叶）到清初（约 17 世纪 70 年代）。封建社会内部的这两个阶段，
不但从土地所有制形式的经营方面有区别，而且相应于这种所有
制形式经营的某些社会变化，在政治以至文化学说上亦产生了若
干变化。前一阶段的这种土地所有制是以军事的政治的统治形式
为主，汉之垦田、屯田、公田、营田是不完全制度化的，魏晋屯
田、占田以至北魏、北齐、北周、隋、唐的均田是制度化的。后
一阶段的这种土地所有制是以经济的所有形式为主（军事屯田除
外），唐中叶两税制开其端，至宋、元、明的官田、皇田、官庄、
皇庄是制度化的。前者是以实物地租为外表而实质上以劳役地租
为主要的形态，垦田屯田则比较说来更是劳役地租形态；后者是
以实物地租为主要的形态，并配合着屯田制度的劳役地租形态。
清初虽有圈地，因为经济的典卖盛行，并不能长久维持，其"更
名田"的立法，可以作为废除皇有或官有的土地所有制去看待。

这倒不是清朝皇帝的恩赐,而是由于经过明末李自成等农民反对大地产的斗争的趋势。列宁说:"这就是农民……反对大地主的斗争的起点。这一斗争终点的客观趋势如何呢?显然,这种趋势就在于要消灭农奴制大地主土地占有制,把地主土地(根据某种原则)转归农民。这种客观趋势乃是从受农奴制大地产压迫的小农作业占优势的事实中完全不免地产生出来的。"①

这种土地所有制形式,不论在前期或后期,以屯田而言,都是强迫的劳役制。从汉文帝、武帝以来,垦田、屯田之制历代都是以公田或官田的形式,动员着大量的劳动力,或屯垦以军,或屯垦以民(唐代盛行),或屯垦以民兼兵。《治平类纂·屯田篇》、《古今图书集成·屯田部》等辑要著作,都有记载。汉武帝元鼎元年,一次就有六十万人戍田于西北诸郡。曹魏屯田成了官田所有制的主要形式,西晋以占田形式把屯田更加制度化起来。北魏虽以"均田"制见称,但"取州郡十分之一以为屯民"。隋以大兴屯田,以至富庶,唐初分天下诸州屯九百九十二,其后列帝都在扩张。全国从京畿以至岭南无处无屯,官吏们则歌颂屯田,"嘉禾之田,际海茫茫,取彼榛荒,画为封疆。……田事既饬,黎人则康。我屯之稼,如云漠漠,夫伍棋布,沟封绮错。"②宋代以"闲田""旧有民田"多设屯田,以至"或侵占民田,或差借耰夫,或诸郡括牛,或兵民杂耕,或诸州厢军不习耕种、不能水土,颇致烦扰"。③张浚的屯田法(改名为营田)是以五顷为一庄,募民承佃,五家为保,共佃一庄,以一人为长,每庄给牛五具,别给十亩为蔬圃。这和曹魏的屯田制相似。明代有卫所屯田之制,"外而辽东

---

① 参看《列宁全集》第 16 卷,第 195 页。
② 《唐文粹》卷二十一李翰《苏州嘉兴屯田纪绩碑颂》。
③ 《宋史·食货志》,参看《治平类纂·屯田篇》。

有一万一千三百八十六顷，内而极安如浙江者，亦有二千二百七十四顷，推之南北两京卫所、陕西山西诸省，尤为极备。"① 我们从历代的垦田、屯田或营田看来，一方面知道官督奴役权是何等的利害，如汉之搜粟都尉、农都尉，曹魏之屯田使、典农中郎将；唐之司田大夫、屯监、营田使，宋之屯田使、营田务等等，在史书中充满了对于这些田官的责骂。另一方面知道中国农民是怎样勤劳地西至昆仑，东至沿海，北至沙漠之区，南至卑湿之地，开垦祖国的大自然。列宁说："官有地产‘与其说是农民手中的工具，不如说是地主手中的工具，与其说是农民自由劳动的工具，不如说是地主榨取劳役的工具’。"② 汉以来所谓以"公田假与贫民"③ 等类似的诏令，就是这样的内容。《宋史·食货志》："所垦田即为永业，官不取其租"，则是歌颂功德的谎言。其实连司马光也说："谷未离场，帛未下机，已非己有。……直以世服田亩，不知舍此之外，有何可生之路？"唐陆贽的话老实些："广其课而狭偿其佣，精其人而粗计其直。"

　　旧史中，尝说两汉"不授人以田，而轻其赋"，这是不合史实的。又说北魏、隋、唐之"均田"是三代古法，惜未全行，也是溢美之词。又尝以为"均田"制亡，流变为唐、宋、元、明的官庄官田是制度上的大破坏，也是不对的。因此，我们应该记住，列宁依据马克思的分析，对于土地问题告诉我们要"了解所有权、占有权、支配权、使用权诸概念间的区别。"④

　　为什么皇族土地所有制形式从前期转变为后期呢？第一，皇族土地所有制形式的本质并没有改变，陆贽云："土地、王者之所

---

① 《明史·食货志》，参看《治平类纂·屯田篇》。
② 参看《列宁全集》第16卷，第257页。
③ 《汉书·宣帝纪》。
④ 参看《列宁全集》第16卷，第302页。

有，耕稼、农夫之所为"，而改变的只是经营的方式。唐代以后，南方经济大大地发展起来，以至于有"扬一益二"之说。史载所谓"均田"制多实行于北方，南方比较差些，唐中叶以后以至宋代，南方从广州陆路以通南京，由南京沿长江以至于海，并由杭州沿海以至广州，是一个经济发展大三角地带。经过唐代对南方的大开发，从前的小份地的"均田"法，就不能适应着当时经济的发展。为了使现有的基础不断地再生产，那必须有调节与支配的各种方法，以求有利于社会统治阶级的利害关系。马克思说："所有形态，其中集团系以主观与主观生产条件之一定的客观统一为前提，或者说，其中主观生存的一定方式系以作为生产条件的集团本身为前提，必然地只能适应有限度的或原则上有限度的生产力的发展。"① 第二，由于战争和环境条件之变化，长安、洛阳等城市，失去了繁荣的地位，代之而兴的是扬州、杭州等城市。"在亚细亚，城市的繁盛或存在，完全是由政府的地方性支出，生起来的。"② 而这些城市是商业经济的新的中心，商人也就参加了土地所有制的占有，"均田"形式在这样商业资本侵入之下是要受影响的。这就使得皇帝和官吏们（如唐之庄宅使）不能不采用直接经营土地的所有制形式，以适应新的城市发展，取代从前的依政治手段施行的所谓"均田"。尽管屯田制依然是旧的方式，但作为配合方式以扩张土地所有权，是必要的。第三，作为农业与家庭手工业相结合的劳动力单位——户口，起了极大的变化。自秦汉以来，劳动力是以"名数"计，历代除封赐用户口充当（如由汉至唐的食户王侯，千户侯万户侯之类）外，朝廷须掌握大量的

---

① 参看《资本主义生产以前的各种形式》。

② 参看马克思《剩余价值学说史》第2卷，人民出版社1978年第1版，第448页。（下同）

户数，以束缚于所谓"公田"土地之下。按照垦田范围和生齿发展说，从秦汉至唐宋，户口应该是增加的，然据史书统计，汉初户为一千二百余万，垦田一千八百余万顷。晋朝户只有二百四十余万。唐代自贞观至开元，户将及九百万，垦田一千四百万顷，还不及汉初。所谓"户口不实"是什么原因呢？这在于户口荫的荫、逃的逃了。实际上，从皇族所有权的"均田"土地上逃出，多荫于"占田逾限"的世家贵族的土地去了。① 道理很简单，强制的劳役是太陈旧的奴役方式了，要"土断人户"，那就必须直接以官有的庄园来代替"均田"，借以把户口搜括起来。这也就是《通典》所云"庸调之征愈增，则户口之数愈减。"因此，杨炎的两税制说："户无主客，以见居为簿；人无丁中，以贫富为差。"问题就在于"轻重之权，始归朝廷"。② 到了宋代明白定出公田之赋（赋，民耕而收其租者也），南宋买卖官田之间甚于掠夺。"元之有天下也此田皆别领于官。《松江府志》言，元时苗税公田外，复有江淮财赋都总管府，领故宋后田（下略各处之领赐）。"③ 明代有官田、没官田、断人官田等，据《明史·食货志》说，官田、官庄、皇田、皇庄占全国土地的七分之一，所谓七分之一的实质，据《赋役全书》所载的"更名田"地区来分析，都是全国的最上等的土地。在明末，据顾亭林说，最好的苏淞一带土地，属官有的占

---

① 此项史料是常见的。这里仅举实行"均田"时的几条如下：《魏书·孝静帝本纪》言公元544年"获逃户六十余万"。《隋书·食货志》言北齐"户口租调，十亡六七"。《通典》卷七载唐初："其丁狡猾者，即多规避，或假名入仕，或托迹为僧，或占募军伍，或依信豪族，兼诸色役，万端蠲除。"

② 见《新唐书·杨炎传》、《新唐书·食货志》，《全唐文》。因两税法行，据《食货志》说"得主户三百八十万，客户三十万。……岁敛钱二千五十余万缗，米四百万斛，以供外；钱九百五十余万缗，米千六百余万斛，以供京师。"又按"户无主客"之"主"或作"土"，当是"主"字之误。

③ 顾炎武《日知录》卷十。

十五分之十四。黄梨洲说："州县之内，官田居十分之三。"皇族土地的集中，实属惊人。由于这种方式上的改变，从明代才具备了鱼鳞（以田为主）黄册（以户为主），所谓"田为母，人为子"。明末，在官田的经营中，出现了"包租"人这样的新阶级身份。

到了明末，这种土地所有制形式愈到集中，就愈到解体。"生产力的发展使这些形态解体，而这些形态解体的本身，同时又成为人类生产力的发展。"① 这表现在以下的各方面：（一）明末李自成等农民战争的"不纳粮""均田免赋"运动，其斗争的起点即是反对大地产运动（也包括反对豪族地主在内），要求"自由私产"的一种历史运动。② 其次，被土地集中所驱逐出的农民，突出地表现于长江三角洲手工业劳动者的兴起，苏杭地区手工纺织工人的暴动，河南一带的矿工暴动，也是对准了官有的压迫而起义的。（二）明末以无锡（商业手工业的中心区域和土地官有集中的区域）为中心的东林党人的斗争，在经济背景上，在朝野政治对立的形势上，是包含着自由的市民性的意义；八股时文的评点只是一种外表，而集会的形式则是新的内容。（三）明末泰州学派（即在江北）的代表人物大都是樵夫、陶匠、田夫，特别是李贽的思想，正反映了"自由私产"的萌芽。他说："夫私者，人之心也。人必有私而后其心乃见。若无私则无心矣。如服田者，私有秋之获，而后治田必力；居家者，私积仓之获，而后治家必力。……此自然之理，必至之符。"③ 王船山虽不如李贽之评点《忠义水浒传》，但他的哲学思想是拿抽象的代数学字句，反映了真实的社会关系。他敢说："大贾富商，国之司命也。"他曾论"秦以私天下

---

① 参看马克思《资本主义生产以前的各种形式》。
② 参看《列宁全集》第 16 卷，第 257 页。
③ 《藏书》卷三十二《德业儒臣后论》。

之心而罢侯置守，而天假其私，行其大公"，他主张"富贵擅于人，其擅之也，以智力屈天下也"①。黄梨洲也有"工商皆本"之论。②（四）清初的"更名田"，在客观上具有历史的进步作用。

以上我们讨论了中国封建的土地所有制形式从前期到后期的变化，总括起来说，不能不归纳于对劳动力的支配发生了一定的改变的必要。马克思说："或是因为徭役劳动者的劳动已经更熟练更有效了……或是因为所需要的劳动量已经增加"。③然而这种变化并没有改变了所有制的实质。在后期庄园形式的官庄、皇庄、官田、皇田等直接领有之下，地租的形态虽有改变，特别是明末的地租"见亩征银"，但土地所有制的古旧形式依旧束缚了经济的发展。如马克思所指出的："地租……在历史上（大部分说来，亚细亚民族中就是如此）是表现为剩余劳动的一般形态，是无代价做的劳动的一般形态。……它的基础是社会一部分人对于他一部分人的强制的支配权，从而，是……农奴制度，或政治的隶属关系。"④

但是，中国的历代封建王朝并不是一律地都施行着野蛮的方式，其间的区别是很大的，在一定的开国时期，开明帝王感于农民暴动的伟大的社会推动力，不能不有些"仁政"，如汉之文、景，唐之太宗。王船山对于汉唐盛世曾给予甚高的评价。原因正如马克思讲的："我们在亚洲各国经常可以看到，农业在某一个政府统治下衰落下去，而在另一个政府统治下又复兴起来。收成的好坏在那里决定于政府的好坏，正像在欧洲决定于天气的好坏

---

① 见《黄书》、《诗广传》、《读通鉴论》。

② 《明夷待访录》。

③ 参看《剩余价值学说史》第3卷，人民出版社1978年第1版，第449页。（下同）

④ 同上书，第448页。

一样。"①

　　那么，中国封建社会的皇族土地所有制之发生又在于什么原因呢？这一点，马克思和恩格斯根据具体的历史条件和一定的自然环境作了精辟的分析。他们都说到亚洲的水利工程和灌溉事业。由这一点，在过去有很多人误作地理环境决定论去推衍下去，他们只看到"水"的自然条件（如中国的渠道与运河等），而不知道马克思、恩格斯所要说明的论据，是在于由此而产生的"亚洲的一切政府所不能不执行一种经济职能，即举办公共工程的职能"。②关于经济功能或公共工程的功能，在中国历史上更为突出，不但"男耕女织"这一农业和家庭手工业的特殊结合方式，是由政府去组织并管理，是由"大司农"以至"户部"这样公私财政统一的机构去指挥；而且历代的盐、铁、织造以至贸易等等工商业都集中于政府的机构去组织指挥。我们只要稍一检查中国史书，这种经济的公共职务以及由此而产生的政治支配权和中央专制，就可以了然于上层建筑和经济基础的相应而成的密切关系。我们也不必举王莽的"五均"、"六筦"制度，我们只看历代关于役政、水利、漕运、殖民、屯垦、庄园以至织造、茶政、司舶等都有不同的官职去经理，就明白了问题的所在。马克思、恩格斯一再说，自由竞争或自由放任的原则，在这里没有效验，而"公共事业之由中央政府办理"，则是最高的经济发展的道路。特别是在每代更替之际，战争的结果使文化破坏，那种公共工程的组织更是要紧的。

　　同样道理，我们也可以了解秦汉以来宦官外戚在中国封建政

---

　　①　《不列颠在印度的统治》，《马克思恩格斯选集》第 2 卷，人民出版社 1966 年第 1 版，第 175—176 页。（下同）

　　②　同上书，第 175 页。

权中的特殊历史，甚至这些人物可以成了公共工程的可靠执行者，成了政府的经济总管。因为由豪族地主而产生的官品士大夫，在政权斗争之中，经常在历史上是被皇帝所不信任的，而宦官这一类家奴则是中国封建政权所依赖的法宝。研究中国历代党争史、宦官史的根源，应把史书上所谓"君子"、"小人"的道德外衣撕破，而从最烦琐而实际的经济支配方面着手。

论中国封建制的形成及其法典化[*]

我们知道，古代社会不但在它的缓慢解体过程中孕育着封建因素，而且在它的形成发展过程中已经具有后代社会的萌芽形态——包括经济、政治等，因而古代人在大的方面也天才地预测到很多有关自然和社会的真理，虽则说它们是素朴的。

封建制社会的降生，大抵比氏族制社会到古代奴隶制社会的转变过程要短些，而比封建制社会到资本主义社会的转变过程可能要长些。我们可以说，封建制社会的降生，除了落后民族受先进民族的影响而有特别的路径外，其典型的情况，不会少于二百年的悠久的转化过程，而真正作为分界线以区别古代和中世纪的标志，应该从固定形式的法典来着手分析。

其次，古代社会所已具有的各种形态，依不同的历史条件、民族习惯和传统，必然或此或彼、或多或少地保存于封建制社会，同时，其中可能有一系列的旧的过时的生产方式以及与之相应的制度，它们在封建制生产方式主导支配之下，发生着束缚的作用；但也有若干制度沿袭于封建制社会，在一定的时期发生着进步的

* 原载《历史研究》1956 年第 8 期。

作用。有些古旧的传统的制度，被封建的统治阶级利用来作为巩固专制制度的工具；有些传统的精神也被进步的阶级（特别在封建制社会后期）利用来作为攻击封建制的武器，如历史上说的启蒙思想或"文艺复兴"。所以，通过中国封建制社会的历史，我们寻常看见有各种各样的"复古"。从秦汉以来，有的拿六经的先王王制作为封建皇帝"制法"的复古形式；也有的披着三代的古典衣裳，而幻想另一个世界，所谓"六经责我开生面"（王船山语）的复古形式。从思想史的发展来看，它本身都是借助于传统的思想材料，改变其形式，进而增补其内容，有的利用思想材料进行改编工作，为统治阶级说教，这就是"正宗"；有的利用思想材料，进行改造工作，反抗统治阶级，这就是所谓"异端"；他们所利用的材料可能都是经学形式，然而他们的立场观点却又可能完全相反。中国中世纪历史上的经学笺注主义就是由此而产生的，不论秦汉人的经学的谶纬化，魏晋人的经学的玄学化，唐宋以来的经学的科举以至八股化和道学化，都应该从这里去了解。

问题的关键在于具体分析：从古代的奴隶制怎样转化而为中世纪的封建制，中国的封建化过程及其特殊的转化路径是采着什么形态。这个专门问题有待于我们历史学者的创造性的研究。古代罗马世界可以作为我们的参考，而不能代替我们的分析。

作者特别注意中国历史上的秦汉之际。从大量史实来观察，秦汉的制度和后代的制度，不论从经济、政治、法律，以至意识形态哪一方面来看，都是近似的，这即是说，秦汉制度为中世纪社会奠定了基础。过去学者大都毁骂秦法，但他们异口同声说秦制是古制的对立物。顾亭林还这样肯定，"汉兴以来，承用秦法，以至今日者多矣"[①]，这句话是可以从各方面来证明的。

① 《日知录》卷三十。

然而直到现在，对于秦人毁灭古制这一问题，由于观点的不同，得出各种各样的理解。这里，不能作详细的辩论，只能提出我个人的一些看法。

我认为，在古代社会解体过程中，封建制因素的生长形态必须和古代社会里所存在的后代社会的（其中包括封建制的）萌芽形态，严格地区别开来，因为由前者而言，它是社会发展史的变质倾向；由后者而言，它是古代社会的正常状态。不作这样的区别，界限是可以任意来划分的。

我又认为，个别国家或个别区域的封建因素的成长必须和全国范围内封建关系的法律化过程，严格地区别开来，因为由前者而言，它是在没有法典化以前的某些现象甚至多数是尚难实现的理想；由后者而言，它是通过统治阶级的一系列的法律手续所固定起来的形式。

我把中国中世纪封建化的过程划在战国末以至秦汉之际，这不是说秦统一六国以前没有封建因素，更不是说秦代便把封建制完成了。远自秦孝公商鞅变法所谓废井田开阡陌，在个别方面就有封建因素的萌芽，至秦始皇二十六年所谓并一海内、一统皆为郡县（公元前221年），中国古代社会的经济构成（Formation 一般译作"形态"）正被封建制社会的经济构成所代替。经过汉初的一系列的法制形式，如叔孙通制礼，萧何立法，张苍章程等，到了汉武帝的"法度"，封建构成即封建生产方式才典型地完成。在古旧诸制度依然同时存在之下，作为主导倾向而统驭了社会的全性质。因此，我们必须从秦汉社会的诸编制实事求是地去具体说明其中的特征。

我们知道，秦汉在制度上是一源的，其间虽有小的变迁，而精神则是一脉相承的。史、汉凡讲到汉代各种制度，从经济政治以至文化学术，必首标汉袭秦制，见于文献者如："汉因循秦制而未改"，"汉承秦制"，"秦制汉氏因之"，"秦制汉循而未革"，"汉承秦绪"，"汉承秦业遂不改更"，"汉踵秦制"，"汉初因秦法"，"攗摭秦法取其宜于时者"，以至于"汉接秦之弊"，诸如此类的词句，不胜列举。这里因循的性质，就是封建制社会的继续发展。然而，秦废"封建"，为什么又成了封建制社会呢？我的答复是：秦废封建的"封建"二字，为中国古代史的另一个术语，其内容指的是"宗子维城"的古代城市国家；这里我们所举出的封建制社会，"封建"这两个字则是立基于自然经济、以农村为出发点的封建所有制形式，译自外文 Feudalism，有人也译作封建主义。中外词汇相混，语乱天下，为时已久了，我们倒也不必在此来个正名定分，改易译法。

一、中国封建制生产方式的广阔基础

首先，我们研究一下"自然经济的统治"，这是列宁规定封建制四个条件之第一项，也是马克思恩格斯所强调的以农村为出发点的小生产制的封建制社会的经济条件。

自然经济原是古代社会老早就有的因素，但它沿袭到中世纪社会便成了统治的形式。它所表现出的主要方式是农业和家庭手工业的结合。这在中国封建制社会更有它的特点，马克思说：

> 在印度和中国，生产方式的广阔基础，是由小农业和家内工业的统一形成的。在印度，还有以土地共有为基础的村落共同体的形态；并且在中国这也是原始的形态。……由农业与制造业直接结合引起的巨大经济和时间节省，在这里，对于大工业的生产物，提出了极顽强的反抗。[①]

---

① 参看《资本论》第 3 卷，第 412—413 页。

　　这些家族式的公社是建立在家庭工业上面的，靠着手织业、手纺业和手力农业的特殊结合而自给自足。……这些田园风味的农村公社不管初看起来怎样无害于人，却始终是东方专制制度的牢固基础……①

马克思、恩格斯、列宁都一再阐明这一理解东方封建制社会的公式，其中明白地指出中国在内，不是如有些人说的中国为例外。因为有这样的自然经济的性质及其和它适应的地租形态，"对于我们例如在亚洲可以看到的静止的社会状态，就完全适合于成为它们的基础"。② 这明显地指出，这一理论是针对封建制社会而讲的，不是如有些人说的，它专指的是古代社会。

　　在中国古代社会，虽有这种自然经济的因素，但手工业基本上是"处工就官府"③，"工商食官"④，"凡民七尺以上属诸三官，农攻粟，工攻器，贾攻货"⑤，不但法律上有所谓"四民不杂居"，而且工官的地位在古文献记录中是很重要的。古代的这种官手工业的制度还沿袭到后期封建制社会，成为国家土地所有制形式的附属物。然而什么时候这种农业和手工业（特别是手织业）的特殊结合成了支配形式呢？

　　我们在古代文献中也看到些民间的情况，例如奴隶的男女分工，有"臧"主耕，"获"主织的传说，"自庶士以下皆衣其夫"⑥以及"男耕女织"的主张（如《墨子》、《孟子》）。但是，农业的"耕"和手织业或手纺业的"织"，结合在一起，成为广阔的基础，

---

① 《不列颠在印度的统治》，《马克思恩格斯选集》第 2 卷，第 177—178 页。
② 《资本论》第 3 卷，第 1039 页。
③ 《国语·齐语》。
④ 《国语·晋语》。
⑤ 《吕氏春秋·上农》。
⑥ 《国语·鲁语》。

虽然在商鞅变法中有了萌芽，所谓"耕织致粟帛多者，复其身"，然而更明显地是表现于秦汉之际的文献。例如：

> 所以务耕织者，以为本教也。是故天子亲率诸侯，耕帝籍田……以教民尊地产（嘉谷）也，后妃……蚕于郊，桑于公田，是以春秋冬夏皆有麻枲丝茧之功，以力妇教也。是故丈夫不织而衣，妇人不耕而食，男女贸功以长生（"以长生"句"亢仓子"作"资相为业"）。[①]

男耕女织即所谓"男女贸功"，农业和手纺织业的结合即所谓"资相为业"，所以《吕氏春秋》在上文就说到这是为了使劳动者束缚于土地，"民农非徒为地利也，贵其志也。……民农则其产复（厚），其产复（厚）则重徙，重徙则死其处（居）而无二虑。"

又如经秦汉之际的人所作的《管子·轻重乙篇》说：

> 农事且作，请以"什伍"（即村落的家族公社），农夫赋耜铁，此之谓春之秋；大夏且至，丝纩之所作，此之谓夏之秋；而大秋成，五谷之所会，此之谓秋之秋；大冬营室中，女事纺绩缉缕之所作也，此之谓冬之秋。

经汉博士补为《冬官》的《考工记》说：

> 饬力以长地财，谓之农夫；治丝麻以成之，谓之妇功。

企图用以代替法典的《淮南子》的《主术训》说：

> 耕之为事也劳，织之为事也扰；扰劳之事而民不舍者，知其可以衣食也。……衣食之道必始于耕织，万民之所容见也。

上面所引的说明农业和手工业结合的话，都是带有半官或半法典的总结语气，到了汉代，就成为"一夫不耕或受之饥，一女不织或受之寒"的口头禅了。例如贾谊批判秦汉国家说，"男子力

----

① 《吕氏春秋·上农》。

耕,不足粮饷,女子纺织,不足衣服,竭天下之资财以奉其政,犹未足以赡其欲也。"[1]

这样看来,农业和手工业的结合,虽然它的渊源颇古,而手工业的官有形式在汉代也依然存在,但是这种传统到了秦汉时代才典型化,才成为"生产方式的广阔的基础"。我们再把汉人编制的秦代字书《急就篇》引来作证,更可以看出在这一方面秦法比东土六国的礼法表现了不同的精神。《急就篇》以类似法典的形式,在第七、第八章,详细罗列着家庭手工业的布帛类,在第九章又详细罗列着农业生产部类。这样并列的男耕女织的劳动生产物,原来就是《急就篇》说的统治阶级剥削的对象,"司农少府国之渊,远取财物主平均","籍(户口)受证验记问年","种树收敛赋税租"。这些农户被束缚于公社,"闾里乡县趣辟论",如果男女农户要脱逃或暴动,那全族就受到法律制裁:

　　　变斗杀伤捕"伍邻"。"亭长""游徼"共杂诊。

　　　犯祸事危置对曹。谩诒首匿愁勿聊。缚束脱漏亡命流。

　　　攻击劫夺槛车胶。"啬夫"假佐扶致牢。

封建制的法制化也有转化的过程,并且它是由简陋的立法逐渐进到完备的立法的。马克思说,"社会的统治阶级的利害关系,总是要使现状当作法律,成为神圣不可侵犯的,并且要把它的由习惯和传统而固定化的各种限制,当作法律的限制固定下来。……在时间的进行中,采取了有规则和有秩序的形态。这个结果就会发生出来。"[2] 所谓"趣其耕耨,稽其女工"的王法,正是在历史的进程中成为《四民月令》的支配形式。至于法典的完成,我认为就是"食货"二字的定义,"食"指农业生产,"货"

---

① 贾谊:《新论》。
② 《资本论》第3卷,第1035页。

指手工业生产，"食货"即农业和家庭手工业的结合。《汉书·食货志》说：

> "食"，谓农殖嘉谷可食之物；"货"，谓布帛可衣，乃金刀龟贝……

这个自然经济的法典式的定义一直延续于后代，在唐人法典中还可以找到同样的规定，《唐六典》记载着：

> 肆力耕桑者为"农"。[1]
>
> 钱帛之属谓之"货"。绢曰匹，布曰端，绵曰屯，丝曰绚，麻曰缕……钱曰贯。[2]

因此，历代的《食货志》，就显然刻上封建制的烙印，而不是一般的经济史料了。从耕织的传统习惯以至法典化，"货食"既然形成统治阶级课赋的对象，那就要服从于统治阶级的利害关系了。

前面所引马克思的公式，特别指出，封建制的地租形态，是因为有农业和手工业的结合，才成为例如亚洲的社会形态的适合的基础。接着他说："（这种实物地租的量）可以大到这样，以致劳动条件的再生产、生产资料的再生产，都严厉地受到威胁，以致生产的扩大或多或少成为不可能的，并压迫直接生产者，使他们只能得到维持肉体生存的最小限量的生活资料。"[3] 我们就在汉代盛世，已经从贾谊的文章中看出了这样的现象，如上面举的例，一方面男耕女织的结果，是衣食不保；另一方面耕织的资财是几乎完全奉养统治阶级，还嫌不能满足其欲望。秦汉以后的所谓"劝农桑"、"重桑梓"的内容以及各代有关郡县典章的说明，就更使我们易于理解了。

---

① 《唐六典》卷三。
② 《唐六典》卷二十。
③ 《资本论》第3卷，第1039页。

既然中国封建制社会的"生产方式的广阔基础是由农业和家庭手工业的统一形成的"，那么地租的剥削，自然就和这一基础有关联的。在中国历代文献中，这种剥削形态叫做"租调"。农业和手工业的结合，通过土地所有制形式，在封建的超经济剥削关系上面也刻上烙印，所谓"租"课粟米，"调"输布帛，文献上也称"课调"。

汉初文景有名的三诏，都着重地提到"农桑"和"耕织"，晁错更提到"粟米布帛"。我们认为西汉制度的地租是以粟帛兼输的。西汉尚书郎四人，内一人主"户口垦田"，一人主"财帛兼输"。西汉既然"大农之诸官，尽笼天下之货物"，从女贡织帛来讲，其中用布帛均输，自然要如史书记载的，竟达到百万匹以至五百万匹，因而在地租之中没有布调是不可能的。左雄就指出"特选横调，纷纷不绝"，贡禹就主张"租税禄赐，皆以布帛及谷，使百姓壹意农业"。到了王莽的王田制，便更加法定下来，"以《周官》税民：凡田不耕为不殖，出三夫之税；城郭中宅不树艺者为不毛，出三夫之布；民浮游无事，出夫布一匹"。[①]

东汉的租调继承西汉制度，《后汉书·百官志三》指明掌布帛钱谷的都有专职，统归大司农指挥，称布调为"调度"。明帝曾赦陇西勿收某年的租调，章帝诏以布帛为租，桓帝也曾下诏免除某年的"调度"，但其初年租调的调，居然"河内一郡，尝调缣素绮縠，才八万余匹，今乃十五万匹……民多流亡，皆虚张户口"[②]。到了灵帝时，"中御府积天下之缯，西园引司农之臧"[③]。再据《后汉书·朱晖传》说的"一取布帛为租，以通天下之用"看来，东汉

---

①　《汉书·食货志下》。

②　《后汉书·孝质皇帝纪》。

③　《后汉书·吕强传》。

的租调制比西汉更加普遍了。

这样看来，租调制的法律化起源于秦汉，并在汉代取得了更固定的形式，反过来更把农业和手工业的结合巩固起来。这一制度即成为后代"租"和"调"、"租、庸、调"的法律的张本。它们都利用着农村公社的组织，使耕男织女或人户匹庶尽其所能地输纳剩余生产物，因而就成为东方专制主义的基础。直到唐代，"仓库"二字的定义，在《唐律疏议》中，还沿用汉代的法令，并且这样规定："仓，谓贮粟麦之属；库，谓贮器仗绵绢之类。""食货"的经济意义，正如马克思所指出的："在亚洲……国王和僧侣保管之下的这种贮藏货币，宁可说是他们的权力的表征。"[①]

农业和家庭手工业的结合形式，既然是东方封建制的生产方式的条件，又是巩固东方专制政治的基础，那么从秦汉以来的皇朝"劝农桑"以增加所谓食货的诏令，就容易明白了。这种结合形式既然表现出"前资本主义生产方式内部的坚固性和结构，对于商业的分解作用是一种障碍"，那么中国的封建制度的顽固性，也要上溯于秦汉制度的渊源了。

二、秦汉的封建贵族与豪族地主

上面说的是封建主义生产方式的广阔的基础，这里再进一步研究和这种基础相伴随的生产方式。这两个问题是相关联的。马克思指出："生产方式本身愈是适应于陈旧的传统（在农业上，传统的方式长久保持着，而在东方的农业与手工业的结合中，保持还要长久），也就是说，占有的实际过程所遭到的变化愈少，那

---

① 参看马克思《政治经济学批判》,《马克思恩格斯全集》第 46 卷上册，人民出版社 1979 年第 1 版，第 181 页。（下同）

末，陈旧的所有制形态，从而一般地集体也就愈巩固。"① 这里所说的"所有制形态"即指经济基础，"集体"即指不同的阶级。

生产方式，依据《资本论》的定义，是特殊的生产资料和特殊的劳动者的结合关系，它决定着某一社会经济构成的倾向。《资本论》的第一句话所以比《政治经济学批判》的第一句同样的话更为完善，就在于它点明了生产方式的支配的性质。（作者一直认为苏联学者用"生产力和生产关系的统一"规定生产方式，以代替马克思的定义，是值得商榷的。）因此，封建制的生产资料和劳动力的结合关系，就支配着封建主义社会的性质。列宁关于阶级的定义，也是从生产资料的所有地位和劳动的领有关系来分析的。下面首先研究秦汉封建制的生产资料所有制形式，即怎样形成了豪族地主的占有制和国家所有制。

我以为秦人开始在法律上易器（器指国家形态），也正如西洋古代通过了隶农制的小生产，以挽救劳动力在奴隶制度下的危机。在中国秦代一开始并没有如后来的所谓"兼并"，起始仅是小生产制度的建立，例如史言"秦人尽废井田，任民所耕，不计多少，而随其所占之田以制赋"。蔡泽说："商君决裂井田，废坏阡陌，以静百姓之业，而一其志。"《文献通考》节引以上前数语，并说："夫曰静曰一，则可见周授田之制，至秦时必是扰乱无章，轻重不均矣。晦庵《语录》亦谓因蔡泽此语，可见周制至秦不能无弊。"按县乡亭的秦制正是以农村为出发点的封建性质。

史载秦孝公十四年初为赋。它为什么要被大书特书呢？过去学史者常笼统说，这是"舍地而税人"的开始，但对于这一问题没有什么说明。我们以为这就是"裂地名官"在法律上的必然典式；换言之，这标志着向封建财产所有制的合法形式的转变，古

---

① 参看《资本主义生产以前的各种形式》，第31页。

代社会的母胎内已经孕育下封建制社会的胚种了。

秦孝公十二年开始建立县乡亭制。《汉书·百官公卿表》上说："县令、长，皆秦官……万户以上为令，秩千石（所谓禄石）至六百石。减万户为长，秩五百石至三百石。皆有丞、尉。"县下为乡，乡置三老，有秩，游徼之外，有啬夫一职，即职听讼收赋税。十亭一乡，十里一亭，亭有长（汉高祖刘邦就是这样的亭长出身）。《续汉书·百官志五》说："其乡小者，县置啬夫一人，皆主知民善恶，为役先后，知民贫富，为赋多少。"这样看来，裂地名官，改变了氏族宗子"国"食于"鄙""野"的古代经界制，即古代制的一国不过这样裂地分官的一县而已。制赋的来历并非一件随意做的小事，因为任民所耕，占有土地，随其所"占"之田，始制租赋，这种租赋在经济学上即为"地租"（汉制，赋、租、税三名不同，但关于田租有统称为租赋或租税）。因为中世纪的公私经济不分，我们不能以狭义的"赋"字的古义如"赋以足兵"、"赋充实府库赐与之用"而为名词所拘。史称孝公制县，为开阡陌，杜佑《通典》在此条说："秦孝公任商鞅，鞅以三晋地狭人贫，秦地广人寡，故草不尽垦，地利不尽出，于是诱三晋之人，利其田宅……而务本于内。……故废井田，制阡陌，任其所耕，不限多少，数年之间，国富兵强。"这并非仅对于自然的征服，若没有财产所有制的变革，就不会有所成就，而主要在于所谓"以静百姓之业，而一其志"向"利其田宅"方面发展。生产力既有增进，新的租赋才可以增加。始皇统一以后三十一年使黔首自实田以定赋，这是指全国而言。《汉书·食货志》说："〔秦〕田租口赋盐铁之利，二十倍于古。或耕豪民之田，见税什五（言贫人无田，而耕垦豪富家之田，十分之中以五输田主）。……汉兴，循而未改。"又说："天下既定……〔高帝〕轻田租，什五而税一，量吏禄，度官用，以赋于民。"以上讲的剥削率是否正确，下面详言，这里我们已经知道，百分之百的剥削被地主贵族所得。一句话讲，他们是地主阶级与封建贵族。《史记·货殖列传》说：

> 今有无秩禄之奉，爵邑之入，而乐与之比者，命曰素封。封者食租税，岁率户二百。千户之君则二十万，朝觐聘享出其中。庶民农工商贾，率亦岁万息二千，百万之家则二十万，而更徭租赋出其中；衣食之欲，恣所好美矣。……此其人皆与千户侯等。

这里所说的"千户之君"是封建诸侯，"百万之家"是豪族地主，下面分别论述。

第一，封建诸侯。马克思和恩格斯一再指出，军事制度是和财产所有形态相关联的，并特别说明军事编制影响了封建社会的财产所有制的形成。这在秦汉的军功爵制度上表现得十分明白。商鞅变法以宗室有军功者始得为属籍，可见氏族宗室有战功的就可做领主，史言"战得甲首者益田宅，五甲首而隶役五家"。商鞅便以功封于商，食十五邑（邑为虚名，实际上要看邑的户数），号曰商君。秦襄王时吕不韦封文信侯，食河南十万户。始皇二十六年统一皆为郡县，诸子功臣，以公赋税重赏赐之。《史记·高祖功臣侯者年表》："汉兴，功臣受封者百有余人。天下初定，故大城名都散亡，户口可得而数者十二三，是以大侯不过万家，小者五六百户。后数世，民咸归乡里，户益息，萧、曹、绛、灌之属或至四万，小侯自倍，富厚如之。"《后汉书·黄琼传》说："今诸侯以户邑为制，不以里数为限。萧何识高祖于泗水，霍光定倾危以兴国，皆益户增封，以显其功。"高祖袭秦之领主制（即食邑户之侯），"列侯……功大者食县，小者食乡、亭，得臣其所食吏民。"[1]自天子诸侯王封君，都是大小领主，所以说一切"租税之入，自

---

[1] 《后汉书·百官志五》。

天子以至封君汤沐邑，皆各为私奉养，不领于天子之经费"①。汉初功臣争封，史言确凿，留侯所说的"天下游士，离亲戚，弃坟墓，去故旧，从陛下游者，徒望咫尺之地"，就指的是六国后人对小领主梦想的追求。不要以为户邑并提的财产占有形态是随意的，更不要以为领主占有是完全私有，它实质上是由国有土地的"公田"中赏赐的，特别在景武以后，法律规定，领主只能衣食租税，这就说明领主的占有权是不稳定的。

汉初郡国，其权至大，已为史家所特举。高祖十一年诏："今献未有程，吏或多赋以为献，而诸侯王尤多。民疾之。"十二年诏："列侯皆令自置吏，得赋敛。"② 大领主的郡国列侯，已成为实际上割据的人君，这曾招来七国之反。景帝三年吴王反时遗诸侯书就以领主制相号召："诸王……能斩捕大将者……封万户；列将……封五千户；裨将……封二千户；二千石……封千户；千石……封五百户，皆为列侯。其以军若城邑降者，卒万人，邑万户，如得大将；人户五千，如得列将；人户三千，如得裨将；人户千，如得二千石。……其有故爵邑者，更益勿因。"③ 从这里，就可以看出军事体制和封建制占有形式的关系了，占有形式的多寡是和军功编制的大小相照应的。

因为领主制的占有形式的强大，文景以来，贾谊晁错皆主张削诸侯之权。但国有土地的形式，武帝时代才达到完成的阶段，因此，武帝能够分散其权以封诸侯子弟，各国都被裂封，所谓"众建诸侯而少其力"。后汉大体上也仿领主制，但削小了郡国的统制权，而和地主领地相差不远了。《三国志·吴书》诸葛恪说：

① 《后汉书·百官志五》，《食货志》。
② 《汉书·高帝纪下》。
③ 《史记·吴王濞列传》。

"自光武以来，诸王有制，惟得自娱宫内，不得干与政事。"后汉光武建武二年，封功臣皆为列侯，大国四县，余各有差，宗室列侯为王莽所废者，并复故国。又按汉制，皇后公主宦官外戚皆有等封，都因袭秦制。

汉初封建领主也有就食长安而不至国的。如文帝二年，以"列侯多居长安，邑远，吏卒给输费苦，令之国"；三年，更因列侯不去，罪免丞相。有名义上为侯国而食邑他处的，如霍去病封冠军侯，实无"冠军"其县，以南阳等县之县乡指为食邑侯国，如霍光封博陆侯，文颖曰："博大、陆平，取其嘉名，无此县也，食邑北海河东城。"其他如关内侯，列侯出关就国，关内侯但爵耳，其有加异者，与之关内之邑，食其租税。《后汉书·百官志五》说："关内侯无土，寄食在所县，民租多少，各有户数为限。"这便是中世纪占有劳动人口的真正的领主。

汉代郡国诸侯王初有政治权支配郡国，但其后逐渐失掉统治权力，仅许有领主的经济支配。《汉书·诸侯王表》说："景（帝）遭七国之难，抑损诸侯，减黜其官。武（帝）有衡山、淮南之谋，作左官之律（服虔曰：仕于诸侯为左官，绝不得使仕于王侯也）。设附益之法（师古曰：盖取为之聚敛而附益之义），诸侯惟得衣食税租，不与政事。至于哀平之际，皆继体苗裔，亲属疏远，生于帷墙之中，不为士民所尊，势与富室亡异。"《汉书·百官公卿表》说："诸侯王……掌治其国，有太傅辅王，内史治国民，中尉掌武职，丞相统众官，群卿大夫都官如汉朝。景帝中元五年，令诸侯王不得复治国，天子为置吏。……成帝绥和元年……更令相治民，如郡太守，中尉如郡都尉。"后汉光武，更申旧法，严禁诸侯王干政，诸侯在后汉惟衣食租税，与地主阶级并无甚大差异了。然这所谓领主与地主之分别，并非绝对的。封建领主天然地便有行政权，不能与经济权分离，此不过言其削弱到不能如小汉朝廷的实权罢了；而地主阶级虽在名义上是豪富，是土地占有者，但在其性质上也有甚大的政治权力，自作私法，如《后汉书·酷吏列传序》说："汉承战国余烈，多豪猾之民。其并兼者则陵横邦邑，桀健者则雄张闾里。且宰守旷远，户口殷大。"因此，就像仲长统所形容的："荣乐过于封君，势力侔于守令。"领主与地主在本质上是不能严密地区分开来的。

食邑食户的封建领主与地主，占有着土地（最主要的生产资料），这是封建生产方式的一个特殊的要素。为了实行这一财产占有的法典，赋租所依赖的"户口"是最重要的条件（奴隶社会的中国古代制的野鄙庶人无姓，难有严格的户口制）。户口制，从商鞅变法（如"令民为什伍而相司连坐"、"民有二男以上不分异者倍其赋"、"名田宅臣妾衣服，以家次"），早已有了胎种，经始皇十六年"令男子书年"，便固定下来。汉高祖入咸阳，惟萧何有远见，别人抢劫财物，他独收秦图书，以此高祖得知天下户口多少强弱的秘密。汉代以来，户口便可得详纪，见于《汉书·地理志》。

不论封禅之于皇帝，自己神定所有权，或者封建之于列侯，赐赏臣下占有权，都是国有土地的形式，也是中国封建主义编制的一个特征。《白虎通义》以神权的固定形式，把这种原则用经义来法律化，代表了一部汉代的最高法典。"封"之古代意义，为"作邦作对"或城市与农村的分裂（国野的经界，体国经野），而"封"之中世纪意义则不同了，它是以乡村为出发点的户口（汉称名数）领有的赏赐关系，或食若干户的领主所有的等级制度。《汉书·张安世传》说："尊为公侯，食邑万户，然身衣弋绨，夫人自纺，家童七百人，皆有手技作事，内治产业，累积纤微。"从上面所举的史实看来，我认为，领户制是汉代封建制的特征，应该专文研究。

第二，豪族地主。史称秦孝公十二年废除田里不鬻之制，任人民所耕，不限多少。商鞅变法之一项，即"大小僇力，本业耕织，致粟帛多者复其身"，此外，以战功"得甲首者益田宅，五甲首而隶役五家"。史籍表明，商鞅的变法，开始定出土地占有制，在经营上是一种小生产制，而小生产性的农户正是大土地所有制的温床。因此，到了后来土地兼并的记载就不绝地出现于史籍中。秦始皇积六世余威，统一六国，"琅邪台刻石"虽歌颂功德之作，但秦之所以自豪者，并非全是自大呓语，顾亭林也深辨此理，秦刻石说："上农除末，黔首是富，普天之下，搏心揖志，器械一量，同书文字"，由这里颇能看出秦制的特点来。依据经典作家的定义，古代贵族是以所得物之多少来计量财富，而封建地主则以土地占有的大小，特别是以劳动人口依附的多寡来计算产业，这一不同的所在，应从秦代尤其秦汉之际，划一阶段。

秦汉的豪族地主，是从六国世族转化而来的。"史""汉"所说的豪猾、豪强、豪宗、豪门、豪右、右姓、大家不是别的，正是列宁所指的"身份性的地主"，这个阶级集团从秦汉一直到后代都相当巩固。列宁说："中世纪的土地占有制底庞杂性，是在阻碍着经济的发展，身份的体制是在妨碍着商业的流转。"他特别强调研究土地占有制的发展过程要从"身份性之转变为非身份性"①着手。他更指出这种家长制的农村体制是工役制和奴役制保存长久的原因。这种豪强地主之所以有它的根基，是因为它附着在农村公社的村落自治体上面。这种公社是古代制的残余，古代叫做"乡党"，秦汉以来叫做乡曲、闾里，所谓豪强就是扬雄《法言》所说的"贼仁近乡原，贼义近乡讪"之类，在村社、桑梓的农民头上实行家长式的统治。乡县亭制或郡县制形成以后，家族的血

---

① 参看《十九世纪末俄国的土地问题》，《列宁全集》第15卷，人民出版社1959年第1版，第52、113页。（下同）

缘关系更固定为一种地望的形式。所谓大姓、阀阅就依据这种形式，占有依附性的宾客、家兵、部曲、部曲家庭、部曲宗族。从汉代起，身份性的豪族地主之所以有荫附、徒附的人户，不是偶然的。然而汉代统治阶级的偏见，却有这样的定义：

> 宗者何谓也？宗者尊也，为先祖主者，宗人之所尊也。……族者何也？族者凑也，聚也，谓恩爱相流凑也，生相亲爱，死相哀痛，有会聚之道，故谓之族。①

揭破封建制乡村的温情脉脉的血族关系，从它的背景分析，却是一幅惨痛的阶级剥削图。公社或部曲的农民，从法律的规定上看来，仅次于奴隶，他们"凑聚"于一定的乡里或乡曲，生死不离，他们被血缘恩爱的自然纽带束缚起来，在原始的男耕女织、长幼提携之下，进行农业和手工业的劳动，而被豪强族长利用原始的宗教道德愚昧着、欺骗着，效死不去，其依附性之强固是不言而喻的。汉代形成的身份性地主的武装势力，或以"宗部"势力出现，或以"部曲宗族"势力出现，其渊源应溯自秦汉之际，其传统力量则延续到后世各代。

秦汉豪族的地租，大约是劳动生产物的十分之五，即百分之百的剥削率。所谓"或耕豪民之田，见税什五……汉兴，循而未改。"②史称高祖以后列帝多有更改，或说什五而税一，或说三十而税一，此当是因灾变等事临时的法令，与临时免租同；至多仅是名义上的地租，而实质上的地租另有算法。王莽令："……兼并起，贪鄙生，强者规田以千数，弱者曾无立锥之居。……汉氏减轻田租，三十而税一，常有更赋，罢癃咸出，而豪民侵陵，分田劫假（按分田谓贫者无田，而取富人田耕种，

---

① 《白虎通义·宗族》。
② 《汉书·食货志上》。

共分其所收；劫假之义旧说难晓，似假公田于民，民假公田之后，劫其工作日或劳动生产物之一部分），厥名三十税一，实什税五也。……富者犬马余菽粟，骄而为邪；贫者不厌糟糠，穷而为奸。"荀悦论文帝除租税说："豪强富人占田逾侈，输其赋大半……官家之惠优于三代，豪强之暴酷于亡秦，是上惠不通，威福分于豪强也。"知此，便了解汉时地租的剥削率至少在百分之百以上。

这样的剥削似近于劳役地租，或列宁指的工役制和奴役制。汉代富家多家僮或僮客，固然有奴隶制的遗存，而劳役地租的粗野形式，正依赖于半奴隶式的劳动来贡纳的。所谓劳役地租的劳动力挽救了奴隶劳动力再生产（人口繁殖）的危机，增加了对于生产资料的爱护，而因劳动强度的增进，却也提高了剥削率。

身份性的地主的土地兼并，在秦汉社会是必然的倾向。这不但在秦汉社会内部要发展起来，而且也由于皇帝消灭六国氏族的政策而有计划地促进起来。《通典》说，"孝公十二年诱三晋之人，利其田宅。"《汉书·地理志》说，"秦既灭韩，徙天下不轨之徒于南阳。"《史记》说，始皇二十六年"徙天下豪富于咸阳，十二万户"。《汉书·地理志》说："汉兴，立都长安，徙齐诸田，楚昭、屈、景及诸功臣家于长陵，后世世徙吏二千石、高訾、富人及豪杰兼并之家于诸陵。"《汉书·娄敬传》说，敬进言，"东有六国强族，一日有变，陛下亦未得安枕而卧也。臣愿陛下徙齐诸田，楚昭、屈、景，燕、赵、韩、魏后，及豪杰名家，且实关中。……此强本弱末之术也。上曰：'善'，乃使娄敬徙所言关中十余万口。"这在政治上谓之强本抑末，企图利用他们成为封建政权的支柱，然而客观上却使他们变为身份性的豪族地主了。高祖是亭长出身，知道地主政权，故五年灭项羽，下诏："民前或相聚保山泽，不书名数（户口），今天下已定，令各归其县，复故爵田宅。"① 豪族地主在一定的条件之下，是汉代立国所依据的基础。武帝以至成帝，都注意富豪与京师的关系，主父偃说武帝："天下豪杰兼并之家，乱众民，皆可徙茂陵，内实京师……"② 成帝时陈汤说："关东富人益众，多规良田，役使贫民，可徙初陵，以强京师。"③ 因此后来关中富商大贾尽诸田，田啬、田兰，韦家，栗氏，安陵杜氏亦巨万。自元成迄王莽，京师富人杜陵樊嘉，茂陵挚纲，平陵如氏、且氏，为天下高訾。由此看来，汉代政权不能不依赖豪族。《汉书·地理志》关于风俗的定义，就代表了汉代统治阶级的意识，"风""俗"二字是常指制度的，《汉书·地理志》说：

> 凡民函五常之性，而其刚柔缓急，音声不同，系水土之风气，故谓之"风"；好恶取舍，动静亡常，随君上之情欲，故谓之"俗"。……圣王在上，统理人伦，必移其本而易其末，此混同天下，壹之乎中和，然后王教成也。

如果我们把汉代"内实京师"或"以强京师"的关中风俗，按《地理志》简述出来，就可以明白统理人伦的君上情欲所移之本在什么地方了。照《汉书·地理志》说，关中人民好稼穑，务本业，地当九州膏腴。始皇开郑国渠，沃野千里，民以富饶，前后徙六国强宗豪富于诸陵，世家好礼文，富人则商贾为利。秦地三分天下之一，而人众不过什三，然量其富居什六。以上所言之"风俗"，的确是豪强地主的世界。但汉人所强之本没有达到目的，因此武帝便有一场和豪族地主阶级的血战。

汉人如贾谊、董仲舒、司马迁、贡禹、左雄、仲长统，都同

---

① 《汉书·高帝纪下》。

② 《汉书·主父偃传》。

③ 《汉书·陈汤传》。

声暴露豪族的土地兼并，或主张限田名田，或主张复古井田。董仲舒说："富者田连阡陌，贫者无立锥之地……，邑有人君之尊，里有公侯之富。"[1] 太史公说："役财骄溢，或至兼并，豪暴之徒，以武断于乡曲。"[2] 贡禹说："亡义而有财者显于世，欺谩而善书者尊于朝，悖逆而勇猛者贵于官……家富势足，目指气指，是为贤耳。"[3] 仲长统说："馆舍布于州郡，田亩连于方国，身无半通青纶之命，而窃三辰龙章之服；不为编户一伍之长，而有千室名邑之役，荣乐过于封君，势力侔于守令，财赂自营，犯法不坐，刺客死士，为之投命。"[4] 综上所言，汉代豪族地主阶级是怎样地威胁着汉代皇朝的政权。

三、秦汉土地国有制的形式及其法典化

现在我们再结合以上的论述进而考察土地国有制的形式。从上述看来，食封的土地和户口都是皇帝所封给的，以区别于不经法律认可而占有土地的豪强地主的"素封"。在法律意义上讲来，财产所有权应是皇帝所独有的，而地主阶级的土地只表现出占有权，农民的土地，只表现出使用权。在作为法典形式的"琅邪台刻石"中最早有这样的规定：

> 维二十八年，皇帝作始。端平法度，万物之纪。……应时动事，是维皇帝。……忧恤'黔首'，朝夕不懈。除疑定法，咸知所辟。……尊卑贵贱，不逾次行。"奸邪"不容，皆务"贞良"。……六亲相保，终无寇贼。骧欣奉教，尽知

---

① 《汉书·董仲舒传》。
② 《汉书·司马迁传》。
③ 《汉书·贡禹传》。
④ 《后汉书·仲长统传》。

法式。六合之内，皇帝之土。西涉流沙，南尽北户，东有东
海，北过大夏。人迹所至，无不臣者。①

秦法失佚，但我们从上面的"法度"和"法式"的精神看来，其
真实性是应该特别注意的。很明显的，土地和户口都规定于皇权
支配之下，这就是东方的封建社会土地国有制形式的渊源。它和
中国古代奴隶制社会的土地为氏族公族所有不同，它是从统一六
国以后，在全国建立郡县制的范围内，继承了古代的传统，而用
一种封建法度所固定的国家土地所有制。马克思说：

> 假设他们不是隶属于土地私有者，却像在亚细亚一样，
> 隶属于既为土地所有者同时又为主权者的国家，地租和课税
> 就会并在一起的，或者说，不会再有和这个地租形态不同的
> 课税了。在这种情形下，政治上和经济上的隶属关系，就是
> 对国家的臣属关系。……在这里，国家是最高的地主。在这
> 里，主权就是全国的累积的土地所有权。在这里，没有土地
> 私有权，不过对于土地有私人的和共同的占有权和使用权。②

我们从秦汉以来的历史看，这样的最高地主，就是皇权地主，也
即马克思指的"国家（例如东方专制帝王）"，或"君王是主要的
土地所有者"。他赐给人民的土地使用权，这就是列宁所说的"亚
洲式专制政府中的官吏底意志分配于农民的旧有份地……"③ 这是
古老的"亚洲式土地所有权形式"。

马克思和恩格斯也曾经提示过，自由的土地私有权的法律观
念之缺乏，土地私有权的缺乏，甚至可以作为了解全东方世界的
真正的关键。应该着重指出，这里说的是法律观念，至于事实上

---

① 《史记·秦始皇本纪》。
② 参看《资本论》第3卷，第1032页。
③ 参看《社会民主党在1905至1907年第一次俄国革命中的土地纲领》，《列宁
全集》第16卷，第243页。

的情况则要和法律观念相区别开来，特别应该注意唐宋以后"非身份性"的庶族地主发展的情形。

既然东方专制帝王的土地所有制形式是了解全东方情形的关键，我们就可以知道中国自秦汉以来的中央专制的经济基础了。在欧洲，中央集权是封建主义没落以至资本主义形成时期的产物，在中国早期封建就有了中央专制，这正表明了政治史之依存于经济基础——皇权垄断的土地所有制形式。历代党争的真实根据，中国历代君主之直接利用宗教而无皇权教权的分立的根源，也可以从这种经济基础上说明。这是我们研究中国封建社会史所必须解决的问题。

皇帝是最高的地主，但他为了巩固政权，必须依靠身份性的地主阶级。上面已经指出，秦汉帝王为了"强本抑末之计"，最注意豪族。六国世族，天下豪富曾历次被迁至长安，置于皇帝直接监督之下。他们从最初就是不合法的占有者，因为他们在一定的条件之下是和皇族地主的土地所有制相矛盾的，当他们威胁到皇帝政权的时候，他们的财产就可能被没收。虽然汉武帝没有采纳董仲舒的"限田"疏，以期在皇族与豪族的经济对抗中保持着相互利用、彼此妥协的关系，但武帝在必要时又可以把豪族的土地收为"公田"。如元鼎三年（纪元前114年）"分遣御史、廷尉、正监分曹往，即治郡国缗钱，得民财物以亿计，奴婢以千万数，田大县数百顷，小县百余顷，宅亦如之。"[①] 历代这样的斗争很多，王莽的"王田"制，则是想百分之百地实行君主土地所有制，结果，他和农民在经济上对抗，又和豪族地主在经济上对抗，短命的皇帝和他的武断措施是分不开的。

豪族的土地占有权是不固定的，秦汉皇帝大都在强弱或本末

---

① 《史记·平准书》；又参看《汉书·食货志》。

之间，采取一定的优遇办法，以安定豪族地主的占有制，作为皇权与豪权的联系，因此，所谓"限"、所谓"占"，是以占有若干顷的土地数目以及若干"户数"的农民，为最高限额，这是消极的规定，而不是私有制的积极的承认。汉武帝为了对付豪族地主，还有"专地盗土"的法律，一经被此条法律所干触的地主，那就要遭受重大的处罚。《汉书·匡衡传》，有司奏衡"专地盗土"，衡竟坐免，事在元帝初元元年与成帝建始元年之间（公元前48—前32年）。匡衡封地多四百顷，司隶校尉骏，少府忠行廷尉事，劾奏"《春秋》之义，诸侯不得专地，所以一统，尊法制也。衡位三公……而背法制，专地盗土以自益"。又说："附下罔上，擅以地附益大臣，皆不道。"匡衡是元成间的人，但刘向《新序》说：孝武皇帝时"重附益诸侯之法"。既然"附益"和"专地"意义相应，那么这法律可以说是武帝制订的。武帝还创立了以六条问事的科条，"科条谓所犯法律也"①，这也主要是针对占田逾制的豪族地主阶级而设的，不但其第一条定罪的对象明白地指出："强宗豪右田宅逾制，以强凌弱，以众暴寡"，而且其他五条对二千石定罪的对象，也是以豪族地主阶级的占有制为主，如说，"二千石不奉诏书，遵承典制，倍公向私"；"二千石选署不平，苟阿所爱，蔽贤宠顽"；"二千石子弟恃怙荣势，请托所监"；"二千石违公下比，阿附豪强，道行货赂，割损正令"。②

此外也有临时的诏令，指出对土地占有权逾制的处罚。例如，《汉书·哀帝纪》："诏诸侯王、列侯、公主、二千石及豪富民多畜奴婢，田宅亡限，与民争利，（下言限制）……。为吏犯者以律论，诸名田畜奴过品，皆没入县官。"

---

① （唐）虞世南《北堂书钞》引扬雄语。
② 参看《汉书·百官公卿表》注。

汉代的土地国有制，过去学者已经有注意到的，例如宋叶适说汉代"但问垦田几亩，全不知是谁田"；明末顾亭林说"官田自汉以来有之。"按秦汉之际，垦田屯田都为政府所掌握，垦屯的土地即是官田。"秦制，凡民年二十三，附之畴官，屯边一岁，谓戍卒。"① 晁错曰，"秦时……战则为人禽，屯则卒积死。"② 二世立，"如始皇计，尽征其材士五万人，为屯卫咸阳"③。屯戍是秦代开辟疆土的重要劳役。"秦地广人寡，故草不尽垦……于是诱三晋之人，利其田宅。"④ 汉因秦制，垦屯更加发展，文帝、武帝都动员了大量劳动力（包括罪人），从事工役制形式的剥削，元鼎元年（公元前116年）一次就动员了六十万人戍田于西北部。这种军事体制不但影响于占有制，使汉代的陇西六郡的豪族地主有了凭借，发展起来，而且也酝酿出隶农式的"部曲家族"。后代的屯垦制不能不溯源于这里。仲长统说：

今者土广民稀，中地未垦，虽然，犹当限以大家，勿令"过制"；其地有草者，尽曰官田，力堪农事，乃听受之。⑤

这就是后代授田制的国有形式的张本，如果逾越制度的许可，法律外的占田"过制"，就有理由被皇帝来没收或以"专地盗土"的裁科条来定罪。马克思说"在封建时代，军事上诉讼上判权，是土地所有权的属性"⑥，就是这样的意义。

按汉代"公田"之名所以从武帝时代才出现于史籍，这是他为了使土地国有制成为定式，用法律形式肯定的缘故。上举的

---

① 《秦会要订补》卷十八《兵上·屯戍》。
② 《汉书·晁错传》。
③ 《史记·秦始皇本纪》。
④ 《通典·食货一》。
⑤ 《后汉书·仲长统传》。
⑥ 《资本论》第1卷，第398页。

"专地盗土"和"六条问事"的科条，都是武帝所制订的。因此，土地国有制的法律形式是武帝二万六千二百七十二条法律中的主要项目，他也利用这些法律和身份性的豪族地主展开斗争，史实甚多，不须列举（可参考贺昌群著《论两汉土地占有形态的发展》，第三、第四节）。但这里应该注意，"公田"制并不是从武帝开始的，而且在武帝以后的西汉社会也没有根本动摇，不过在统治阶级内讧中有时豪族地主占些上风而已。

据汉代的历史记载，皇帝不但可以大量地把公田、官田封给领主，在一定的限制之下，即不能逾制或逾限的条件之下，允许他们"占有"，而且为了争取"流民"（从户籍即"名数"中逃亡的农民）和贫民的劳动力，还把"公田"假给他们，所谓"假公田"给农民，当然只指"使用权"。这就是后代"授田"或"均田制"的张本。

随着土地国有制的确立，主要的手工业也实行国家管制。从秦代"颛川泽之利，管山林之饶"以来，汉代对于作为"农夫之生死"（《盐铁论》语）的盐铁采用了一系列的管制政策，并因此，在武帝以后成了社会经济的矛盾之一。这些财产所以要国有，正如《盐铁论·复古》说："今意总一盐钱，非独为利人也，将以建本抑末，离朋党，禁淫侈，绝并兼之路也。"这意义就表明最高地主对付豪族地主的法律形式。其他如纺织业等手工业以及主要的公共事业的经营如河渠灌溉交通等，也实行国家管制的政策。因为公共事业的国家统制，不但强化了中央专制主义的封建统治，如马克思讲的东方专制机关的三种部门的性质，而且还利用封建权力把这些部门的劳动力大都束缚在奴役或劳役制之下，[①] 使工役

---

① 参看白寿彝《从秦汉到明末官手工业和封建制度的关系》，《历史研究》1954年第5期。

制的残余形式和东方的专制主义结成不可分离的关系。

应该指出的是，这种以土地为主而以其他产业为副的国有的财产形态，从秦汉社会发源，一直是中国封建所有制主要的形式（此一问题将在拙作《中国封建制社会的广阔的基础》一文讨论）。中国的政治史、思想史和宗教史的研究，是不能不从这里出发的。

上面所讲的是关于封建生产方式的生产资料一要素的所有性质，物质的人格化者叫做皇权最高地主以及身份性的地主。他们的基础都依存于农村公社的残余。身份性的地主是"家长制的农村生活的东方野蛮制度"的豪强，最高地主是"对地方施行父权"的皇帝。统治阶级集团的地位在历史中是很强固的，他们之间是统一的又是矛盾的，这从秦代就具备了制度上的特点。一方面皇族集团怕豪族集团的势力，另一方面却尊奖这一势力，如《通典·食货一》引崔寔《政论》："秦堕法度，制人之财，既无纲纪，而乃专奖并兼之人。于是巧猾之萌，遂肆其意。上家累巨亿之资，斥地侔封君之土。"这一传统，汉代以来循而未改。至于唐宋以来从身份性地主转化而来的非身份性的地主，即"庶族"地主，这里不拟作详细的论述。

四、汉代的劳动力和领户制

我们再进一步研究一下汉代的劳动力——生产方式的另一要素。首先，应该肯定，秦汉社会存在着大量的奴隶。古代工技之贱，蛮夷之贱，罪犯之贱，仍然相续于秦汉。例如，"礼贵者公，贱者名"，贵者有氏，贱者有名无氏（或庶人无姓）；秦汉虽有法定的户口制，而据《汉书·郊祀志》载，汾阳人无锦即有名无氏的工奴，粤人勇之即蛮夷的俘奴，秦汉时征服匈奴，远筑长城，近修宫室，大量使用罪人，即犯者奴。秦灭六国以后，虽然把俘获的人口散为户数，大徙人口若干万家，移民实之（参看《秦会要·徙民》），但依然使用奴隶。汉因秦制，也是这样。据文献记载，汉代虽有解放奴隶之令（尤其在光武时，详见《廿二史札记》），而始终在法律上承认奴隶制度，我们且把史实列举于下：

（汉）高祖令民得卖子。

五年诏曰：民以饥饿自卖为人奴婢者，皆免为庶人。

文帝……不以民田及奴婢为限。

贾谊曰：今岁恶不入，请卖爵子。

后四年免官奴婢为庶人。

董仲舒说武帝曰：宜去奴婢，除专杀之威。

杨可告缗遍天下，得……奴婢以千万数。

（成帝诏：）公卿列侯亲属近臣多畜奴婢……其申敕有司以渐禁之。

（哀帝）诏曰："诸侯王列侯公主吏二千石及豪富民，多畜奴婢……其议限列……诸侯王奴婢二百人，列侯公主百人，关内侯吏民三十人。"[1]

王莽"更名天下……奴婢曰私属，皆不得买卖。"[2]

东汉初，光武帝发布了许多有利于奴婢之令，比西汉更富于奴婢解放之义。建武二年（26年）五月诏，"民有嫁妻卖子欲归父母者，悉听之；敢拘执，论如律。"六年十一月诏，"王莽时吏人没入为奴婢不应旧法者，皆免为庶人。"十一年诏，"天地之性人为贵，其杀奴婢，不得减罪。"又诏，除奴婢射伤人弃市律。十二年三月诏，"陇、蜀民被略为奴婢自讼者，及狱官未报，一切皆免为庶民。"十三年十二月诏，"益州民自八年以来被略为奴婢者，

---

① 以上引文均见《西汉会要》卷四十九。

② 《汉书·王莽传中》。

皆一切免为庶民，或依托为人下妻欲去者，恣听之，，敢拘留者……以略人法从事。"十四年十二月诏，"益、凉二州奴婢，自八年以来自讼在所官，一切免为庶民，卖者无还值。"光武以后，仍间有免官奴之令（如安帝）。

据上面所举的史实看来，汉代时常发布免奴之令，但奴婢制度依然存在，甚至高祖以来买卖奴隶是合法的。见于史者有如下诸例：

秦相吕不韦家僮万余人。汉贵族，如王商私奴千数，史丹僮奴以千数，王氏僮奴以千百数，窦氏奴婢以千数，马防兄弟奴婢各千人以上，济南安王奴婢至千四百人。汉豪强地主，如卓王孙僮客八百人，程郑数百人，折像父国家僮八百人，曹仁弟纯僮仆人客以百数，糜竺僮客万人。

此外，官奴婢也盛行，武帝时没入奴婢，分与诸官。元帝时，贡禹说："诸官奴婢十余万……税良民以给之。"反之，民间奴隶之子尚恒为奴，《汉书·陈胜传》有"人奴产子"之名。

汉代有"耕当问奴，织当访婢"的话，这些话到了魏晋时代还见于史籍中。由此看来，汉代奴婢从事生产，是不足为奇的。当时奴隶的职责，并不限于仆役的工作，而养奴之数至万人，也非家侍的职务所可容纳的。官奴隶的暴动也见于文献的记载。如果说秦汉是封建制，这种现象的存在是什么原因呢？

这里，我们且先说明两点。

（一）中国古代遗留下了氏族制，因而维新了的城市国家，产生奴隶家室集团的制度；要知道残余的制度，容易传习于其后的若干时代，所以马克思说"中国保存了一系列的过时的古旧诸制度"。原来，家庭、家族和奴隶在古代就联系在一道的，恩格斯在《家庭、私有制和国家的起源》一书中曾经从语源上指出家庭和奴隶是一字。如果说，中国的古代氏族制度和公社组织长期地延续到后代封建制社会，那么，奴隶也随家族而保存于封建制社会。这不仅汉代如此，魏晋隋唐亦然，死的束缚着活的就是这一现象的说明。我们拿汉代的新名词——仅次于奴隶身份的"部曲"来解释，就更了然了。按汉代大将军营五部，部下有曲，曲下有屯。[①] 部曲是由家族屯垦产生的，平时生产，战时服役。汉时，徙齐楚富族至诸陵，以强京师，而另外的贱族则多徙边，如文帝募民徙塞下，武帝元朔元年（前128年）徙朔方十万口，元狩四年（前119年）徙贫民于关以西及充朔方以南七十余万口。按晁错所上移民之计，所募之贫民，以罪人奴婢为主，且以千家数。这就知道"部曲"是从家族奴婢变化而来的。到了三国时代，部曲之名大量出现，且明言"部曲家族"，如李典徙部曲宗族万三千余口居邺，如孙壹率部曲千余家归魏等即是例子。这种"部曲"，在平时生产上，我认为是过渡性的隶农，比奴隶的身份稍稍改变而已。

（二）上面史料不曰"僮客"，即曰"家僮"。其实在战国时代，已有"佣客"出现。[②] 按僮客之客，和汉人用的"浮客"、"私客"、"宾客"、"奴客"之名无大差别，当即晋代"佃客"的先驱（晋武帝限制"佃客"户数为完成形态）。"客"之义与奴有别，崔寔《政论》说："假令无奴，当复取客，客庸一月千。"故僮客以至宾客，我们以为是隶农制的直接生产者。《后汉书·樊宏传》说："父重……营理产业，物无所弃。课役童隶，各得其宜，故能上下戮力，财利岁倍，至乃开广田土，三百余顷。"这所谓课役童隶，各得其宜者，"上下"之间分配是有比例的，即无偿的劳动日部分与必要的劳动日部分都增加了劳动强度（戮力），因为，在奴隶劳动危机时代，是不会"戮力"的。又按，僮客以至宾客，是有家

---

① 《后汉书·百官志一》。
② 《韩非子·外储说左上》。

族奴隶的遗迹的，他们以家数来计算，宾客若干家与部曲的社会意义相同。又按"宾客"也有与主人同生死的，如岑晊以党锢被诛，"并收其宗族宾客，杀二百余人"①。这样的"客"，如马克思说的是"根据在共同组织上的，但这不再像古代一样是奴隶作为直接生产阶级……而是身为人有的小农"②。

以上所说明的两点，还不能明白劳动力的支配性质在那里。为了阐明这个问题，我们必须进一步考察秦汉时代的领户制。

如众所知，秦汉社会和前代社会不同的标志之一，在于领户制或领客制。所谓领户或领客，即封建统治者把一国土地征服之后，所要占领的劳动人户。这制度在《晋书·地理志》中讲出了它的起源："古者有分土而无分民。若乃大者跨州连郡，小则十有余城，以户口为差降，略封疆之远近，所谓'分民'，自汉始也。"按古代社会有所谓"受民"，但以户口为差降的分民或领户制，的确在秦代已有雏形，而从汉代更加法律化了。（后世各代在原则上都继承了这一制度，至于在细节上对于传统制度的更张，应另为专文研究。）

现在要问：究竟汉代交纳地租的劳动者是否被农奴制度所支配呢？

我们从下列三方面来研究。

第一，郡县制的经济意义，即首先使血缘的氏族，落地成为地缘的家族，所谓"人以群居为郡"，"悬而不离之谓县"，最初还是古代制的地域单位之变种；乃至秦代小农的经济逐渐形成，正如《汉书·贾谊传》说的："故秦人家富子壮则出分，家贫子壮则

---

① 　《后汉书·岑晊传》。

② 　参看马克思恩格斯《德意志意识形态》，人民出版社 1961 年第 1 版，第 159页。（下同）

出赘。……信并兼之法，遂进取之业。……曩之为秦者，今转而为汉矣。然而遗风余俗，犹尚未改。"

这里所指秦人的"家"，实即"户"的意义，是一种小农家庭，是个体的，分散的，不同于氏族公社残余的成员，而是被束缚于一定的区域。这种小农家庭（户），当时在农业生产上起着积极作用。《汉书·晁错传》"家有一堂二内（卧室）门户之闭"，正是描写这种小农家庭。这种小农家庭"家富子壮则出分，家贫子壮则出赘"，对于家庭经济和劳动生产都是有利的。秦汉所谓"户"，是指此种新兴小农家庭而言。《汉书·食货志》引李悝、晁错的话，都说这种家庭平均一家五口，汉高祖就首先感到天下散乱之后户口不到以前的十分之三，召民归田宅。这即是马克思说的封建统治者"把土地征服之后……接着要做的，就是把人占有"[1]。晋安帝时刘裕还引汉为例，他说：

安帝义熙九年（413年），宋公刘裕缘人居土，上表曰：臣闻先王制礼，九土攸序，分境画野，各安其居，故井田之制，三代所崇。秦革其政，汉遂不改。富强兼并，于是为弊。在汉西京，大迁田景之族以实关中，即以三辅为乡间，不复系之于齐楚，九服不扰，所托成旧。……及至大司马桓温，以人无定本，伤理为深，庚戌土断，以一其业，于时财阜国丰，实由于此。[2]

从上面史实言之，土断人户，缘人居土，是秦汉时的创例，欲财阜国丰，必须光大汉法，可见汉代使农民安土作业束缚于自然经济，实为中世纪的重要变化。即以所谓"僮客"、"宾客"而言，正是和土地不能分离的田人（佃），而与古代奴隶之对土地没

---

① 《资本论》第3卷，第1032页注。

② 《文献通考·职役考一》。

有居土的一定束缚关系，大有区别。马克思说："如古代是由城市与小的领域发轫，则中世纪是由乡村发轫，既存的稀薄的在一个广大的地面上零散的人口，由征服者手中没有得到多大的增殖，所以生出这样不同的出发点。所以封建的发展与希腊罗马正相反对，是开始在一个由罗马的征略与因之而招致的农耕之普及所提供的更广漠的地面之上。"[①] 这里，应该指出，罗马的封建制和征服者有关，而中国秦汉的封建制则不是这样，其区别在于，罗马是被落后民族所征服，而秦汉社会则是向落后民族的征服。但是在征服和被征服之间，都因了军事体制的因素，在更广漠的地面之上影响于封建所有制，其方式并不完全相等同。

第二，秦汉之世，有所谓社会等级之制，和古代"刑不上大夫，礼不下庶人"之制相反。这等级制是以耕勤战力者显荣为原则。因此秦人创有爵制二十级，以赏战功。据《汉书·百官公卿表上》说：

> 爵：一级曰公士，二上造，三簪袅，四不更，五大夫，六官大夫，七公大夫，八公乘，九五大夫，十左庶长，十一右庶长，十二左更，十三中更，十四右更，十五少上造，十六大上造，十七驷车庶长，十八大庶长，十九关内侯，二十彻侯。皆秦制，以赏功劳。

现在我们要问前几级是什么意义。按汉高祖五年（前202年）曾诏七大夫公乘以上应与田宅，故第八级尚有不能得田宅者甚多。第四级名不更，注云不服役使，即免役。似实际能得免役之权者，非至第九级不可。第二级名曰上造，按指有户籍之名数，言造于册而存于上也。《汉书·石庆传》说："元封四年（前107年），关

---

① 参看马克思恩格斯《德意志意识形态》，《马克思恩格斯全集》第3卷，人民出版社1960年第1版，第27页。（下同）

东流民二百万口，无名数者四十万。"师古曰："名数若今户籍。"
故上造即已具名数之谓。第一级"公士"，颇不易解。似指士卒之
类。《汉书·晁错传》说："不足，募以丁奴、奴婢赎罪及输奴婢欲
以拜爵者；不足乃募民之欲往者，皆赐高爵，复其家。"故赐爵乃
从奴婢罪犯之解放始，即第一级所谓公士；如有罪，则"削爵为
士伍"。由一级至二级得列户籍，九级以上始得占有田宅。问题的
关键是这样的军爵影响了封建的所有制，如马克思说的"在日耳
曼的军事组织之影响下，使封建的财产制发展了起来"。① 因此，
秦汉有军功者受上爵的制度，是一种封建制的标志，它是和垦田、
屯田的向外发展相关联着的。如前面所指出的，军功是和"食户"
相对应的。王充曾指出了这种关系："军功之侯，必斩兵死之头；
富家之商，必夺贫室之财。"②

汉代自高祖以来，每多爵民一级之举，景武之世更著。前人
多不明此义，细绎之，最下之级似为奴隶在名义上的解放，因为
赐赏与赎买同可由罪奴复身，例如买爵三十级可以免死，出六百
石可以至上造之类。汉初，郡国人民逃亡，户口不过前之十分之
二三，须赖赐爵复身，以诱人民，故至文景之世，户口大增，如
景帝时"上郡以西旱，复修卖爵令，而裁其贾（价）以招民"③。
盖当时虽自生产而致富者不少，但或在身份上依然为无名数的奴
隶。买爵就可以名副其实地解放。

我们可以说秦汉之奴隶解放，史实昭然。而等级的社会制度
正是封建制的身份隶属关系。公士与上造乃社会劳动力的最大来
源。等级的赏赐与赎买是基于超经济的报偿法则。由此建立了封

① 参看马克思恩格斯《德意志意识形态》，《马克思恩格斯全集》第3卷，人民
出版社1960年第1版，第27页。
② 王充：《论衡·偶会》。
③ 《汉书·食货志》。

建制社会的一套上下其手，不以商品的人格化者出现，而以贿赂的交涉者出现的官僚制度。

第三，我们特别注意秦汉社会的领民户口制的确立。秦始皇刻石特别标明男女"黔首"之重要，这即合法地在名义上规定农民被隶属的身份。秦汉上至诸侯以户邑为制，下至地主开广田宅，都基于户籍名数。萧何得秦郡县户籍，始知天下强弱之处。汉初招民回籍生产，出现了许多农民中的"中家"（非身份性的小所有者），汉简里特别注明这样的户口资产。昭帝承武帝征战之敝，户口减半，与民休息，百姓充实。光武诏下州郡，检核垦田顷亩及户口年纪（当时贵族占有土地，田宅逾制，利其侵渔，隐瞒户口）。到了三国时代，多记各地领户若干万，男女口若干万以为劳动力的检核。徐干《中论》说："迨及乱君之为政也，户口漏于国版，夫家脱于'联伍'（公社），避役者有之，弃捐者有之。于是奸心竞生，伪端并作矣。……故民数者，庶事之所自出也，莫不取正焉。以分田里，以令贡赋，以造器用，以制禄食，以起田役，以作军旅；国以之建典，家以之立度。"《史记·货殖列传》所谓"千户之君"、"百万之家"，正是农民对于领主的封建隶属。这里，因了服役之故，课责更赋，因了行政费之故，增课口赋（人头税），更要依于户籍制，但耕战二者，耕为重要的因素。秦汉乡置啬夫一人，主知民善恶，为役先后，知民贫富，为赋多少，平其差品，这就是基层的经济组织，法律上更有所谓"户律"。汉代主簿的权力是十分大的。章实斋说："民贱，故仅登户口众寡之数，卿大夫贵，则详系世之牒，理势之自然也。"① 即指汉代以后的社会。

特别是萧何的《九章》，不论《汉书》和后代晋唐以下典籍，

---

① 《湖北通志检存稿·族望表序例中》。

都一致认之为萧何承秦制而创作的。"三章之法不足以御奸，于是相国萧何攈摭秦法，取其宜于时者，作律九章。"① "萧何承秦法，所作为律令、律经是也。"② "圣汉权制，而萧何造律宜也，造萧何律。"③《晋书·刑法志》和《唐六典》、《唐律疏议》，都讲到萧何定律，谓之九章之律。《北堂书钞》引《风俗通》说："萧何成《九章》，此关（后代）百王不易之道。"实际上汉代以下各代法律都是根据九章律而增益的。

汉高祖以至文帝、景帝特别注意天下户口之散亡，有一系列的法令招流人归乡生产。最表现明白的，是"户律"这一法典。《唐律疏议》卷十二说："户婚律，汉相萧何承秦六篇律，后加厩、兴、户三篇，为九章之律。迄至后周，皆名户律，北齐以婚事附之，名为户婚律。"隋唐循而不改。按唐律的"户婚律"上中下三篇看来，上篇讲的是严禁户口脱逃法，如第一条："诸脱户者，家长徒三年，无课役者减二等，女户又减三等。"《疏议》曰："率土黔庶，皆有籍书，若一户之内，尽脱不附籍者，所由家长，合徒三年。……"中篇讲的是禁止诸户占田过限和盗种公私田的法律。下篇讲的是有关家族尊卑的法律。这些都是依仿汉人的制度。汉代"户律"虽然失传，但从"居延汉简"所记的户口制度看来，劳动力名数和财产的登记制是很完整的。光武的检核田户事件，即根据着户律，所谓"是时天下垦田多不以实，又户口、年纪互有增减"④。"度田"和"括户"是一件事的两面。因为财产所有（垦田）和劳动力（年纪）都是在法律上有定格的。汉武帝没收土地和没收奴婢是依据法律同时进行的。《后汉书·陈忠传》说，

---

① 《汉书·刑法志》。
② 《汉书·宣帝纪》注。
③ 《汉书·扬雄传》。
④ 《后汉书·刘隆传》。

"〔户口〕亡逃之科，宪兵所急"，这突出地说明了劳动力的隶属关系。因此户口的登记和土地等财产的登记，《汉书》记载也很详细，它们都是以"占"律规定的。例如"占租"和流民自占。《汉书·昭帝纪》说："令民得以律占租。"师古曰："占谓自隐度其实，定其辞也。……今犹谓狱讼之辨曰占。"因此，以律占租，指自报财产和户口的意思。如淳引律例说："诸当占租者，家长身各以其物占，占不以实，家长不身自书，皆罚金二斤，没入所不自占物及贾钱〔于〕县官。"这当即唐律的户婚律的张本。"占"是同时对财产和劳动力而说的，《汉书·宣帝纪》载流民自占八万余口，师古曰："占者谓自隐度其户口而著名籍也。"《后汉书·明帝纪》载流人无名数欲自占。李贤注："无名数谓无文簿也，占谓自归首也。"因此，"占"律即"户律"的组成部分。

这样看来，汉世既然以名义上称为自主的良民、齐民以至所谓"编户"，作诸种课税的对象，则这样自由民其名而农奴其实的有名数田人，就占了社会劳动力的支配地位。这即马克思指出的，地主阶级的权力不是在于地租揩上收入的多寡，而是在于劳动力户口占有的多寡。[①] 历代最高地主和身份性的豪族地主之所以为了"户口"的荫附展开斗争，原因即在于此。

结　　语

本文关于中国封建制的形成及其法典化问题所采取的研究方法与所提出的论点，可简单归结如下：

（一）作者认为，马克思关于中国封建制生产方式的广阔基础（农业与家庭手工业的结合）的论点，是符合中国的历史实际的。

---

① 《资本论》第 1 卷，第 906 页。

这一广阔基础，在战国后期的文献中，已可窥见其萌芽形态，而在秦汉之际的文献中，更可看出明显的典型的表述，至于其法典化则在汉代"食货"的定义中得到确证，后世封建制都循着这一途径发展。因此，我个人以为中国封建制生产方式的广阔基础是从战国后期就在古代社会母胎内逐渐形成起来，特别在秦并六国的时候已推及全国范围，而到汉武帝时才完成。

中国封建制生产方式的基础既完成于汉代，则具体考察汉代的生产方式，其意义不仅在于阐明汉代社会的性质，而且还在于由此论证中国封建制的形成及其特点。

（二）汉代土地所有制的支配形式是土地国有制，皇帝是最高的土地所有者。在秦始皇时，已有"六合之内，皇帝之土"的法律形式的规定。在汉代土地国有的形态之下，握有土地占有权的是封建贵族与豪强地主，前者是在军事体制的影响下产生的，而此种制度复可溯源于秦的法令；后者是由六国旧贵族转化而来，相当于身份性地主，但他们的土地占有权是在法律上受限制的。在土地国有形态之下，人民的财产和劳动人口须要经国家来"占"的，因此，土地私有的法律观念的缺乏，是东方世界的特点。汉代"专地盗土"的科条和户口组织的法令即意味着这一形式的法典化。

（三）汉代的直接生产者主要是作为编户齐民的小农，而奴婢是残余的制度。秦时十断人户、缘人居土的郡县制的推广，意味着小农经济在逐渐形成，而秦汉社会的领民户口制的确立，则更意味着农民对于领主的封建隶属。汉代的"户律"即为此种封建隶属的更进一步的法典化，后世亦循此而未改。

以上只是就几个主要问题作概括的考察，而每一个问题都还有待于深入的研究。作者认为，关于中国封建制的形成问题，需要作广泛的综合的研究，并从经济、法律、意识形态等等方面，全面地追溯历史发展的源流，如果仅研究个别问题而脱离了与整体的联系，那就会陷于片面、孤立，也就难以洞察到历史发展的规律。

封建主义生产关系的普遍原理
与中国封建主义*

当研究中国封建制社会的特征及其发展的途径时，我们必须依据马克思主义的基本理论来先审察封建史学的传统观点与资产阶级历史编纂学的阶级偏见。封建史学往往以大量的传统的道德、荣誉观点以及托古改制式的理想化了的法权观点，把封建主义的生产关系歪曲地记录下来；资产阶级的历史编纂学又一贯地依据近代资本主义自由的私有权来混淆封建主义财产关系的"特权、例外权的类存在"造成了极大的混乱。

我们提倡马克思主义理论与中国历史实际相结合的创造性的科学研究，同时也反对这样的态度：或者孤立地用一句封建主义的定义来代替各个角度的全面分析，或者动不动就武断地说马克思主义的普遍性的理论不适用于中国。这种态度妨碍人们对科学理论进行虚心而认真的研究。

这里，有必要对马克思、恩格斯、列宁天才地科学地概括了的有关封建主义生产关系的普遍规律的某些基本原理，作一初步

* 本文原载《新建设》1959 年第 4 期，原题为《关于封建主义生产关系的一些普遍原理》，后作为《中国思想通史》第 2、3、4 卷《序论补》收入该书第 4 卷卷首。

的探索与简略的论述，提供理论的根据，以免长期的误会。

一、关于封建主义的土地所有权问题

所有权的涵义　作为政治经济学的范畴来说，所有权（Eigentum 旧译所有制）涉及到生产的全部社会关系。它虽有其法权的表现，但正如马克思和恩格斯所指出的，法律和宗教一样，没有自己的固定的历史，而经济关系之反映为法律原理，必然是一种头脚倒置的东西。因此，对于所有权，政治经济学所要把握的是在生产关系的总和中的表现形态，而不仅只是法权形式。马克思对此有极明确的表述：

> 给资产阶级的所有权下定义不外是把资产阶级生产的全部社会关系描述一番。[①]

> 政治经济学不是把这种财产关系就其法权表现作为意志关系总和包括起来，而是就其现实形态即作为生产关系总和包括起来的。[②]

这样，在所有权这一范畴的涵义中，我们已经可以看到，它的表现形态既然是指生产的全部社会关系，那末它就不是抽象的、永恒不变的观念，而是在不同的历史阶段中具有不同历史形态。

马克思在《哲学的贫困》中明确指出："在每个历史时代中所有权以各种不同的方式、在完全不同的社会关系下面发展着"[③]，并讥笑那些对所有权的不同历史形态的混同："可笑的是从此一步跳到所有（Eigentum，或译所有权——引者）的一定形式如私有

---

① 《马克思恩格斯全集》第 4 卷，人民出版社 1958 年第 1 版，第 180 页。（下同）

② 《马克思恩格斯文选》（两卷集）第 1 卷，莫斯科 1954 年中文版，第 369 页；《马克思恩格斯通信选集》德文第兹 1953 年版，第 182 页。着重点是原有的。

③ 同①。

（Privateigentum，或译私有权——引者）（并且还把一个对立的形式即一无所有为前提）。历史倒是指出公有（例如在印度人、斯拉夫人、古代的克勒特人等等中）是原始形式，这种形式在公社所有的形式上还在很长时间内起了显著的作用。"① 同样，我们也应避免这样一种错误，即在论证封建主义所有权时，竟进一步跑到一定形态如自由的私有权的历史形态中。

土地所有权的历史形态　现在我们再来考察土地所有权（Grundeigentum）这一范畴。一方面，土地所有权和一般的所有权是有区别的，马克思曾指斥蒲鲁东"表面上似乎讲的是一般的所有权，其实他所谈论的不过是土地所有权，地租而已"。② 另一方面，土地所有权是与一定的所有权相适应的，并依所有权的不同历史形态而有相应的土地所有权的历史形态，这就是马克思所说的"土地所有权有各种不同的历史形态"。③

众所周知，在古典的古代，就已有了私有权或私有制这一形态，日耳曼的封建的所有权或所有制是对古典的古代的否定，而近代资本主义的私有权或私有制又是对中世纪封建所有权或所有制的否定。

严格意义的私有权或私有制这一历史形态乃是古典的古代和近代的形态，而不是封建所有权的形态。马克思和恩格斯在《德意志意识形态》中不止一次指出：

> 无论在古代或现代人民中，真正的私有权（das eigentliche Privateigentum 旧译真正的私有制）只是随着动产

---

① 《政治经济学批判》，《马克思恩格斯全集》第 46 卷上册，第 150—151 页，德文第兹 1958 年版，第 241 页。

② 《哲学的贫困》，《马克思恩格斯全集》第 4 卷，第 180 页。

③ 《资本论》第 3 卷，第 801 页。

（Mobiliareigentum 或译运动的所有权）的出现才出现的。①

私有权利（Privatrecht）是和私有财产（Privateigentum，旧译私有权或私有制）一起同时从自然形成的共同体（Gemeinwesen）形式的解体过程中发展起来的。在罗马人那里的私有财产和私有权利的发展在工商业方面没有引起进一步的后果，因为他们的生产方式仍原封未动（恩格斯在边上注道：放高利贷）。在现代人民那里工业和商业已经摧毁了封建的共同性形式，因此对它们说来，随着私有财产和私有权利的发生，便开始了一个能够进一步发展的新阶段。②

与此相适应，自由的土地私有权这一历史形态是古典的古代和近代的土地所有权的形态，而不是封建的土地所有权的形态。马克思在《资本论》中不止一次地指出：

这种观念——关于自由的土地私有权的法律观念（die juristische Vorstellung des freien Privatgrundeigentums）——在古代世界，只出现在有机的社会秩序（organischen Gesellschaftsordnung）解体的时期；在近代世界，只是随资本主义生产的发展而出现。在亚细亚，那不过间或由欧洲人输入。③

自耕农民的自由的小土地所有制形态（diese Form des freien Parzelleneigentums selbstwirtschaftender Bauern），当作支配的通常的形态，一方面在古典的古代的最盛时期，形成社会的经济基础，另一方面，在近代各国，我们又发现它是由封建土地所有制〔权〕解体所引起的各种形态中的

---

① 《德意志意识形态》，德文第兹 1953 年版，第 61 页。（下同）
② 同上书，第 62 页。
③ 《资本论》第 3 卷，第 804 页；德文第兹 1957 年版，第 665 页。（下同）

一种。①

这里关于土地私有权这一历史形态的表述与《德意志意识形态》中关于私有权这一历史形态的表述吻合无间，这是铁的公式，不容否认的。封建制社会在事实上也存在有小土地所有制形态，但不是通常的支配的形态，而且也不充分具备着法律观念的性质。因此说，"中世纪社会：细小的个人生产（kleine Einzelproduktion）。生产资料预定为个人使用（einzelgebrauch），因此是简陋拙劣的，细小的，效能微小的。生产是为生产者本身或其封建领主直接消费产品而进行的。"②

封建主义土地所有权的非运动的性质　封建主义土地所有权既不同于古典的古代和近代，则其特征何在？对此，我们须从其非运动性去理解。

马克思极深刻地作了这样的对比：在资产阶级社会，是"运动的所有权"（bewegliche Eigentum），而在封建制社会，则是"非运动的所有权"（unbewegliche Eigentum）。③

关于运动的所有权，马克思写道：

这运动的所有权是近代底儿子，是嫡出子；运动的所有

———

① 《资本论》第3卷，第1053页；德文第兹版第858页。

② 《马克思恩格斯文选》（两卷集）第2卷，莫斯科中文版第153页，德文第兹版第142页。

③ "运动的"（beweglich）亦可译为"不稳定的"，"非运动的"（unbeweglich）亦可译为"稳定的"（参看《马克思恩格斯全集》第1卷，第384页，德文第兹版，第316页）。这些词汇是黑格尔在《法哲学原理》（Grundlinien der Philosophie des Rechts）中所用过的，如第308节谈到"市民社会的不稳定的一面（bewegliche Seite）"。还应该指出，运动的所有权与非运动的所有权的对立，即是市民社会与各等级的对立，这种对立是随着中世纪末期资产阶级关系的形成而发生的。马克思曾说："在这里，我们又发现了市民社会和各等级中的一个新的对立，在它们中发现了不稳定的部分，因而也发现了稳定的部分"［它的基础是地产（Grundbesitz 即土地占有——引者）］。（《马克思恩格斯全集》第1卷，第384页）

权怜悯着他的敌人把他看作一个关于他的本质一窍不通的蠢才……。①

这里,(一)所谓"运动的所有权",在土地所有权上,是指土地进入交换的、不稳定的商品流通过程,因而成了自由的土地私有权。马克思在《哲学的贫困》中说到:"……从这时起土地所有权就依附于农产品的市场价值。作为地租,土地所有权丧失了不动产(按即土地占有——引者)的性质,变成一种交易品"②,正是指近代土地私有权的运动性质。(二)所谓"这运动的所有权是近代底儿子,是嫡出子",在土地所有权上,意味着自由的土地私有权是一个历史的范畴,是近代的资本主义的产物。这一点是我们前面所已论证的。马克思认为"真正的私有权只是随着动产(Mobiliareigentum,也即运动的所有权)的出现才出现"(见前引),这种"动产",其涵义和"运动的所有权"(bewegliche Eigentum)相当;而在中世纪,土地所有权则具有"不动产的性质",其涵义又与"非运动的所有权"相当,即仅指对土地的特权占有(旧译地产,Grundbesitz)。

关于"非运动的所有权",马克思写道,由非运动的所有权到运动的所有权的转变,乃是由封建制社会到资产阶级社会的历史发展的必然性:

安定的垄断之转变为运动的不安定的垄断即竞争,他人的血汗底不劳而获的享受之转变为他人的血汗底多忙的交易,是必然的。③

在这种转变的过程中,出现了两种所有权的相互攻击:运动的所有权把非运动的所有权看作是"蠢才","这个蠢才企图把粗暴的

① 《1844年经济学—哲学手稿》,第71页,参看马克思恩格斯《经济学短篇论文集》,德文第兹1955年版,第116页。(下同)

② 《马克思恩格斯全集》第4卷,第185页。

③ 《1844年经济学—哲学手稿》,第47页。

不道德的暴力和农奴制放到道德的资本和自由劳动底地位上去"，
而代表非运动的所有权的封建的土地所有者，则"使他的所有权
底世袭贵族，使封建的追思、怀念、回忆底诗篇，使他的梦幻的
本质、他的政治的重要性等等发生作用"，并攻击他的敌人（运动
的所有权）是拐骗者。[①]

　　从以上所有权的这两种形态的对比研究中，我们可以明确一
个问题：封建制社会的土地所有权的历史特征即在于：它是"非
运动的"土地所有权，而不是"运动的"土地所有权或自由的土
地私有权。严格意义的土地私有权的法律观念乃是特定的历史阶
段的范畴，不能任意用之于封建制社会。这是属于封建主义普遍
规律的原理，不论是中国的封建制社会或欧洲的封建制社会，都
不能有超乎此一般规律的特例。显然，不应当用"自由的土地私
有权"或"自耕农民的自由的小土地所有制形态"等概念来研究
封建主义的经济规律。[②]

二、封建主义的土地占有权与私有
财产的历史实质

中世纪的私有财产　　必须指出，以上我们是从严格意义去论

---

　①　《1844 年经济学—哲学手稿》，第 71 页。
　②　马克思和恩格斯之所以说东方缺乏土地私有权的法律观念，从一般意义上讲
来，是因为像中国这样的历史在古代是氏族贵族所有权支配的形态（原来我是同意用
"国有"这一概念），在近代又没有进入到资本主义社会，至于在中世纪，则按照封建
主义的一般规律，根本谈不到严格意义的土地私有权，即运动的所有权。至于从特定
的历史条件来研究，那就属于专题讨论的范围了。正如马克思所说，"我的推测，以为
亚洲的或印度的所有权形式，最初在欧洲到处存在过……因此就在这一点上，俄国人
也完全丧失了以独创者自命的权利。他们现在还保存着的东西，可以归结为他们的邻族
所早已抛弃了的形式。"（《马克思恩格斯论中国》，人民出版社 1950 年版，第 31 页）

证私有权和与之相适应的土地所有权的历史性质，这些论证丝毫也不妨碍我们同时对私有权作一般的更宽广的理解。

从一般的更宽广的涵义来说，在人类社会的整个发展过程中，原始社会是公有制，继此而来的阶级社会——奴隶制的、封建制的、资本主义的社会——可说是对原始社会的否定，是私有制对公有制的否定，共产主义社会则又是对阶级社会的否定、是更高阶段的公有制对私有制的否定。因此，马克思和恩格斯一方面（如在《资本论》和《德意志意识形态》中所论证的）在严格的意义上把私有权或私有制只看作是古代的与近代的历史范畴，而另一方面（如在《黑格尔法哲学批判》和《反杜林论》中所论证的）同时又以私有制概括迄今存在过的一切阶级社会，其中包括封建制社会。

在《反杜林论》中，恩格斯写道："所有文明的各族人民都是从土地的公社所有制开始的。各族人民经过了原始状态的一定阶段之后，土地的公社所有制在农业的发展进程中变成为生产的桎梏，它被废除、被否定，并且经过了较长或较短的中间阶段之后转变为私有制。可是当农业由于土地的私有制而达到较高的发展阶段时，私有制又反过来成为生产的桎梏，像目前在小土地占有制和大土地占有制方面所看到的那样。由此就必然会提出否定现在已经是私有的土地占有制并把它重新变为公有制的要求。但是这一要求，并不是指恢复原始的土地的公社所有制，而是指建立远为高级的，发达的公有制形式，它不仅不成为生产的障碍而且相反地第一次使生产从阻碍它发展的桎梏中解放出来，并使生产有可能充分利用近代化学上的发现和力学上的发明。"[1]

在《黑格尔法哲学批判》中，马克思还详细地谈到了中世纪的私有财产（包括地产）："凡是在我们看到长子继承制具有古典

---

[1] 《反杜林论》，第142页。

形式的地方（在德意志的各邦人民中），整个国家制度都建立在私有财产（Privateigentum）的基础上。在那里，私有财产是一个普遍的范畴，是一种普遍的国家联系。就连普遍的职能也时而成为某一同业公会的私有财产，时而成为某一等级的私有财产。"①

我们决不可以把这里的论证和前面的论证看成是有矛盾的。因为，（一）阶级社会的共同性之一即私有财产，（二）共同性之外有各时代的区别性，马克思常指示我们不要忘记了区别性，（三）在中世纪社会的某些国家也有残存着"古典的形式的地方"，那就必须具体分析，（四）中世纪的私有财产或私有权是一个特殊的形态，连并不属于经济范畴的普遍的职能也可以看作私有权，这一点是特别应该注意的。

土地占有、法律规定与私有财产　　首先，我们要论述的是经典著作中的这一原理：占有权取得了法律的规定，才具有私有财产的性质。马克思在《黑格尔法哲学批判》中写道：

> 私有财产（Privateigentum——引者）的真正基础，即占有（Besitz——引者），是一个事实，是不可解释的事实，而不是权利。只是由于社会赋予实际占有以法律的规定，实际占有才具有合法占有的性质，才具有私有财产的性质。②

在这种合法占有的涵义之下，作为中世纪私有财产，应和古代的

---

① 《马克思恩格斯全集》第1卷，人民出版社1956年第1版，第381页（下同）；德文第兹1958年版，第314页。

② 《马克思恩格斯全集》第1卷，第382页。按：Besitz一般都译为"占有"，Grundbesitz译为"土地占有"或"地产"，有的译本把Besitz译为"管理"，那显然是误解，以致使读者望文生义。这段引文中的"实际占有"，原文为faktischen Besitz（《马克思恩格斯全集》第1卷，德文第兹版，第315页），意为"事实上的占有"，与《资本主义生产以前各形态》中译本第5页、第8页中所译的"实际占有"不是一个词，后者的原文为wirkliche Aneignung（《政治经济学批判大纲》，德文第兹1953年版，第376—378页），似不应译为"实际占有"，而应译为"实在的享有"。关于"享有"一词，以下另有说明。

以及近代的私有财产区别开来看待。按中世纪的财产形态，如经典著作中常见的"地产"和"土地占有"，本来是一个词，即Grundbesitz。同古代的和近代的有严格的区别，这种土地占有（Grundbesitz），是和土地权力结合在一起的，因而它在外观上显出或表现出私有权的样子，而在内容上却是一种霸权式的统治。这一点正是封建的土地占有的特征。

　　马克思在《1844年经济学—哲学手稿》中对这种封建的土地占有的特征作了极其精辟的描述：

　　　　在封建的土地占有（Feudalgrundbesitz）之下已经存在着一种作为对人的外在力量的土地的统治。农奴是土地的附属品（Akzidenz）。土地属于宗子（Majoratsherr），即属于长子。土地是归他继承的。

　　　　私有权的统治主要随着土地占有而开始，土地占有是私有权的基础。

　　　　然而在封建的土地占有之下，主人至少表现得像地产（Grundbesitz,直译为土地占有）的君主。甚至在占有者（Besitzer）和土地之间，还存在着一种比仅仅货物的财富更深密的关系的外观。块块土地随着它的主人个人化了，它有主人的品级，和主人一起成为男爵的或伯爵的，有着主人的诸特权、主人的审判权、主人的政治关系等等。土地显得像它的主人的非有机的躯体。所以成语有所谓Nulle terre sans maître（没有无主的土地），这句话就表明领主权和土地占有的结合。①

此段分三节，前后二节和中间一节是特殊和普遍的关系。我们在这里应该注意"然而在封建的土地占有之下"的论述，那是和一般的合

---

　　① 马克思恩格斯：《经济学短篇论文集》，德文第兹1955年版，第91页，参看《1844年经济学—哲学手稿》，第46页。着重点是引者加的。

法的占有即私有权不同的。封建的土地占有者,即领主或特权的品级地主,在他的土地上,表现得像君主一样,是作为对人的外在力量的统治者,他的占有权是和他的政治的、社会的权力结合在一起的。因此,普遍的职能也可以作为私有财产来看待。

另一方面,我们决不能因这种私有财产的表现形式,而忽略了所有权(Eigentum)与占有权(Besitz)的区别。

第一,这样的封建的土地占有权之成为封建的土地所有权,是通过法律而授予的,而这种所授予的权力不是财产平权的法律形式,而是一种基于名分和传统的地位的特权形式。在中国历史用语叫做"唯名与器,不可假人"的名器,君主有最高的名与器,同样地主也有其名与器。马克思在描述了封建的土地占有之后,接着就指出:"……封建的土地所有权(feudale Grundeigentum),像君主国授与名义给君主一样,授与名义给他的主人(指土地占有者,如领主)。他的家庭底历史,他的门第底历史等等,这一切给他把土地占有权个性化起来,并且把土地占有权正式地弄成他的门第,弄成一个人格。"[1] 因此,土地占有权通过了封建的权力授受,才"正式地"成为特殊的土地权力。

第二,合法的占有与不合法的占有必须严格地区别开来,前者具有封建的"私有财产的性质",后者则不过是一种事实上的占有。(我在别的论文中提到,法律上的占有权或所有权是一回事,实际上的占有又是另一回事,即依据此处所讲的原理而言,提法上并没有矛盾。)二者在封建制社会经常引起统治阶级的内讧。

第三,在一般涵义上,"所有"和"占有"是有联系的,占有是私有财产的基础,是土地所有权的前提,但经典著作对这两个概念的运用总是异常审慎的,在《政治经济学批判导言》、《资本

---

[1]　参看《1844 年经济学—哲学手稿》,第 46 页。着重点是引者加的。

主义生产以前各形态》、《资本论》中，马克思往往在"所有"、
"占有"、"所有者"、"占有者"等字的下面加重点号，以揭示人们
应注意其间的区别；在《社会民主党在一九〇五至一九〇七年第
一次俄国革命中的土地纲领》中，列宁更指出，"不了解所有权、
占有权、支配权、使用权诸概念间的区别"，就会发生误会。① 特
别对于如中国这样封建专制主义的国家，更须对这些概念作审慎
的研究。企图否定这些概念的区别，不会在科学分析上带来益处。

　　第四，在所有和占有相统一的地方，马克思有时用"享有"
（Aneignung）一词，如"对自然的享有"（Aneignung der Natur）
（《政治经济学批判》，德文第兹 1958 年版，第 241 页，参看人民
出版社版，第 150 页。有人译为"利用"，有人译为"占有"）。②

　　中世纪"私有财产"的实质　我们已经探索了封建的土地占
有在法律规定下之"私有财产的性质"，它是在一般意义之下的私
有财产。但还须进一步明辨：它是一种什么样的私有财产？问题
不在于抽象地论证在封建制度之下私有财产的存在，而在于具体
地揭示其实质。

────────

　　① 参看《列宁全集》第 16 卷，第 302 页。
　　② 马克思曾把"享有"（Aneignung）一词与"享受"（Genuss）一词并用，如
"最后在消费中，生产物变成享受的、个人享有的对象"（《政治经济学批判》，德文第
兹 1958 年版，第 242 页，参看人民出版社版，第 152 页）。在中国古代文献中，如子
孙世享之"享"，受土受民之"受"，都含着所有与占有双关之义。因此我建议把
Aneignung 译为"享有"。
　　还须指出，Aneignung 一词是德国古典哲学中常见的术语，与 Entfremdung 一词相
对，前者之义为"同化"，与后者之义为"异化"相对。马克思在《黑格尔辩证法和哲
学一般批判》中曾有这样的用法，如"把人的已成为对象和异己对象的性能
（Wesenskräfte）加以同化（Aneignung）"（人民出版社版，第 12 页）。
　　"对自然的享有"，是经济学的用语，意味着使自然同化于人，把自然当作人的非
有机的躯体，因此物质成为人的享有了。反之，"异化"在经济学上，也译为"疏远
的"，意味着如在封建制社会的土地权力反而离开人们来统治着人们。"享有"相当于
"归顺"或"归化"之义，而"异化"或"疏远"相当于倒行逆施的"逆施"之义。

在这里，我们需要对中世纪私有财产的实质作辩证的理解。一方面，从一般的广泛的意义而言，封建私有财产是作为所有权的表现形式来看待的。马克思谈到中世纪的私有财产时，曾用讽刺式的语气描写它的特征，曾把私有财产的涵义扩展到这样的程度，以至精神、法权、人的活动都列入私有财产的对象之内。然而中世纪的私有财产之成为"一个普遍的范畴"，反而是这样的特定的权力所表现的所有权：

> 各种类型的商业和工业是各种特殊的同业公会的私有财产。官廷官职和审判权等等是各个特殊等级的私有财产。各个省是各别的诸侯等等的私有财产。掌管国家大事的权利等是统治者的私有财产。精神是僧侣的私有财产。我履行自己义务的活动是别人的私有财产，同样，我的权利也是特殊的私有财产。主权——这里指民族——是皇帝的私有财产。①

但另一方面，我们不能单看封建的私有财产所表现的外观，既然什么也是私有财产，那就好像没有问题了。其实不然，马克思已经在上文反复地强调这种私有财产的等级的、特权的实质，提出它是"某等级的私有财产"、"各个特殊等级的私有财产"，甚至最后指出"主权是皇帝的私有财产"等等。马克思还这样写道：

> 人们常常说，在中世纪，权利、自由和社会存在的每一种形式都表现为一种特权，一种脱离常规的例外。在这里不能不指出这样一个经验事实，就是这些特权都以私有财产的形式表现出来。这种吻合的一般的基础是什么呢？就是：私有财产是特权即例外权的类存在（Gattungdasein）。

> 凡是在国王（如法国）侵犯私有财产的独立性的地方，

---

① 《马克思恩格斯全集》第 1 卷，第 381 页；德文第兹版，第 314 页。着重点是引者加的。

> 国王总是在侵犯个人财产以前先侵犯同业公会的财产。但是，侵犯同业公会的私有财产，同时也就是侵犯作为同业公会、作为社会联系的私有财产。
>
> 在封建制度中正好显示出王权就是私有财产的权力，显示出王权中既隐藏着一般权力的秘密，也隐藏着各个国家集团的权力的秘密。[①]

从这些经典的论断中，我们可以清楚地看到，中世纪的私有财产或所有权，跟严格意义的近代的私有财产和所有权比较起来，其实质是如何的不同。在近代，是"真正的私有权"、"自由的土地私有权"，这是说，它在法权上有形式的自由和平等，而在中世纪，私有财产就不具有这种"真正的私有权"性质，而实质上是特权、例外权的同义语，不过从经验的事实看来，以私有财产的形式表现出来而已。科学的分析不能满足于经验的事实，所谓私有财产的封建形式——"特权、例外权的类存在"[②] 即是特权、例外权的品级存在。类在古代社会为"族类"，在封建社会为"品类"，也就是一定的等级。中世纪经院哲学把自然分别成若干"类"，这便是形而上学的幻想的虚构，把居民分别成若干"品类"，这便是所谓"法律虚构"的人格划分（顺便提一下，冯友兰先生的四种境界说，即是这个古老的传统）。例外权表现得最明显的是所谓宗法的长子继承制、封建国家的职官制，以至最高的君

---

① 《马克思恩格斯全集》第 1 卷，第 381 页，德文第兹版，第 314 页。着重点是引者加的。

② "类存在"原文是 Gattungdasein。按 Gattung 是 "类"，古代哲学中已有类概念（Gattungsbegriff）；Dasein 是黑格尔常用的哲学术语，《小逻辑》中译本译为 "限有"，列宁《哲学笔记》中译本译为 "现有的存在"，这个词儿和 "有" 或 "存在"（Sein）是有区别的，它含有被规定的、受限制的涵义，而非泛指一般的存在。因此，"特权、例外权的类存在" 即指按规定的、受限制的、分成不同品级属类的特权、例外权。"特权、例外权的类存在" 也可意译为 "按特权、例外权而限定的品类存在"。

权或国家主权，即以上引文说的王权所隐藏着的权力，或作为皇帝的私有权的所谓主权。因此，马克思又这样写道：

在长子继承制中，私有财产是对国家官职的关系这一事实竟使国家的存在成了直接的私有财产即地产（Grundbesitz，即土地占有）的属性、偶性。这样一来，国家就在自己的顶峰上表现为私有财产，其实在这里本来应当是私有财产成为国家财产。①

可见在封建制社会的"私有财产"本来应当是"国家财产"，在有些国家如封建专制主义表现得突出，而在有些国家表现得隐蔽罢了。研究封建主义，能够离开王权的隐藏的权力形式和王权的公开的权力形式么？为什么要把封建的主权作为所有权来规定的形式否定了呢？

这里已涉及封建主义在土地权力上的法律虚构与品级结构问题，这些问题将在下面作进一步的探讨。

土地买卖的现象在中世纪怎样理解　把握了这些总的原理，我们再探索中世纪土地买卖的历史意义。

在封建制社会，有土地买卖，在资产阶级社会，也有土地买卖。其买卖的形式都体现着法权的形式。前者以形式的不平等（超经济的）为依据；后者以形式的平等（商品形态）为依据。然而在二者，法权形式都是骗局。结果是：土地在买卖的名义之下为支配阶级所垄断。在封建制社会是"安定的垄断"，在资产阶级社会是"不安定的垄断"。所谓"安定的垄断"，即是如马克思所说的缺乏"自由的私有权"的表现，同时又是土地所有权依于军事的以及行政的特权的表现。

因此，在封建制社会，土地也曾通过买卖或让渡的形式。然而自耕农民的小土地买卖或他的份地的出卖，正是大土地垄断的

---

① 《马克思恩格斯全集》第1卷，第383页；德文第兹版，第316页。

温床。最使人困惑不解的是：封建国家的法令还时常反对这种土地所有权的某些"运动的"倾向，责骂"民得买卖"是一种反常现象，好像造成土地兼并的原因不是由于封建"特权、例外权的类存在"，而是由于土地买卖。

但问题是可以理解的。在"安定的垄断"之下，是被法律所限制的土地买卖，这就有别于"不安定的垄断"之下的商品式的土地买卖。

在《1844年经济学—哲学手稿》中，马克思写道：

浪漫派关于这种情形流着伤感的眼泪，我们不去参预。浪漫派经常把潜存在土地之诡诈买卖（Verschacherung der Erde）中的可耻情形，和包含在土地私有权之诡诈买卖（Verschacherung des Privateigentums an der Erde）中的完全合理的、在私有制里面必然的并且被期望着的后果，混淆起来。首先封建土地所有权在本质上已经是由诡诈买卖得来的土地（die verschacherte Erde），这种土地是对人异化了的（dem Menschen entfremdete 指倒行逆施了的）、并且是以少数大主人公的姿态站在人的对面的土地。[①]

----

①　马克思恩格斯：《经济学短篇论文集》，德文第兹版，第91页，参看《1844年经济学—哲学手稿》，第45—46页。按：Verschacherung, verschacherte 之词根为 Schacher，其义为"（小型）盘剥重利之交易"。在俄译本中，Verschacherung der Erde 译为 торговские махинации с землёй（对土地进行生意人式的阴谋诡计），Verschacherung des Privateigentums an der Erde 译为 вовлечение в торговый оборот частной собственности на землю（把土地私有权引入商业的周转），把 die verschacherte Erde 意译为 результат грязных махинаций с землёй（对土地进行卑劣阴谋的结果）（《马克思恩格斯早期著作选》，俄文本第553—554页）。《1844年经济学—哲学手稿》中译本将此词儿译为"空头买卖"。这里改译为"诡诈买卖"。这一词儿的涵义实相当于"巧取豪夺"之"巧取"。entfremd 中译本与俄译本均译为"和……疏远的"，今按，此词为德国古典哲学术语，义为"异化"，如"人的本质之异化（Entfremdung）"、"自身异化（Selbstentfremdung）"，马克思常把这一类哲学术语用之于经济学。此处所谓"异化了的"土地，是指土地显得人格化了，土地以它的倒行逆施的主人的姿态出现，并具有主人的品级、特权等等，称霸一方。

　　这里，马克思指的是："在衰落的中世纪和兴旺的资本主义生产时期，产业资本家的富的急速增加，都有一部分，要由他们直接诈欺地主的事情来说明"，[①] 在这种土地的诡诈买卖和土地私有权的诡诈买卖中，则包含着必然的、合理的后果，即土地所有权转化为商品、旧贵族的覆灭、货币贵族底最后完成。马克思讥笑浪漫派的西斯蒙第只看见土地之诡诈买卖的可耻情形而伤感主义地批评资本主义，并把这种可耻情形和其合理后果混淆起来。在这里同时指出了，在中世纪，土地已经在本质上是由诡诈买卖，即巧取豪夺得来的土地，而不是商品交易的土地。

　　这一论断向我们所揭示的是：（一）在衰落的中世纪，土地的买卖是诡诈性的，而中世纪的土地买卖更在本质上早已就是诡诈的，它决不能和资本主义土地买卖的商品形式相类比。（二）在衰落的中世纪，土地买卖的诡诈性是暴露到表面上来了，但它却由土地私有权的诡诈交易而导致出了所谓合理的后果；至于中世纪，土地买卖的诡诈性是"本质"的，它虽然隐藏在道德的、荣誉的外观之中，但如俄译本所正确意译的，封建土地所有权已经是"对土地进行卑劣阴谋之结果"。

　　即使是这样，中世纪的土地买卖还是在不同程度上和各种形式上受到法律的限制。土地和特权联结在一起，领地被禁止出卖，因此，如恩格斯所指出的，"资产阶级废除了长子继承权或不许出卖领地的禁令，取消了贵族的一切特权，这样便消灭了特权贵族、土地贵族的权力。"[②] 和欧洲的情况不同，买卖的诡诈性，在封建社会还可以看出另一种迷人的情况。例如在中国宋代，一方面国家的土地可以出卖；另一方面，则通过职役的收夺，实际上又把

---

　　① 《剩余价值学说史》第 1 卷，人民出版社 1978 年第 1 版，第 353 页。（下同）
　　② 《共产主义原理》，《马克思恩格斯全集》第 4 卷，第 362 页。

土地权力收回到国家手中。"普遍的职能"也可以出卖。国家主权者通过出卖"官告"让渡了一种"官户"的特权，或通过出卖"度牒"让渡出另一种属于假相的僧道的特权，因而把全国性的徭役转嫁于表面上已经取得了土地权利的占有者。这样的土地买卖表明，如果没有同时以高价取得"官户"特权的地位，实质上没有土地的权力。我们不能从表面上的现象，就渲染宋代已经在人民中间确立了所谓土地私有权。

三、论封建主义在土地权力上的品级结构

封建主义和国家法律规定的等级制　研究封建主义的历史规律，在政治经济学、历史科学中，存在着便利的条件，也存在着比较困难的条件。

马克思说："古代社会的生产有机体，比资产阶级的生产有机体，是更简单得多，更容易理解得多的。"[①] 但同时也指出，奴隶制和封建制时代的阶级矛盾却不像资产阶级时代那样单纯而明显。如在上面所指出的，封建的财产关系是一种"特权、例外权的类存在"，这一点反映在经院哲学上是这样的一种幻想的虚构，即自然现象的所谓"地上、天上、超天上"的品类存在；而通过法律的折射时，则表现为品级或等级的上下虚构。从基础到上层建筑的一系列的虚构，便给人一种荣誉式的假象。恩格斯在《自然辩证法》中指出，近代革命的"古典自然科学"就从打破自然现象的品类虚构入手，哥白尼以至牛顿批判经院自然哲学的颠倒意识就从这里入手。

封建制社会不同于资产阶级社会：后者无实际上的平等权利而有形式上的平等权利；前者的权利不但没有实质上的平等，而

---

① 《资本论》第 1 卷，第 63 页。

且还有形式上的不平等。列宁说：

> 大家知道，在奴隶社会和封建社会中，阶级的差别也是
> 用居民的等级划分而固定下来的，同时还为每个阶级确定了
> 在国家中的特殊法律地位。所以，奴隶社会和封建社会（以
> 及农奴制社会）的阶级同时也是一些特别的等级。①

列宁所以说，中世纪社会的阶级为等级，原因就在这里。因此，
封建生产关系既受着军事编制的影响，也和法律以及政治的特权
等寻常联结在一起。这种形式上不平等的等级的法律划分，即
"由各种不同的社会地位构成的整个阶梯"②，乃是按照封建主特权
阶级的阶级利益制订出来的一种阶级支配方式。与这种等级制结
合的便是封建主土地权力的品级结构，如马克思、恩格斯在《德
意志意识形态》中所指出的："土地占有权的教阶式的结构以及同
它相联系着的武装侍卫制度，提供了贵族以统治农奴的权力。"③
这里，"教阶"一词是指基督教封建国家而说的，在中国相当于礼
教的爵服制度，也可以拿"等级"一词表达。

封建土地所有权与法律虚构　封建的土地所有权所媒介出来
的方式便是一种"法律的虚构"。关于这种土地所有权的法律虚
构，马克思谈到"非运动的所有权"时就说它是"愚蠢的所有权
底神秘所媒介的方式"④，在谈到地租形态时更明白地指出土地所
有权和法律虚构的关系：

> 地租不管属于何种特殊的形态，它的一切类型，总有这
> 个共通点：地租的占有是土地所有权由以实现的经济形态；

---

① 《列宁全集》第 6 卷，第 93 页注①。着重点是原有的。
② 《共产党宣言》，《马克思恩格斯全集》第 4 卷，第 466 页。着重点是引者加
的。
③ 《德意志意识形态》，德文第兹 1953 年版，第 20 页。
④ 参看《1844 年经济学—哲学手稿》，第 48 页。

并且地租又总是以土地所有权,以某些个别的人对于地球某些部分有所有权这一个事实,作为假定。……

不同各种地租形态的这种共同性——都是土地所有权即不同各个人所凭以排他地占有土地一定部分的法律虚构的经济实现——叫人们忽略了区别性。①

土地所有权的"法律虚构"是马克思论述前资本主义社会时常用的术语,这里指的是:在古代,在中世纪,统治者总是企图借法律的规定,从实际的占有中描绘出有利于那一时代支配阶级的合法占有或所有权的神圣性。中国封建制社会的法定化了的政权、族权、神权、夫权四条绳索② 也是"愚蠢的所有权底神秘所媒介的方式"或土地权力的法律虚构。应该指出,这种"法律虚构"同样是历史的范畴,《德意志意识形态》中说:"随着封建制社会向资产阶级社会的过渡,一切立法越来越多地抛弃了这个法律虚构(例如,请比较《拿破仑法典》)。"③

了解了这种"法律虚构"的涵义,我们再来进一步考察封建主义土地权力的品级结构。西洋史实是暂时的,而中国史实是长期的。为了便于具体的理解,我们在下面略举中国的史实作为例证。

封建主义土地权力的"阶梯"是有层次与结构的。从最高的皇权(最高的地主或主权者),即上面引文中所指的"国家财产"、王权所隐藏的权力,经过一层降似一层的"荣誉婚姻",形成了把土地占有人格化的各种等级,到了末层的直接生产者,就只有不

---

① 《资本论》第3卷,第828页。着重点是引者加的。

② "这四种权力——政权、族权、神权、夫权,代表了全部封建宗法的思想和制度,是束缚中国人民特别是农民的四条极大的绳索。"(《毛泽东选集》第1卷,第2版第33页)中国的封建法权从《白虎通义》以来,历代统治阶级都费尽心血对这四种权力从事法律的虚构。这里的"政权"一词相当于马克思说的主权一词。

③ 《德意志意识形态》,德文第兹1953年版,第379页。

完全的占有权、使用权，而无所有权了。

封建的品级结构和倒行逆施的土地权力　封建的法权对土地占有者赋以主人的名分，这即是合法的占有——所有；越出了主人的名分而分外侵夺逾制，便成为实际的占有，甚至是非法的占有。所以层层的地主阶级是占有者，而却有相对合法的与不合法的区别；通过法律的规定，可以看出他们的占有的相对合法的程度，又可以看出他们的占有的非法的程度。封建财产，如上引文所说的，应该是主权者或国家财产，在封建专制主义国家则更不隐藏地表现出"主权是皇帝的私有财产"，这就是我们说的封建的土地国家所有制形式。大土地占有者之所以获得可靠的土地权力，是依据了名分的传统以及荣誉的恩赐。名分和荣誉来自门第和"勋格"，而不是来自财货的商品关系。这即是马克思说的："封建的土地所有权像君主国授与名义给君主一样，授与名义给他的主人。"①

根据上述的理论来看，中国的封建土地所有权，依法律的虚构而受命于天的君主的名器，是所谓传统式的"普天之下，莫非王土"的最高主权；作为最高地主（即主权者）的皇权，在政治上即表现为封建专制主义。中国封建专制主义的历史不仅表现出土地所有权和主权不分，而且更表现出国家对全国范围内的居民有极大的强施职役的权力。学者间曾怀疑过万里长城的修筑，如果不是使用奴隶劳动，很难设想能够役使这样大规模的劳动力，因而论证中国奴隶制社会的终结不会早于秦代。我认为，大规模劳役的事实，不但见于秦代之北筑长城，南成五岭，汉代之兴修水渠，移民屯垦，而且还见于以后历朝的屯田、营田、开运河、设驿站、建都、造陵苑等等工程以及对外战争。这就是马克思、恩格斯所一再指出的封建专制主义国家的公共职能或中央政府管

---

① 参看《1844年经济学—哲学手稿》，第46页。

辖的公共事业。在经历内战破坏而重建统一王朝时，这一适应于封建的土地所有权与主权不分的政权形式就愈显得突出。秦、汉、隋、唐是这样，宋、元、明帝国也是这样。但在欧洲，如上引文所指出的，这样"国家财产"，却表现为隐蔽的权力。这里存在的只是表现形式的不同，而不是社会构成的不同。

马克思恩格斯指出："所有制的最初形式无论是在古代世界或中世纪都是部落所有制，这种所有制在罗马人那里主要是由战争决定的，而在日尔曼人那里则是由畜牧业所决定的。……因此部落所有制就具有国家所有制的形式，而个人的所有权则局限于简单的 Possessio（占有）……"[①]

在中国封建史，一由于游牧民族的内迁，二由于战争，这就使国家土地所有权的残余长期存在于后代。

其次，宝塔式的地主对土地的占有是通过各种名分的赐予才取得相对合法的权力，而这种相对合法的权力又基于家族、门第、身份、勋爵等等。在中国，我们称他们为身份性地主或品级性地主。[②]一般说来，他们依据名份而有免役免课的特权，因而他们占

---

① 《德意志意识形态》，《马克思恩格斯全集》第3卷，第69页。
② 列宁在《十九世纪末期俄国的土地问题》一文中把"身份性"和"非身份性"两个概念对立起来，指出资本主义土地私有权的发展，"即在于由身份性之转变为非身份性"。该文译者曾有一个注，把"身份"解释为"品级"。按 сословность 和 бессословность 是从 сословие 孳乳而来的，后者一般译为"等级"，因此，身份性与非身份性可以直译为等级性和无等级性，但这样译法也难令人理解其所指的意义。用中国的传统习惯，译为品级性和非品级性似比较合适。因为品级指特权者的身份，是特别的与国家联系的职能，而非品级的寒族或细族是不入于品官或品题的等级。我们从前曾沿用了身份性和非身份性的译语，是权宜的处理。至于庶族地主的"庶"，与凡人良人在法律上具有同等的身份，他们是和有品级地位的豪族或士族以至官品贵族有区别的。我们采用非身份性或改译非品级性，不是说庶族地主等于具有农村资本主义富农的概念，而仅仅说他们带有非身份性或带有非品级性的色彩，也可以说是半"非身份性"，或半"非品级性"的地主。这即是说，他们既有区别于封建的身份性地主的性质，然而又有不能转变为非身份性的性质，因而，这个阶级集团便有其两面性，他们似相当于"把农业底重心由地地转移到非分地上去"的富裕农民（参看《列宁全集》第15卷，第17页），而又在历史条件限制之下，没有完全取得非身份性地主的资格，至于身份性和非身份性的译语，我建议改译作品级性和非品级性。

有的土地具有相对的合法占有的性质。但在封建专制主义国家的形态之下，即使是世袭的封建主或勋贵那样的特权等级，他们的特权的范围和程度，在法理上和制度上都受到限制；甚至其特权也受皇权的一定的支配，其土地权力在一定条件下可以被皇帝追回或追赐以至夺爵、抄没，这就和欧洲领主的不纳不课（immunitas）不同。汉代七国之反，晋代八王之乱，都和这点有关系。我们可以说，在中国封建制社会，物权关系比较薄弱，而债权关系（如经典作家指出的贡纳形态）显得更重要，因而这样地主阶级的所有权是不完整的，特别是从法律意义上看来，是缺乏条件的。

有的土地占有者只有所有权的基础，占有一定的土地，却还没有在名分上取得所有权而使这种占有具有完全合法的性质；或者在取得相对合法性质的同时，又被封建国家规定的赋役法在贡纳形态上剥夺了地租的一部分以至大部分。这样的土地占有者常被特权者所排斥，被繁重的职役所困扰。唐、宋时代的那些无免役权的地主或"富民"便是这样。唐代九等户与宋代五等户中的"高户"都负担着很重的职役，在实际的占有中依然没有合法的完整的地租权。我们称这样的土地占有者为带有"非品级性"或"非身份性"色彩的庶族地主。①

因此，依照法定的名分所具有的身份、品级、门第而取得的土地权力，是具有远近亲疏的"婚姻关系"的，因而也是具有政治的臣属性的。依照特权而分封到的土地，其性质是比较

————————

① 参看前注。宋代区别了有特权的"官户"和无特权的非官户。列于非官户的庶族地主（如李觏所说的"富民"）就是这样的地主。唐、宋以来，有所谓"纲"的职役，如"花石纲"之类，对富民特别是被嫁祸的农民的剥夺是很残酷的，更不用说因了"岁币"而实行的横夺了。这种情况，秦、汉以来，以至唐、宋、元、明各代是一脉相承的，而从唐、宋以后，更成为统治阶级间的矛盾问题。

稳定的；不依照特权而自己占有的土地，其性质则为实际的占有，其对农民的臣属的关系就没有领户若干户或"实封"若干户的法律的规定了，而逾法所荫庇的农户在法律上是被认为有罪的。马克思说："封建的生产，都以土地分给尽可能多数的臣属这件事作为特征。同其他一切主权者一样，封建领主的权力，不是依存于他的地租折的大小，而是依存于他的臣属的人数。后者又依存于自耕农民的人数。"① 中国封建统治者，和西洋封建社会不同，对于臣属的人数，历代一直存在着争攘的问题。

我们认为，品级性地主阶级在法律上规定着有臣属的特权，其政治权力是和土地的占有联结在一起的（虽然也有但书的规定）；而一般庶族地主则既无合法的臣属的特权，又无免役权，同时其所占有的土地要分割出一部分地租，以贡纳形态或以债款形态交给最高土地所有者。应该记住，不可以把这种贡纳形态和近代的财产税混为一谈。

封建土地所有制的贵族和臣属的关系，是一般的规律，而在历史的形态中也具有着一定的特点。

这里还应该指出：封建的土地权力的这种品级结构，在亚洲，土地所有权属于主权者的国家，丝毫不意味着否定地主阶级的存在。相反地，在各个时代，虽然都可以有"公田"、"官田"的形式，但其背后的秘密都刻上各别时代的支配阶级的烙印，例如，奴隶制与封建制时代的土地"公有"或"官有"，依然是贵族、地主阶级（作为整个阶级而言）的土地所有权的一种形式；关于这一点，马克思这样说："在国家的主要所得是在地租形态上归到地主，君主等等手里的国家，例如亚细亚的国

---

① 《资本论》第 1 卷，第 906 页。着重点是引者加的。

家，也是这样。"①

四、农民的土地占有权和使用权

现在我们再来考察作为耕作者的农民只有占有权、使用权而无所有权这一问题。这里，我们应该注意列宁所经常指出的，农民的土地占有必须和地主的土地占有严格地区分开来的论点，决不能用近代资本主义时代的法权，也不能用中国明、清之际以后以至半封建社会的历史情况来进行考察。

马克思曾这样描述封建主义的特征：

---

① 《剩余价值学说史》第1卷，第353页。按：所谓"国有"一概念，也有历史的特点。列宁在《社会民主党在一九〇五年至一九〇七年第一次俄国革命中的土地纲领》中谈到俄国资产阶级革命时期的"土地国有"时写道："所有权就是指地租权，以及由国家政权来规定全国通用的土地占有与使用的规划。"（参看莫斯科中文本第144页）至于垄断资本主义的"国有化"，则正是恢复封建的"国有"形式。如列宁所指出的，它意味着对劳动群众的剥削和压迫的加强，反动势力与军事专制的加强，使劳动群众长期受到贡税的奴役，向资本家交纳数以亿计的债款利息。（参看《列宁全集》第24卷，俄文版第276—277页）

至于封建的土地所有权与居民的人格的服从支配关系，正是以贡纳形态以及债权关系为其特点，马克思论封建制社会与资产阶级社会的对立时，曾指出"以人格的服从支配关系为基础的土地所有权的权力，和非人格的货币的权力二者间的对立。"（《资本论》第1卷，第149页注）

马克思在《资本论》第1卷中，曾经对封建制社会使用过土地国有制或国家所有权一词，即Staatseigentum，中文版译作"国有地"（同上书，第915页），列宁还明白地区分过封建的土地"国有"和资产阶级革命时期的土地"国有"，他说："这种分配不应该是以早在一百年前已按地主家中的总管或亚洲式专制政府中的官吏底意志分配于农民的旧有份地为基础，而是应该以自由农业，即商品农业底要求为基础"，前者是封建的"土地国有"的概念，后者"基于经济现实上的土地国有概念乃是商品社会和资本主义社会底范畴"。（《社会民主党在一九〇五年至一九〇七年第一次俄国革命中的土地纲领》，第74、95页）列宁对普列汉诺夫的关于这一问题的斗争是典型的例子。

各时代的土地"国有"形式，亚洲封建主义的土地所有权概念，以及"从印度到俄国"的亚洲封建专制主义是否包括中国在内等一系列问题，暂留待专题研究。

> 在那里（指欧洲的中世纪——引者），我们看不见独立的
> 人，却看见每个人都是互相依赖的——农奴与领主，家臣与
> 封建诸侯，俗人与僧侣。物质生产的社会关系及建立在其上
> 的各个生活领域，都是以人身的依赖性为特征。①

农奴的人身依附于土地主人，他们固然是"土地的附属品"，即作
为土地耕作者的农民也还是部分地作为土地占有者的财产，即上
引文所指的贡纳形态，"履行自己的义务的活动就是别人的私有财
产"。马克思说：

> 土地占有制底耕作者们……本身一部分是占有者底财产，
> 像农奴一样，一部分他们对他有尊敬，臣从和义务底关系。
> 所以占有者对待他们的态度直接是政治的并且也同样有一个
> 情感的方面。②

对依附农民说来，从农奴到不完全地享有人身权利的农民，
都被强加了一种程度不等的人身依赖关系。因此，封建所有权是
和对劳动者的不完全占有形式相联系着的。所谓有些财富的小农
生产者的土地占有，就其人身依附关系而言，常发生变动，即随
着他的人身之被不完全地占有，得而复失。农民出卖或典质土地，
并不意味着行使"私有权"，反而意味着连合法"编户"的地位也
失掉了。在豪族利用占有特权而进行"巧取"或"豪夺"的情况
之下，或在封建专制主义国家为了公共职能而强加劳役的时候，
农民就随着人身依附的关系，不得不将土地占有权丧失。正因为
这样，用强力把农民从他们使用或占有的土地上赶走的事实，是
作为统治者对农民严重的封建剥夺来看待的。在中国历史上，那
些遗弃土地使用权或占有权而失籍脱散的流民或逃户，便成为震

---

① 《资本论》第 1 卷，第 60 页。
② 《1844 年经济学—哲学手稿》，第 46 页。

撼封建制度的严重财产问题。反过来说，例如把逃户寻找到，"括户"若干万的时候，于是相应于"括户"的劳动力，也就查出了官田，如唐代宇文融"括户"后，即记载"田亦称是"。因此，对农民划定户籍，正是把他们束缚在土地上的武力法律，它意味着对他们人身权的不完全占有的固定化的形式，中国历代封建王朝的法律对户婚律有很严密的规定，以及封建的财政部之名为户部，即具有这样的性质，而当农民一旦非法脱离原来的土地而逃散，这就意味着统治阶级对他们的人身的不完全的占有发生了严重的问题。[①]

为什么说农民只有土地占有权而没有土地所有权呢？如上所述，这是由于他们处于封建的依附性和隶属性的政治条件之下。马克思强调地说："直接生产者不是所有者（Eigentumer，英译为 owner ——引者）而只是占有者（Besitzer，英译为 possessor ——引者），从法理说他的剩余劳动必须全部属于地主，所以有些历史家，看见在这种关系下，在负有徭役义务和农奴义务的人方面，也能够有财产（相对地说就是财富）的独立发展，曾经表示惊异。"[②] 惊异是可以允许的，然而我们不同意由惊异而作出这样的结论：居然在封建制度下的农民是土地所有者，甚至是自由的土地私有者。

农民对土地的占有，在中国历史上有所谓"名田"和"占田"的法律规定，而所谓"名"、所谓"占"，反而是封建土地所有权在法权上的不平等形式的规定。应该着重指出，在中国的中世纪

---

① 　前面我们曾指出庶族地主常因赋役法而破产。如果我们进一步研究，则不难发现，不论是小土地占有的自耕农民也好，农奴也好，在经常性的赋役法之下，是最受剥夺的阶层。负有征取赋役义务的庶族地主，通常总是把这种剥夺转嫁到农民或农奴头上。因而即使有些财富的农民，在实质上也不具备着自由的土地所有权性质。

② 　《资本论》第3卷，第1035页。着重点是引者加的。

历史中，封建所有权的"法律虚构"、封建主义的品级结构，是以温情脉脉的、宗法的、伦理的、说教的以及反对豪族占有的"平均"或"平等"的"限田"道理掩盖起来的（从董仲舒、师丹到陆贽、苏洵，都是这样）。这里同样有一种拜物教。正如资本主义的商品等价交换关系这一拜物教掩盖了资产阶级和无产阶级的对抗形式，中国封建主义的均田、均产、均税和均役的外观也是一种外力的拜物教，为了适应农民要求"财产普遍化"的幻想，利用"小土地所有制形式"的说教，掩盖着封建统治阶级和依附农民的对抗形式，并用来粉饰特权法律之下的超经济的强制、横夺或剥削。这样不患寡而患不均的记载，曾经使孙中山也迷惑起来，有时他宣称中国只有大贫小贫，而看不见阶级的对立。要知道，揭开商品的拜物教的秘密，是分析资本主义社会的必要步骤，同样，揭开"限田"、"占田"这种土地所有关系的情感式的拜物教，也是分析封建制社会秘密的首要工作。从商鞅变法的"名田宅，以家次"起，历史记载中就充满着神秘的说教，好像从村社分解出来的农民已享有法律的保障，好像"民得买卖"土地的所谓让渡已具有自由私有权的性质。其实就在商鞅变法的条款之下，据《通典》注："名田，占田也，各立限，不使过制。"可见，在名义上"自耕农民小土地所有制"的均产形式，早就包括着连形式上也不平等的占有权的规定了。所谓"不使过制"的"制"，就是等级性的占有形式的"法律虚构"。因为农民有最小限度占有的"制"，在份地上也还允许包括着隶属的奴婢；而大地主却有最高限度的"制"，可以领地若干万顷并领户若干万户。在这样等级制法律的虚构中，我们丝毫也看不出什么"自由的私有权"来。

就按董仲舒的后来的说明来讲，所谓"民得买卖"不但不能证明"自由的私有权"的建立，反而意味着在封建制社会的农民是以土地占有权的丧失而换取使用权为其特征，至于由于所谓

"民得买卖"使"富者田连阡陌，而贫者无立锥之地"，反而证明恩格斯的历史分析在中国也是适合的。

因为中世纪农民之取得对土地使用权，不但不意味着他们可能取得土地所有权，而相反地，这种对土地的使用权的取得，却以土地所有权的丧失为前提。恩格斯谈到中世纪农奴制的起源和第九及第十世纪的特权时曾不止一次指出：古代的自由的小农，在人身依附关系形成的同时，以被迫放弃土地所有权作为代价而取得使用权：

> 我们所有的材料，以关于高卢的为最多。在这里，与隶农并列，还有自由的小农。为了避免官吏、审判官及高利贷者底暴行，以谋自己的安全起见，他们往往祈求某一有势者的保护；不仅个别的农民如此做，即整个公社，也是如此，致使第四世纪的皇帝们屡次发布命令，禁止此种行为。但这对于寻求保护之人究竟有什么好处呢？保护者对他们所提出的条件是：他们须把他们的土地所有权（das Eigentum ihrer Grundstück——引者）转让给他，而他保证他们终身使用这块土地（die Nutzniessung auf Lebenszeit——引者）。神圣的教会采取了这个诡计，并在第九及第十世纪，很热心地利用这个诡计来扩张神底统治和他们自己的地产。[①]

> 像以前的高卢农民一样，他们须将自己的土地所有权（Das Eigentum an ihrem Grundstück——引者）交给保护人，再以种种不同的条件把这块土地向他租来，不过总不离服役及纳贡。[②]

很明显，中世纪农民的人身依附关系和他们丧失土地所有权是联

---

① 《家庭、私有制和国家的起源》，第145页。
② 同上书，第148页。

结在一起的，而他们所取得的对土地的使用权，即使是终身使用权，也还是以很高的代价才换取得来的。

在中国，或者如封建制社会前期的农民，放弃份地而"依托豪强，以为私属"，或者如五等户（宋代）的农民，丧失土地占有权而依附"官户"或"形势户"以为佃客，或者如明代农民，"以有田为害"，求豪强荫庇以为佃农，都和这种情况相近似。

其次，中世纪农民对份地的使用权，在法律形式上最初是和占有权统一的，而经过事实上的变化，二者则不一定统一。因为事实上有这样的情况：份地被买卖与典质、抵押了，经过买卖、典质或抵押之后，农民对份地的占有权和使用权就不再表现为统一的形态，而表现为分离的形态。在这里，占有权和使用权就按法律上和事实上的两种涵义而有了区别：对于典质、抵押土地的一方来说，在法律上也仍有占有权，但事实上已丧失使用权；对于借典质、抵押而取得土地的一方来说，在事实上已有使用权，而在法律上仍未取得占有权，甚至通过买卖而取得的土地，在法律上可以不承认其合法，如唐代诏令中所指的"贼买"。于是土地的占有与土地的使用就有了出入，这种出入在封建制社会后期表现得更为显著，列宁谈到俄国19世纪末叶的土地情况时曾指出：

> 上面所引证的关于农民份地、租地、购买地及出租地的统计资料，总结起来，可得出这样一个结论，即农民底真正的土地使用，日益成为与农民底正式的官方的份〔地〕的土地占有制〔占有〕不大适应了……
>
> 在事实上，就最低一类的农民说来，全部土地使用跟份地的土地使用比较起来，是相对地——有时且为绝对地——少些（土地底出租，租地底微少）；就最高一类的农民说来，全部的土地使用，由于购买地及租入地底集中在他们手里，

跟份地占有比较起来，要相对地且绝对地高些。[①]

这是说，有些农民，由于出卖特别是因租典份地，他们事实上所使用的土地较他们所应占有的份地为少；有些农民，因购买或租入土地，因而他们事实上所使用的土地较他们所应占有的份地为多。在中国均田制破坏以后，也有这种相似的情况，唐代九等户和宋代五等户中的农民，就程度不等地表现出占有和使用之不大适应。然而，如列宁所论证的，在这种情况之下，也只是土地使用和土地占有的比较；而并不标明着土地的所有权的任何性质。

五、小结

从上面经典著作中指示的有关封建生产关系的理论，我们可以这样总括地讲，明确地理解了封建土地所有制的历史范畴，使我们更能遵循历史唯物主义的方法研究问题。

区别开封建的所有权、占有权、使用权的性质，区别开封建的土地所有权和资本主义的自由的土地私有权，规定了封建的所有权的历史特点，不是白费心思的工作，而是对于我们的历史研究的深入有关的工作。如果在封建制社会不区别土地所有权、占有权和使用权，那就容易发生误解，使人们忽视封建生产关系中的人与人间的真实的关系，即阶级集团之间的对抗关系。因为占有权虽然在形式上是豪族地主、庶族地主和农民的程度不等的权利，但身份的体制却划分出统治阶级和被统治阶级来。从封建的土地所有权和基于特权而形成的大土地占有者说来，他们是封建统治阶级集团，封建的土地权力的品级结构使他们形成了一种联合，对生产阶级进行统治，以便于程度不等地占有直接生产者的

---

① 参看《十九世纪末期俄国底土地问题》第15卷，第82—83页。

劳动力。尽管统治阶级之间对合法占有和非法占有这一问题上有矛盾，而对农民的关系说来，地主阶级都拥护着最高皇权所制订的剥夺农民的法律。

其次，如果不明确封建的土地所有权的"非运动"的性质，"稳定的垄断"的性质，基于"婚姻关系"或"荣誉名分"关系的性质，温情脉脉的宗法的性质，那就容易使我们忘记掩盖在"阶级即等级"之下的阶级对抗形式。资产阶级学者经常美化着封建的所有权，而否定中国封建制社会的阶级对抗形式，说那里只有大贫小贫，甚至有平等的理性关系了，说那里有自由的完全的私有权了，我们应依据马克思主义的有关封建历史的理论来予以彻底的批判。

明确了封建的土地所有权及其私有财产的实质，是对于封建制社会的经济规律以及阶级分析提供着理论说服力；而否定其性质，甚至以之和资本主义的自由的土地私有权混同，不能说在理论研究上是严肃的。农民是封建制社会的直接生产者，同时也是有条件的占有者，这种二重地位就容易在阶级关系上令人忽视其被压迫阶级的实质，如果从一些财富为他们所占有的事实，而得出他们是土地所有者的错误看法，那么他们就在土地所有权方面取得了法律地位，而好像不是土地的附属品了。

封建主义对于依品级的有无所形成的各类等级的地主阶级也表现在法律的规定之中，他们对土地的占有权时常发生合法的和非法的争吵。一般说来，在合法的情况之下，具备所有权的性质（但在有的国家这种权力在法律规定上是缺乏完备性的），在非法的情况之下又仅仅具备着"实际占有"的性质，这就对于地主阶级之间为了地租的权力争夺提供着社会根源。

至于皇权或主权者这样最高地主，依据所有权的法律规定以及引用此规定赐给各级地主以土地权力的光荣时，或依法只默认其实际占有而对之作各种攻击时，就从法律意义方面和各类等级的地主形成了矛盾，例如官田范围与民田范围，授权与追权，夺爵与赐爵，允许买卖与限制买卖，没入官田与出卖官田等等，就使皇权与豪权、皇权与形势户之权以及一般不享受特权的庶族地主的权利，形成错综复杂的矛盾。这些都是和所有权、占有权的理论有关的。

　　另一方面，从主权者以至各类等级的地主，在整个封建主义的等级阶梯的结构中又是相为联合的统治阶级，他们虽然经常因了合法占有与非法占有起着内部的斗争，但对封建主义的政治的法律的基本结构，所谓"特权、例外权的类存在"，是利害一致的，特别在农民反抗的时候，他们的阶级集团的态度更表现出拥护所谓"品级联合"的统治。

思 想 史 篇

中国封建社会前期的不同
哲学流派及其发展*

　　列宁在批判经验批判主义者时曾经指出："在经验批判主义认识论的烦琐语句后面，不能不看到哲学上的党派斗争，这种斗争归根到底表现着现代社会中敌对阶级的倾向和思想体系。最新的哲学像在两千年前一样，也是有党性的。唯物主义和唯心主义按实质来说，是两个斗争着的党派，而这种实质被冒牌学者的新名词或愚蠢的无党性所掩盖着。"[①] 在这里，列宁不仅论述了唯物主义与唯心主义两条路线的斗争是哲学发展的普遍规律，并且说明哲学上的党派斗争是阶级斗争的曲折的反映。列宁的这一原理是放诸四海而皆准的，是马克思主义者进行哲学史研究中所必须遵循和坚持的。

　　马克思主义的敌人，资产阶级和各色各样的机会主义者，畏惧这一真理。他们妄图推翻作为马克思主义灵魂的阶级斗争学说，从而在哲学和哲学史领域内也妄图取消哲学的党性的原理。随着

---

　　* 原载《历史研究》1964 年第 1 期。
　　① 《唯物主义与经验批判主义》，《列宁全集》第 14 卷，人民出版社 1957 年第 1版，第 329 页。（下同）

马克思主义在其发展中的每一次新的胜利，随着国际范围内阶级斗争的每一次新的高涨，随着反马克思主义逆流的每一次出现，那种抹煞哲学上的党派斗争的形形色色的谰言，就会涌现出来，造成一时的喧闹。他们诬蔑马克思主义的哲学党性原理为"抽象公式"，力图混淆唯物主义和唯心主义之间的根本的对立。

但是资产阶级和机会主义者的这种企图不论过去和现在都是要遭到失败的，因为客观的历史事实是无可辩驳的证件，对哲学史的科学研究反复地证明了哲学的党性原理的正确性。

本文旨在揭示哲学党性这一普遍规律在中国封建制社会前期思想斗争中的表现形态及其历史特点，概括地考察这个时期哲学上两大营垒对立斗争的形势以及唯物主义者与无神论者在理论斗争中的前进步伐。

中国封建制社会的形成经过了与欧洲不同的具体途径，其思想的继承与发展更有着自己的若干特征，然而在这样特定历史条件下的中国封建制社会前期的哲学史，恰恰是十分鲜明地表现着唯物主义与唯心主义的激烈斗争。我们希望，通过本文，将有助于理解中国历史上的深厚的唯物主义传统，有助于理解马克思主义运用于哲学史研究中的生命力，从而揭示资产阶级和机会主义者从人类的自然共同性方面所作出的奇谈怪论是如何的荒谬。

一、中国中世纪理论斗争的中心轴线

人类历史的思想发展依存于经济发展。恩格斯对于思想史和经济史的关系作了这样的描述："我们所研究的领域愈是远离经济领域，愈是接近于纯粹抽象的思想领域，我们在它的发展中看到的偶然性就愈多，它的曲线就愈是曲折。如果您划出曲线的中轴线，你就会发觉，研究的时期愈长，研究的范围愈广，这个轴线就愈接近经济发展的轴线，就愈是跟后者平行而进。"① 每一时代的理论思维，归根到底乃是历史的产物，在其社会根源上，在其认识论根源上，不能不制约于当代阶级斗争发展的规模，当代生产斗争与自然科学的水平。

中国中世纪有其自身的经济、政治、文化条件，这些条件的总和，最终决定着这一历史时代的理论斗争形式以及唯物主义思想的发展途径。

下面我们就概括地考察一下中国封建前期——秦至唐中叶——的社会基本线索和思想史上的几个特点。

（甲）古代历史与文化遗产的不间断性

在政治、法律和哲学等领域内，理论的发展总是要从一定的先行的思想材料出发的，这些材料，"都具有由它的先驱者传给它而它便由以出发的特定的思想资料作为前提"②。对于中世纪思想史来说，古代文化的是否间断，无疑是一个具有重要意义的问题。

经典作家在论述欧洲中世纪的历史与文化时，反复地指出：由于日耳曼人侵入罗马帝国，"把古代文明、古代哲学、政治和法律一扫而光"。中世纪欧洲从古代世界只继承了基督教，古代的学术几乎完全中断了。古代文化的复兴始于 14 世纪的意大利，而英法学者迟至 15 世纪才学习希腊文，以求从古代的文化遗产中取得营养，借以增添时代的内容；就连中世纪经院学者奉为权威的亚里士多德，他的原著也是在 13 世纪才开始从阿拉伯文迻译成拉丁文的。

---

① 《恩格斯致海·施塔尔根堡》（1894 年 1 月 25 日），《马克思恩格斯选集》第 4 卷，第 489 页。

② 《恩格斯致康·施米特》（1890 年 10 月 27 日），《马克思恩格斯选集》第 4 卷，第 468 页。

　　中国的历史却异于上述的情况。在中国，由古代进入中世纪，在社会形态上经历了本质的变革，例如从战国末以至秦代史籍所谓"先王之制，靡有孑遗"，但文化史的具体路径仍然是直接联属的发展过程，而没有经历如欧洲的蛮族对罗马文明的扫荡。即以城市文明而论，在欧洲，孕育着古典文化的繁荣城市被荡灭了，在这以后，差不多有几百年之久，几乎没有发达的城市；而在中国，战国时代的繁荣城市，如临淄、邯郸、陶、洛阳等，在汉代依然保持着它们的繁荣，同时还出现了若干新的都市。再以农村而论，废"封建"为"郡县"的变法，正意味着封建主已具有全国范围内的更丰富的经验而从事于农业的变革；特别是，在编户制之下的农业与手工业的结合方式，更和欧洲封建社会的具体历史情况有所不同。

　　在文化学术方面，战国时代的百家争鸣在秦朝的法家政策下暂告衰歇，不过秦王朝很快就被农民起义推倒，到了汉初，古代的哲学、自然科学以及经学等即得到了延续、改造和发展。

　　以前有人过分夸张了秦人焚烧诗书的作用，经过近代的研究，证明这是不符合历史实际的。在汉代，古代的思想材料相当完整地保留着，清代学者汪中就指出过：汉初儒家不少出于荀子的传授。[①] 不仅儒家经籍流传下来，而且诸子百家的余绪也未失坠。当然，也应指出，各个学派在新的历史条件下都有所变质，如儒家演变而为"儒林"，道家演变而为"黄老"之学，法家演变而为司马迁所抨击的"酷吏"，墨家教义部分保存于"游侠"的下层社会。

　　有了丰富的古代文化遗产作为凭借，中国中世纪的不同哲学流派，都通过古代学术的丰富传统，对各自所选择的古代思想材

────────────

　　① 《述学·荀卿子通论》。

料来继承和改造。在儒学居统治地位的形势下，哲学家的著作大多采取了笺注或诠释经籍的形式，而在经学外衣下面的实质则贯串着唯物主义与唯心主义、无神论与神学、统治阶级正宗思想与富有人民性的异端思想之间的党派斗争。

"经学"的传统，在经师世代相承的系统上，虽然表现出中世纪拘于传统习惯势力的狭隘性；但在古代文化的保持上，又起着强固的传授或维系作用。这样层累地积蓄起来的文化，对于中国中世纪的思想史发生着不可忽视的影响。同时，这种经学笺注形式后来也应用到道家经典或佛教内典。

（乙）科学技术在世界中世纪历史上的先进地位

关于科学技术史与哲学史的密切关联，经典作家曾不止一次地指出过。恩格斯认为在从笛卡儿到黑格尔、从霍布斯到费尔巴哈的哲学发展中，"推动哲学家前进的，决不像他们所想象的那样，只是纯粹思想的力量。恰恰相反，真正推动他们前进的，主要是自然科学和工业的强大而日益迅速的进步"，甚至"随着自然科学领域中每一个划时代的发现，唯物主义必然要改变自己的形式"。[①] 在中世纪，这种关联固然不如近代那样突出，但科学技术的进展也必然深刻地影响着唯物主义的发展。

欧洲中世纪初期的生产水平是很低下的。罗马帝国时期的农业及工业的生产水平，在以后四百年间，"在本质上未见下降，也未见上升"[②]。在自然科学知识方面，一般说来，中世纪前期的欧洲并未超过古代希腊所达到的界限。只是在经过了中世纪的漫长

---

① 《费尔巴哈与德古典哲学的终结》，《马克思恩格斯选集》第 4 卷，第 208—209 页。

② 《家庭、私有制和国家的起源》，第 149 页。

黑夜之后，在中世纪后期，自然科学才有所发展，而其所以"以意想不到的力量一下子重新兴起，并且以神奇的速度发展起来"，乃是由于"一个由中世纪的市民所创立的工业生产和商业之高得无比的发展"。[①]

与此不同，在中国中世纪的最初二三百年间以及封建前后期之交，生产力的发展并未停滞，而由古代继承下来的自然科学，在中世纪的历史条件下，继续得到发展和提高。

例如在具有世界意义的三大发明中，中世纪前期之末的唐代已经使用火药武器，后来火药经阿拉伯人西传，欧洲要到14世纪英法百年战争时才使用火药武器；唐代也已经有了木板印刷，现存唐咸通九年（公元868年）的木板《金刚经》是世界最早的印刷品，而欧洲出现木板印刷约在14世纪。

在天文学方面，如关于太阳黑斑，中国在中世纪初的西汉末已开始有记载，西方在17世纪初才由伽里略发现；又如恒星本动现象，唐代僧一行在7世纪初发现，而西方在18世纪初始由哈雷发现。

在数学方面，如圆周率，祖冲之于5世纪时已求得 π 值密率 $355/113 = 3.14159259$；又求得盈数 3.1415927，朒数 3.1415926，指出值在二者之间。在欧洲，同样的工作是16世纪德法数学家完成的。

在医药方面，如中国汉代已编有《本草》，唐初又编有《唐本草》；西方最早的药典在18世纪才产生。

又如在技术工艺方面，也可以列举几个例子：汉代在四川已利用火井，欧洲在17世纪始知利用天然气；东晋南北朝时已用灌钢冶炼法，欧洲则在18世纪；隋代李春所建赵州桥，于大弧券两

---

① 《自然辩证法》，《马克思恩格斯选集》第3卷，第567页。

旁采用小弧券，以减少对水流的阻碍，这种空撞券桥，西方在1912 年始有建造。

我们当然不可能在这里一一列举中国中世纪自然科学与技术的发明创造。在此所要说明的是：由于中国中世纪的自然科学与技术直接未中断地继承了古代遗产，因而在相当长的时期内，处于世界历史上的先进地位。这对于中国唯物主义的发展无疑地发生重大的影响。

（丙）深厚的革命传统与伟大的历史首创精神

我们再就阶级斗争的发展，对欧洲和中国的中世纪历史作一对比的考察。

恩格斯在谈到欧洲中世纪的情况时曾经指出："反封建的革命反对派活跃于整个中世纪。革命反对派随时代条件之不同，或者是以神秘主义的形式出现，或者是以公开的异教形式出现，或者是以武装起义的形式出现。"[①] 中国中世纪的历史情况，不但就总的规律性而言，和恩格斯的上述论断相符合，而且就中国中世纪人民的反封建斗争具有着深厚的革命传统而言，表现得更为完整、更为突出。

最值得注意的是武装起义的形式。正如毛泽东同志所说："中国历史上的农民起义和农民战争的规模之大，是世界历史上所仅见的。"[②] 在中国，第一个建立起来的中央集权的封建王朝——秦王朝，便是被农民起义的汹涌浪潮所冲垮的。陈胜、吴广所领导的秦末农民大规模的揭竿起义，有着非常重要的革命首创精神的

---

① 《德国农民战争》，《马克思恩格斯全集》第 7 卷，人民出版社 1959 年第 1 版，第 401 页。（下同）

② 《中国革命和中国共产党》，《毛泽东选集》第 2 卷，人民出版社 1966 年第 1 版，第 619 页。（下同）

意义。这一伟大的历史创举，深刻地影响了后世阶级斗争的发展与革命的高涨。农民起义与农民战争始终是封建政权的严重威胁。封建统治阶级所艳称为"盛世"的汉、唐以及后来的元、明王朝，最后都不能避免在农民战争的新高涨面前土崩瓦解的命运。

在中国封建社会前期，与上述反封建的阶级斗争相应，出现了伟大的战斗思想家而与以封建的权威原理为中心的封建统治思想相对抗。在这一历史时期，不只出现了公开的异端，而且出现了旗帜鲜明的唯物主义者；不只产生了个别的进步哲学家，而且形成了一代高于一代的唯物主义传统。这种情况，同样为世界历史所仅见。这种情况的出现，决不是偶然的，当时阶级斗争所表现的革命首创精神与革命传统正是其重要的历史条件。

当然，这并不是说，这些唯物主义哲学思想本身直接反映了农民战争的革命要求，或者说这些唯物主义哲学家本身是农民革命在理论上的代表者。我们所要指出的是：农民的武装起义，作为当时阶级斗争的最高形式，对于经济、政治、文化无不发生重大的深远的影响。正是农民的武装起义的燎原之势，最终导致封建王朝的最严重的政治危机，而"任何政治危机，不管其结局如何，也都会带来好处，因为它能使隐蔽的事物变为明显的事物，暴露政治上活跃的力量，揭穿各种欺骗和自我欺骗以及空谈和虚构，明显地指出'事物的真相'，并且可以说是用强力把它塞进人们的头脑。"① 这样，在中国中世纪往往可以看到：在农民革命高潮的前后，哲学领域内的对立营垒总是变得鲜明起来；当政治危机已经把"事物的真相"用强力塞进人们的头脑而揭穿各种自我欺骗和虚构（唯心主义正是这种自我欺骗与虚构的理论表现形式）

---

① 《再论政治危机》，《列宁全集》第20卷，人民出版社1958年第1版，第271页。（下同）

的时候，唯心主义者不得不编造新的理论虚构，并且进一步趋于堕落和反动，而唯物主义者则从这种暴露得日益明显的"事物的真相"中获得了批判各种虚妄之言的新的启示，从而大大加强了唯物主义本身所固有的战斗性。在这样的意义上，中国中世纪农民战争的高涨与唯物主义的深厚传统的形成有着不可忽视的内在联系，这一点，在中国封建社会前期就已表现得异常明显。

农民战争的冲击使封建制度的柱石发生裂痕，封建统治阶级的意识形态也不能不被动摇；进步思想家的尖锐的理论批判，更对正宗理论进行了严重的打击。因此，在中国中世纪，作为统治阶级意识形态的集中表现的官方正宗学术，曾不止一次地改变它的形式。西汉以经学为形式的神学在两汉之际派生为谶纬；到了魏晋，玄学又代之而起。南北朝的统治者更多注意利用佛教、道教的理论，造成了三教鼎立的局面。一直到封建后期的北宋，三教才逐渐完成交流融合的过程，并融合出在各方面更适合封建统治的道学。统治阶级的理论形式的变易，是随着阶级斗争形势的发展而产生的。当然，统治阶级并未在本质上改变其理论的思想实质，而只是在现实危机中调换它的精神武器，寻求更有欺骗性的理论形式。但唯心主义反动思想的变化，又反过来刺激了唯物主义者，促使他们在理论上有进一步的提高，在斗争中取得新的胜利。

以上我们概括地考察了中国封建制社会前期理论斗争所由展开的一些最主要的历史线索，下面我们就进一步研讨这一时期哲学两大营垒对立的形势。

二、中国中世纪前期官方正宗哲学的反动观点

在中世纪，集中表现封建统治阶级的统治思想意识的，是封

建王朝所规定的或予以支持的正宗哲学。这样的官方哲学，在中国封建制社会前期经过了几次改头换面，如前所述，大体说来在两汉是"经学"的正宗神学，在魏晋南北朝则是所谓"玄学"，在中唐开始出现所谓"道学"。

汉代的正宗神学，其特点是把自然的天合同于宗教的"天"，用曲解自然规律的手法来为封建秩序辩护。这种曲解的方式虽在古代已有其萌芽，但到了这一时代，才构成了庞杂繁重的体系。

汉代神学的内容是无所不包的，不仅有宗教、神话、巫术和卜筮，有政治典章的细节和族氏谱系的规定；同时也并存着某些自然科学，如天文学、地理学、博物学以及音律等知识的片断。如此驳杂的内容，被按照假想的、和谐的数的关系强行安排起来，最后以神学性的"天"的权威加以统摄。首先典型地完成了这种思想体系的是后人称为"神人大巫"的董仲舒，随之涌现出形形色色的类似的经学流派；至东汉章帝时，大会经师，制定了题为《白虎通义》的神学法典，所谓"国宪"，作为总结。

以董仲舒为代表的汉代官方哲学宣称：自然本身提供了封建的政治、法制、伦理、道德等等的最高典范。他通过自然的神秘化，强指自然的活动是有着目的性的，因而向人们展示了隐微的"天意"或神的启示。这种思想的神学性，特别突出地表现于关于"天"与人的关系的问题上。例如在董仲舒的《春秋繁露》中，明白地规定了："天者，百神之大君也。"这个"天"是"万物之祖"，也是人的创造者，他说："人之为人本于天，天亦人之曾祖父也。"《春秋繁露》详细讨论了祭祀的原理和仪式，就表明了它与汉代宗教的联系。

在汉代神学中，对于"天意"的窥测，以及根据这种"天意"而创拟的政治指导原则或确立的法制，最后被归功于古代的圣人。于是，儒家的圣经贤传便成为所谓"微言大义"的取之不尽的泉源，用当时的话讲，叫做"为汉立法"。不难看出，"天"的权威实际是封建专制君主的映像，而整套神学不过是封建统治阶级的颠倒意识。从董仲舒时代起，汉代（一直到魏）曾盛行"以《春秋》决狱"，使经义直接与封建社会特权的法权或"例外权"相结合。当时的"经学"为封建统治服务的本质，在这一事例中，十分明显地暴露出来。

从哲学来看，这种封建专制式的"定于一尊"的思想体系，其核心无疑是神学目的论。它的全部粗鄙性或奴婢性，从其对现实统治权力的虔诚维护的说教上可以看出来，也可以从其对科学的歪曲利用以及那种无所不包的体系形式的虚伪性上看出来。这种唯心主义所采取的理论形态，固然容纳了当时关于宇宙构成和起源的自然科学的基本概念，如气、阴阳、五行等等，但它使整个物质世界从属于"天"的意志，把气、阴阳、五行等等直接转化为精神性的范畴。既然天地四时万物无非是"天"的意志的安排，物质世界便不再是一个自己运动、自己决定的客观存在，而是具有神学目的性和伦理性的世界。这就从根本上把物质世界摆在第二性的地位，置于神的主宰支配之下，而最高的"天"所统御的"自然品类存在"正是把社会秩序安置于封建皇权主宰支配之下的等级世界的倒影。

自然科学素材在这里被曲解并导向神学的结论，这种结论和自然科学本身是无关的以至相反的。因此，神学结论的导出，只能归罪于"神人大巫"们的编造。西汉末年以后盛行的谶纬，更公开地向荒诞的迷信转化。

儒家学说在汉代被改造成为神学目的论，取得了"定于一尊"的统治地位，它是这一时期封建统治阶级意识形态的最正统的表现，但不是惟一的表现。与之同时，我们还可以看到，古代的道家学说如何转化为"黄老"之学，并且后来又一度作为玄学而崛起。

确实，汉代"黄老"之学所标榜的"自然"之义与神学目的论在理论形式上是颇不相似的。它同样可以容纳当时关于宇宙构成与起源的自然科学的基本概念，《淮南子》一书中从盖天说出发的宇宙生成论就是显例。实际上，《老子》就曾谈到："万物负阴而抱阳，冲气以为和。"《淮南子》的自然规律是老庄观点的进一步推展，在《天文》篇中说："天地坠形，冯冯翼翼，洞洞漏漏，故曰太昭。道始于虚霩，虚霩生宇宙，宇宙生气。气有涯垠，清阳者薄靡而为天，重浊者凝滞而为地。"黄老学者甚至大谈所谓宇宙"自然"的性质，这就使他们的理论具有似乎与神学目的论不相同的外貌。

然而，必须指出，这种理论实质上与神学目的论同属于唯心主义的营垒。它虽然名义上没有在物质世界之上安置了"天"的主宰与支配，却是安置了作为头上之头的"道"的主宰与支配。"道"的性质是"无"、"恍惚"或"虚霩"，它不但不具有物质性，而且正是以这一点作为对立于物质世界的特征的。道家的宇宙生成论以"有生于无"为中心命题。作为"无"的"道"，就其为宇宙本源而言，本质上是形而上学的抽象思维的产物，不能理解为"混沌"的物质；同时，作为已形成的宇宙的支配者，"道"又是"自然"，这个所谓"自然"是与本源之义相当，本质上仍然是形而上学的抽象思维的产物，不能理解为物质世界的规律性。

更应当指出，黄老之学所谓"自然"之义，从一开始就丝毫不具有反对现存封建秩序的涵义，因为这种理论完全可以用来论证封建的政治、法制、伦理、道德等等原则是"自然"如此，本来如此，因而是永恒而不可变易的。事实上，中世纪的"黄老"之学，不仅为"人主所以执下"的"法律度量"进行公开的辩护，而且本身向统治者提供统治方术，说什么："有天下者，岂必摄权持势，操生杀之柄，以行号令邪？吾所谓有天下者……自得而已。自得则天下得我矣。吾与天下相得，则常相有已。"① "黄老"之术为封建统治者设计一种"执一而应万"的权变的手法，所以汉文帝、淮南王刘安等喜好这种学说是不足为怪的。汉初儒道之争仅仅是统治集团内部权力争夺的反映，有人把武帝与淮南王之争讲成有对立的性质，并以此作为《淮南子》是唯物主义的论据之一，是不符合实际的。

由以上所述，我们已经看到汉代的唯心主义如何维护封建主义的权威原理，同时历史的真实恰恰暴露了这样的颠倒意识的荒谬，在这些思想体系中不能不深刻地反映出时代的真实的矛盾。

在正宗神学中，此种反映很明显地呈现出来。如果说，欧洲中世纪的上帝似乎一劳永逸地把地上的一切秩序都安排妥当，那么中国中世纪的"天"却是忧心忡忡地不断注视着人间，经常用自然的灾异和社会的动乱向地上王国的君主报警。中国中世纪的唯心主义者都十分强调"天人之际"，一方面鼓吹"天不变，道亦不变"，另一方面又大力渲染"天"的"谴告"。这是一个什么样的影子投射到了天上呢？显然，这是游荡着的农民起义的影子，它的每一次爆发的信号都给统治者带来了惊心动魄的恐惧。

就在董仲舒的理论体系中，已经可以看到畏惧被压迫人民反抗的迹象。《春秋繁露》在宣扬对"天"的敬畏之间，透露出董仲舒对他所依附的封建统治阶级命运的忧虑。他反复地说到："国家之失，乃始萌芽，而天出灾害以谴告之；谴告之而不知变，乃见怪异以惊骇之；惊骇之尚不知畏恐，其殃咎乃至。"② 这一类语句

---

① 《淮南子·主术》、《齐俗》。

② 《春秋繁露·必仁且智》。

的背景，在他向武帝所献贤良策中表明得更清楚："至周之末世，大为亡道，以失天下，秦继其后，独不能改，又益甚之……今汉继秦之后，如朽木粪墙矣！虽欲善治之，亡可奈何。法出而奸生，令下而诈起，如以汤止沸，抱薪救火，愈其亡益也！"① 董仲舒指出秦朝之被农民战争所覆亡不但是汉统治者的殷鉴，而且在汉朝也并不是容易太平的，正因为如此，他要求皇帝"上谨于承天意"，"下务明教化民"，"正法度之宜，别上下之序，以防欲也"，认为"修此三者而大本举矣"②。

我们且从汉代创始的改元来看一看历史。在汉代，"改元"共七十五次。每一次"改元"都是重复着"初"、"始"、"平"、"和"、"嘉"、"宁"之类祝福性的字眼，这些年号成为现实社会不平、不和、不宁的反面象征，几乎对每一次"改元"都可以在史书上找到像"天灾不灭，加以民变"、"群'盗'蜂起，祈降嘉瑞"、"童谣怨望，天下不安"等等记载。

无论是正宗学者的方策，或者自我解嘲的"改元"，都不能最后挽救汉王朝在黄巾大起义中的灭亡。随之而来的是三国割据的动荡时代，玄学就作为新型的统治思想而兴起，它有着独特的风貌，在这里不能详细分析，但其哲学的基本性格是纠结儒道两家而走向抽象烦琐的思辨，这是玄学家们的共同趋向。

玄学有着不同的流派。例如何晏和王弼仍然沿袭着以"道"或"无"作为宇宙本源的论点；向秀、郭象则认为"无"不能转化为"有"，"有"也不能转化为"无"，但他们所谓"有"并不意味着客观存在，反而从"无"不能生"有"的原理推论出"鬼帝自神"，论断了"神"的存在。由此可见，他们在哲学的根本问题

---

① 《汉书·董仲舒传》。

② 同上。

上是继续了汉代正宗思想的唯心主义道路而加以变化。至于南朝佛学则是承接佛学与玄学合流的趋势而进一步发展为十足的僧侣主义。

这样，中国封建制社会前期的唯物主义哲学家，在捍卫唯物主义而与官方正宗哲学所进行的尖锐斗争中，必须同时反对唯心主义的上述各种表现，即儒学的神学目的论与道家的神秘虚无的"道"以至外来的佛教。为了打倒神学的"天"的权威，唯物主义者必须详细考察历史事件的进程，把"天意"从人事的成败中排除出去，割断所谓"天人合一"的锁链。为了驳斥"无能生有"，唯物主义者必须把"道"还原于自然本身及其规律。这是一种反对神秘主义的"头上安头"的手法的斗争，统治阶级的理论家在物质世界之上安上了虚拟的第一性的"头"，唯物主义者完全不需要这种虚构，完全不需要在自然本身之上寻求对自然现象支配的外力。这就是反对封建的反对派对中世纪贫困世界的理论斗争，因为统治阶级的理论家美化现实的贫困世界，为它涂脂抹粉，把它神圣化；唯物主义者则必须剥掉其神圣的外衣，使现实世界的不合理性裸露在人民面前。唯物主义与唯心主义两大营垒的对立斗争，在这里鲜明地展示出来，党派的社会根源也曲折地折射出来。

三、唯物主义的发展途径及其对唯心主义的斗争

大体说来，中国封建制社会前期的唯物主义与无神论反对唯心主义与宗教的斗争，是通过两条途径发展的。一条途径是在自然观方面批判唯心主义，在这里唯物主义自然观经常与自然科学结成联盟；另一条途径是企图在历史观方面冲击"天命"的权威，

在这里富有人民性的进步的"历史感"又总是和先进的"异端"社会政治思想联属在一起。

这两条途径是不能截然分开的。在反动的官方唯心主义哲学中，神秘的"天"、"道"以至"佛性"不仅显现于自然，而且显现于历史，这就迫使作为反对派的唯物主义者在两个领域中同时捍卫自己的观点。但这样的情况并不妨碍我们把两者作为有相对独立的思想脉络来考察，因为在历史实际上，有些唯物主义思想家们重于综合自然科学的成果，首先在自然观方面打破唯心主义的缺口；又有一些思想家则主要是通过社会政治、历史的研究，却未能形成完整的唯物主义世界观的体系。总的看来，这两条途径犹如两根红线，有时扭结在一起，表现为一种新的思潮，有时又分立而存在。

中国中世纪前期的杰出的思想家们，在这两条途径上都取得了光辉的业绩。当然，他们又不可避免地有着历史的局限性，特别是在历史观方面，他们所能达到的只是个别的具有唯物主义或无神论意义的命题，而在整体上最后又无从自拔于唯心主义。对于思想史的这种复杂情况，必须科学地具体分析与评价，不能对某些思想家的思想体系的主要与次要不加辨别，而以唯心主义和唯物主义各具一半的形式统计学来曲解。

（甲）唯物主义自然观的发展及其与自然科学的联盟

唯物主义与自然科学之间的联盟，在哲学史上是普遍存在的，但在不同的历史条件下，又各有时代的特点。

在我们所讨论的这个历史时代，自然科学是有其特色的。第一，当时的自然科学，尤其是其中最重要的部门，如天文、历算，是官方所支配的学术，其研究机构为封建国家官府所直接掌握。自然科学家大都是官府任命的官吏，不能不依存于封建统治权力，以取得工作的权利。按照当时的规定，例如天文学被视为"圣王所以参政也"，历算被视为"探知五星日月之会、凶厄之患、吉隆之喜"的方术和"以定三统服色之制"的根据。① 因此，自然科学虽未完全沦为神学的分枝，但它的官学的地位无疑使它不能在理论思维上摆脱统治阶级说教的影响。如在东汉卓越的天文学家张衡的著作中，可以找到几乎与《淮南子》同出一辙的宇宙生成论。

第二，这一时代的自然科学，在对自然的总的观点上还多少继承着古代的辩证思维。正如恩格斯对古代希腊人的描述，由于他们还没有进步到对自然进行解剖和分析，所以他们只能够直观地把自然当作一个整体，而从总的方面来观察。特别是在医学方面，例如经典作品《内经》，具有着相当丰富的朴素辩证法观点，但它也是直观式的。

唯物主义者在和这样的自然科学结成联盟时，其时代特色就在于力图清除自然科学作为官方学术而沾染的统治阶级说教，同时又力图撷取自然科学对自然的总的观点所表现的辩证思维。神学说教与唯物主义是不相容的，反之，古代自然科学的辩证思维则有助于唯物主义者在进行哲学概括时提高洞察的能力。这一特点表现为这样的历史事实，这个时期的伟大的唯物主义哲学家比自然科学家在自然观上有着更深刻、更正确的理论观点。自然科学家在实际工作中所萌生的自发的唯物主义倾向，每每要为其所受正统思想的影响所掩盖；而唯物主义思想家则以其理论的一贯性，从原则上更鲜明地解说了自然观上的基本问题。

天文学在这个历史时期与哲学的关系最为密切，下面我们就

---

① 《汉书·艺文志》。

从这一方面具体考察自然科学与唯物主义的联盟。

中国古代的天文学，在战国时代已经形成了初步的体系。当时流行的对宇宙结构的看法，可以称之为原始的盖天说，在《吕氏春秋》的《有始览》中还保留着一些片断。《晋书·天文志》所转述的第二种"周髀家"的学说，其要点如下：

（1）天圆如张盖，地方如棋局。

（2）天旁转如推磨而左行；日月右行，随天左转，故日月实东行而天率之以西没。

（3）天形南高而北下。日出，高，故见；日入，下，故不见。天之居如倚盖，故极在人北，是其证也。

（4）日朝出阳中，暮入阴中，阴气暗冥，故没不见也。

（5）夏时阳气多、阴气少，……故夏日长也；冬天阴气多、阳气少，……故冬日短也。这种学说具有较粗糙的原始的性质，而与以现存《周髀算经》为代表的汉代盖天说不同。汉初辑成的《大戴礼》中的《天圆》篇，曾批判了天圆地方的观点，可见上述"周髀家"说可能是先秦盖天家的理论。

在古代自然科学与宗教直接联系的情况下，盖天说又与关于天地形成的形形色色的神话以及道家以虚无的"道"作为世界本源的唯心主义思想结合在一起。现在《吕氏春秋》的《有始览》和汉初《淮南子》的《天文》篇都是这样的混合体。

首先对于原始的盖天说提出诘难的，是屈原的哲理诗《天问》。屈原怀疑了道家的自然观，驳斥了烛龙、县圃、增城① 等等神话；并从常识的角度怀疑了原始盖天说的不合理处。这一作

---

① 中国古代传说，烛龙为钟山之神，人面蛇身，视为昼，暝为夜；伯强或云即禺强，"人面鸟身，珥两青蛇，践两黄蛇，俱见《山海经》。县圃为昆仑山第二级，增城为第三级，系"大帝之居"（见《水经注》）。

品在哲学史上的重大意义就在于它集中地提出了自然观上的许多基本问题，如宇宙的结构问题、世界的本源问题、世界有没有创造者的问题，这些问题后来就成为唯物主义与唯心主义激烈斗争的焦点。屈原本身虽未作出正面的答复，但可以清楚地看出，其思想倾向是怀疑唯心主义及有神论的。同时，在自然科学方面，这一作品无疑对汉代更进步的浑天说有着启发的作用。

汉代的自然科学家不能明确解答《天问》所提出的问题，但是他们提供了解答这些问题的若干条件。可以看到，在当时的自然科学中，自发地存在着一些流行的观点，即：

（1）世界的本源是"气"，这是当时所能提出的物质范畴的假设。

（2）"气"分为"阴气"和"阳气"，二者具有对立的性质，由此发生物质世界中的各种对立运动。

（3）天地及其间万物是阴阳二气的不同的积聚形式。

（4）四时的迁移，即时间之流，系由于阴阳二气的流转。

（5）阴阳二气与五行有内在的联结，而五行是万物基本属性的表征，因此万物及其属性的多样性也被归结于阴阳的变化。这些观点其实就是中国古代朴素的唯物主义自然观的基础，而它们在自然科学中仅仅是散在的。天文学家论述宇宙，医学家探讨病原和病理，农学家研究季节时令，都在一定程度上表露了上述的观点；但是他们不能加以概括，给以集中的表述，提到理论的高度。同时，唯心主义和有神论者又对这些观点作了粗暴的歪曲。

在封建制社会前期，首先把上述观点完整地综合起来，并作了理论的提高的，是伟大的唯物主义思想家王充。

王充对神学目的论进行了尖锐的批判。他反对神性的"天"，承认"气"的第一性。他指出，一切具体事物，包括天地，都是有生成与死灭的发展过程的；但就自然界总体而言，则是永恒的物质存在，它没有起点，也没有终结，不被创造，也不被消灭。这是简括而十分深邃的洞察。这样的概括，与王充《论衡》中体系地展开的"气"、"阴阳"、"五行"的观点结合起来，实际上已经回答了《天问》中最重要的问题："气"本身是世界的本源，它没有外力作为创造者。

王充的唯物主义哲学与自然科学的联系，还可以从他对于盖天说的批判得到旁证。作为王充的先驱者的扬雄和桓谭都主张浑天说。扬雄曾提出"难盖天八事"①，以反对盖天说。王充也十分注意了这一问题，在《论衡·说日》篇中详细批驳原始的盖天说，② 特别反对了"天之居若倚盖"的观点；同时，他也指出了浑天说的一些可疑之处。

王充之后的唯物主义者，不少人更进一步吸取了浑天说的内容，以充实自己对宇宙结构的见解。其中最显著的是西晋的杨泉，他认为水是物质世界的基础，地以水为本，而天则为水、土之气上升所形成。他的基本命题是："所以立天地者，水也；成天地者，气也。"③ 杨泉的这种唯物主义自然观是以当时浑天说"天表里有水，天地各乘气而立、载水而浮"为依据的。

自然科学的发展也影响于认识论和方法论，范缜的无神论体系就在这些方面有巨大的贡献，他的"形神相即"的论证显明地表现出在认识论和逻辑学上的深造。

唐代中叶的柳宗元对封建制社会前期的唯物主义的发展，作了总结和提高。他的著作《天对》，就《天问》所提出的自然观问题，加以系统的解答。

---

① 《隋书·天文志》引。

② 《周髀算经》书中的盖天说是比较发展的，据近人考订，此书今本写成于西汉末年或东汉初。王充所批判的是较为原始的盖天说。

③ 《物理论》。

对于宇宙结构的问题，柳宗元说："规毁（日）魄渊（月），太虚是属；棋布万荧（星），咸是焉托。""辐旋南昼，轴奠于北，孰彼有出次？惟汝方之侧。平施旁运，恶有谷、氾？"①"当焉为明，不逮为晦；度引久穷，不可以里。"这里他把太空看作没有形体的"太虚"，是胜过杨泉的见解的。

柳宗元指出这样的宇宙是自己存在的，它不需要什么造物主。对《天问》的"惟兹何功？孰初作之？"的问题，他回答说："冥凝玄厘（分），无功无作。"宇宙在时间上是无始无终的，而且在空间上也没有限界："无极之极，漭泱非垠，或形之加，孰取大焉？""皇熙亹亹，胡栋胡宇？完离不属，焉恃夫八柱？""无青无黄，无赤无黑，无中无旁，乌际乎天则？"

柳宗元还进一步阐发了"气"由于内部对立矛盾而自己运动的论点。在《非国语》中，他曾突出地描述了自然界的"自动自休，自峙自流"，"自斗自竭，自崩自缺"，并推论出："天地之无倪，阴阳之无穷，以涳洞缪轕乎其中，或会或离，或吸或吹，如轮如机。"《天对》在答复《天问》"阴阳三合，何本何化"的问题时，便概括这样的论点说："合焉者三，②一以统同。吁炎（火）吹泠（冰），交错而功。"在这里，柳宗元把阴阳交错的对立运动，看作是物质世界运动变化的原因。

可以看出，柳完元继承了前代唯物主义学说的精蕴，同时也进一步吸取了当时自然科学所积累的成果，使他的理论具有更高的理论概括。

---

① 汤谷、蒙氾，为古代传说中日出入处。

② 《天问》"三合"之"三"，应从清屈复《楚辞新注》解为"参"。柳宗元系依传统解读，因而此处"合焉者三"略嫌勉强。

（乙）我们再回过头来探索对天命论批判的另一条思想脉络

中国中世纪有着异常丰富的政论和史论，进步的思想家在这个领域内对封建主义的贫困世界不断进行着尖锐的批判。在对社会政治及历史的批判中，透露出对天命支配历史这一类直接为统治阶级服务的说教的怀疑和反驳。

天命论的历史观，在被理论上的反对派摧毁之时或以前，现实阶级斗争的反对派已经进行了对地上秩序的拆散。当自称为"天意"所建立的封建王朝事实上为农民起义所推翻时，"天意"的神圣性也就自然地被剥夺了。因此，在社会经历着巨大动荡的时期，对天命论历史观的理论批判容易突现出来。这在中国封建制社会前期，有两次突出的表现，一次是在汉末，以进步的政论家王符、仲长统等为代表；一次是在中唐，以庶族阶层人物的政治家柳宗元、刘禹锡等为代表。他们在王朝危机前夕的出现和黄巾起义、黄巢起义有着决非偶然的联结关系。

在王符、仲长统之前，已经有不少思想家对天命论的历史观有所抨击。司马迁在他的不朽著作《史记》中曾怀疑历史中的种种神话，他说："学者多称五帝，尚矣，然《尚书》独载尧以来，而百家言黄帝，其文不雅驯，搢绅先生难言之。"由此可知，唐代司马贞的补《三皇本纪》，是完全违反司马迁的精神的。司马迁又公然怀疑了"天之报施善人"，声称："余甚惑焉，傥所谓'天道'，是邪？非邪？"

王充在反对正宗神学的斗争中，对许多传统的虚妄之言的批判，实际上是打击了有神论对历史的捏造，特别是他全力反对的"谴告"说，正是天命论历史观的重要环节。然而王充本人在历史观上也有缺陷，他不能摆脱历史命定论，而且当他从神学的批判回到现实的批判时，他是软弱的。

仲长统的时代面临着农民大起义的暴风雨，一切神圣语言都已无法掩盖社会的糜烂。"天命"到哪里去了？支配历史的神秘东西到哪里去了？仲长统从社会现实的批判出发，回溯了春秋时代以来的历史：

> 昔春秋之时，周氏之乱世也；逮乎战国，则又甚矣。秦政乘并兼之势，放虎狼之心，屠裂天下，吞食生人，暴虐不已，以招楚汉用兵之苦，甚于战国之时也。汉二百年而遭王莽之乱，计其残夷灭亡之数，又复倍乎秦项矣。以及今日，名都空而不居，百里绝而无民者，不可胜数，此则又甚于亡新之时也……嗟夫！不知来世圣人救此之道将何用也？又不知天若穷此之数欲何至耶？①

仲长统揭露汉末社会危机是由于统治阶级的残酷剥削，"使饿狼守庖厨，饥虎牧牢豚，熬天下之脂膏，斫生人之骨髓，怨毒无聊，祸乱并起"②。由此出发，他指出"治天下之本"，"理生民之要""唯人事之尽耳，无'天道'之学焉"。在他的心目中，和所谓"天道"相反的"天之道"应仅指"指星辰以授民事，顺四时而兴功业"，即对于天象的自然规律的掌握运用。

正如恩格斯所说："历史的'有神性'越大，它的非人性和牲畜性也就越大……"③ 仲长统对历史的"有神性"的剥除，其意义也在于暴露了历史的非人性和牲畜性。

但是，仲长统不能理解历史发展的动向，这就使他陷入深沉的悲观失望之中，以致在理论上迷失方向，最后转向于老庄的怀疑论。

在唐代中叶的无神论思潮中，进步思想家们代表着带有"非

---

① 《昌言·理乱篇》。
② 同上。
③ 《英国状况——评托马斯·卡莱尔的"过去和现在"》，《马克思恩格斯全集》第1卷，第651页。

品级性"色彩的新兴的庶族阶层的力量，因而在他们的思想中没有悲观的色彩，历史不是不可挽救地日趋于乱，相反地，历史在前进，前进是历史的必然性，他们正从事于把握历史必然之势的进化观点。

柳宗元在《封建论》和《贞符》二文中，吸取古代法家和荀子的历史进化观点，得出这样一个总的结论："厥初罔匪极乱，而后稍可为也。"《贞符》集中地批判了天命论的历史观，指出："受命不于天，于其人；休符不于祥，于其仁。惟人之仁，匪祥于天。匪祥于天，惟兹贞符哉！未有丧仁而久者也；未有恃祥而寿者也。"这就崇扬了人定胜天的作用而贬抑了"天道"。

这一类观点，在中唐庶族阶层思想家中间，几乎是一致的。例如柳宗元的友人吕温曾就春秋时苌弘城成周一事评论说："为仁不卜，临义不问，无天无神，唯道是信。"[①] 这样的历史观，在当时的历史条件下，无疑有其进步意义。

不过，我们也应该看到，他们的历史观虽然有着对历史发展的客观理解，例如柳宗元说的"其势然也"，但最后总是从生理的或伦理的范畴去说明，充其量只能把所谓"天命"支配的历史还原为"人"的历史，而不可能真正理解历史的进程。把历史的动力归结于"生人之意"或"遂人之欲"、"厚人之生"，这在根本上是不能形成唯物主义的。其次，他们的历史观点虽然从生与欲方面得出反对"役民"的封建剥削而主张"民之利、民自利"的超越前人的进步理论，但是他们所谓伦理式的"仁"、"道"或生理式的"生"、"欲"，仍不外是代表庶族地主利益的，而决非代表普遍的利益。这种观点是他们的历史理论所不能超越的历史局限。

同时，在对天命论历史观的批判中，有一个现象值得注意，

---

① 《吕和叔文集·古东周城铭》。

就是有不少进步思想家开始从历史上探索天命论的社会根源和认识论根源。

王充在批判所谓"谴告"时，曾指出"末世衰微，上下相非"是"谴告"说产生的历史条件；而"谴告之言生于今者，人以其心准况之也"。① 但是这些论断在王充的理论体系中并未得到展开。

仲长统更进一步指出"天命"是适应统治者的需要而出现的，他说："豪杰之当'天命'者，未始有天下之分者也。无天下之分，故战争者竞起焉。于斯之时，并伪假天威，矫据方国，拥甲兵与我角才智，程勇力与我竞雌雄，不知去就，疑误天下，盖不可数也。"② "天命"、"天威"原来是统治者为了争夺权力所伪造的护符，在这一点上，可以看到仲长统的批判是多么犀利。

沿着这一线索发展，中唐时代刘禹锡的《天论》取得了丰硕的果实。

在从人类社会历史去寻求天命论的根源方面，刘禹锡提出"人能胜天者，法也"的命题，并把社会划分为"法大行"、"法小弛"和"法大弛"三类。所谓"法大行"的社会，是刘禹锡的理想，在那里"是为公是，非为公非"，人们相信自己的力量，"故其人曰：天何预乃事耶？"没有假设"天"的神性的必要。只有在乱世"法大弛"的情形下，"是非易位"，"人之能胜天之具尽丧矣"，人们不能相信自己的力量，只得屈从于神化的"天"。

在从认识论上去寻求天命论的根源方面，刘禹锡区别了人对客观事物认识的两种情况："理明"，即人们认识并掌握事物的规律；"理昧"，即人们还没有认识与掌握事物的规律。他指出，只

① 《论衡·自然》。
② 《昌言·理乱篇》。

有在"理昧"的时候，人们才会把事物发展的原因归结于不可知的"天"，而陷入有神论。

刘禹锡的《天论》补充了柳宗元唯物主义的体系，他们的哲学相互补充地成为中国封建制社会前期唯物主义发展的总结和高峰，并为封建制社会后期的杰出的唯物主义者作了承前启后的桥梁。

大体说来，在中国封建制社会前期，神学目的论是占支配地位的正宗哲学的理论形式，这种粗鄙的神学形式是与封建制社会的较低发展阶段相适应的，而其中反映统治阶级根本利益的那些教条，直到封建制社会末期，依然作为古老的传统而保存下来，甚至在进入近代之后，"天不变，道亦不变"的观念还仍然有很大的权威性。因此，在中国封建制社会前期，唯物主义者的斗争更多地集中于对神学目的论的批判，并且形成了独立的发展道路，乃是十分自然的事。

在这一历史时期，在唯心主义营垒中，玄学与佛学也曾短暂地盛极一时，这是一种更为精致的唯心主义，但它之被消融、吸取于官方正宗学术，还有待通过一段相当长的时间。对这种唯心主义的全面的、深入的批判同样是有待于在斗争中积累的。南朝范缜等在这方面树立不少功绩，但只有当道学总结了前此的各种唯心主义理论而趋于定型时，唯物主义者才在反道学的斗争中进一步批判了与道学相联系的理论形式。我们可以看到，在中国封建制社会后期，不少唯物主义者在批判道学的同时，批判了佛学的唯心主义。

然而，即使是在中国封建制社会前期，反对佛学唯心主义的斗争，在个别环节上也已开始了。如所周知，这种斗争的最光辉的表现就是范缜的《神灭论》；唐初的傅奕也有贡献。批判术数迷信的斗争甚至在官方纂修的术数百科全书中也有所表现，这种斗争的杰出范例便是吕才订正的《阴阳书》。通过社会现实的批判而达到了无神论，我们应该特别提到鲍敬言的无君思想和鲁褒的《钱神论》。至于在史学理论方面表现出无神论倾向的，除了司马迁外，我们还可以举出卓越的史学家范晔和刘知几。所有这些，汇合于中国封建制社会前期唯物主义反对唯心主义斗争的强大主流。在这个历史时期，唯物主义和无神论思想有着不拘一格、丰富多彩的表现形式。

最后，通过对这一历史时期不同哲学流派及其发展的具体分析，可以得出在哲学史研究的观点和方法上应该坚持什么与反对什么的几点认识：

（1）我们既应坚持掌握马克思列宁主义普遍原理之一的哲学党性，又要根据"共性寓于个性"的科学分析方法，从历史实际出发，论证哲学党性在某种地区的历史和一定的发展阶段的不同表现形式。与此同时，我们既要反对帝国主义资产阶级学者和机会主义者胡说马克思列宁主义已经过时，党性原理不是普遍真理，也要反对他们借口"创造性的研究"而歪曲历史，以奇谈怪论来反抗马克思列宁主义。

（2）我们应坚持运用马克思列宁主义的阶级观点，论证一定时期哲学史上的两条路线的斗争正是曲折地、间接地反映了当时的生产斗争和阶级斗争。与此同时，我们必须反对资产阶级或代表资产阶级世界观的机会主义者为了泯灭阶级斗争及其表现的复杂形式，而用各式各样的，例如什么"人类性"的自然共同特点、"人道主义"的抽象还原术以及什么"异化"到"同化"的人类进化观等等谬论，否认党性原理的客观真理，从而否认阶级斗争的学说。

（3）我们应坚持马克思主义的分析态度，科学地如实地论证一定时期思想史上的精华和糟粕，区别它们在历史实际中对生产关系所起的反作用及其与前后各阶段表现形式之不同。与此同时，我们必须反对那种翻云覆雨地把腐朽化为神奇又把神奇化为腐朽的伪科学，或所谓"新发明"，影古射今地对唯心主义和神学家的翻案，进而为现代唯心主义涂脂抹粉。

（4）我们应坚持马克思主义的历史主义，从对古人的思想作出科学的总结中，破除传统习惯势力的影响，正确地向过去的哲学学习，批判地继承其优良传统并加以改造，以期用来为我们当前的理论斗争服务。我们必须反对一视同仁地对待唯物主义、无神论与宗教的"和平共处"论或人类"理性"的接近论以及对立哲学的相得益彰、互相转化论，从而贩卖所谓客观主义，使毒草与香花的界限不分，或以所谓一般的"知识即力量"作借口，杂然囫囵并吞，混淆理论战线上的是非黑白，危害理论研究的科学性和战斗性。

中国哲学史中的唯物主义传统*

悠久的、从未中断的中国历史及其丰富而深厚的文化遗产，是人类史足以自豪的硕果。它在世界文化方面所作出的贡献，正如毛泽东同志所指出，"有它的特点，有它的许多珍贵品。"在中国历史的各个时代以及各个阶段都出现过杰出的科学家、哲学家，他们继承前人的优良传统，以首创的精神对人类历史提供了精神财富，这是一座巨大的宝库。毛泽东同志又指出，"今天的中国是历史的中国的一个发展；我们是马克思主义的历史主义者，我们不应当割断历史。从孔夫子到孙中山，我们应当给以总结，承继这一份珍贵的遗产。"①

每个民族的文化都不是如封建主义学者和资产阶级学者所理解的那样囫囵而单一，而是表现为两种文化，即进步的文化和反动的文化之间的对立；所谓文化发展正是在于这样两种文化的斗争，因此，我们应该正确地对待我们的文化遗产，既反对国粹主

---

* 这是作者于1963年在日本的一次学术讲演稿，原载于《新建设》1963年第4期。

① 《中国共产党在民族战争中的地位》，《毛泽东选集》第2卷，第522页。

义，又反对虚无主义。继承并不是原封不动地、不加分析地把文化遗产搬出，作为鉴赏品，向它拍手叫好。列宁在《我们究竟拒绝什么遗产?》一文中说，"保存遗产，并不像档案保管员保存故纸堆那样"，而应当在马克思主义指导下对文化遗产进行分析批判，区别哪些是精华，哪些是糟粕，这样才能了解抛弃什么和吸取什么。毛泽东同志更指出，对待文化遗产，"决不能无批判地兼收并蓄"，必须把它分解为精华和糟粕两部分，"剔除其封建性的糟粕，吸收其民主性的精华"。[①] 不经过消化、分析和批判，便不能吸收文化遗产中的民主性精华，也就不能对它加以改造和发展，使之为社会主义的文化建设服务。列宁说："只有确切地了解人类全部发展过程所创造的文化，只有对这种文化加以改造，才能建设无产阶级的文化⋯⋯"[②]

三千年来中国的哲学遗产是我国文化遗产中的一个重要的组成部分，它有自己的发生和发展的历史特点。然而，中国哲学遗产也和世界哲学遗产一样，是有一般的发展规律的，即哲学史是唯物主义和唯心主义的斗争史、唯物主义发生和发展的历史；这方面的斗争又和辩证法与形而上学的斗争交错着。谁要是否认这一基本原理，谁就不能正确地理解唯物主义和朴素辩证法思想的发展是中国哲学史的优良传统，谁就要在精华与糟粕之间纠缠不清，以至非科学地把腐朽变为神奇并又把神奇变为腐朽，谁就不能正确地对待哲学遗产的批判继承问题。

我们在历史主义的研究中国哲学史的时候，应当具体分析唯物主义高涨的历史原因及其与生产斗争、阶级斗争的联系；

---

① 《新民主主义论》，《毛泽东选集》第2卷，第701页。

② 《青年团的任务》，《列宁全集》第31卷，人民出版社1958年第1版，第254页。（下同）

具体分析各个历史时期唯物主义者在哲学理论上和唯心主义进行针锋相对的斗争，怎样反映了阶级斗争的时代精神，并总结出什么样的理论斗争的经验。基于此，我们才能确切地看出某个时期的唯物主义者在哪些问题上击中了唯心主义的要害，而为人类认识客观世界提供了真理的粒子。与此同时，我们也要具体分析唯物主义与唯心主义的斗争又怎样和辩证法与形而上学的斗争交错着，朴素辩证法思想的发展循着什么途径而表现出它的特点。

中国历史上的旧唯物主义者都受着一定时代和阶级的局限，都有这样或那样的理论弱点，在各自的哲学体系中最后也不能不带有或多或少的唯心主义杂质。因此，我们在研究中国哲学史的时候，也应当分析旧唯物主义者在观点和方法论上的某些弱点和缺陷所以产生的阶级根源和认识根源，从而总结出理论思维在一定的时代所出现的教训。倘若认为过去任何一种哲学思想和体系都是既有唯物主义，又有唯心主义，即它们都是精华与糟粕各占一半的混合物，否认其中的主导面和次要面的区别，并从而否认哲学史上唯物主义和唯心主义两大阵营的理论界限及其对立与斗争；或者在口头上虽然也承认哲学史是唯物主义和唯心主义的斗争史，可是在具体的评价中，却又撇开了唯心主义哲学体系的主导面，而硬从其中寻找"唯物主义"，或者撇开唯物主义哲学体系的主导面，而硬从其中寻找"唯心主义"，接着便把这些加以片面的渲染和夸大，以致把唯物主义哲学和唯心主义哲学说成是不可能有什么区别的世界观。这样的做法，只能模糊哲学史发展的党性原则，是根本谈不上科学地总结哲学思想发展的历史过程及其规律性的。

对于唯心主义哲学，我们一向反对采取简单的否定态度。问题在于确切地对它们从历史意义上进行深入的解剖、分析和批判，指明它们的社会阶级根源和认识根源，并进而说明为什么统治阶级总是选择唯心主义哲学作为他们的统治思想，为什么某一历史时期的统治阶级要选择适合于自己的唯心主义的形态；不同形态的唯心主义哲学在不同时代是怎样把人类认识的某一个侧面加以片面的夸大和肿胀，以至得出了和客观世界真相背离的结论；甚至某种革命时代的有些先进人物还采取了唯心主义的路线。对唯心主义的社会根源和认识根源进行科学的分析批判，是为了阐明人类思维（认识）循着螺旋式上升的途径向前发展，如果把无限复杂的认识的某一个成分片面地、夸大地歪曲为"脱离了物质、脱离了自然的、神化了的绝对"，那就必然陷入唯心主义以至僧侣主义。①我们知道，历史不是笔直地前进的，我们不能不注意唯心主义在和唯物主义斗争中如何不断地改变其形式，如何利用了旧唯物主义者的一些缺陷和弱点而提出了哲学上的诘难，这些又如何由下一代的唯物主义者去解决等等。

总之，哲学史上唯物主义和唯心主义两条路线的斗争以及与此相交错的辩证法与形而上学的斗争所积累起来的理论思维的经验和教训，可以作为我们的借鉴，可以用以提高我们的理论思维能力。正如恩格斯所说，理论思维的发展和锻炼，"除了学习以往的哲学，直到现在还没有别的手段。"②

下面我们从中国哲学史的若干主要方面论证一下其中的唯物主义优良传统。

---

①　《哲学笔记》，《列宁全集》第38卷，人民出版社1959年第1版，第411页。（下同）

②　《自然辩证法》，《马克思恩格斯选集》第3卷，第512页。

（一）唯物主义者在历史发展的各个阶段善于并敢于对唯心主义和有神论进行不调和的斗争

列宁告诉我们："在分析任何一个社会问题时，马克思主义的绝对要求，就是要把问题提到一定的历史范围之内"，对具体情况进行具体分析。[①] 在哲学史的研究中，我们也必须遵循社会存在决定社会意识的基本原则，将哲学思想置于历史的具体环境中，即置于一定的社会阶段及其复杂的阶级斗争的环境中，进行科学的分析和解剖，从而确切地理解它究竟反映了怎样的时代精神，具有怎样的阶级烙印以及它在哲学发展史上的地位和意义。我们知道，人类认识（思维）的发展依存于社会实践的发展，如果从长时期的社会历史去观察，而不是局限于一个阶段，那么，在历史的中心轴线之中，我们可以看出，逻辑的东西是反映着历史的东西，逻辑和历史是辩证的统一。如果脱离了马克思主义的指导，把"逻辑的东西"歪曲为脱离人类社会实践的所谓"一般"哲学，那就会在历史现象的烟海中迷失方向，区别不开现象和本质，因而会曲解了哲学发展的真实面貌。

历史主义和阶级分析是统一的。世界上从来没有超时代、超阶级的所谓"一般"哲学思想，正如毛泽东同志所说，"在阶级社会中，每一个人都在一定的阶级地位中生活，各种思想无不打上阶级的烙印。"[②] 哲学思想总是一定阶级或社会集团进行斗争的理论工具。因此，科学地揭示过去哲学思想的阶级实质以及哲学思想的理论斗争和阶级斗争之间的联系，是历史主义地评价某一哲学思想及其历史作用所必不可缺少的准则。列宁在谈到马克思主

[①] 《论民族自决权》，《列宁全集》等20卷，人民出版社1958年第1版，第401页。（下同）

[②] 《实践论》，《毛泽东选集》第1卷，第272页。

义观察社会历史问题的基本方法，即阶级分析法的时候，曾经指出，应该"把它作为基本的指导线索，并用这个观点去分析一切社会问题，即经济、政治、精神和宗教等等问题。"①

源远流长的中国唯物主义哲学优良传统，首先是和中华民族人民大众的革命传统以及历史上阶级斗争的发展有着紧密的联系。

中华民族是富于革命传统的民族。在古代，奴隶起义、工匠暴动和"国人"（自由民）的斗争就推动了历史的发展。古代统治者不但建立起压迫人民的国家法权，而且编造了宗教神学以愚昧人民。我们知道，中国古代唯物主义和无神论的形成，就是在科学和宗教联结在一起，并且科学的比重超过宗教成分的时候，思想家便以阴阳五行的朴素唯物主义观点反对了古代的宗教思想。当中国古代社会的阶级斗争发展到激化的阶段，折射于哲学领域，便在"百家争鸣"中形成了唯物主义哲学的理论体系。到了中世纪，第一个中央集权的秦封建王朝，便是在农民革命的洪流中淹没的，这是伟大的创举。毛泽东同志说，中国历史上总计大小数百次的农民起义，"都是农民的反抗运动，都是农民的革命战争。中国历史上的农民起义和农民战争的规模之大，是世界历史上所仅见的。"② 伴随着农民战争一次一次地推翻了或动摇了封建王朝的统治，具有人民性的"异端"思想家也和封建主义的正宗思想展开了斗争。到了近代，中国半殖民地半封建社会成了各种矛盾的焦点。中国人民在民族生死存亡的紧急关头，进行了不屈不挠的、前仆后继的反对帝国主义和封建主义的英勇斗争，如马克思指出的，处于"第二个十六世纪"的风暴中。光辉灿烂的民族民

---

① 《论国家》，《列宁全集》第29卷，人民出版社1956年第1版，第434页。（下同）

② 《中国革命和中国共产党》，《毛泽东选集》第2卷，第619页。

主革命的传统，不仅推动了中国历史的向前发展，而且也给予文化的发展以重大的影响。

中国封建制社会的形成没有经过像欧洲那样因蛮族入侵而产生的所谓黑暗时代，也没有如欧洲基督教那样形成世界宗教。在封建制社会中，每当地主阶级窃夺农民革命的成果而建立了以某姓皇帝为首的地主阶级统治朝代时，统治者总是首先考虑到官方正宗哲学思想应当如何改变前代思想的形式，损益其内容，使之更加适合于封建主义的统治。在西汉，董仲舒以《公羊春秋》学为形式的唯心主义哲学，高倡孔子为汉家制法，便是适应汉代统治者的需要而产生的。东汉的统治者鉴于西汉被农民起义冲垮的教训，又表彰所谓谶纬的神学。汉末至魏晋，当农民利用了宗教的"异端"形式，掀起了大规模的农民起义时，地主统治阶级就一方面禁绝天文图谶的流传，而另一方面便把粗糙的谶纬宗教在形式上改变为理论化的神学，即所谓"玄学"。这种以《周易》、《老子》、《庄子》为形式的比较精致的唯心主义哲学及其和佛教的合流，便成为魏晋时期的统治思想。

自唐代中叶以后，中国封建主义进行了等级制度的再编制，因而封建统治者更逐渐改换出一种"新"的统治思想，即"道学"。由唐代韩愈、李翱开其端，宋代程颢、程颐和朱熹建立了唯心主义"理学"；明代王阳明上接宋代陆象山的传统，建立了唯心主义"心学"。道学的产生是适应于封建制社会后期的阶级变化和等级制度的更替，适应于封建统治者的思想统治的需要而产生的。它汇合了儒、佛、道的唯心主义，改换了儒家经学的内容，将封建主义的等级制和道德教条神化为绝对的抽象观念："理"、"道"或"太极"。

在中国近代历史中，清朝统治者和北洋军阀政府仍然以程、朱理学作为它的统治思想。自曾国藩以来，封建主义的卫道者们一直竭力维护"旧学"的"道统"，反对先进人物宣传的"西学"，即自然科学和为资产阶级服务的社会政治学说。帝国主义者则和中国封建主义结成反动的同盟，在学术方面利用"西学"的形式，实质上宣扬了殖民主义的奴役"理论"，并贩卖了资产阶级社会学和现代资产阶级唯心主义哲学，企图和封建主义的复古思想串成一气，进行反革命大合唱。

在中国哲学史中有一条贯串着的红线，这就是唯物主义和无神论思想反对上述的正宗思想的斗争。

在西周春秋之际的史官，具有自然科学知识，同时又掌管卜筮占星或医术，他们首先提出了和宗教、神话的幻想混杂在一起的朴素唯物主义观点。他们的唯物主义观点带有明显的直观性质，以物质的某一种或几种具体形态作为"天地"的本源。这一理论是在自由民开展了斗争时期的产物。从学术下私人而扬弃了"学在官府"的春秋战国之际，唯物主义不断地深入与高涨。到了战国末期，后期墨家和法家的贡献是比较巨大的，最后荀子以"天"为自然的物质存在的唯物主义学说，总结了中国古代唯物主义的成就，孕育着后来唯物主义发展的多方面的因素。

在中国封建制社会中，曾接连不断地涌现出和封建正宗思想相对抗的进步思想家。他们或者是地主阶级反对派，即所谓"异端"，或者是与下等社会阶层有联系的"寒微"的庶族地主的代表人物。他们虽然和资产阶级学者那样显明的要求不同，但也程度不等地、模糊地要求"非等级的所有权"，以至被封建正宗学者目为离经叛道的危险人物。他们通过宗教批判引向现实的政治批判，敢于揭露皇帝和豪族门阀的封建主义的"例外权"和特权，敢于毁弃反映皇权和族权的封建神权。有些进步思想家改造了古代思想素材，发展了唯物主义哲学思想，善于对宗教神学和唯心主义世界观展开针锋相对的理论斗争；有的善于在社会历史和人性论范围内鞭挞封建道德的教条；有的善于在乌托邦（空想）的形式中叙述无神论的思想内容。

在汉代，出现了三辈唯物主义者：司马迁、王充和仲长统。特别是王充，在和谶纬神学的坚决斗争中，建立起具有理论性和富有战斗性的唯物主义哲学体系，比之古代唯物主义思想发展了一大步。在魏晋南北朝时期逐渐形成起来的反佛思想，是又一种时代精神，这种哲学思潮主要表现为"神灭"反对"神不灭"的思想斗争，范缜便是两汉魏晋以来神灭思想的继承者和发展者，他将宗教家与玄学家所玩弄的逻辑方法加以批判地改造，使之转化为反佛教的锐利的逻辑武器。范缜是中国封建制社会前期理论方面的总结人物。

唐代中叶，随着封建制社会的发展，那些要求对现实社会进行改革的庶族阶层的政治集团和思想家不可避免地要触动那些以"等级的所有权"为根基的豪族地主所拥护并用来拥护其特权的正宗思想。所以在中国封建制社会后期，唯物主义者往往就是著名的政治活动家，他们的理论批判活动和各时代不同阶级集团之间所谓"党争"往往有复杂的联系。

例如，在中唐以后的二王（王叔文、王伾）、刘、柳（刘禹锡、柳宗元）集团的政治改革中，便出现了像刘禹锡、柳宗元这样的杰出的唯物主义者。他们依据"元气"一元论的唯物主义思想和某些朴素辩证法的观点去说明人和自然的相互关系，特别是柳宗元更在社会历史领域内抨击了神学天命论的历史观，提出了具有进步意义的历史观点。在北宋时期的"党争"中出现了以王安石为首的进步思想家和唯物主义学派，王安石利用并改造了古代的思想资料，论证了唯物主义自然观，同时也容纳了一些朴素辩证法思想。

南宋时期进步思想家陈亮和叶适，始终紧密地结合着当时社会政治的现实生活，参加了抗金的实际政治斗争或军事斗争，而且以明显的唯物主义哲学思想对抗程、朱的唯心主义理学。从明代中叶以后，在中国的某些区域出现了资本主义的萌芽，曲折地促使哲学领域发生巨大的变化。明末清初的进步思想家方以智和顾炎武都曾参加过复社结党的活动；王夫之也参加了抗击清军的反民族压迫的斗争。方以智和王夫之都以"六经责我开生面"或"烹炮"古今学术的气魄，展开了对唯心主义特别是宋、明道学的斗争，丰富了唯物主义哲学体系，并且推进了朴素辩证法思想。他们的哲学体系可以说是中国旧唯物主义发展的高峰，影响了后来的思想家如颜元和戴震等。

承认物质的第一性、精神意识的第二性，承认客观真理，主张按照世界的本来面目去认识世界，这些就是唯物主义哲学的基本原则。当唯物主义者依据社会实践以及理论思维的经验去总结并阐明这些基本原则或者建立他们的哲学体系时，总是要分析、解剖、批判一切违背世界本来面目的谬说：唯心主义世界观、宗教神学和迷信习俗等等。例如王充积三十余年的功力，写成《论衡》八十五篇、二十余万言，用他的话说，向谶纬神学世界观展开了"两刃相割"的斗争。他不畏惧那些腐儒骂他为"妖"、为"怪"、为"变"、为"异"的"叛逆"行径，嘲笑那些"好信师而是古，以为圣贤所言皆无非"的世儒学者，公然宣称：为了辨明是非，对孔子、孟子这些大圣人也是可以批判的。这种敢于斗争的精神，得到他以后的唯物主义者的称道、继承和发扬。唯物主义者之所以是封建制社会的"叛逆"，原因也就在这里。

中国近代旧民主主义革命时期，一些先进思想家们，为了解救民族危机，为了探求中国的出路问题，为了向西方追求真理，走过了漫长而曲折的道路。在哲学思想上，有些先进人物，如严复的早期哲学思想，便依据了进化论而提出唯物主义的自然观和经验归纳法，以反对"旧学"。中国资产阶级革命派的杰出代表孙中山在其二元论的哲学体系中也论证了与自然科学紧密联系着的唯物主义观点。辛亥革命前后的无神论者更以资产阶级的观点进行过一场理论斗争。但是，由于中国资产阶级的软弱性，由于近代中国缺乏自然科学革命的历史基础，还由于中国资产阶级一出现便面临政治斗争的迫切任务，缺乏理论的充分准备，所以中国近代资产阶级的代表人物在向西方学习之中，没有形成比较完整的唯物主义哲学体系。

（二）唯物主义者善于从中国人民生产斗争的实践中吸取经验，和自然科学的成就结成了紧密的联盟

中国历史上从很早就有过许多科学技术方面伟大的发明和创造，随着历史发展又有不断的进步。各时代的自然科学上的发明和创造，对于中国唯物主义的发展是有过重大影响的。自然科学家应该感谢唯物主义哲学家，而哲学家则更应该感谢自然科学家。

在中国哲学发展中，不少唯物主义者对自然科学，特别是天文、历算和物理学有着深厚的修养。战国时期，墨家后学所著《墨经》，是古代的一部阐述唯物主义认识论和逻辑学的著作，其中包含有关数学、力学和光学等方面的自然科学知识。司马迁对天文历法很有研究，参加过汉武帝时代制订历法的工作。扬雄、桓谭曾经探讨过关于浑天说的理论；王充的唯物主义哲学体系和自然科学的联系是很紧密的，他曾运用几何学和光学的知识去证明天文现象是不受意志支配的自然现象。魏晋之际的无神论者杨泉借用天文学上的浑天说以论证唯物主义世界观。南朝时期的无神论者何承天同时又是大数学家。唐初无神论者吕才对地理、历算、医药、音律等都有深入的研究。明代唯物主义者方以智对自然科学有深湛的研究，并批判过西方科学。清代唯物主义者戴震

不仅长于名物的考订，而且对数学也作过深入的探讨。其次，不少唯物主义者虽然自己不是自然科学家，但他们对当代自然科学的成就十分重视，例如战国末年的荀子和中唐的柳宗元、刘禹锡在哲学上对"天"的唯物主义论证，都依据了当时的自然科学知识。宋代持唯物主义自然观的张载也吸取天文学的成就来论证他关于宇宙结构的假说。

中国唯物主义和自然科学的联盟关系是很复杂的，不但在不同的历史阶段各有特点，而即使是同一时代，学者间对于自然科学知识的掌握以及理解的角度也有所不同。正因为这样，关于中国自然科学史和中国哲学史的关系，特别是每个唯物主义者利用了怎样的自然科学知识和素材，怎样把这些提升到哲学理论的高度给以说明，应该依据具体情况作具体分析。例如，在古代自然科学和宗教往往混杂在一起，那就要看究竟哪一方面的比重是主流。又例如由于历史条件的限制，有些自然科学家不能从理论上区别决定论和命定论，以致在世界观上为象数学的神秘观念所束缚，使得他们不能将自然科学有效地提高到唯物主义哲学的高度给以总结。自然科学家的这个缺陷曾经在一定范围和一定程度上影响过旧唯物主义者，他们也往往重复了命定论和偶然论的错误。再如，在中国近代旧民主主义革命时期，资产阶级理论家们的哲学观点和自然科学之间的关系，更表现出带有显著历史特点的复杂关系：第一，他们在介绍"西学"的时候，曾经把自然科学素材和机械唯物主义哲学观点结合起来，以反对封建主义神权；但同时又把一些零碎不全的自然科学知识（特别是进化论）运用于现实社会的政治斗争，结果又模糊了社会历史的真实内容，将社会历史本身的规律和生物的规律等同了起来。第二，"西学"中近代革命的古典科学是和资本主义危机时期的某些伪科学同时输入的，但资产阶级的先进人物对此没有明确认识，所以这两个方面都同时混杂在他们的思想体系之中，使得他们的思想体系充满了矛盾。第三，他们既介绍了欧洲资产阶级革命时期与古典自然科学相联系的机械唯物主义片断；同时也介绍了与伪科学相联系的现代资产阶级唯心主义的某些方面。

（三）唯物主义者在和唯心主义进行理论斗争的过程中，善于利用并改造过去的思想资料

哲学史上任何一种新的哲学体系的出现，都离不开对以往思想资料的利用，正如恩格斯所说："每一时代的哲学作为一个特殊的分工部门，都具有由它那些先驱者传授给它，而它便由以出发的一定思想资料作为前提。"① 因此，哲学家们往往要依据着一定阶级或社会集团的要求，选择以往思想资料中适合于自己的某一部分加以改造。

在中国哲学史中，哲学家的著作普遍采取着笺注经典的形式，形成了"经学"的传统。新的哲学思想往往是在经籍注疏或诠释的外衣下表达的，有如陆象山的"六经皆我注脚"说；也有如王夫之的"六经责我开生面"说。有暗取佛、道内容而把儒家经典改头换面的，如宋、明以来的道学；也有把古今不同学说熔于一炉的"烹炮"说，如方以智等。有如魏晋玄学的把儒、道联结在一起的诡辩注释；也有如柳宗元的从诸子百家遗产取长说。

唯心主义者大都喜欢利用经典而炫弄博雅，因此，为了对唯心主义展开理论批判，唯物主义思想家们也不得不提高自己对古代的学术领域的素养。荀子、王充、柳宗元以至方以智、王夫之等哲学家的渊博学识，就是显著的例证。

---

① 《致康·施米特》（1890年10月27日），《马克思恩格斯选集》第4卷，第468页。

这样，中国哲学史中的各派哲学家们，当他们运用古代的某些范畴或者采取注释某些经书的形式的时候，表述出了相反的哲学观点。唯物主义和唯心主义、辩证法和形而上学对于前人范畴的改造以及对于经书的注解，各自走着完全不同的路线。例如，《周易·系辞》说的"易有太极，是生两仪"，朱熹解"太极"为"理"，认为"理"是凌驾阴阳二气之上的主宰，显然这是唯心主义的观点。王夫之的《周易内传》和《周易外传》对"太极"的解说就和朱熹完全不同，王夫之认为"太极本阴阳所有之实"，和阴、阳二气不可分，是阴阳二气和合未分时的状态。他肯定了没有超乎阴阳二气之上的主宰，显然这是唯物主义的观点。同时他又认为事物运动的根源在于阴阳二气的"相感"作用，这是朴素辩证法思想，而和朱熹的"气之所以能动静者，理为之宰也"的形而上学观点相对立。很明显，如果只是看到朱熹和王夫之所用范畴的形式上的相似，便否认他们哲学思想的根本对立性质，那就陷于只见现象而不见本质的错误了。

又例如，宋代以后许多哲学家们对于《大学》"格物致知"的解释，就有唯心主义和唯物主义的对立性质。唯心主义者如朱熹释"格"为"至"、为"尽"，"格物"并非向外"观万物之理"，而是向内"理会"出物物都有驾乎其上的一个天理，而这天理是绝对不齐而有等级的怪东西，这主要是指依据封建道德的等级原则去判断是非。还有以封建制的贫困世界做解释的，如唯心主义者陆象山，他释"格"为去，释"物"为欲，格物指绝欲，据说禁灭外物便可致"良知"了。反之，和朱熹、陆象山的注解不同，唯物主义者叶适则从"不可以须臾离物"的基本前提出发，认为"格物致知"就是从客观事物中引申出道理来；颜元又将"格"解为"手格猛兽之格"、"手格杀之格"，认为格物是不能离开实践的。

　　唯物主义者利用并改造以往的思想资料而和唯心主义斗争的情况，更表现出许多不同的方式。有的强调一种经典为真，而考证别种经典为伪，如叶适、陈确之对于《大学》或《中庸》，就采取了否定的方式，这显然是针对程、朱对《大学》、《中庸》的推崇而发。有的虽然对于同一种古代经典和正宗学者表面上同样加以推崇，然而对内容的解释却完全背道而驰，如王夫之对于《周易》，就和程、朱对于《周易》的解释不同；他的《读四书大全》更针对朱熹的《四书集注》而作出了相反的解释。再如戴震的《孟子字义疏证》一书，表面上是讲解《孟子》，实际上却宣传了类似荀子的唯物主义观点，而和宋、明儒者对《孟子》的注解形成对立。

　　据上述的例证，我们透过哲学家们对思想资料的利用和改造，可以进一步分析：在一定的历史条件和阶级斗争中怎样形成了对立的阵营；哲学家们对这样那样思想资料的取舍和改造，既表现有复古主义的倾向，又表现有推陈出新的倾向，从这中间如何展示出唯物主义和唯心主义、辩证法和形而上学的理论斗争的内容；特别是唯物主义者怎样在理论斗争中比前人提供了新的东西，从而提高了人类的理论思维能力。

　　（四）唯物主义者对前代和同时代的哲学思想善于批判总结，并在此基础上进一步发展唯物主义哲学

　　这是中国唯物主义哲学优良传统的再一个特点。两千余年来，在中国从未间断的历史中，值得注意的是，进步思想家通过对前代和同时代哲学思想不断地批判和总结，使得唯物主义思想得以不断的发展和丰富起来。中国哲学史中的这种继承和总结，虽然受着一定时代和阶级的局限，但从总的历史进程来看，这正是旧唯物主义者前后绵绵相接并富于创造活动的有力证据。

当中国历史发展到一定转折点的时候，总有一些大思想家出来，依据他们自己的观点，对以前的思潮进行总结，从而更丰富了自己的思想体系。殷周之际已开启了这个传统，春秋战国之际孔子和墨子对先王观的总结，发展了这一传统。周秦之际是中国历史的一大转折点，处于由奴隶制社会向封建制社会过渡的时期，相应于复杂而尖锐的阶级斗争，在文化思想的领域内出现了空前繁荣的"百家争鸣"的局面，出现了许多学派和思想家，他们在理论上展开了激烈的论争。唯物主义者后期墨家之对于认识论和逻辑学的总结是最好的证件；儒家左翼的荀子所作的《非十二子》、《解蔽》、《儒效》各篇，唯物主义者法家韩非所作的《显学》篇，也都是杰出的总结性的证件。直到汉初，司马谈所论"六家要旨"，又对周汉之间的诸子之学作了总结。

中唐时代柳宗元的《天对》，重新对古代遗留下来的重大问题作出总结性的哲学解答。到了明清之际，在中国封建制社会内阶级矛盾和民族矛盾相互交错的时期，更涌现出许多进步思想家和唯物主义者，他们利用自己的渊博学识，纵论古今上下的遗产，从自然科学到政教风俗，从哲学到历史、地理，从儒家典籍到释、老之说，无不有所论列。方以智对诸子百家有许多精辟的论断，同时又对儒、佛、道的命题和范畴给以批判改造，既有舍弃，也有"择善"（择取其精华）。王夫之对传统的经典和诸子之学都有深刻的研究，他对传统经典以"六经责我开生面"的态度进行了总结，同时更对老、庄学说采取了批判、改造的态度，他在《老子衍》自序中说，"入其垒，袭其辎，暴其恃而见其瑕"；在《庄子通》自序中表示要"因而通之，可以与心理不背"。他们的哲学之成为时代的高峰，是与他们的总结遗产的科学态度分不开的。

中国近代哲学思想领域内的斗争，主要是围绕着"西学"与"中学"或"新学"与"旧学"之争而进行的，资产阶级的理论家们一般都宣传"西学"。他们中间有些人对文化遗产采取了简单的撇弃态度；有的则力图从文化遗产中直接地拣取一些现成的"好东西"，以作为宣传资产阶级民族主义、民主主义的武器。个别的革命民主主义者，如章太炎，在他早期反清民主革命斗争的活动中曾经密切地注意到文化遗产的鉴别、整理和利用的问题，他对于中国哲学史上一些重要的哲学家和学派几乎都有所分析和评论。从历史主义观点来看，他的论断是有一定的学术价值的，也起了后来治中国哲学史的桥梁作用。

从中国哲学发展史可以看到，属于哲学基本观点范围之内的继承，只能是唯物主义继承并发展唯物主义。例如，荀子的哲学思想对于后来的唯物主义者有着重大的影响。王充不仅承借了荀子的传统，而且也是司马迁、扬雄、桓谭的唯物主义思想的总结者和发展者。杨泉的神灭思想，直接导源于桓谭与王充的无神论思想。何承天基本上继承了汉晋以来的"薪火"之喻以批判有神论。范缜则是两汉魏晋以来所有神灭思想的继承者和发展者。刘禹锡、柳宗元的无神论思想与荀子的《天论》以及傅奕、吕才的无神论有着明显的继承关系。王夫之基本上吸取了张载在自然观上的唯物主义观点而有进一步的发展，还推崇王充的论点为"得理"。

旧唯物主义者对于唯心主义哲学体系中的某些命题以及辩证法的某些因素，是通过斗争而有所吸取的，但是，这种吸取，决不是原封不动地搬过来，例如，老子在其唯心主义哲学体系中是包含着一些朴素辩证法的思想的，王夫之批判了老子关于"道"的唯心主义实质，而将老子的朴素辩证法观念改造为和"气"的一元论唯物主义哲学体系相联结的朴素辩证思想。其次，旧唯物主义者不能解决复杂的社会历史问题（如道德的起源问题、人性问题等），往往在此范围内蹈袭了唯心主义的某些错误命题，但是，这只能说明，由于时代、阶级和理论准备等条件的限制，旧唯物主义者还不能彻底地战胜唯心主义，而表现出一定的局限性和理论的弱点。如果看不到以上的一些复杂情况，而认为唯物主义和唯心主义没有严格的理论界限，它们在基本观点上可以任意地相互继承，那是不能把握哲学发展的实在线索的，是不能取舍神奇和腐朽、精华和糟粕的。

（五）对于外来的思想文化善于采取既有批判又有鉴别的分析态度，这也是中国唯物主义传统的一个特点

在中国长期不断的历史发展中，各族人民曾经不断地交流文化、科学和艺术的创造，长期的文化交流和融合的过程也就是各族人民彼此学习和共同提高的过程。战国时代的百家学说的争鸣就具有当时各族人民互相学习、互相交流的一面。这个传统也扩大为中国各族人民向外来思想文化的学习。举其大者而言，从2世纪至8世纪，印度文化及其佛学不断传入中国；16世纪末，西方最早的一批传教士带来了欧洲中世纪的神学和自然科学；19世纪下半叶，中国的先进人物曾向西方资产阶级革命时期的武库里寻求救国救民的真理。

佛学最初传入中国时，就产生了"格义"之学，用来沟通当时流行的玄学和佛学原理。在这以后，佛经的传译逐渐地繁荣起来。中国形成了许多佛学宗派，它们具有中国的特色而不纯为印度佛学。佛学在其宗教哲学的体系中也容纳了一些辩证法的因素。宋、明期间，一方面不少道学的代表人物既排斥释、老而又吸取佛学的某些教义，使之和中国儒家的唯心主义思想相结合，然而另一方面，不少唯物主义哲学家和进步思想家也在不断研究佛学的同时，展开了对佛学唯心主义基本原则的批判，并在批判之中利用了佛学的某些范畴而加以唯物主义的改造。

这样的研究和批判，是和对道学的解剖结合在一起的。许多唯物主义哲学家曾指出华严宗和禅宗是道学的渊源之一，他们在批判道学的同时，也对佛学进行了猛烈的抨击。

有些唯物主义哲学家批判地改造了佛学中的某些范畴。例如刘禹锡、张载在表述他们的哲学观点时，曾经利用了"太虚"这一范畴，但对它的内容作了和佛学唯心主义完全不同的解释。张载认为无形的"太虚"是气的本然"散"的形态，而具体的万物则是气的暂时的"聚"的状态。方以智将"太虚"这一范畴改为"太实"，但他认为即使用"太实"这一范畴，还是难以确切地表述运动和物质的不可分割的联系，所以他采用了"所以"这一范畴去表述物质运动的规律性。其次，可否应用佛学范畴，也曾有过争端，例如顾炎武和李颙就有过这样的辩论。

唯物主义哲学家们也对佛学的某些重要的唯心主义命题进行了理论的解剖和批判，指出其错误，又针锋相对地论证了唯物主义观点。哲学史上有过这种情况：唯心主义可能提出一些重要的哲学问题，虽然它在根本的观点上不能正确地加以解决，这就为唯物主义留下了课题。唯物主义在批判唯心主义的斗争中，必须对这些问题进行唯物主义的论证，这就有可能使得唯物主义得到进一步的发展。举例来看，佛学有些宗派曾在思维与存在的关系问题上（佛学称为"能""所"问题）作过烦琐的唯心主义讨论，否认客观世界的物质性，把精神实体"真如"吹胀为世界的本源，又用相对主义的诡辩否认客观事物本身的区别和差异，否认知识的客观标准，否认感性认识和理性认识的作用，而提倡神秘主义的直觉论。这些观点对宋、明道学是有影响的。因此，对佛学的批判，就必须从唯物主义出发而着重论述精神和存在的关系、相对和绝对的关系。这些，在王夫之的唯物主义哲学体系中有着深刻的论证。

我们认为，哲学史上的转化问题应该从这样的角度去理解：转化，并不是说唯心主义哲学无根据地忽然变成了唯物主义，也决不是唯物主义和唯心主义的调和。从一个时代某个哲学家而言，是有从唯心主义者转化为唯物主义者的，这种转化是由背弃原来的阶级而作为统治阶级的"叛逆"出现的，中国哲学史上的"谢本师"便是例子；也有从唯物主义转化为唯心主义的，在中国近代史中也有不少例子。前者是进步，后者是倒退！从历史的总过程而言，我们认为转化意味着唯物主义通过理论斗争在克服唯心主义的途径中自己不断地向前发展。离开了对立面的相互斗争，就谈不上事物的发展。事物的转化过程，就是新的战胜旧的、从低级到高级、从简单到复杂的过程。这就是马克思主义辩证法的观点。"它在现存事物的肯定的理解中，包含着它的否定的理解，它的必然消灭的理解；它对于每一个生成了的形态，都是在运动的流中，就它的暂时经过的方面去理解；它不由任何物受到威胁，就它的本质说，便是批判的，革命的。"① 很明显，如果把转化解释成不需要通过唯物主义和唯心主义、辩证法和形而上学间根本性的斗争，那就会把转化理解为量的加减，这实质上是以形而上学的观点否认了哲学思想发展的内在意义。

最后，我们还应论述一下进步思想家们对于"西学"的态度。欧洲中世纪的基督教，在唐代和元代，曾两次经由西域传入中国。到了 16 世纪后期，耶稣会的传教士随着西班牙、葡萄牙的殖民者来到了东方。他们在中国所宣扬的主要是欧洲中世纪神学，同时也夹带了一些中世纪的自然科学知识。这类"西学"的输入，引起了当时知识界的注意。然而，天主教在中国远未发生广泛的影响。当时，中国思想界虽然曾对所谓泰西之学发生过论争，但我

---

① 《资本论》第 1 卷，第 18 页。

们从有代表性的中国唯物主义者如方以智等的态度看来，他们大都反对欧洲中世纪神学，只认为西方自然科学不无可取之处。在他们谦虚地向外国文化学习的过程中，对于西方的自然科学采取了有鉴别的分析态度。方以智就曾说过，欧洲传来的地圆说、地动说等可以学习借鉴，但同时也指出，"西学"是"详于'质测'（自然科学）而拙于言'通几'（哲学），然智士推之，彼之'质测'犹未备也"。① 这就是说，"西学"中有些自然科学知识可取，而神学及其附属的哲学则极为拙劣，进一步讲，甚至其自然科学也是幼稚的。这一评价的态度可以说是表现了中国先进学者善于学习的精神。

中国近代的先进人物，在民族危机空前严重的情况下，努力向西方寻求真理。最早的一批爱国者，如林则徐和魏源，发愤学习过西方的船坚炮利，了解世界的形势，主张"师夷之长技以制夷"。后来在19世纪末20世纪初，向西方追求真理的资产阶级代表人物不满足于帝国主义传教士和洋务派的"西学"（其主要内容为：宣传殖民主义的"国际公法"、宗教神学以及粗浅的科技知识），他们迫切地要求了解西方资本主义国家的政治制度，他们从西方资产阶级革命时代的武库中借来了进化论、天赋人权论和资产阶级共和国方案，以为这些可以抵御外国的侵略。尽管外国传教士大肆宣扬基督教神学和奴化思想，但在中国先进人物的"西学"观念中，从来就不把神学看成最高原理。例如翻译《天演论》的严复曾从自然科学的唯物主义观点出发，对"西教"进行了批判。早期具有资产阶级"造神论"倾向的革命民主主义者章太炎，更以《无神论》为题，对基督教神学从哲学上和逻辑上作了有力的批判。

---

① 《物理小识·自序》。

＊   ＊   ＊

如上所述，中国哲学史中的唯物主义传统有着丰富的内容，我们应该科学地总结这一份宝贵的遗产，撷取其精华，吸收他们在长期的理论斗争中积累的经验教训，思想史研究工作者必须担负这一重要的任务。

孔子批判主义社会思想底研究[*]

一、春秋思想文物的具文化及其
   显学批判

西周的文物思想，载于今文《尚书》的十几篇可靠文献，与《诗经》的《大雅》、《周颂》以及出土的周代金文铭辞者，大体上可以依此看出一个主要内容。这个文物思想的命运，因了犬戎野蛮氏族的扫荡，随东迁之逃亡而丧失殆尽。《史记·秦本纪》有一段戎族对于西周文化的批评，其词意虽涉及春秋，其态度则接近于事实：

戎王使由余于秦。……秦缪公示以宫室积聚。由余曰：使鬼为之，则劳神矣，使人为之，亦苦民矣。缪公怪之，问曰：中国以诗、书、礼、乐、法度为政，然尚时乱，今戎夷无此，何以为治，不亦难乎？由余笑曰：此乃中国所以乱也。夫自上圣黄帝作为礼乐法度，身以先之，仅以小治，及其后世，日以骄淫，阻法度之威，以责督于下，下罢极，则以仁

* 原载《中山文化季刊》1942 年 1 卷 1 期。

义怨望于上，上下交争怨而相篡弑，至于灭宗，皆以此类也。由此看来，犬戎之于西周文明的毁灭，是相当利害的。

春秋时代的诸国（盟族），最先进的莫过于鲁卫晋齐，而这些国家的产生，却都是盟族的殖民（古代式），其始不是"辟草莱"，便是"斩蓬蒿"，在落后的土地上，营国筑城（国与城同义，以"有淑〔始〕其城"为主要王命）。经济的营国殖民，在文化上当然要落后，当初亦曾带来文物典册，所谓执行城市与农村的分裂，然主要在"强以周索（法）"，不是宣扬文化。所以，春秋时代有《周礼》仅在鲁国的慨叹（封鲁初以伯禽为隆厚），孔子亦叹"齐一变至于鲁，鲁一变至于道。"

因此，东迁以后的春秋文化，除了管仲、子产的言行以外，实在没有光荣的记载。西周的文物典章，在春秋的反动内战（族战）与外战（氏战）之下，已经不是有血有肉的思想文物，而仅仅作为形式的具文，背诵教条罢了。《庄子·天下》篇云：

其在于诗书礼乐者，邹鲁之士，搢绅先生，多能明之。诗以道志，书以道事，礼以道行，乐以道和。……其数散于天下而设于中国者，百家之学，时或称而道之。

诗、书、礼、乐已经成为邹鲁搢绅先生的专门职业，这虽保存了西周文明，但却成了好像礼拜的仪式。例如"礼"在西周为"惇宗将礼"的维新制度，氏族君子所赖以治"国"的优先权。《诗》在西周为社会思想的血脉；然而到了春秋，公子与"富子"（大夫）争夺，富子大夫取得政权，礼固失其基础，《诗》亦不容于作批判的活动（变风，变雅）。礼不是成了贵族的交际礼貌仪式，即成了冠婚丧祭的典节。《诗》则流于各种各样的形式，如贵族交际场合的门面词令，朝宾的乐章唱和，使于外国的教条酬酢（赋诗，即背诵一首《雅》、《颂》）等等。这样便把西周的活文化，变成了死规矩。

　　然而，这一项讲究，并不是平常人所能胜任的。它必须有传授的行帮才能给贵族装势头，所谓邹鲁搢绅先生之道诗书礼乐者，即后来名为儒者的职业，"四体不勤，五谷不分"，专门背诵古训。这正是《盐铁论》所云，"儒者是往古而诽今世。"

　　平心而论，我们不能用近代人的眼光来非难古人。搢绅先生一方面因了社会的黑暗，把西周的思想作为"儒术"而职业化，但另一方面，他们在思想传统上则相对地保持着文化遗产，这亦只有邹鲁这样周公遗教可能存在的国度里，才没有将历史传统的文化斩绝。

　　儒者将西周思想文化形式化，正是春秋制度将西周"王道"形式化的照映。同样地，诸侯而大夫的过渡阶段成为战国不完全典型的"显族"时代之桥梁，因而，春秋的搢绅儒术亦成为战国显学之过渡桥梁。学术下私人的运动，乃适应于经济相对的国民化（显族路线），所以，由儒者蜕变而出的显学，一方面是对于春秋文化具文的批判，他方面又是开启"子学"发展的源流。这一中国古代思想的流变，极关重要。前人很少注意。

　　孔子在春秋晚年，已经有君子儒与小人儒之分类，这分类的解释且作别论，但孔子确是由儒术建设了"儒学"的第一人，批判的活动有程度地复活了学术的新内容。他的学术路线，和马丁·路德的宗教解释路线是很可对比的。他自认为儒者的正统，和他对于西周制度的正义心是相一致，同时他又批判儒者，亦和他把诗、书、礼、乐道德化（系统学说）而否定形式具文相一致。

　　当时的贵族君子，都在形式上求助于名存实亡的裡祀典章，讲求些氏族祖先的遗制，因此孔子有以下答复季路的话：

　　　　季路问事鬼神。子曰："未能事人，焉能事鬼？""敢问死。"曰:"未知生,焉知死。"①

他反对当时的君子,离开现实世界而慕先公先王,所以:

> 问仁,子曰:"爱人。"问知,子曰:"知人。"②

因此,他的诗书礼乐之说(书乐合于诗礼),不同于搢绅先生的牧师说教。"立于礼"是他的思想中心,但他附加了道德情操,而不是具文了。

> 礼,与其奢也,宁俭;丧,与其易也,宁戚。③

> 先进于礼乐,野人也,后进于礼乐,君子也。如用之,则吾从先进。④

这便是以情操批判了没有内容的繁文缛礼。所以又说:

> 礼云礼云,玉帛云乎哉;乐云乐云,钟鼓云乎哉!⑤

> 为礼不敬,临丧不哀,吾何以观之哉?⑥

> 今之孝者,是谓能养;至于犬马,皆能有养,不敬何以别乎?⑦

> 人而不仁,如礼何?人而不仁,如乐何?⑧

"兴于诗"是他的重要思想,他虽然有"雅颂各得其所",仰赞周制的正义心,但其言诗,则注意内容:

> 诗可以兴,可以观,可以群,可以怨。⑨

这是反对贵族的赋诗仪式。

---

① 《论语·先进》。
② 《论语·颜渊》。
③ 《论语·八佾》。
④ 《论语·先进》。
⑤ 《论语·阳货》。
⑥ 《论语·八佾》。
⑦ 《论语·为政》。
⑧ 《论语·八佾》。
⑨ 《论语·阳货》。

子夏问曰："巧笑倩兮，美目盼兮，素以为绚兮，何谓也?"子曰："绘事后素。"曰："礼后乎?"子曰："起予者商也，始可与言诗已矣。"①

这便是说，素质——思想情绪，先于仪式，显然是对于春秋文化具文的批判。

春秋时代的氏族贵族，只在临没落的前夜，最后挣扎，诸侯大夫极尽全力保持过时的氏族躯壳，在躯壳的枯槁架子中，"绘事"已经失掉的灵魂，诗礼在这时之成为仪式实在不是偶然的。例如，冠婚宴会是为了活人氏族装门面，禋祀丧祭是为了死人氏族装门面。孔子出而高呼道德情操与素质情绪，乃搢绅先生的自觉思考，这似没有问题的。

用近代语讲来，如果说孔子是以内容为先、形式为后，而企图复活西周文化（诗书礼乐）；则墨子是以内容高于一切，形式不妨否定，而发展西周文化。这是孔墨显学争持要点之一。

墨子和孔子一样是儒者出身。"学儒者之业，受孔子之术。"②他亦是邹鲁文汇所在之地长成起来的人。他对于孔子是批判的，而不是抹杀的。例如《公孟》篇便明白言孔子有不可易的道理。

程子曰："非儒，何故称于孔子也?"子墨子曰："是亦当而不可易者也。今鸟闻热旱之忧则高，鱼闻热旱之忧则下，当此虽禹汤为之谋，必不能易矣。鸟鱼可谓愚矣，禹汤犹云因焉，今翟曾无称于孔子乎?"

作者认为，孔墨二家于春秋形式文化的批判方面，确有相同的精神。孔子批判了春秋的僵死仪式，这道理正如鸟闻热旱则高，鱼闻热旱则下。墨子和孔子在这一点甚为接近，孔子既唱于前，

① 《论语·八佾》。
② 《淮南子·要略》。

墨子当可称于后。

然而，孔墨显学自有分水岭，未容混同。仅就这里所提出春秋传统文化之接受与批判而言，墨子显然更激进些。

孔子分别了君子儒与小人儒，而在道德情操方面企图变革儒者的"古八股"主义；墨子则根本否定这一"古八股"，于是对于儒者搢绅先生极尽其攻击之能事。墨子《公孟》篇所拟儒者答人问题的独断与无知，甚像一个教条信仰的牧师，偶像地答复《圣经》里的问题。如儒者答复"何故为乐"，说："乐以为乐也"，当似春秋具文化的知识所有之方法，即信仰形式而不怀疑内容。所以墨子说："今我问曰：'何故为室？'曰：'冬避寒焉，夏避热焉，室以为男女之别也。则子告我为室之故也。'今我问曰：'何故为乐？'曰：'乐以为乐也。'是犹曰'室故为室？'曰'室以为室也。'"因此，他反对背诵古训，例如：

> 公孟子曰："君子不作，术（述）而已。"子墨子曰："不然。……吾以为古之善者则诛（诛与述同义字）之，今之善者则作之，欲善之益多也。"①

他反对春秋儒者之古言古服。

> 所谓古之言服者则皆尝新矣，而古人言之服之，则非君子也。然而必服非君子之服，言非君子之言，而后仁乎？②

他于是以儒者"耳无闻，目无见"，"以命为有，贫富，寿夭，治乱，安危有极矣，不可损益也。"③ 否定了春秋儒者，其理由，可以归纳为以下四句：

> 繁饰礼乐以淫人，久丧伪哀以谩亲，立命缓贫而高浩居，

---

① 《墨子·耕柱》。
② 《墨子·非儒下》。
③ 《墨子·公孟》。

倍本弃事而安怠傲。①

　　春秋儒者代表了一个潮流，那便是为仪式而服务。墨子疾之甚深，故又曰：

　　　　因人之家（生产者）以为翠，恃人之野（生产手段）以为事，富人有丧，乃大悦，喜曰："此衣食之端也！"②

按这些批评，和孔子所批评的对象相同。荀子为儒学集大成的人物，但对于那些依赖于春秋传统的儒者，亦目之为贱儒、俗儒。《非十二子》云："偷儒惮事，无廉耻而耆饮食，必曰君子固不用力，是子游氏之贱儒也。"《儒效》篇亦云："呼先王以欺愚者，而求衣食焉……俨然若终身之虏，而不敢有他志，是俗儒者也。"

　　墨子亦浸润于诗书之教者，他反对形式化的礼乐，而对于诗书则称为三表中的第一表，所谓"考乎先圣大王之事"。所以，墨子仍然和孔子一样，是继承西周文化的传统，在"文武之政，布在方策"的鲁国文化界，墨子是不能脱离了搢绅职业而平地起家的。然而他在继承文化传统的精神上却和孔子不同。他言论中引《诗》《书》之典章者甚多，如《书》之《吕刑》、《诗》之《周颂》，处处以圣王之道佐证己说。不论在形式上和内容上，都不是"述而不作"，而是"作而且述"。他引用诗书（雅言、古文），多在形式上翻译为白话、俗语，内容上则和孟彩尔的解释上帝相似，把先王之道不惜"近代"化，把鬼神不惜国民化（当时神鬼为士族贵族专有）。

　　在学术下私人的运动中，对于传统文化的复活与批判，孔子高倡于前，墨子呐喊于后，孔子注重动机，墨子注重结果。有人

①　《墨子·非儒下》。
②　同上。

说，孔子光彩地结束了春秋思想，墨子光彩地开启了战国思想，这断语显然错误。实在讲来，孔墨在春秋末与战国初，是批判了春秋传统而发展了中国古典文化。这个中国古代思想的演变关键，正是研究子学源流所应明白的，而不是"多余"的说明。

二、孔子的社会批判及其理想

本篇所研究的孔子学说仅限于其社会思想及人类道德思想，其他如知识论与天道观，因篇幅束缚，别为文以论。首先，就孔子的社会作一个略述。

孔子生于春秋末世，旧者将亡，新者未生，中国古代社会正走着它的渐进迂回的路径，由诸侯而大夫，由大夫而陪臣。"氏族单位"到"地域单位"的变革史，比之希腊社会，显然具备了"难产性"。一方面所谓"鲁不弃周礼，未可动也"①，他方面正经过"二都耦国"的经界破坏（国、野或城市与农村分裂的西周制度），氏族向多元的单位发展。据春秋所载"堕三都"的事实看来，历史是接近于国民的地域单位（西周土地氏族所有向土地私有的转化），然而还没有变得通。孔子是知道了时代的异同与变迁的。他说：

> 逝者如斯夫，不舍昼夜。②

在这个末世，古形式是存在着，而内容则失去灵魂。在这样貌合神离的历史火炉中，才产生了大思想家的批判。孔子以天才的姿态和春秋俗人的奋斗精神，有些类似歌德（郭沫若氏颇强调），他对于古代制度的正义心，则是悲剧的迂路，如子路就敢于

---

① 《左传》闵公元年。
② 《论语·子罕》。

冒失批评说："有是哉？子之迂也！""有民人焉，有社稷焉，何必读书然后为学？"①

孔子在当时已经知道历史的倾向是和他的理想背离的。据《论语》记载"子罕言利与命与仁"。按言利正指社会内容，言仁正指人类观，言命正指天道观，这三者的结合即理想与历史的主要关键。所谓罕言者颇示历史与理想之隐处。他自己亦说：

> 道之将兴焉命也，道之将废焉命也！②

"子欲居九夷"，"乘桴浮于海"③ 的记载，是与当时隐者的话相合。

我们且看孔子如何批判春秋的历史变化，他说：

> 天下有道，则礼乐征伐自天子出。天下无道，则礼乐征伐自诸侯出。自诸侯出，盖十世希不失矣；自大夫出，五世希不失矣；陪臣执国命，三世希不失矣。④

> 禄之去公室，五世矣；政逮于大夫，四世矣。故夫三桓之子孙微矣。⑤

公室即宗子维城的诸侯大氏族，大夫即世室支族。这时统治阶级的名分关系的形式虽仍存在，而政治内容却变了。这一变化，据孔子估计十世、五世之说，今大夫专政已四世，则岂不是说西周以来氏族贵族的社会，仅仅将余一世（即三十年）了么？同时孔子把政治的内容亦规定出来：

> 天下有道，则政不在大夫，天下有道，则庶人不议。⑥

---

① 《论语·子路》。
② 《论语·宪问》。
③ 《论语·公冶长》。
④ 《论语·季氏》。
⑤ 同上。
⑥ 同上。

这两种内容，确也和春秋的主要现象相反，政在大夫，庶人议政（如子产与人之歌）。关于这二点，《论语》中有很多的指斥与说明，如：

> 孔子谓季氏八佾舞于庭，是可忍也，孰不可忍也？①

> 三家者以雍彻，子曰："相维辟公，天子穆穆，奚取于三家之堂？"②

> 子曰：古者，民有三疾，今也或是之亡也。古之狂也肆，今之狂也荡；古之矜也廉，今之矜也忿戾；古之愚也直，今之愚也诈而已矣。③

> 自古皆有死，民无信不立。④（古民与庶人同）

我们研究社会史，首先要看富之权力手段的变迁，"禄之去公室"，"季氏富于周公"，都说明这一手段的"私肥于公"（私指族有，公指氏有）。《论语》中言：

> 子谓卫公子荆善居室，始有，曰，苟合（聚）矣；少有，曰，苟完矣；富有，曰，苟美矣。⑤

"善居室"之义，前人不解。"室"者劳动者的单位数，如《周礼》"凡营国必计其室数"，《诗经》"百室盈止"，《左传》所记"夺室"、"兼室"、"赐五百室"之类，详见拙著《中国古典社会史论》。故善居室即言善于保持劳动力财富。

然而，这个时代，已经不是西周"国有富"（氏族所有）的严密制度，自由民（当时称国人）已经参与"所有"关系了。故紧接上文云：

---

① 《论语·八佾》。
② 同上。
③ 《论语·阳货》。
④ 《论语·颜渊》。
⑤ 《论语·子路》。

　　子适卫，冉有仆。子曰："庶矣哉！"冉有曰："既庶矣，又何加焉？"曰："富之。"曰："既富矣，又何加焉？"曰："教之。"

　　与国人交，止于信。① （国人的信，颇有契约之意）

　　春秋时代的社会贫富，无疑地成为现实问题。所谓国人已经和土地国有制发生了纠葛，不按"氏所以别贵贱"之制而自然发展。孔子对于这一社会变化，多所指摘。如《论语》中说：

　　子贡曰："贫而无诌，富而无骄，何如？"子曰："可也；未若贫而乐，富而好礼者也。"②

　　富与贵，是人之所欲也，不以其道得之，不处也；贫与贱，是人之所恶也，不以其道得之，不去也。③

　　赐不受命，而货殖焉，亿则屡中。④

　　贫而无怨难，富而无骄易。⑤

　　好勇疾贫，乱也。⑥

　　这是社会的变异，不但是道德观念而已。孔子在这样社会变异中，便提出他的理想，即所谓礼与周制的复活。孔子曾把西周的"孝"（以享以孝）返原于"礼"，《论语》言之至确：

　　孟懿子问孝，子曰："无违。"……樊迟曰："何谓也？"子曰："生事之以礼，死葬之以礼，祭之以礼。"⑦

　　生死葬祭，即古代政治的"国之大事"。孝在西周为曾孙君子禘祖的传统，礼则为上者对于下者的表率。故：

---

① 《礼记·大学》。
② 《论语·学而》。
③ 《论语·里仁》。
④ 《论语·先进》。
⑤ 《论语·宪问》。
⑥ 《论语·泰伯》。
⑦ 《论语·为政》。

　　或谓孔子曰："子奚不为政?"子曰："书云孝乎,惟孝友于兄弟,施于有政,是亦为政,奚其为为政!"①

　　为什么孔子将孝还原为礼呢?因为礼与孝,在他看来,皆以道德情操的"敬"为内容。如言孝"不敬何以别",言礼"为礼不敬,吾何以观之哉"。以道德而代替享礼,正是社会历史的扩大所致。但礼同时亦为仪法所系,当时"中国",除君子居国以外,还有国人的新成份,不能按西周的死成法而为治,要有仪法才是,故礼的仪法与周的治理应为新的结合:

　　君子博学于文,约之以礼,亦可以弗畔矣夫。②

　　能以礼让为国乎?何有?不能以礼让为国,如礼何?③

孔子以为春秋的形式,已经僵死,故主以礼为新的内容。故孔子论古今异变,把春秋的社会没落,在客观上描写为死亡之路,这一点,我们在其论"古今"之文句中,皆可看到。例如:

　　觚不觚,觚哉!觚哉!④

　　他以觚寓制度,觚有隅,即指制度有其内容,今觚已不觚,即指社会之名存实亡,表示了春秋时代的悲剧。

　　孔子在用语上还没有像老子和后期儒家形而上学的历史概念,他指摘当时社会制度的灭亡,大都仅云"天下无道"之世。他既以礼的标准观察现实,故笔伐春秋,皆依礼作断定。

　　禘礼为西周的国家大事,但孔子对于春秋则说:

　　禘,自既灌而往者,吾不欲观之矣。或问禘之说,子曰:"不知也。知其说者之于天下也,其如示诸斯乎?"指其掌。⑤

---

①　《论语·为政》。
②　《论语·雍也》。
③　《论语·里仁》。
④　《论语·雍也》。
⑤　《论语·八佾》。

夏礼吾能言之，杞不足征也。殷礼吾能言之，宋不足征也。文献不足也，足则吾能征之矣。①

此章在《曲礼》所载稍有出入，但可参考。"我欲观夏道，是故之杞，而不足征也。我欲观殷道，是故之宋，而不足征也。呜呼哀哉！我观周道，幽厉伤之，吾舍鲁何适矣。鲁之郊禘，非礼也，周公其衰矣！"

禘如果是西周氏族血统的宗教意识，则社（以方以社）是其国有生产手段的宗教意识。但孔子对于春秋之社礼却叹其形式化了。

哀公问社于宰我，宰我对曰："夏后氏以松，殷人以柏，周人以栗，曰使民战栗。"②

孔子以为宰我的说法，只重宗教形式，而未根据人事，故批评说：

子闻之曰：成事不说，遂事不谏，既往不咎。③

孔子论时代变异，据礼为证。而其观察之道，复有两个形式，一即制度存废的内容，一即礼之心理要件——道德情操。关于第一项如：

尔爱其羊，我爱其礼。④

鲁人为长府（藏财）。闵子骞曰："仍旧贯，如之何，何必改作。"子曰："夫人不言，言必有中。"⑤

麻冕，礼也，今也纯（丝），俭，吾从众；拜下，礼也，

---

① 《论语·八佾》。

② 同上。

③ 同上。

④ 同上。

⑤ 《论语·先进》。

今拜乎上，泰也，虽违众，吾从下。①

　　管氏亦有反坫。管氏而知礼，孰不知礼？②

第一项是重在制度内容的灭亡，他更注意第二项的道德情操，如敬，如戚，如礼后于质。例如：

　　君使臣以礼，臣事君以忠。③

　　上好礼，则民易使之。④

故君子一切言行之能否对于社会有效，视礼以断。春秋，上不好礼，下不安命，君子失亲亡宗，小人行险侥幸。故又云：

　　恭近于礼，远耻辱也，因不失其亲，亦可宗也。⑤

　　君子笃于亲，则民兴于仁，故旧（族人）不遗，则民不偷。⑥

　　君子所贵乎道者三：动容貌，斯远暴慢矣；正颜色，斯近信矣；出辞气，斯远鄙倍矣。⑦（鄙倍为野人）

以上所言，皆孔子对于春秋社会的变异，以礼断为丧亡之道。这一批判的客观价值，后期儒家未能展开。

　　复次，我们在上面已经知道了耻辱与亲宗的关系，君子与鄙野之关系。孔子丝毫没有把这个关系隐藏起来，反而在礼的标准之下把它揭露出来。这里涉及孔子的社会理想，无疑地"附保留"了西周制度，但我们所研究的不是复古的是非问题，而是孔子在悲剧时代的悲剧思想体系。他的颇无所顾虑的方法论，指明了春秋无一世存续之前途，但同时他的理想则对于古制寄于相对的同

---

①　《论语·子罕》。

②　《论语·八佾》。

③　同上。

④　《论语·宪问》。

⑤　《论语·学而》。

⑥　《论语·泰伯》。

⑦　同上。

情。这一学说体系正是春秋末年历史的思维证件，我们作为一面时代明镜来研究孔子，不会不是科学的吧？

孔子的历史观，是礼的损益史，而不问其生成史源，故其言夏殷周之变化，仅云"所损益"而已。礼文的绝对性乃与其天道观相联结，所以他说：

> 文王既没，文不在兹乎？天之将丧斯文也，后死者不得与于斯文也；天之未丧斯文也，匡人其如予何？①

但他的敏而好古的精神，却和后期儒者"按往旧造说"者（荀子语）不同，而是"好古敏求"。文献不足则阙文，文献可征，则云：

> 周监于二代，郁郁乎文哉，吾从周。②（文即礼文）
>
> 周之德，其盛矣乎！③

孔子对于周制的相对的正义心，并没有限制了他对于春秋现实的批判与暴露，故他亦说，"知我者其惟《春秋》，罪我者其惟《春秋》乎！"后世儒家之是古非今，实在是托古是今。惟求于"知"，不敢求于"罪"，结果，求于"知"者为迎合于"知"，汉儒之注经博士即其显例。

三、孔子的人类认识及其理想

春秋末年，新人类的国民正在形成中，将代替西周的维新制度（周虽归邦，其命维新）的旧氏族人类。孔子以私学著述的大哲人批判春秋，故他的人类认识当占重要的位置。这个时代的人

---

① 《论语·子罕》。

② 《论语·八佾》。

③ 《论语·泰伯》。

类，按孔子的话讲是：

> 好勇疾贫，乱也；人而不仁，疾之已甚，乱也。①

一方面所谓"小人不知天命"，如"赐不受命而货殖"，争相为富；他方面，人（旧氏族君子）而不仁，疾小人已甚，这样便二乱合一乱，社会危机以生。

孔子探求人类的性质，已经在原则上认识人类的近似，如以欲望相近而言，上已言之。他更说：

> 性相近也，习相远也。②

要不是在二乱并一乱的社会，这一新命题是难于产生的，因为西周的人类是有鸿沟的，即氏所以别贵贱。相近的性，正是新旧人类在小人疾贫与君子求富的相似前提之下，成为可能。因此他说：

> 三军可夺帅也，匹夫不可夺志也。③

他的弟子如子路、子张皆鄙夫出身而为士人，孔子皆以贤者勉之。"贤"的名词亦属晚起，孔子教人以贤勉之者甚多，如"贤哉回也"，如答仲弓问政"举贤才。……举尔所知，尔所不知，人其舍诸"，如"见贤思齐"。这都是人类性的新观念。这虽与墨子的中心思想"尚贤"（即所谓"贵无常贵，贱无终贱"）有某种距离，但是承认"贤"在人类性中的地位，则"国人"至少亦为历史的演出者。孔子的教育学，没有这一前提，是不会显学名世，弟子遍天下的。"贤"者人类的思想是和孔子强调人类的能创性相应，都作为新命题。

因此，孔子的"仁"学，在一般的道德律方面是"国民"的，

---

① 《论语·泰伯》。
② 《论语·阳货》。
③ 《论语·子罕》。

而在具体的制度方面则是"君子"的。在前者，孔子还元于心理要素，在后者，则根据着制度传统。

把道德律，从氏族鸿沟，降至人类心理学的探求，孔子实开启中国思想史的大门。他不但肯定"仁远乎哉，我欲仁斯仁至矣"，而且主张"仁者爱人"。所以，孔子所谓君子之仁，限于心理学上而言，已经超过了君子的范畴。例如：

> 仁者先难而后获，可谓仁矣。① （存于心理的动机）
>
> 回也其心三月不违仁。② （主观的节制情操）
>
> 刚毅木讷近仁。③ （道德情操之分类）
>
> 为仁由己。④
>
> 有能一日用其力于仁矣乎？我未见力不足者。⑤ （存于心理的意志力）
>
> 仁者其言也讱。⑥ （心理上的三思反射）

由以上所举例子看来，可以知道孔子言仁的心理学之普及性，仅就这个方面来研究，"仁"乃人类性超时代的道德概念，同时亦是春秋时代批判的新观念。

这一"仁"的最高标准，在孔子是悬之甚高的。上面所举"我未见力不足者"，接着即云，"盖有之矣，我未之见也"；颜回三月不违仁，其余则期月也是难得的。同时孔子对于"仁与圣"亦不敢自居。因此，孔子的动机论，到了墨子便变为客观标准的主张，谓"仁者，利也。"

---

① 《论语·雍也》。
② 同上。
③ 《论语·子路》。
④ 《论语·颜渊》。
⑤ 《论语·里仁》。
⑥ 《论语·颜渊》。

孔子的仁学，在制度上和在心理学上是不同的。但所谓"仁者君子"，亦与西周先王配天者有别。如：

君子而不仁者有以夫；未有小人而仁者也。[1]

民之于仁也，甚于水火。水火，吾见蹈而死者矣，未见蹈仁而死者也。[2]

为了君止于仁……与国人交止于信。[3]

鄙夫可与事君也与？其未得之也，患得之，既得之，患失之。[4]

君子喻于义，小人喻于利。[5]

君子怀德，小人怀土。[6]

因此，仁在制度法上的意义，即二种人之一"道二"。他说：

道二，仁与不仁而已矣。[7]

荀子的解释颇详，他说"一与一之谓仁者"，"上一则一，上二则二。"可见"仁"乃二种人合一之义。但所谓二，乃二种之二，不是二个之二。荀子所谓"道者，……人之所以道也，君子之所道也"，"人域（国）是域君子也，外斯民也。"[8]

这里，正是春秋到战国的一个大问题，即勤礼君子与力役小人之两种人是不相合一的。君子不仁，小人不信，故孔子以仁为君子之"安"道，以信为小人之"立"道。荀子所谓"以人度人者，谓之仁"，即善推所为之合一。

---

① 《论语·宪问》。

② 《论语·卫灵公》。

③ 《礼记·大学》。

④ 《论语·阳货》。

⑤ 《论语·里仁》。

⑥ 同上。

⑦ 《孟子·离娄上》。

⑧ 《荀子·儒效》。

　　孔子"仁"的理想与人类性的认识二者相离之学说，是和社会批判与社会理想二者相离一贯，在客观上是批判的。墨子于此，继承了"道二"合一的观念，而更主张"非人者必有以易之"①的道一不二。

---

① 《墨子·兼爱》。

柳宗元的唯物主义和无神论思想*

　　柳宗元（公元 773—819 年）是唐代中叶著名的文学家，在当时文体和文学语言的改革运动（即"古文"运动）中有着卓越的成就。他的《种树郭橐驼传》、《三戒》（《临江之麋》、《黔之驴》、《永某氏之鼠》）、《捕蛇者说》等寓言讽刺文，以艺术的手法有力地揭露了封建特权势力对人民的残酷剥削和压迫，鞭挞了黑暗的现实，千余年以来被人们争相传诵。但柳宗元不仅是文学家，他同时在中国唯物主义和无神论发展史上有着重要的贡献，这一点，长期以来却被人们所忽略。

　　中国封建制社会中，唯物主义和无神论反对唯心主义和有神论的斗争，大体上可以分做前后两大阶段，即唐代中叶以前的反对粗俗的神学天命论（以汉代儒学正宗教义为据）和中唐以后的反对"道学"的理论斗争。柳宗元处于前一阶段结束与后一阶段开始的过渡期。

　　中唐以前，唯物主义者和无神论者，主要着重于文化批判的

---

　　* 这是作者为《柳宗元哲学选集》所作的序，原载《人民日报》1961 年 10 月 9 日。

活动，还没有直接和政治实践紧密结合起来，他们大都分别利用儒、道的思想资料加以改造，通过形神问题，在自然观和认识论上猛烈抨击了唯心主义和神学世界观。

中唐以后，著名的唯物主义者不仅是思想家，而且往往就是政治活动家，他们的理论批判活动是和各时代阶级集团之间的所谓"党争"紧密联系着的。他们批判地考察了历代各个学派的学说，并吸取其中的某些论点，以充实自己的思想体系。他们都很重视历史问题，在这个领域内严重地打击了以"品类存在"为出发点的神学历史观，并且力图对历史的进程作出他们所能理解的理论说明。

上述情况的出现，有其社会的历史的根源。我们认为，中国封建制社会的前后两大阶段是以隋唐之际为过渡，并以中唐时期的以所谓"户无主客，以见居为簿；人无丁中，以贫富为差"相标榜的两税制法典作为分界线。由于中国封建制社会生产的发展，唐代进入社会等级再编制的时期，不守礼法的庶族阶层有限度地要求非等级性占有权，开始形成自己的政治集团，而和豪族特权者的利益发生了矛盾。因为封建主义的土地权是以特权（例外权）为其特征，这在中国封建制前期表现得很突出。依靠等级的身份地位而享有各种特权的豪族地主，一般倾向于保守，他们继承了汉代以来的神学天命论，力求更新统治阶级的正宗思想，以进一步麻醉人民。另一方面，新兴的庶族地主的代表人物，在参加政治改革的同时，也在哲学领域内表现出以无神论思想去对抗神学天命论。例如吕温提出"为仁不卜，临义不问。无天无神，惟道是信。"[1] 牛僧孺援引古代无神论命题"天道远，人道迩"，认为

---

① 《全唐文》卷六三〇《古东周城铭》。

"舍人事征天道，弃迩求远，无裨于教者也。"① 但这些参加"党争"的人物只有一些片断的无神论观点，只有柳宗元和刘禹锡的无神论观点，才获得了唯物主义的理论基础。

柳宗元，字子厚，原籍河东解人（今山西解县）。他生于长安，在这里度过了青少年时代。公元793年（德宗贞元九年），他和挚友刘禹锡一同考中进士，后来又考取博学宏词科。他担任过县尉等，后任监察御史里行。公元805年（贞元二十一年，八月改永贞元年），在柳宗元的生活史中是重大转折的一年。这一年，他和刘禹锡等参加了二王（即王叔文和王伾）的政治改革集团。这个集团做过一些局部改良性质的政治措施，但不久便遭到豪族门阀的严重打击而归于失败。柳宗元在"党争"中被列为贬黜的八司马之一，"其罪更甚"，始贬为邵州刺史，同年十一月再贬为永州（今湖南零陵县）司马，在永州度过了整整十年，他的许多重要作品就是在这里写成的。公元815年（宪宗元和十年）柳宗元又被迁到远地为柳州刺史，公元819年因死于贬所。

唐代中叶，哲学上两条路线的斗争，已经超越形神问题，而主要围绕着"天人之际"，即人和天的关系问题而进行的。柳宗元的《天说》（被贬至永州后，于宪宗元和九年作）是以唯物主义观点解决"天人之际"问题的一篇重要的哲学文章。该文是论战的体裁，第一大段从"韩愈谓柳子曰"开始，援引了韩愈的基本论点，第二大段展开了对韩愈的批判。韩愈的主要论点是承认"天"的意志性和"天命"的存在，与此相对立，柳宗元认为"天地"为物质的客观存在。他写道：

> 天地，大果蓏也；元气，大痈痔也；阴阳，大草木也，其乌能赏功而罚祸乎？功者自功，祸者自祸，欲望其赏罚者

---

① 《全唐文》卷六八二《讼忠》。

大谬。呼而怨，欲望其哀且仁者，愈大谬矣。

既然肯定了天地、元气以及四季循环代谢的阴阳二气之运动变化，均和果蓏、痈痔、草木无异，是物质的存在，也就从根本上否定了天意和天命的存在；否认了"功""祸"与天意之间的任何联系性；否定了自然界有所谓赏功罚祸的天意存乎其间。

柳宗元不仅肯定"天地"为物质的自然存在，而且在自然运动问题上提出了"自"的观点，即自然自己运动的观点。他在《非国语》中批判周大夫伯阳父关于"山川震"的观点时，更明确地说：

> 山川者，特天地之物也；阴与阳者，气而游乎其间者也。自动自休，自峙自流，是恶乎与我谋？自斗自竭，自崩自缺，是恶乎为我设？彼固有所逼引而认之者，不塞则惑。夫釜鬲而爨者，必涌溢蒸郁以糜百物；畦汲而灌者，必冲荡溃激以败土石，是特老圃者之为也，犹足动乎物，又况天地之无倪，阴阳之无穷，以澒洞轇轕乎其中，或会或离，或吸或吹，如轮如机，其孰能知之？

按"自"这一范畴，取之于道家，王充以来的旧唯物主义者对它作了唯物主义改造，以与"天"的"故"作（有目的有意志的最初推力）对立起来。柳宗元这种自然自己运动的观点，含有朴素辩证法因素。在自然界运动的根源问题上，他继承并发展了王充的传统，肯定无穷的阴阳二气在宇宙间不断运动，必然呈现出各种形态（如"动"与"休"、"峙"与"流"等等），它们并不受任何意志力的支配，而是"自动自休，自峙自流"、"自斗自竭，自崩自缺"，这八个"自"的四对命题是超越前人的理论。

其次，柳宗元又提出关于自然界运动的形态问题。他不仅从自然界的矛盾（即阴阳二气）方面去说明自然界的运动变化，而且力图解释阴阳二气的各种运动变化的形态。这一点，他比王充

前进了一步。他直观地依据对自然现象的观察，认为气之变化的
形态，如"动"与"休"、"峙"与"流"、"斗"与"竭"、"崩"
与"缺"、"会"与"离"、"吸"与"吹"等，也是复杂的、相互
对立的。虽然这样的命题还是形式性的，并没有说明关于自然界
各种变化形态之间的内在规律性，但从历史主义观点来评价，可
以看出，柳宗元承认自然界的运动形态是从自然界本身来探求的，
反对了以自然现象是上帝有"故"而出的神学观点。

柳宗元作《天说》以后，刘禹锡又续作《天论》上、中、下
三篇。他说："余友河东解人柳子厚作《天说》以折韩退之（韩
愈）之言，文信美矣，盖有激而云，非所以尽天人之际，故余作
《天论》以极其辩云。"这里，将韩柳论战的主题归结为"天人之
际"的哲学根本问题，是正确的。刘禹锡以为《天说》仅指出天
为客观的自然存在和自然自身的运动，还不能充分论证人和自然
的关系，因此，他在《天说》的理论基础上进一步深化了"天人
之际"的论辩。

刘禹锡继承了汉代仲长统的命题，区别了"天之道"与"人
之道"。他的基本观点是："天，有形之大者也；人，动物之尤者
也。天之能，人固不能也；人之能，天亦有所不能也。故余曰：
天与人交相胜耳。其说曰：天之道在生植，其用在强弱；人之道
在法制，其用在是非。"请看他举的例子：

阳而阜生，阴而肃杀；水火伤物，木坚金利；壮而武健，
老而耗眊；气雄相君，力雄相长，天之能也。

阳而蓺树，阴而揫敛；防害用濡，禁焚用光，斩材窾坚，
液矿硎铓；义制强讦，礼分长幼；右贤尚功，建极闲邪，人
之能也。[1]

---

[1] 《天论上》。

依据"天之能"和"人之能"相互对比的各项来看，前者指自然现象的发生和发展，后者指人类有意识的活动，这两者间"交相胜"的关系，表现为"天"（自然）与人各有自身的自然特点和不同作用，不容混同，同时更指出人能利用自然和征服自然的能动作用。

刘禹锡比前代无神论者向前跨进了一步，明确提出有神论的社会根源问题。他认为，在"赏罚得宜"的"法大行"的社会里（按：这是他所描绘的封建制社会中"圣君贤相"的一幅理想蓝图），人们相信自己的力量，用不着神化天，因而亦不致陷入有神论。相反，在"是非驳"和"赏不必尽善，罚不必尽恶"的"法小弛"的现实条件下，人们对自身力量发生了怀疑，因而也就易于走向神学天命论。尤有进者，在是非颠倒"赏恒在佞而罚恒在直"的现实社会里，人们已完全不能相信自身的力量，而屈从于"天"，并把"天"神化起来，最终走向有神论。从这里可以看出"神"是人在一定的时期所造的怪物。

刘禹锡还进而从认识论上探求了有神论和无神论的分野，这一点在中国唯物主义和无神论发展史上是重要贡献。他区分人们对客观事物认识的两种情况："理明"，即人们认识了客观事物的规律性，在此情况下，就可以征服自然而不把"天"神化起来；相反，"理昧"，即人们还没有认识客观事物的规律性，在此情况下，人们不相信自身的力量，而把一切归之于"天"意的支配。

柳宗元认为《天论》三篇"乃吾《天说》传疏耳，无异道焉"。同时指出，《天论》直接从自然观方面去论证唯物主义无神论思想尚嫌不足，没有从自然界的"自"己运动方面多加发挥。这确是《天论》的弱点。

我们从柳宗元为答复屈原在长诗《天问》中所提出的有关宇宙和历史的重大问题而作的《天对》一文，更可以看出他较为详尽地从自然观方面所论证的唯物主义思想体系。

　　否认天地为神所创造，论证"元气"为天地之本源以及论证宇宙的无边际、无极限的无限性，这些就是《天对》中有着内在逻辑联系的几个重要的环节。

　　《天问》一开始便提出了关于天地开辟的许多重大问题，如：古代有许多关于天地起源的传说，这是谁流传下来的？从哪里可以考出天地形成的过程？天地未开辟时是一片浑沌状态，这又是谁穷究出来的？大气在冯冯翼翼地运动着，这种形象是怎样被人们认识到的？日出而明，日入而暗，明而又明，暗而又暗，循环不已，这又是为了什么呢？《天问》的原文是：

　　　　曰遂古之初，谁传道之？上下未形，何由考之？冥昭瞢暗，谁能极之？冯翼惟象，何以识之？明明暗暗，惟时何为？

　　对此，柳宗元依据和当时自然科学紧密联系的"元气"唯物主义一元论观点，作了简洁而劲健的回答。他指出，天地未形成之前，"元气"浑浑沌沌，充塞于鸿漠无边的宇宙间；明与暗只是"元气"的往来变化。关于天地开辟，有许多荒诞不经的传说，它们都是无征而不可信的。《天对》写道："本始之茫，诞者传焉。鸿灵幽纷，曷可言焉？智黑晳眇，往来屯屯，庞昧革化，惟元气存，而何为焉？"

　　又如《天问》"阴阳三合，何本何化？"这是问阴阳二气的根源是什么？它们为什么能够流传变化？《天对》答曰："合焉者三，一以统同。呴炎吹冷，交错而功。"

　　柳宗元在这里明确肯定阴阳二气之外没有其他动力，它们参错相合而为一；阴阳二气本身的"呴炎吹冷"的相反相成的作用，这就是它们"交错而功"的内在根源。很明显，柳宗元将运动的主体归结为"元气"本身对立物"交错"的作用，这在中国唯物主义史上是值得大书特书的见解。

柳宗元在《天对》中还指出，"天"没有隅隙，更没有什么擎天柱。如果一定要问"天"的边际，那么可以回答：无边际就是天之边际。他认为，人们虽能依据日影的消长而测出一日之内的变化，但时间为宇宙本身所有，并不是人们任意设想出来的。在回答《天问》"自明及晦，所行几里"时，柳宗元说"当焉为明，不逮为晦。度引久穷，不可以里。"在回答"东西南北，其修孰多"时，也说"东西南北，其极无方。夫何鸿洞，而课校修长？"在这些对答中他都坚持了宇宙无限性的观点。

柳宗元的"元气"唯物主义一元论哲学思想明显地带有若干朴素辩证法因素，但还没有充分展开论证，这也证明他被当时自然科学的水平所限制（例如他采用的浑天说等）。因此，当他碰到一些困难的问题时，不能不泥于古代传说的知识去勉强加以说明，甚至有时乞援于偶然论，而走向错误的道路。

由于《天问》中许多问题和哲学问题紧密联系着，所以历来思想家们对《天问》的注释或对答，多少反映了他们哲学思想的基本倾向。从柳宗元开始，后来如南宋杨万里的《天问天对解》，明代中叶哲学家王廷相的《答天问》九十五首，明末清初之际的杰出唯物主义者王夫之在《楚辞通释》中对《天问》之注释，都贯穿着唯物主义观点，而上接柳宗元《天对》的优良传统。这一理论继承的线索非常重要，应另为文详论，此处从略。反之，哲学史上的唯心主义者，如宋代朱熹，却反对柳宗元的《天对》。朱熹在《楚辞集注》卷三中说："至唐柳宗元始欲质以义理，为之条对。然亦学未闻道，而夸多炫巧之意犹有杂乎其间，以是读之常使人不能无遗恨。"朱熹并声称要"以义理正之"。他在对答《天问》开首二章的问题时，便表现出唯心主义观点：承认有凌驾于阴阳二气之上的、绝对精神之类的"太极"或"理"，并把它虚构为宇宙的主宰。从这里可以看出，朱熹之所以要"正"柳宗元的

《天对》，是基于哲学上两条路线的根本对立。就是说，以唯心主义"义理"去反对《天对》的唯物主义"义理"。朱熹对柳宗元感到"遗恨"，不是很清楚地反映了哲学上唯物主义和唯心主义基本观点的不可调和的党性原则吗？

对柳宗元的历史地位作出科学的评价，既不能忽视他在中国唯物主义和无神论思想发展史上的贡献，也不能忽略他在寓言讽刺文和论史散文中所蕴蓄着的进步的社会思想。这些是柳宗元思想体系中相互联系着的两个主要的侧面。

我们研究柳宗元的作品，首先便会注意到其中富有强烈的现实批判精神。他以寓言故事作为艺术的武器，深刻地揭露了现实社会的黑暗。在他著作中，"尸虫""鼠""王孙"等等，都是经过他的艺术塑造所反映出的当时社会的面貌，代表了封建特权势力的化身。柳宗元尽情地讽刺它们，愤怒地控诉它们，大胆地鞭挞它们。他更憧憬着光明，指出像那种表面上看来是"庞然大物"的驴儿，终于要被有生气的小老虎打败。毛泽东同志就曾在抗日战争时代引用《黔之驴》这个故事，说明了谁胜谁负的战局。

我们深入研究柳宗元作品的主题思想时，还不能满足于仅仅一般地说柳宗元鞭挞了现实的黑暗，而需要进一步分析他对现实的揭露和批判究竟带有怎样的历史特点和理论倾向，这就不能不涉及到柳宗元的社会思想的研究。

在中国封建制社会后期，进步思想家们在社会思想的领域内对封建主义特权和例外权的攻击，大体上依循着这样的路径：有的提出过异端式的平均思想，幻想通过自上而下的改革以解决土地问题，这实际上是一种反对封建特权而维护非等级私有权的"富民"思想。有的从社会观和道德观方面寻求反抗中世纪统治阶级的正宗思想的理论武器。由于时代和阶级的限制，进步思想家们当然不能理解封建特权所赖以存在的物质基础，也不可能在社会历史的领域内达到唯物主义的理论高度，因而他们往往不能不借助于伦理或生理的观点，向封建特权势力提出激烈的控诉和抗议。

作为中唐时期的庶族政治改革集团代表人物柳宗元，在他自己的作品中，就具有上面两种意义。

他在自然观上抨击了所谓族高"门大"的品级性豪族和封建主义的品级结构所依赖的神学说教，达到了唯物主义和无神论的高度。但他不可能将唯物主义贯彻于社会历史领域，因此他的社会思想便带有这样的特色：借用道德形式的伦理观点，将社会现实的矛盾还原为"天才"与"俗人"的对立，并同情前者而鞭挞后者。这在理论上虽然没有触及社会现实矛盾的实质，可是，这正是在当时历史条件下具有进步性质的历史证件。

例如柳宗元在《吊屈原》一文中便将社会矛盾还原而为"达人"对"僻陋"的斗争。他说"惟达人之卓轨兮，固僻陋之所疑"，并热情地歌颂"达人"的"服道以守义"。又如在《牛赋》中形象地描绘了耕牛与羸驴驽马的对立，而表同情于勤劳于野的、被奴役的耕牛。他这样写道："抵触隆曦，日耕百亩；往来修直，植乃禾黍；自种自敛，服箱以走，输入官仓，己不适口；富穷饱饥，功用不有。陷泥蹶块，常在草野；人不惭愧，利满天下。皮角见用，肩尻莫保，或穿缄縢，或实俎豆。"虽然这篇文章存在着古时的唯物主义者难于摆脱的命定论的观点，但是它痛斥了向剥削阶级献媚的奴婢人物（驴马）之荣享安乐，借以抗议封建特权者的残酷统治。柳宗元不但把矛盾加剧，而且更引申出被压迫者的答案，在《六逆论》里，他指出"贱妨贵、远间亲、新间旧"不但不是"叛逆"，而且是理之大本！

柳宗元的《憎王孙文》更为明显地带有伦理的形式，特别应该指出：他描绘的不是所谓"所有一切人们共同的主题"，而是敢于得出了猨（猴之一种）和王孙构成了对立面的两种道德，所谓"德异性"，即"猨之德"与"王孙之德"是完全不相容的。他说："猨之德静以恒，类仁让孝慈，居相爱，食相先，行有列，饮有序。不幸乖离，则其鸣哀；有难，则内其柔弱者。……"与此相反，"王孙之德躁以嚣，勃诤号呶，唶唶彊彊，虽群不相善也。食相噬齧，行无列，饮无序。乖离而不思；有难，推其柔弱者以免。……"如果仅仅从字面上着眼，以为柳宗元在烦琐地议论着封建伦理的教条，那就会得出错误的结论。这里的"德"是和封建统治阶级正宗的伦理范畴相反的，它在人类学的外衣掩盖之下，辐射出剥削者的伪善道德和被剥削者的善良德行，间接地刻着阶级的烙印。所谓"王孙之群"是封建特权和例外权的丑恶形象，对此，柳宗元怀着愤恶憎恨之情，不仅文以"憎"字标题，而且文中还不断地出现"王孙兮甚可憎"的字句。相反，他对于"猨之德"的赞美，正是中唐时期庶族代表人物以高度正义感曲折反映出的政治改革的要求。

柳宗元对封建主义特权和例外权的抗议，还具有另一个特色，他并不限于借用伦理的范畴，同时也借用并改造了道家的"自然"之义，（柳云："庄周言天曰'自然'，吾取之。"）并基于这样"自然法"立论，抨击封建统治阶级对于"人之欲"和"人之生"的戕害，而主张"遂人之欲"和"厚人之生"。这样的理想不仅带有"非等级所有权"的主观要求，而且客观上也反映出人民的抗议。如果不对柳宗元的"遂人之欲"和"厚人之生"的理想进行具体剖析，仅仅从字面上着眼，认为这只不过是表明柳宗元蹈袭了儒家的古老命题，那将陷于只见现象而不见本质的错误。

柳宗元表述他的社会思想，在形式上确实是以儒家先行者，即所谓"尧舜孔子之道"作为旗帜的。他在《与杨诲之第二书》中说："至永州七年矣。蚤夜惶惶，追思咎过，往来甚熟，讲尧、舜、孔子之道亦熟，益知出于世者之难自任也。"在《非国语序》中又说："左氏《国语》，其文深闳杰异，固世之所耽嗜而不已也；而其说多诬淫，不概于圣。余惧世之学者，溺其文彩而沦于是非，是不得由中庸以入尧舜之道，本诸理，作《非国语》。"当柳宗元谈到自己的文学创作时，则声称"凡吾所陈，皆自谓近道，而不知道之果近乎远乎"，并认为"取道之原"为"六经"之典："本之《书》以求其质，本之《诗》以求其恒，本之《礼》以求其宜，本之《春秋》以求其断，本之《易》以求其动，此吾所以取道之原也。"[①] 这里，值得注意的是，柳宗元虽然以儒家先行者的思想资料作为理论形式的出发点，但他并没有由此而折入儒教的道统论，相反，他却表述了兼容百家之学的观点。例如他一再借用春秋战国之际"百家争鸣"的历史实例，认为老子杨墨申韩刑名纵横之说"皆有以佐世"。在《晏子春秋》的解诂中还有崇尚墨家的话，因此他更直截揭示出"取向之所以异道者通而同之"的诸子"合观"说。

中唐以前，唯物主义者大都借用并改造儒道的思想资料以建立自己的哲学体系，而在中唐以后，唯物主义者虽然还摆不脱儒家思想资料的形式，但在内容上已不再局限于儒道，而扩展至诸子百家之学的范围。因此我们对于柳宗元的所谓"道"，是不能笼统地判定为"儒家思想"的。不但如此，他对于一味因袭儒家传统习惯而不加以改造的那些儒学是鄙视的，例如他对韩愈就直书曰："儒者退之"。

柳宗元的"道"和韩愈《原道》中所说的"道统"之"道"，其内容并不相同，不能混为一谈。柳宗元所借用的"道"是一种形式，而其实质则是以富有人民性的"遂人之欲"和"厚人之生"

---

① 《答韦中立论师道书》。

的新理想灌注的。

柳宗元的名文《种树郭橐驼传》便包含着作者基于"自然法"所立论的一种社会观点。请看其中的一段：

……能顺木之天，以致其性焉尔。凡植木之性，其本欲舒，其培欲平，其土欲故，其筑欲密。……则其天者全而其性得矣。……问者曰："以子之道，移之官理可乎？"驼曰："我知种树而已，理非吾业也。然吾居乡，见长人者好烦其令，若甚怜焉，而卒以祸。旦暮吏来而呼曰：'官命促尔耕，勖尔植，督尔获。蚤缫而绪，蚤织而缕。字而幼孩，遂而鸡豚。'鸣鼓而聚之，击木而召之。吾小人辍飧饔以劳吏者且不得暇，又何以蕃吾生而安吾性耶？故病且怠。若是，则与吾业者其亦有类乎？"问者嘻曰："不亦善夫！吾问养树，得养人术。"传其事以为官戒。

"官命"（封建特权势力的统治）与"养树之理"的对立，实质上反映出作者同情被压迫者蕃生安性的权利以及抗议压迫者戕生害性的矛盾。作者一方面揭示出"官命"剥夺了人民的生存权，另方面又借种树的道理叙述了"遂人之欲"的生活权利。所谓"遂人之欲"，并非如有人所说是"道家思想"，而是作者对于封建特权势力剥夺人民生存权的控诉书，同时也是作者幻想限制封建剥削而使"民富""民安"的一种善良愿望。如果我们把这一篇和《捕蛇者说》并读，更不难看出柳宗元的战斗思想。请看他怎样描绘"苛政猛于虎"的剥削现象：

曩与吾祖居者，今其室十无一焉；与吾父居者，今其室十无二三焉；与吾居十二年者，今其室十无四五焉。非死而徙尔，而吾以捕蛇独存。悍吏之来吾乡，叫嚣乎东西，隳突乎南北，哗然而骇者，虽鸡狗不得宁焉。

"遂人之欲"和"厚人之生"，在柳宗元的社会思想中是同一理想的不同形式的表述。他在《与杨诲之第二书》中是以伊尹、管仲自任的，说“伊尹以生人为己任，管仲舋浴以伯济天下，孔子仁之。凡君子为道，舍是宜无以为大者也。”“以生人为己任”亦即怀有“厚人之生”的理想。他在表述这个理想的时候，将封建主义特权者的非理非法的行为塑造为“尸虫”一类的丑恶形象，在《骂尸虫文》中历数了“尸虫”的各种罪状，予以尽情的揭露：

> 来，尸虫！汝曷不自形其形？阴幽诡侧而寓乎人，以贼厥灵。膏肓是处兮，不择秽卑；潜窥默听兮，导人为非；冥持札牍兮，摇动祸机；卑陬拳缩兮，宅体险微！以曲为形，以邪为质；以仁为凶，以僭为吉；以淫谀谄诬为族类，以中正和平为罪疾；以通行直遂为颠蹶，以逆施反斗为安佚。谮下谩上，恒其心术，妒人之能，幸人之失。利昏伺睡，旁睨窃出，走谗于帝，遽入自屈，幂然无声，其意乃毕。

这里淋漓尽致地揭露了“尸虫”的罪行：以卑鄙肮脏而自鸣得意；以胡扯连篇的鬼话，搧动灾祸的发生；潜藏在人们的心灵深处施展着阴谋鬼计；任意颠倒是非黑白，将邪恶说成美好，将友爱仁慈说成敌对凶残……谁给这样败类以翻云覆雨和愚昧人民的特权呢？在这里，柳宗元不仅敢于向“尸虫”举起投枪，而且还敢于以戏谑的语言向荫庇“尸虫”的“帝”婉转地给以辛辣的嘲讽，进而冲击封建制社会中皇权或主权者这样最高地主的神圣光轮。他说：

> 有道士言：“人皆有尸虫三，处腹中，伺人隐微失误，辄籍记。日庚申，幸其人之昏睡，出谗于帝以求飨，以是人多谪过、疾疠、夭死。”柳子特不信，曰：“吾闻聪明正直者为神。帝，神之尤者，其为聪明正直宜大也，安有下比阴秽小虫，纵其狙诡，延其变诈，以害于物，而又悦之以飨？其为

不宜也殊甚。吾意斯虫若果为是，则帝必将怒而戮之，投于下土，以殄其类，俾夫人咸得安其性命而苟慝不作，然后为帝也。"

最后，他还表述了对于"害气永革"的"太平"时日的期待。在《骂尸虫文》的结尾处，他又把他所讽刺的"帝"搬出来，憧憬着"聪明正直"之"帝"终于震怒，"尸虫"遭到了雷击，于是"群邪殄夷，大道显明，害气永革，厚人之生，岂不圣且神欤!"在柳宗元看来，"大道显明"的标志在于"厚人之生"，而所谓"圣且神"的事业并不在于古今妄人们讲的那套迷信，而是平常的生活权利罢了。很明显，在寓言故事的形式里所含的"害气永革，厚人之生"的理想，是对当时的黑暗现实的痛斥。至于他把理想寄托于"圣君"，对"贤才"的选拔和"德政"的实施，则是他所能够理解的答案。应该指出，柳宗元在《晋问》中还提出了"所谓民利，民自利者是也"的观点。同时，他对"贤才"也附加了条件，例如在《送薛存义序》中，他认为官吏之职"盖民之役，非以役民而已也"，即应当是为民服役的普通人。这里流露出对封建特权的责难。

柳宗元"厚人之生"的理想和"均平"观点是紧相联系的，这在《答元饶州论政理书》中论证得比较详细，其中提出以均赋役的措施去限制富豪吏胥对人民的残酷剥削。他说："……若皆得实，而故纵以为不均，何哉? 孔子曰:'不患寡，而患不均; 不患贫，而患不安。'今富者税益少，贫者不免于捃拾以输县官，其为不均大矣。然非惟此而已，必将服役而奴使之，多与之田而取其半，或乃出其一而收其二三。主上思人之劳苦，或减除其税，则富者以户独免，而贫者以受役，卒输其二三与半焉。是泽不下流，而人无所告诉，其为不安亦大矣。夫如是不一定经界、核名实而姑重改作，其可理乎?"他对富豪吏胥在赋役方面剥夺人民财力的事实予以揭发，无疑具有进步的历史意义，但他仅仅从赋役方面要求克服"不均"，这并未触及"不均"的实质，同时也还承认"富室"是不可否定的，可见这样的主张实际上正是中唐时期庶族集团可能设想出的改良性质的措施。

总括以上所论，柳宗元所谓"道"包含着"无忘生人之患"、"以生人为己任"以及"厚人之生"的"异端"性质。

其次，柳宗元的历史观又以"道"去对抗"神"，反对了天命论的神学历史观，这是柳宗元社会思想的再一个特色。他在《惜说》中指出，"圣人"并非得之于天命，而在于"有道"："夫圣人之为心也，必有道而已矣。非于神也，盖于人也。"他的《非国语》对《国语·晋语》所载"献公卜伐骊戎，史苏占之曰：'胜而不吉'"一条，反驳说："卜者，世之馀伎也，道之所无用也。圣人用之，吾未之敢非，然而圣人之用也，盖以殴陋民也，非恒用而征信矣。尔后之昏邪者神之，恒用而征信焉，反以阻大事。要之，卜史之害于道也多，而益于道也少，虽勿用之可也。左氏惑于巫而尤神怪之，乃始迁就附益，以成其说，虽勿信之可也。"这里他揭出了"道"与"神"的对立，而所谓"道"又包含着"力足"的意义。因此他又说："吾尝言，圣人之道，不穷异以为神，不引天以为高，故孔子不语怪与神。"[1] 他进而指出："力足者取乎人，力不足者取乎神。所谓足，足乎道之谓也。"[2] 换言之，"取乎人"即"足乎道"，而"取乎神"者则背于"道"。这些抽象语句的背后是含有现实内容的，反映了中唐时期庶族地主势力的上升，反映了他们反对以门荫得官，要求不问门第和身份高低而凭借"道"（或"力"）去取得政治地位。

---

① 《非国语·料民》。

② 《非国语·神降于莘》。

这样的政治要求折射于他的历史观，便表现为对天命论神学史观的猛烈抨击。柳宗元在《与韩愈论史官书》中说："凡鬼神事，渺茫荒惑无可准，明者所不道，退之之智而犹惧于此。"他又承藉荀子和韩非关于国家起源的进化观点，认为人们在和自然的斗争中学会了"架巢空穴"以避风雨；为了满足生理欲望的需要，人们才懂得了"噬禽兽，咀果谷"以解饥渴。他进而从人们因物质欲望而生争乱，因解决争乱而建立政法的需要，来说明国家的起源。这种国家论是不能说明历史真实的，但它却反对"君权神授"的神学观。在解释历史的具体进程时，柳宗元提出了"生人之意"的命题，他在《贞符》中说：

> 董仲舒对三代受命之符，诚然非耶？臣曰："非也。何独仲舒尔？自司马相如、刘向、扬雄、班彪、彪子固，皆沿袭嗤嗤，推古瑞物以配受命，其言类淫巫瞽史，诳乱后代，不足以知圣人立极之本，显至德，扬大功，甚失厥趣。臣为尚书郎时，尝著《贞符》，言唐家正德，受命于生人之意，累积厚久，宜享年无极之义，本末闳阔……"

柳宗元常以时势之"势"这种必然性来说明历史发展，这个必然的内容又换书为"生人之意"，它近似于客观主义，并不能达到历史唯物主义，但"生人之意"很明显是董仲舒以来的天命论神学史观的对立命题。（按"生人"即"生民"，唐人避太宗李世民讳改。）在柳宗元看来，历史事件的演变不取决于"天"意，而要从民心是否归附方面寻求答案。例如关于隋朝的覆灭，他说："……积大乱至于隋氏，环四海以为鼎，跨九垠以为炉，爨以毒燎，煽以虐焰，其人沸涌灼烂，号呼腾蹈，莫有救止。"就是说，由于隋朝失去民心，不合生人之意，以致败亡，而唐朝得到民心的归附，终于代隋而兴。所以他又说："受命不于天，于其人；休符不于祥，于其仁。惟人之仁，匪祥于天。"①可以看出，"生人之意"的命题，最后又归结到"圣君贤相"施行的"德政"，因此，柳宗元虽然有一种巨大的"历史感"，但他的历史观不能超出一切旧唯物主义者所能克服的局限，最后还是堕入唯心主义。

柳宗元依据"生人之意"的历史观，对于当时礼乐刑政制度，举凡借宗教迷信的掩饰而违反所谓"生人之意"者，均加以批判。例如《时令论上》指出，《月令》之说"特瞽史之语，非出于圣人者也"。在《断刑论》更指出，自古以来的天命论神学史观"盖以愚蚩者耳，非为聪明睿智者设也"。同时，他也大胆地揭露了封建主义神权式的政令制度的残酷性质。

唐代中叶，由于封建制社会组织进入了等级再编制的时期，庶族地主开始形成自己的政治集团，而和豪族地主的利益发生了矛盾。由于封建主义的土地权利是以特权、例外权为其特征，在最高的封建主义的主权即所有权之下，豪族地主享有各种特权，而庶族地主则无此法权的授与，因此庶族集团在反对封建特权势力的斗争中，往往在一定程度上反映了人民的要求和愿望。公元805年（贞元二十一年），二王、刘、柳集团所进行的政治改良，包括：贬京兆尹李实为通州长史、禁五坊小儿张捕鸟雀、诏二十一年十月以前百姓所欠诸色课利租赋钱帛并宜除免等善政。这样的政治改革虽然并未超出封建制度的君臣之义，而且在短短的几个月时便遭到宦官与藩镇的打击而归于失败，但这不失为中世纪开明的改革运动。柳宗元的政治实践是和他的社会思想相为联结的。

---

① 《贞符》。

论明清之际的社会阶级关系与启蒙思潮的特点[*]

一

中国思想史有一个优良传统，每到社会发展的一定阶段，随着社会历史的变化和发展，思潮也就有了转向和进步，这个阶段的中国哲人便做出他们自己时代所能做出的总结。春秋战国之际，孔子、墨子做过三代先王的总结。战国末到秦汉之际，荀子的《非十二子》等篇，庄子的《天下》篇，韩非子的《显学》篇，《商君书》的《开塞》篇以及《史记》所载司马谈的《论六家要旨》，做过战国以前和秦汉之际思想的总结。汉魏之际，马融、郑玄做过两汉经学的总结。晋末南北朝，如《世说新语》做过玄学的总结。明清之际，王夫之、顾炎武、黄宗羲、傅山、唐甄等从各种不同的学术角度，做过道学的总结。其中尤以黄宗羲的《明儒学案》、《宋元学案》以及王夫之的各种史论，系统地总结历代或宋、元、明的思想，为更具有历史价值。

中国思想史上的每一次的总结，不但批判了过去的传统思想，

　＊　原载《新建设》1955 年第 5 期。

而且发扬着另一时代的新的端绪。因此，思想史上的总结常居于时代发展的转折点，而自成一个划时期的段落。我们研究明、清之际的思潮，并不是由思想史的总结来看社会。相反，是由社会形态的发展来研究思想。如果这时不是如黄宗羲所讲的"天崩地解"的时代，也就没有王夫之所谓的"六经责我开生面"的思潮。我们要注意的问题是：17世纪的中国思想家们究竟处在什么样的"天崩地解"的时代，而他们"别开生面"的批判的思想，究竟是属于什么样的潮流。

二

马克思说："世界商业与世界市场是在16世纪开始资本的近代生活史的。"① 这时中国也有了资本主义的萌芽，中国的历史已经处于封建解体的缓慢过程之中。这正如毛泽东同志所说："中国封建社会内的商品经济的发展，已经孕育着资本主义的萌芽，如果没有外国资本主义的影响，中国也将缓慢地发展到资本主义社会。"② 当资本主义萌芽在中国封建制社会孕育的过程中，城市和农村的矛盾、货币经济和自然经济的矛盾，以及手工业从农业中分离的矛盾，总括言之，个体经济的自由经营对由法律固定下来的封建特权所依存的土地占有制之间的矛盾，暴露出来了。

封建制社会的解体，特别是土地占有关系的解体，并不是顺利地就能让位于新的生产方式，正如列宁所说："中世纪的土地占有关系不是一下子可以取消的，而是慢慢地适应于资本主义。"同时，历史的发展也有转折点，好像在漫长的黑夜里有黎明前的

① 《资本论》第1卷，第149页。
② 《中国革命和中国共产党》，《毛泽东选集》第2卷，第596页。

黑暗。

那么，中国历史上的资本主义萌芽究竟以什么时代为转折点呢？我们以为应以明嘉靖到万历年间，即 16 世纪中叶至 17 世纪初叶，为最显著的阶段。《天下郡国利病书》卷三十二引《歙县风土论》说：

> 国家厚泽深仁，重熙累洽，至于弘治，盖綦隆矣。平时家给人足，居则有室，佃则有田，薪则有山，艺则有圃，催科不扰，资贼不生，婚媾依时，闾阎安堵，妇人纺绩，男子桑蓬，臧获服劳，比邻敦睦……
>
> 寻至正德末嘉靖初，则稍异矣。商贾既多，土田不重。操赀交接，起落不常。能者方成，拙者乃毁。东家已富，西家自贫。高下失均，锱铢共竞。互相凌夺，各自张皇。于是诈伪萌矣，讦争起矣，纷华染矣，靡汰臻矣……
>
> 迫至嘉靖末、隆庆间，则尤异矣。末富居多，本富益少。富者愈富，贫者愈贫。起者独雄，落者辟易。资爱有厉，产自无恒。贸易纷纭，诛求刻核。奸豪变乱，巨猾侵牟……
>
> 迄今三十余年（隆庆后三十余年，正当万历三十年左右，17 世纪的初年——引者）则复异矣。富者百人而一，贫者十人而九。贫者既不能敌富者，少反可以制多。金令司天，钱神卓地，贪婪罔极，骨肉相残。受享于身，不堪暴殄。

顾炎武这一段描述，典型地说明了嘉靖至万历年间历史变化的转折，值得我们重视。从这里，我们看到资本主义的生活史：从"末富（工商）居多，本富（土地）益少"到"富者百人而一，贫者十人而九"的情况，可以看到金钱货币和商业关系的情况，可以看到财产集中和阶级分化的情况。

城市手工业的规模在逐渐扩展着。以苏州的纺织业来说："至明熙、宣间，邑民始渐事机丝，犹往往雇郡人织挽。成、弘以后，土人亦有精其业者，相沿成俗。于是（按：当在正、嘉之际）……居民悉逐绫绸之利。有力者（始）雇人织挽，贫（者仍）皆自织。"① 从农业和家庭手工业的开始分离，经过手工业的独立"成俗"，以至产生了城市的"有力者"（资本家前身）和雇佣劳动者以及手工业作坊，是有过程的；但就在最后，手工业还是和农村不完全分离（所谓贫者皆自织）。江南市镇人口的集中，也是从嘉靖间逐渐增长着，《震泽县志》、张翰《松窗梦语》都有这样的记载。

我们分别从下列几方面来论证这一时期社会内部的新旧矛盾。

第一，为了研究中国封建土地所有制在资本主义萌芽时期的变化，我们需要考察中国土地所有关系的形式及其在解体过程中的若干变化。

（一）中国中央专制主义依存于土地的皇族所有制以及豪族的土地占有制。马克思指出东方国家的"主权就是在全国范围内集中的土地所有权。"② 列宁指出"亚洲式专制政府中的官吏底意志分配于农民的旧有份地"，是"古老式的土地所有权形式"。③ 这正符合于中国历史的特点。

由汉代至开元、天宝之际，土地国有制形式采取了对劳动力的军事的政治的编制形态，例如屯田、营田、垦田、草田、公田、官田，中经占田以至均田、露田，都是这一制度的不同名称。其间垦田、屯田的形式是在中古历史上都存在过的。对于劳动力采用军事的政治的编制形态之所以必要，是由于"在中世纪，农民

---

① 《吴江县志》卷三八。

② 《资本论》第 3 卷，第 1032 页。

③ 参看《社会民主党在 1905 至 1907 年第一次俄国革命中的土地纲领》，《列宁全集》第 16 卷，第 243 页。

的经营（特别是在空地垦殖上）……到处都占支配的地位"[①]，也即由于封建领主"依存于他的臣属的人数"[②] 这种土地所有制的形成，一方面由于承袭了古代土地国有（氏族贵族所有）的传习，他方面由于封建制度的组织大都适应着野蛮的军事组织（恩格斯论罗马帝国的灭亡和封建因素的形成就着重指出了这一点）。中国在这一时期，土地国有制形式正是在对内对外战争环境中发展起来的，而且如北魏至隋唐的均田制形式，更是在少数民族内徙以后发展起来的。这和欧洲中古史中野蛮民族的军事组织影响于封建的所有制形式相比较，其形态不同，而其性质相似。

中国封建制社会的土地国有制不是单一的封建占有关系，和它并存的还有豪族的土地占有制形式，史称"豪强兼并，武断乡曲"，就是这一占有关系。这关系的形成，一方面是以古代社会的世族做了它的前身，在奴隶制不能适应历史发展之下，世族阶级便转化为豪族阶级；他方面又由于中国农村公社的残余以及北方的游牧民族的内徙，加强了"这种身份性的地主"阶级的制度。列宁说："形形色色的中世纪土地占有制阻碍了经济的发展；等级的框子妨碍了商业的周转；旧土地占有制同新经济之间的不适应现象产生了尖锐的矛盾。"[③] 因此，身份的体制之下的豪族地主，成了中国历史上被责斥的对象。他们和皇族地主是矛盾的，但也是妥协的，其间斗争和联合的形式，各代也有些不同。这所谓联合的形式，都和马克思指的近代"自耕农民的自由小土地所有制形态"[④] 是对立的。历代统治阶级的内部斗争，也是从这里出发。

（二）开元、天宝至明代，土地国有制采取了对劳动力的经济

---

① 《反杜林论》，第220页。

② 《资本论》第1卷，第906页。

③ 《十九世纪末期俄国的土地问题》，《列宁全集》第15卷，第113页。

④ 《资本论》第3卷，第1053页。

的经营方式（庄园），以适应土地大量开发以后的经济发展和劳动人口已经具有熟练劳动技术的发展。所谓皇田、官田、皇庄、官庄，历经唐、宋、元、明一直在集中，至明代则变本加厉，"州郡之内，官田十居其三"，苏松官田，更为集中达于十五分之十四。这是一方面。此外，因了南方经济的发展，对外贸易的增进，中唐以后，在皇族地主与豪族地主之外，产生并发育出土地私有制的庶族地主，史称寒族或素族，即非身份的地主。这样的地主，在宋、明以来有迅速发展的趋势。因此，唐代如牛李党争，如杨炎、元载和刘晏、卢杞的党争，宋代的新党和旧党的党争，都应从庶族地主和豪族地主的矛盾的背景去说明，他们都和皇族地主相配合成为三角斗争的形势。如果说杨炎不以身份为别，而以"贫富为差"的两税制开始结束前一阶段的国家地租形态的租调制的剥削形式，则明代的"一条鞭"法开始结束后一阶段的国家地租形态的二税制的剥削形式，更适应历史的发展，转向具有在最大限度上减轻封建依存的财产税形式的新的剥削制度。到了清代，"更名田"的办法，"滋生人丁，永不加赋"的办法，"摊丁入亩"的办法，更贯彻了"一条鞭"法的精神。一方面，给予土地私有制以一定的刺激作用（《大清会典》说："前明分给各藩之地，国朝编入所在州县，与民田一体给民为业，曰更名田"）；另一方面，更明确了财产税的性质。

　　（三）明中叶后，土地私有的发展，是适应着商品经济的发展的，特别是在沿海和长江流域以及赣水流域的广大的三角地区（《明会要》引《明政统宗》，"嘉靖元年八月令广东江西货物纳税，自北而南者于南安，自南而北者于南雄"）。这和列宁论俄国的情况是相似的，"土地占有的非等级性日益增长。……因此从农民中日益分化出一些转变成为土地私有主的社会分子。这是一个普遍的事实。我们在分析农民经济时，一定要揭示出产生这种分化的社会经济结构。我们必须确切地肯定，俄国土地私有制正在由等级的所有制向非等级的所有制发展。"① 这种变化的本身就表示了资本主义经营的倾向。在俄国 19 世纪末，"贵族的封建地产或农奴制地产仍然占私有土地的绝大部分，但是发展的趋势显然是造成资产阶级的土地私有制。……用钱买进的私有土地正在增加。土地的权力在削减，货币的权力在增长。土地日益卷入商业周转。"② 在中国的十六七世纪，虽然没有俄国 19 世纪末期的这样变化程度，但性质上是相似的。一方面，土地皇族所有的集中情况，如上文所指出的，是空前的，但这集中是依靠了"监督"来实行的。另一方面，私有土地也在迅速地发展着，过去豪族地主已经在土地商业化的过程中受了一定的打击。皇族大地产与土地私有的斗争也日益尖锐，这就反映了皇族的土地独占和土地商业化的矛盾。

关于土地私有的发展以及经营地主的势力，在明代特别是在明末，史料的记载是很多的。例如叶梦珠辑《阅世编》卷一《田产》说到非身份性的"有心计之家"的私有情况："有心计之家，乘机广收，遂有一户而连数万亩，次则三、四、五万至一、二万者，亦田产之一变也。"朱国桢《涌幢小品》说到非身份性的白手起家的私有情况："余目所经见，（吴江）二十里内有起白手致万金者两家，此水利筑堤所以当讲也。"汪道昆《太函集》卷四七说到非身份性的居士的财产私有情况："吴处士……三年而聚，三年而穰，居二十年，居士自致钜万……庶几埒都君云。"顾亭林《日知录》卷十，曾拿汉、唐时代的情况和明代的情况相比较，以为汉代的豪族地主当于明代经营"分租"的地主，唐代的兼并之家

---

① 《十九世纪末期俄国的土地问题》，《列宁全集》第 15 卷，第 52 页。
② 同上。

当于明代"包租"的经营地主，说明私有土地的发展。史料常见地主经营的方式，甚至"穷天极地而尽人"，以达到"赀日益"的目的。

木棉桑麻的农业生产，也向私有经营方面发展，例如"湖（州）俗以桑为业，而（茅）处士治生产，喜种桑，则种桑万余唐家村上。"[①]"南阳李义卿……家有广地千亩，岁植棉花，收后载往湖湘间货之。"[②] 因此，农业生产物参与了国内市场的流通，"吉贝则泛舟而粥诸南，布则泛舟而粥诸北。"[③]

第二，我们再从手工业和商业，来考察十六七世纪中国封建社会解体过程中的资本主义的萌芽。

（一）根据马克思的分析，农业和家庭手工业的结合，是东方封建制社会生产方式的广泛的基础。他说："在印度和中国，生产方式的广阔基础，是由小农业和家内工业的统一形成的。在印度，还有以土地共有为基础的村落共同体的形态；并且在中国这也是原始的形态。……由农业与制造业直接结合引起的巨大经济和时间节省，在这里，对于大工业的生产物，提出了极顽强的反抗。"[④]

这一精确的理论，从中国封建制社会史的"食货"二字的连称，即可以典型地证明。食指农业，货指手工业，所谓"食，谓农殖嘉谷，可食之物；货，谓布帛可衣及金刀龟贝。"[⑤] 在唐代，又集中地如《唐六典》所说："肆力耕桑为农"，"钱帛之属谓之货"。这就是历代所说的"男耕女织"的自然经济，"农夫红女"

① 唐顺之：《荆川集》卷十六。
② 张履祥：《近古录》卷一。
③ 徐光启：《农政全书》。
④ 《资本论》第3卷，第412—413页。
⑤ 《汉书·食货志》。

的自然劳动分工。他们的劳动在极大的程度上表现出经济和时间的节省，强固地束缚着自然经济的经营方式。租（农产物）调（手工产品）的和两税（农产物和手工产品分季交纳）的剥削制都建立在这样的基础上。

（二）村落共同体或家族公社，不但和皇族地主以及豪族地主有血缘关系，而且成为专制主义的基础。马克思说："这些家族式的公社是建立在家庭工业上面的，靠着手织业、手纺业和手力农业的特殊结合而自给自足。……这些田园风味的农村公社不管初看起来怎样无害于人，却始终是东方专制制度的牢固基础。"① 恩格斯和列宁也都有过类似的分析。

这就是中国封建制社会和自然经济相联系着的家族、乡曲、乡里的组织。从汉末的"部曲宗族"起，劳动组织都和农村公社的组织紧密地依靠在一起，唐代白居易的《朱陈村》一诗形容这种情形最为典型。宋人对"谱系不具，义分不联，贫富异居，耕商异业，流居寓处，久渐睽疏"的情形，还以为是坏的现象。皇族土地所有制和豪族土地占有制的形式，实以这种公社的小农制为基础。通过"警察式的官僚的方法"（列宁语），这种封建经济更加巩固起来。中国历代的闾伍、三长及乡社或保甲制度就和土地租税的剥削关系相互联锁着，没有三长制就难统治均田制之下的"匹夫匹妇"，没有保甲法就难统治二税制之下的"各色人户"，没有乡里公社的所谓"田里"和"桑梓"的组织，就难巩固住豪强地主的统治。列宁说："农村公社外表上的均平性只是隐蔽了公社内部分配的巨大的不平衡。"豪族地主就是建立在这样的不平衡上面的。被宗法所维系的地方独立性及其血缘的关联性，从全国统治权来讲，正成为专制主义的基础。依据这样的基础，我们可

---

① 《不列颠在印度的统治》，《马克思恩格斯选集》第2卷，第177—178页。

以考察历代的农民战争。据恩格斯分析，农村公社曾经起过这样作用，使农民战争的起义规模扩大，这是一方面；同时另一方面，镇压农民战争的地主武装，从统治阶级绞杀赤眉、黄巾以至太平天国一系列的运动看来，也是利用了宗法公社的组织编制，以分化农民的队伍，刘秀、曹操以至曾国藩的地主武装的组织都不是偶然的。

（三）中国的历史，从 16 世纪以来，没有如欧洲走向资本主义社会，然而这不等于说中国封建制社会没有解体过程，没有资本主义的形成过程。关键在于，既在封建制社会的母胎内产生了资本主义的萌芽形态，又在发展过程中未能走进近代的资本主义世界，正如马克思说的，既为旧的所苦，又为新的发展不足所苦，死的抓住活的。资本主义要排斥身份性的人格依附，然而封建主义的顽强传统又要维持这样的人格依附。这就是问题，这就是矛盾。我们对于从明代以来的这种新旧矛盾，既不能割断历史，否定中国封建制社会内部的顽强传统的历史，又不能忽视历史发展的客观条件，否定资本主义的形成过程。

资本的形成是从商人的和高利贷的财富出发的，然而问题却以自由劳动者从农业的分离为前提。这样的分离过程，依据列宁的分析，有三个阶段：第一阶段是农业劳动和手工业劳动在农村市镇中的分离；第二阶段是城市手工工场业的独立形成；第三阶段是城市的大工业的出现。相应于这样的阶段，逐渐形成着以至建立着国内市场，逐渐由资产阶级前身的市民发展而为近代资本家，逐渐由农村分离的手工业无产者发展而为近代的自由劳动者。我们的研究，认为十六七世纪的中国社会，正是居于由第一阶段向第二阶段的发展时期，更确切地讲，因了国内经济的不平衡，某些地区居于第一阶段，某些地区正走进第二阶段，某些地区依然没有走进第一阶段。

（四）城市手工业的形成，开始总是和农村手工业的分化相伴着的，例如在松江的纺织业，"纺织不止乡落，虽城中亦然。里媪晨起抱纱入市，易木棉以归，明旦抱纱以出。……织者率日成一疋。"[1] 在农业和手工业的缓慢的分离过程中，逐渐形成了城市手工业，"前明数百家布局皆在松江枫泾"[2]。

《古今图书集成》记载明代苏州城市的发达，当是概括说明后期的情况，如说"城市（苏州）……居民大半工技"，"工匠各有专能，匠有常主，计日受值"。这是手工业作坊和雇佣劳动者的说明。然而，当时这种雇佣性质却具有工役制的束缚。工役制即农奴制在农业和手工业上的残余方式。列宁说：以工役制为方式的农奴制度，"是经济发展的阻碍，是俄国实际生活中产生压迫、野蛮和无穷无尽的暴力统治的根源。"[3]这在苏州不但表现为官有手工业方面的服役制度，而且也表现为私人手工业方面的剥削形式。如"苏州织工延颈而待佣用"，"什百为群，延颈而望，如流民相聚，粥后散归，若机房工作减，此辈衣食无着矣。"[4] 苏州情况如此，其他地区的手工业也有衣食于主人的人格依附的情况，如钱塘织工，"有饶于财者，率居工以织，每夜至二鼓，一唱众和……盖织工也。……苍然无神色。……工对曰：吾业虽贱，日佣为钱工百缗，吾衣食于主人，而以日之所入，养吾父母妻子。"[5]

苏州手工业到了万历时代的规模是这样的："染房罢而染工散

---

① 《古今图书集成》卷六九六。
② 顾公燮：《消夏闲记摘钞》。
③ 《十九世纪末期俄国的土地问题》，《列宁全集》第15卷，第69—70页。
④ 《古今图书集成》卷十、卷六七六。
⑤ 徐一夔：《始丰稿》卷一。

者数千人，机房罢而织工散者又数千人，此皆自食其力之良民也。"① 这样看来，苏州在 16 世纪末，已经至少有万人左右的工人。"机户出资，机工出力，相依为命"，反映了资本主义的手工工场业在形成之中。

据张瀚《松窗梦语》所载，张家的资本发展是和江南都市的发展相适应的。张氏起家稍早，但发展成为兄弟"各富数千金"，却在 16 世纪的嘉靖时代。《醒世恒言》记载江南盛泽镇的丝织业情况，也是指着嘉靖时代。说有一个施姓户主，积累了数千金的资本，有四十张绸机的手工工场。

大抵在嘉靖间长江三角洲一带如苏、杭、湖、松诸府成了国内市场的中心区域。张瀚所谓"总览市利，大抵东南之利莫大于罗绮绢纻，而三吴为最。……今三吴之以机杼致富者尤众。"《明实录》也说到嘉靖以后江南富室积银至数十万两者颇多，其他史料也记载有因机织而致富至百万两的。

在中国的东南沿海、长江和江西的大三角地带，也有一定程度的资本主义的萌芽，如《天工开物》所记载的景德镇的磁业分工情形，和《陶冶图说》记载的该镇的发展情况，如《古今图书集成》所记载的沿海城市的发展情况，如屈大均《广东新语》所记载的冶铁手工业的技术和分工，所谓"佛山之冶通天下"，都是实例。但一般说来，当时中国的城市手工业的发展情况，是不平衡的。

（五）随着城市手工业的形成以及农村手工业的分化，在征物的二税制之下，货币地租逐渐发展起来，这也是经过嘉靖到万历年间才有了成文的规定。私人地主方面也逐渐采用货币地租的工值。城市乡村银币逐渐从死藏进入流通的蒸溜器之中。虽然布帛

---

① 《明实录》卷三六一。

在交易中、在赏赐中仍占居一定的地位，但钱庄专门行业特别在嘉靖以后，却发展起来；虽然金银垄断于官僚太监手中，但另一方面也表示了所谓"上下求银"的现象。

　　第三，商业资本也随着商品经济的发展与对南洋、俄国以及日本的贸易的开展而活跃起来。特别在嘉靖以后至隆庆时代，不但沿海苏、浙、闽、粤的商人资本有了规模较大的国际和国内的经营组织，内地的川、陕、晋、赣、徽、越的商人资本也参与着贸易活动。国内贸易方面，如《农政全书》引隆庆时代的史料说："东南之机，三吴、闽、越最夥，取给于湖茧；西北之机，潞最工，取给于阆茧。"张瀚《松窗梦语》也说："贾人之趋利者，不西入川则南走粤，以其利或当五、或当十，或至倍蓰无算也。"国外贸易方面，如《天下郡国利病书》讲的闽人的海外贸易，其他史料记载的"下番致富"的商业活动。《海澄县志》说："饶心计者，视波涛为阡陌，倚帆樯为耒耜。盖富家以财，贫人以躯，输中华之产，驰异域之邦，易其方物，利可十倍。"在资本主义萌芽的初期，商人是探险事业的投机家，中国史书上叫做"海贼"。所谓"海贼"，也是和当时历史发展相适应，是嘉靖年间在泉、漳等地区开始发展起来的。①

　　上面我们说到明代商业的发展是起了分解作用的，然而商人又脱离不了旧的生产方式的约束。其矛盾表现在：（1）它和农业的经营依然结合着，特别是季节性的商业活动。（2）它和农村公社的家族组织相结合，特别在沿海商业最繁荣的地区，这种形式更表现得突出。因此，商人不少是以某些巨姓为首而举族外出，复把一定的利润再回投入他乡里桑梓的地产，广东、福建、浙江的情况就是这样，例如《醒世恒言》讲某商人的活动，最后还

————————

　　①　《天下郡国利病书》卷九一至九六。

是把他所获得的资本投到土地上面。山西商业的情况是这样，华侨资本的活动也是这样。（3）会馆制度的排他性的组织，在明末商业发展的时代也逐渐形成，以致各"帮"的严密的樊篱妨碍了国内市场的集中。（4）官僚资本和商业高利贷的结合，妨碍了私人经营的发展，一直到清代的山西票庄还是这样。（5）官有商业打击私人商业的禁例，更具有严重的障碍的因素。凡此等等，都不是孤立的，而是封建旧生产方式通过各方面而产生的束缚力量。因此，马克思在《资本论》第3卷，第20章论证中国的经济，同时指出了商业"有多大的分解作用，首先是依存于旧生产方式的坚固性和内部结构"。这又是旧的抓住新的例证，历史发展不是一帆风顺的。在《共产党宣言》中，又指出"资产阶级撕破了家庭关系上面所笼罩着的温情脉脉的面纱，并把这种关系化成了单纯金钱的关系"。这一关系也产生在明代，但还没有以新的代替旧的，而是在新旧关系的矛盾中，换句话说，是在温情脉脉的面纱和单纯的金钱关系二者交织之中。

　　根据上面分析看来，一方面，16、17世纪的土地所有制，虽然向国有方面集中，但另一方面，私人对土地的经营也在发展着；一方面，官有手工业虽然大量被皇族所"监督"着，形成官僚机关的层层中饱，产生了财政困难的严重局面，但另一方面，城市私有手工业的发展却严重地影响着国民经济。同时，城市商业与对外商业的发展，更启发了私有制的发展。这样，历史面临着变革的关头。货币用银的逐渐普遍，说明了商品经济关系的增进。手工业开始摆脱对农业的依赖，即逐渐打破那亚洲式的"农业与家庭手工业的结合"底特殊形态。"一条鞭"法的出现，逐渐打破所谓"农桑"、"耕织"的男女分工的生产束缚，逐渐代替着所谓"两税"、"二税"分类分期式的对手工业产品与农产物兼征的剥削制。历史进入了新旧因素的矛盾大大发展的局面，活的东西要冲破死的，而死的东西还在束缚着活的。嘉靖到万历的年代，正处在这样历史变化的转折途程之中。

三

在封建制社会解体过程和资本主义萌芽期间，经济状况起了变化，因而阶级关系也起了变化。这里，我们着重地分析一下当时的阶级关系。

我们不要机械地找寻资产阶级的前辈，也不要望文生义地附会市民，因为资产阶级的前辈是从中古社会萌芽的，其历史也是很长远的。

马克思在《共产党宣言》中说，"从中世纪的农奴中间产生了初期城市的自由居民；从这个市民等级中间发育了最初的资产阶级分子"。这样看来，自由居民到最初的资产阶级分子的形成有一个长久的过程。

同书又说，"中世纪的市民等级和小农等级是现代资产阶级的前辈"。这样看来，城市中的各种市民等级和农村中的各种小农等级，都具有资产阶级前辈的资格。在他们的转变过程中又有着极复杂的情况，其转变的具体路径，各国也不可能完全相同。

恩格斯说，"16 世纪初叶，帝国各种不同的集团——诸侯，贵族，僧侣，城市贵族，市民，平民和农民形成一种极其庞杂的人群，他们的要求极其悬殊而又错综复杂。"[①] 对于当时德国的市民等级的阶级区划，大体上分做三大集团或营垒，即城市的豪贵集团、城市中等阶级的改良集团和城市平民的集团。依此，从阶级的代表性上讲来，第一集团也包括于地主阶级反对派之中，第

---

① 《德国农民战争》，《马克思恩格斯全集》第 7 卷，第 398 页。

二和第三集团又形成了反对第一集团的人物，即中等阶级的反对派（以城市为主，即近代自由主义的先辈人物）与平民反对派（即近代资产阶级的先进人物）。从思想意识的代表性上讲来，反对派分做城市中等阶级的反对派异端与城市平民反对派异端。此外，还有农民反对派异端（如孟彩尔）。中国17世纪的反抗运动，不可能和德国16世纪的情况完全一样，但像在长江流域以无锡为中心的东林党的运动，就具有中等阶级的城市反对派的代表性（包括上书指的其中构成分子如"富裕的中等阶级、温和的中等阶级、以及按照地方情形多少有点差异的较贫分子"）；像长江流域和其他地区的市民暴动，是含有平民反对派的性质（包括上书指的其中构成分子如"中等阶级的破产分子和无公民权利的城市居民群众，如手工业工人、日工和流氓无产阶级的各种萌芽"）。在明末，后者和农民联合的要求，即类似于平民和农民的联合反对派。

　　明代的市民运动最初表现是"盗矿"、反矿官的斗争。早期如英宗时代叶宗留等领导的有名的"盗矿"斗争。① 其后如弘治间广东归善县唐大鬓反对铁冶管制的暴动，更后如嘉靖间"浙江、江西盗矿者且劫徽、宁"② 的斗争。这些反抗运动大抵是和农民运动相联系着。

　　大规模的市民运动是嘉靖以后特别是万历时期的城市工商业者和手工业工人的反抗运动。这种市民运动和嘉靖以至万历的城市经济的发展是相适应的。其中，如万历二十七年（公元1599年）临清的"罢市"暴动，③ 荆州市民的反陈奉暴动。万历二十

---

① 《明史》卷十。
② 同上。
③ 《定陵注略》卷五。

九年（公元 1601 年）有名的苏州织工反孙隆的大暴动，① 万历三十年（公元 1602 年）景德镇市民反抗矿监的暴动，② 万历三十九年（公元 1611 年）武昌等地市民继续反陈奉的暴动。③ 史书所指的"市民"，其构成分子，即城市平民反对派集团。

到了天启年间（公元 1621—1627 年）发生了城市中等阶级反对派的运动。封建统治者镇压自由讲学自由结社，"一切书院尽行拆毁，变价入官"，有名的东林党六君子狱，就发生在这时。然而严重的问题更在于引起了"士民"的反抗运动，如统治者骂为"引类呼朋"的杨涟被逮，"都城士民数万，拥道攀号，争欲碎官旂而夺公"。④ 如周顺昌就逮，"士民夹道"而抗议，"郡中士民，送者数万"，"百姓执香伏地，呼号之声如奔雷泻川"。⑤ 此外魏大忠、李应升就逮，都有所谓"士民"的暴动。黄尊素被逮后，锦衣"凌轹市民，一人偏袒呼曰：是何得纵。一招而击者云集，遂沉其舟，焚其衣冠，所得辎重，悉投之河。"⑥ 起义的地点正是在手工业发达的苏州、常州等地。这些史书所谓的"士民"，其构成分子是中等阶级的反对派集团，而东林党人（以后为"联络吴越俊秀"的复社）的争自由或讲学运动，就不仅表现出朝野的对立，而且反映了自由主义的前辈中等阶级的政治要求。

明末市民运动和农民暴动是桴鼓相应的。李自成所提的口号"均田免税"、"不纳粮"和"平买平卖"，正表现着反对封建特权及其所依存的大地产。这种斗争，是农民初期的民主要求。

---

① 《明神宗实录》卷三六一。
② 《明神宗实录》卷四一九。
③ 《定陵注略》卷五。
④ 《明季北略》卷二。
⑤ 同上。
⑥ 同上。

在当时经济发展不平衡的情况之下，规模广阔的农民战争形成了推翻明代封建王朝的主力，城市的自由居民、士民以至市民的各个集团对于农民战争，因了各集团的不同利益，表现出各种不同的态度，情况是复杂的。

上面所举的第一个集团，其中不少是利用特权而兼高利贷和商人的，和欧洲16世纪的德国相似，他们也和封建统治者是血肉相连的。这一集团首先站在农民战争的反对方面，策谋反动措施。

第二个集团，其中不少所谓犹带温情脉脉的私人商业资本家，他们既有地方性的封建上层关系，又有一定的传统特权的家族关系。他们畏惧农民战争，因而一般地也站在农民的反对方面，不同情或打击农民运动。明末清初代表中等阶级反对派的思想家一般都从理论上主张平均土地而又反对农民暴动。

第三个集团，其中占有多数的下层分子如手工工人、交通运输工人、矿工和流氓无产者，是同农民一道参加了斗争的，而其中少数上层分子如手工业主却表现了动摇、背离了农民运动。一般地讲来，这一集团是和农民可以形成"平民和农民的联合反对派"。泰州学派多出身于这样阶级的人，李贽便反映出平民反对派的思想，他评点过《水浒传》，死于非命，不过他们没有如德国农民战争时代的孟彩尔那样。

特别到了17世纪中叶，清代的民族压迫和汉族反民族压迫的斗争，使得民族的矛盾掩盖了阶级的矛盾，因而上面所述的那些阶级集团的态度发生了一定程度的变化。中古历史上的民族斗争基本上是农民解放的斗争，因此，农民首先是反清运动的主力（如李自成余部）。中等阶级的集团和平民的集团，一般说来，不少也参加这一斗争。第一集团就有极大的分化，少部分参加反清斗争，大部分则和大地主大官僚结合起来形成向清朝统治者投降的集团，策划"太平策"。在反清的民族战争期间，平民反对派形成了秘密组织的会社或会党。在统治者所谓"江南人心浮薄"的歧视之下，民族手工业受到了严重的打击，清王朝除了军事镇压之外，还采取了一系列的文化的以及政治的镇压政策。腐朽的封建势力更变本加厉地为清代封建王朝服务。《枫泾小志》卷十说："康熙初，里中多布局，局中雇染匠、砑匠，皆江宁人，往来成群，尤害闾里，民受其累，积愤不可遏，纠众敛钜资，闭里门水栅，设计愤杀，死者数百人。"这就是利用封建宗法关系以绞杀平民反对派的典型例子。

恩格斯在《反杜林论》中指出，落后民族的统治，经过一定时期，也不得不按照被征服的民族的先进经济状况，寻求适应的步骤，甚至改变了自己民族的语言以适应客观的历史条件。但是，明清之际的民族战争以及落后民族的民族监狱政策，的确影响了中国历史的发展。同时，西方资本主义的东侵，也阻碍着中国商业经济的出路，对于中国资本主义的正常发展增加了困难。但是人民反封建的斗争一直在延续着。

四

我们研究了 16 世纪至 17 世纪的中国社会的发展及其阶级关系，就可以进一步分析这一不平凡的时代的思想潮流了。列宁说："它（马克思主义）精妙地结合着两种特点：一方面是完全用科学冷静态度来分析客观情势与客观进化行程，另方面是极坚决地承认群众所表现的革命毅力，革命创造性和革命首创精神底意义，同时当然也承认那些善于探索并实现其与某些阶级联系的个别人物、集团、组织和政党所表现的革命毅力、革命创造性和革命首创精神底意义。马克思非常重视人类发展中革命时期的态度是从他的全部历史观点总和中产生出来的，因为他认为由所谓和平发展时期慢慢积累起来的无数矛盾只有在这样的时期才能得到解决。"①

16 世纪末以至 17 世纪的中国思想家的观点，通过中国社会经济发展的特点，经过中国社会条件的三棱镜的相当程度的折射，不完全等同于西欧以至俄国的"资产者—启蒙者"的观点，然而，在相类似的历史发展情况之下，启蒙运动的思潮具有一般相似的规律。

列宁分析俄国启蒙运动的三个基本特点是我们学习的范例。第一，"对于农奴制度及其在经济、社会和法律方面的一切产物满怀着强烈的仇恨"；第二，"热烈拥护教育、自治、自由、西欧生活方式和一般俄国全盘欧化"；第三，"坚持人民群众底利益，主要是坚持农民底利益……他们衷心相信农奴制度及其残余一经废除就会有普遍幸福，而且衷心愿意促进这一事业。"② 自然，中国 17 世纪的情况是不同于俄国的 19 世纪的情况，但是启蒙思想的性质是共通的。

第一，"新的社会经济关系及其矛盾，当时还只是在萌芽状态中。"中国的启蒙者如李贽、王夫之、黄宗羲、顾炎武、唐甄和颜元等人，都以各种表现的方式，强烈地仇视农奴制度及依存于它的一切产物。他们在所谓"封建"和"郡县"的各种历史争辩之中，传播土地平均的思想，反对封建国有土地的所有制和大地产的占有制，反对一切政治法律上的束缚，反对特权和等级制度，反对科举制度。这一点，他们之中，有的提出了"自由私产"的主张，如李贽说，"私者，人之心也。人必有私而后其心乃见。……如服田者私有秋

---

①　参看《反对抵制》，《列宁全集》第 13 卷，人民出版社 1959 年第 1 版，第 20 页。

②　《我们究竟拒绝什么遗产?》，《列宁全集》第 2 卷，第 443 页。

之获，而后治田必力，居家者私积仓之获，而后治家必力。……此自然之理，必至之符……"①颜元也说，"岂不思天地间田，宜天地间人共享之"②。这种主张的思想，是他们的共通特点。

第二，中国的启蒙者拥护教育、自治和自由。如东林党的自由结社、讲学的主张，何心隐的必学必讲的主张，顾炎武等人的地方自治的主张，黄宗羲等人的教育主张，都是代表。以顾炎武为例，他敢说"政教风俗，苟非尽善，即许庶人之议"③。宛转地反对孔子"庶人不议"的教条，进而主张"天下之人皆得举而荐之"的初期民主。

关于拥护西方的生活方式，当时虽然不同于19世纪的向西方找寻真理的迫切，但他们已经普遍地有着这种要求。西方资本主义侵略中国的先头部队是传教士，他们在输入中国的宗教中，又夹带了一种副产物，即儒家与基督教的新格义，利玛窦和汤若望即是代表。李贽就和1600年到北京的利玛窦相友善。从传教士的丑恶的夹带里，同时也输入了天文、历算以至名理的西方文明。到了明末，所谓泰西文明便普遍地成了士大夫中间时髦的学问。明末复社四公子之一的方以智的《物理小识》，徐光启的《农政全书》，宋应星的《天工开物》及《论气》，梅文鼎的算学翻译以及李之藻的《名理探》翻译都具有不同程度的初期的欧化思想。例如《名理探序》说："日聆泰西诸贤昭事之学，其旨以尽性至命为归，其功则求于穷理格致。"《几何原本》徐光启序说："万象之形围，百家之学海……不意二千年古学废绝后，顿获补缀唐虞三代之阙典遗义。"

---

① 《藏书》卷二十四《德业儒臣后论》。
② 《四存编·存治编·井田》。
③ 《日知录》卷十九《直言》。

明清之际的学者们，在民族压迫之下，表现了爱国主义的崇高思想。他们的爱国主义思想是和世界的进步思想相关联着。因为在资本主义的萌芽时代，如《共产党宣言》中所指出的"各个民族的精神活动成果，已成为共同的享受物。民族的片面性和偏狭性日益失去立足的地位。"因此，王夫之已经说到中国是天下的中国，不能不惊叹西洋科学"以巧密见长"。颜元不能不呼唤科学的世界，他的弟子李塨更不能不言仿效"西洋诸法"；顾炎武不能不说"外夷"有高于"中夏"的学问与制度；黄宗羲不能不说出朝代更替的界限而理想和西洋制度相似的政治。李颙也说到"泰西水法"是体用全学的学问。这一系列的思维运动，都是在中国和西洋文明交接之后才产生的。因此，17世纪的学者们已经逃出中古的思维樊篱，而作"经世致用"的横议，在某些论点上表现为一种打破民族片面性和偏狭性的新思潮。

第三，他们同情于人民的利益，特别是同情于农民的利益，尽管他们多数是不同情于农民暴动。以黄宗羲为例，他敢于说"工商皆本"，敢于说"向使无君，人各得自立"，"为天下之大害者君也"，国家是"为万民非为一姓"。[①] 特别是他的"平均授田"的主张，更坚持着农民的利益。以唐甄为例，他敢说"凡为帝王者皆贼也"[②]，"君臣险交也"[③]，主张"平（等）则万物皆得其所"[④]。他们程度不等地表现出初期民主思想。对于农民所受的中世纪压迫的痛苦，也无例外地表示出控诉和抗议，王夫之的《黄书》、《噩梦》便是代表作。但是，他们都把自己的理想和万年乐土或所谓"天地之道"与"百王之法"等同起来。王夫之、颜元

① 《明夷待访录·原君》。
② 《潜书·室语》。
③ 《潜书·利才》。
④ 《潜书·大命》。

所强调的平等制度，黄宗羲、唐甄因反君主专制所憧憬的绝对的
形式平等的社会制度；顾炎武因大力宣传"经世"的理想所自夸
的"三代不易"的制度，都是例子。他们对于未来的远景怀着无
限的信念和幻想。他们的思想之所以带有浓厚的幻想，正如恩格
斯所指出的，必然要超出近代资产阶级社会的范围，"不仅是超出
现在，甚至是超出未来，那末这种超出只能是蛮干的超出，空想
的超出"①。特别在古旧制度束缚甚严而无自由的社会，幻想更易
于发生。列宁说，"某一个国家内的自由愈少，公开的阶级斗争表
现得愈薄弱……则政治的乌托邦通常也容易发生。"同时，在封建
势力特别强固的条件之下，"幻想是弱者的命运"②。嘉靖以后出
现的小说《西游记》和清初的《聊斋志异》等幻想作品，正由于
这样的历史条件。

　　然而，他们是历史的觉醒者，他们在哲学、历史、政治、经
济和文学诸方面的"别开生面"，就不仅是反理学运动的量变，而
是按他们自己的方式表现出对资本主义世界的绝对的要求。他们
的这种要求都是装潢在理论形式的返原（如人性论，泛神论，进
化观点，劳动与财产观点等等）上面。

　　如列宁所指出的，他们不知道行将到来的社会矛盾，"他们看
不见它（社会发展）所特有的矛盾"，只看到未来的美好世界，
"资产阶级思想代表者，在当时并没有表现出任何自私的观念，相
反地……他们完全真诚地相信共同的繁荣昌盛。"③ 虽然他们各有
自己的反对派的特性，但一般说来，他们都是封建制社会的叛徒。
17 世纪的中国启蒙学者，还写出将来社会全面图景的理想著作，

---

① 《德国农民战争》，《马克思恩格斯全集》第 7 卷，第 405 页。
② 《两种乌托邦》，《列宁全集》第 18 卷，第 349—350 页。
③ 《我们究竟拒绝什么遗产？》，《列宁全集》第 2 卷，第 464、445 页。

如《天下郡国利病书》、《明夷待访录》、《潜书》等。然而，另一方面，在他们的真挚的理想背后，也包含着他们的叛变的不彻底性。新生的东西既然在旧社会的母胎内是微弱的，所以在他们的理论中常保留着旧的内容，而且常显出矛盾的体系。他们的哲学思想和他们的理想之间虽然隔着许多环节，使人难以捉摸，但二者的联系是存在的。这即是恩格斯所说的："从 15 世纪中叶起的整个文艺复兴时代……重新觉醒的哲学，在本质上，也是城市发展的产物"，其"哲学的内容本质上是那些和中小市民阶级发展为大资产阶级的过程相适应的思想的哲学表现"[①]。

上面我们研究了 17 世纪中国启蒙学者的基本特点，下面再从他们的各样思想角度所表现的各种特征来分析一下。

历史的转变反映于思维活动，并不是一开始就采取直接的政治形态，因为社会矛盾是或明或暗地错综交织着，人类思想也就不可能深入到社会的历史分析，通常是由自然史和自然人出发的，通常采取抽象理论返原的途径。例如托古改制的意识，人性倾向的认识，知行先后的思想等。并且他们所代表的阶级意识，也常是通过自然哲学与人性论的绝对概念体现出来。西洋的宗教改革便是这样的。明末清初的学者们，都以各种偏颇的观点，为历史的人类与人类的历史绘出他们理想上美妙的图谱。我们应从他们的代数学的绝对概念中来分析他们的抽象语句的背后实质，而不能直截了当地来看出他们的语言与实质之间的统一。王夫之的《易传》哲学（如泛神论），颜元的"三物三事"的哲学（如劳动生产的世界观），就是例子。他们的思想反映了中国封建制社会的解体过程和资本主义的萌芽状况，但他们所强调的人性概念和神

---

① 《费尔巴哈与德国古典哲学的终结》，《马克思恩格斯选集》第 4 卷，第 233 页。

学的要求，是用中古思想的方式来表现的。恩格斯说，"在资产阶级解放斗争的最初阶段，即从 13 世纪起到 17 世纪止"，才带有这一色彩。又说："中世纪只知道一种意识形态，即宗教和神学。但是到了 18 世纪，资产阶级已经强大得足以建立他们自己的、同他们的阶级地位相适应的意识形态了……"① 因此，17 世纪中国学者们的思想，在长期中世纪的冬眠中，既有适应历史发展的进步的因素，又有受传统的思想所束缚的因素。

上面已经讲过，启蒙的历史必然使启蒙者的思想对过去作诅咒，并对将来作幻想，这样的思想是不调和的。不但如此，启蒙学者所使用的语言大都是古色古香的，他们爱好的是古代语言的形式，而想说出近代的内容，表里是极不一致的。正如马克思在《拿破仑第三政变记》中所指出的，19 世纪以前是语句形式重于内容的。一方面，他们过于重视古代形式，另一方面，他们的唯物论思想在观点上却否定历史，"在历史领域内，也缺乏对事物的历史的见解。……人们把中世纪视做千年的一般野蛮状态所招致的历史行程中的简单的中断。没有人对于中世纪几百年间所作的大进步，如欧洲文化领域的扩大，在相互邻居关系中形成的生气勃勃的大民族，以及 14 和 15 世纪的巨大的技术进步，加以注意，因此之故，对伟大的历史联系之正确见解，就成为不可能的了，历史至多不过供哲学家用来搜集例证和例子的汇集罢了。"

17 世纪的中国学者也类似于这样。他们一方面几乎都善于运用经学和子学的古代语言而推崇古代世界，但另一方面，又把过去历史和将来的历史割裂开来。例如颜元，一方面复古气味无以复加，另一方面，却把过去和将来用"文墨"世界和"实物"世

---

① 《费尔巴哈与德国古典哲学的终结》，《马克思恩格斯选集》第 4 卷，第 216 页。

界间隔起来，主观上要求"文衰而返于实"的世界。又如顾炎武，一方面高举着人所不能怀疑的"六经之旨"，他方面又提倡着那横绝千古的"当世之务"。再如王夫之，虽然有进化观点，但一方面说"六经责我开生面"，他方面说"七尺从天乞活埋"，旧的和新的既和平共处，而又不共戴天。从这里可以看出，他们的历史观点的幼稚正反映着资本主义萌芽阶段的矛盾。

基础之于思想，是通过政治、法律等间接来进行的。因此，思想意识的面貌通过16—18世纪的漫长时期就好像是不同的，然而"如果您划出曲线的中轴线，您就会发现，研究的时期愈长，研究的范围愈广，这个轴线就愈接近经济发展的轴线，就愈是跟后者平行而进。"① 启蒙时代思想的轴线也是和资本主义萌芽状况的发展的轴线相平行着的。

从另一角度来看，启蒙学者在自然哲学方面大多具有唯物论的思想。当时的自然科学是幼稚的，他们也就不能正确地了解自然界，然而他们在眼界开扩的一定程度之下，一般地具有天才的洞察，而且常会推察到有关唯物论真理的粒子。例如王夫之变革的"性日生"的人性论和自然进化论"缊蕴生化"；又如黄宗羲的"神灭"思想（推崇范缜的哲学）；再如颜元的"戡天"的世界观和以实践为基础的知识论，都是有价值的遗产。同时，他们一般地是形而上学的旧唯物论者，因此，其进化观点是贫乏的，常陷入于循环论；其"实践"观点是个人的，没有历史的内容。他们想抓住自然界和自然人，而他们抓住的依然只是空洞的、抽象的东西。恩格斯说："旧唯物主义……的历史观……本质上也是实用主义的，它按照行动的动机来判断一切，把历史人物分为君子和

---

① 《恩格斯致海·施塔尔根堡》（1894年1月25日），《马克思恩格斯选集》第4卷，第489页。

小人……"① 这里所说的旧唯物论，和帝国主义时代的美国"实用主义"唯心论完全是两回事。胡适派专门干混淆历史的把戏，常把中国的旧唯物论和美国的"实用主义"唯心论涂抹在一起，进行他的"媒婆"任务。我们必须严格地把二者区别开来。17世纪的中国学者所提倡的"经世致用"之学或实际实物实效之学，是中古禁欲思想的对立物，是进步的资产阶级先辈的先进思想，他们所提倡的个人实践实质上是进步的"市民"的世界观，而实用主义的唯心论所标榜的个人主义是代表大资产阶级的腐朽的世界观。

中国的启蒙学者之所以把个人的实践规定于绝对的善恶的标准之上，是由于历史条件的局限。不要说顾炎武和颜元的经世思想，即像王夫之的知行论，虽然是超越前人的杰出思想，但其中实践观念的结论也归结到所谓"人性存在"的君子或圣人的观点方面。因此，在他们看来，参加社会实践的人不是生产关系的总和，而是伦理标准之下的形式的归纳。这就走入唯心论。

为什么像欧洲的启蒙哲学要回到希腊，像中国的启蒙哲学要回到先秦呢？这自然是由于他们企图摆脱封建统治阶级的危害，不得不托古改制，但更重要的原因却在于，古代人在阶级社会的各方面都产生过以后社会的胚胎形态，因而"在希腊哲学的多种多样的形式中，差不多可以找到以后各种观点的胚胎、萌芽。因此，如果理论的自然科学想要追溯自己今天的一般原理发生和发展的历史，它也不得不回到希腊人那里去。而这种见解愈来愈为自己开拓道路。"② 中国的先秦哲学也类似于这样。中国的启蒙学

① 《费尔巴哈与德国古典哲学的终结》，《马克思恩格斯选集》第4卷，第228页。

② 《自然辩证法》，《马克思恩格斯选集》第3卷，第515页。

者为了追求自己当时的一般命题，并为自己开拓道路，也就不自觉地回溯到古代中国的经学和子学，因为古代哲学"从了解部分到了解整体、到洞察普遍联系"，总的说来，比中世纪的形而上学"要正确些"。① 从反对中古的烦琐哲学方面来讲，回到古代一事，也包含着为了进行批判活动而选择武器的功用。然而钻在考据之学的牛角尖里的所谓"汉学"自然是脱离开这个理由的。顾炎武的"理学即经学"的命题，傅山的"六经皆王制"的命题，颜元的"性命之作用为诗书六艺"的命题，黄宗羲的"古者以天下为主，君为客"的命题等等，都回到所谓"三代"的黄金世界，追求自己的当时的一般命题。这是进步的思想，我们应当把它和乾嘉的"汉学"区别开来。

　　启蒙学者在追求一般命题的胚胎时，既代表着资产阶级的先辈而寻求资产阶级的世界观，同时他们也一般地寻到原始素朴的大同理想，或者说，他们在大同理想的外衣之下而表现自己阶级的要求。启蒙时代还没有暴露资本主义的历史矛盾。启蒙学者也就只"相信当代社会的发展""仅仅限于向改革前制度的残余作斗争"，他们"可以称之为历史的乐观主义"，他们在"愿望的内容上是与资本主义所创造和发展的那些阶级的利益相适应的"，他们的纯真的理想和后来的资产阶级的代言人那样仅为本阶级的利益而说谎的谬论是有极大区别的。因此，"启蒙者没有挑出任何一个居民阶级作为自己特别注意的对象，不仅一般地讲到人民，而且甚至一般地讲到民族。"②

　　在 17 世纪的中国思想家的用语上也没有特别注意到哪一种居民，以王夫之为例，他既说到"大贾富民，国之司命"，但也说到

---

① 《自然辩证法》，《马克思恩格斯选集》第 3 卷，第 515 页。
② 《我们究竟拒绝什么遗产？》，《列宁全集》第 2 卷，第 465 页。

"能士者士，其次医，次则农工商贾，各惟其力"，但对于"故家大族"和"强豪猾吏"却攻击不遗余力。再以黄宗羲为例，他的"工商皆本"的市民术语，也是兼包括着资本家与劳动者，但对于"罔民而收其利"的超经济剥削也攻击不遗余力。

因此，他们的思想不一定都是政治的表白，好多情况表现为文艺、哲学以至宗教的形式，间接地也具有政治运动的意义。如恩格斯所说："……以思想形式、甚至以幻想的形式反映在行动着的群众及其领袖即所谓伟大人物的头脑中的动因。"[①]

上面所讲的是从启蒙学者的主观理想所表现出的共同的纯真态度来分析的，然而这不等于说他们中间客观上就没有代表某些集团的阶级倾向。相反地，他们的派别是有着区别的，《德国农民战争》就多从这一角度来进行分析。具体地区别 17 世纪中国学者的派别是一个专门题目，不是本文的范围所能讲的。这里只举一个比较例子。王夫之虽然在哲学体系上是更进步的，傅山虽然在京师敢做学生运动，但他们的思想倾向却接近于代表城市中等阶级反对派。颜元虽然在方法论上是复古的，但他的思想倾向却接近于代表城市平民反对派。他们的阶级出身是有一定的影响的，但我们分析某一派的思想不能依据阶级出身，而应依据其思想的实质。

本文研究明清之际的社会关系和思想轮廓，是不够充分的，但写作的企图是依据这样的教训："要批判它（全部思想内容），要从错误的但在当时的历史发展条件下不可避免的唯心论形态中，从这个过渡形态中剥取有价值的成果。"[②] 我们应当这样地继承前哲的遗产。

---

① 《费尔巴哈与德国古典哲学的终结》，《马克思恩格斯选集》第 4 卷，第 229 页。

② 恩格斯：《自然辩证法》，第 26 页。

方以智的社会思想和哲学思想[*]

一、方以智的世界认识和社会实践
之间的矛盾

（甲）方以智著作所表现出的历史意义

方以智字密之，号曼公、浮山愚者。他的儿子方中通说："先曾祖廷尉野同公命老父之名曰：'蓍圆而神，卦方以智，藏密同患，变易不易。'故老父别称宓山氏；浮山有此藏轩，故称浮山愚者。"[①] 明亡后，他改名为吴石公。别号甚多，隐于岭南，称愚道人，出家后，名大智，号无可，又称弘智、五老、药地、浮庭、墨历（或木立，以音讹呼，故名）、愚者大师、极丸老人等。他是商业发达区域的桐城人，生于明万历三十九年（公元 1611 年），卒于清康熙十年（公元 1671 年）。

方以智的曾祖方学渐（公元 1540—1616 年）、祖父方大镇

---

* 本文原载《历史研究》1957 年第 6、7 期，题为《方以智——中国百科全书派大哲学家》。这次选编时，遵照作者意见，改为现在的题目。

① 《物理小识·总论》注。

（公元 1558—1628 年）、父方孔炤（公元 1591—1655 年）都是当时有学问的名士兼官吏，也是直接间接参加东林党的人物。方以智在少年时代就和陈贞慧、吴应箕、侯方域等参加了政治活动，"接武东林，主盟复社"①，愤慨国势，"日与诸子画灰聚米，筹当世大计，或酒酣耳热，慷慨呜咽，拔剑砍地，以三尺许国，誓他日不相背负。"② 方以智的学问修养和政治活动自然要受家世和朋辈的影响，他的先生王宣（号虚舟子，著有《物理所》）对他的影响也很深，但决定他的思想的还是他所处的时代，我们可以说他是东林——复社人物在理论上的总结者。

崇祯时方以智任翰林检讨。弘光时为马士英、阮大铖所中伤，几不免，遂隐居五岭，以卖药为生。清兵入广东后，下令搜索方以智，他不得已改换和尚装束出现，表示决不服事清朝。此后便奉曹洞宗的觉浪道盛（即天界丈人）为师，避不见人。道盛是清初统治者所注意的和尚，顺治五年曾因旧诗中有"太祖高皇帝"字样，被诬下狱。他的门下明末遗老很多，除方氏外，还有倪嘉庆（啸峰大然）等人。③

方以智最为王夫之所敬仰，《船山遗书·薑斋六十自定诗稿》有三首诗是为方以智而作。一首是表白人各有志，谢方以智招，不愿逃佛受觉浪记莂："沙上鸿踪昔岁心，墟楼鹤语旧时林，已知罢钓能忘饵，何必登床更醉琴。月影偶留传雁字，秋声不断有蝉吟，闲愁杜口从君语，为受青原记莂深。"一首是因方以智给刘安礼书再垂顾念之情，而表白难以相从之意："洪炉滴水试烹煎，穷措生涯有火传，哀雁频分弦上怨，冻蜂长惜纸中天。知恩不浅难

---

① 卢见曾：《感旧集话》。

② 《明文海》卷四二一，徐芳：《愚者大师传》。

③ 参看《五灯会元》及陈垣：《清初僧诤记》，《辅仁学志》第 9 卷，第 2 期。

忘此，别调相看更辗然，旧识五湖霜月好，寒梅春在野塘边。"
（前二句烹煎火传指方的哲学，见下篇）第三首是狂哭方以智死于
泰和诗二章："长夜悠悠二十年，流萤死焰烛高天，春浮梦里迷归
鹤，败叶云中哭杜鹃。一线不留夕照影，孤虹应绕点苍烟，何人
抱器归张楚，余有《南华》内七篇。""三年怀袖尺书深，文水东
流隔楚浔，半岭斜阳双雪鬓，五湖烟水一霜林。《远游》留作他生
赋，土室聊安后死心，恰恐相逢难下口，灵旗不杳寄空音。"（《南
华》指方著《药地炮庄》，《远游》指方著《九将》等赋）

　　方以智的学问很渊博，他对于文学、经学、医学和书画、音
乐等艺术都有造诣，特别对于科学和哲学作过系统的研究。王夫
之说他"姿抱畅达，早以文章誉望动天下"①；"密翁与其公子为
'质测'之学，诚学思兼致之实功，盖格物者即物以穷理，惟'质
测'为得之。若邵康节、蔡西山则立一理以穷物，非格物也。"②
全祖望说他"尤以博学称"，朱彝尊说他"纷纶五经，融会百
氏"③。而《四库全书总目提要》仅以方著"开国（清）朝顾、
阎、朱考据之风"称许，却不合史实。

　　他的著作甚多，除《通雅》和《物理小识·总论》一部分见于
《浮山前集》为人所熟知外，有《药地炮庄》、《浮山文集前后编》
（此书在清代列为禁书，绝少见）、《愚者智禅师语录》（疑即《浮
山后集》的一部分）、《滕寓信笔》、《稽古堂文集》（即《浮山前
集》的一部分）、《响言》（以上三册编在《桐城方氏七代遗书》，
后一种据考为钱谦益所著，其中言论也与方氏思想无多联系，且
各传都未提到此书）和《方以智诗集》编在《桐城方氏诗辑》等

----

① 《方以智传》。
② 《搔首问》。
③ 朱彝尊：《静志居诗话》。

书。他佚失的书也不少，据方昌翰上引《遗书》编案说："《易余》见于《经义考》，他如《学易纲宗》、《易筹》、《诸子燔痏》、《四书约提》、《阳符中衍》、《旁观铎》、《太平铎》……等百余种，今皆佚去"。《桐城耆旧传·方密之传》说他"凡天人礼乐律数声音文字书画药卜，下逮琴剑，无不析其旨趣，著书数十万言。……所著《易余》、《切韵源流》、《通雅》、《物理小识》、《炮庄》、《诸子燔痏》、《几表》、《浮山前后集》"，其中一部分书就有佚失的。据《安徽通志》卷一七〇载，还有《周易图象》、《烹雪录》等书。据他的《浮山前集》言，还有《史汉释诂》、五言古诗、医学等书。据方中通的《陪诗》，又有《冬灰集》一书。这里不是以列举他的著作多寡来评断他的学术价值，而是要指出，在现存的著作以外，如《诸子燔痏》、《学易纲宗》等书恐怕也是有价值的进步著作。因此，我们在下面首先看看他的著述的志趣。

方以智前期的学术作品以《通雅》一书为代表（《物理小识》原编于《通雅》书尾），后期的作品以《炮庄》为代表。据他的《诗集》有"取稽古堂各种杂录合编之曰《通雅》"一题，下注辛巳，即1641年。这年他三十岁，他的父亲就在这时被他营救出狱。《通雅》序作于辛巳夏日，卷首之一、二、三诸条是综合性的重要论述，也都注作于辛巳，凡例则作于癸未，即1643年。这样看来，他在三十岁的时候，《通雅》编辑已成。他在诗句中说，这书是用三冬之力写成的，所以，钱澄之序说"要其三十年心血尽在此一书矣"，这是不确实的。姚文燮刻《通雅》序说："自先生未通籍即有《通雅》一书，书成（已）三十余年矣。"这话颇合于事实，但应指出，书首的重要部分是在通籍以后辛巳年写的。方以智有《书通雅缀集后》、《浮山前集》，记他搜集资料的困难，此文作于三十六岁，约在1646—1647年。

《通雅》包括《物理小识》是一部什么性质的书呢？过去不少

学者把它看做一种类书或字书，这是不公允的。是的，从表面上看来，它和一般的类书好像没有区别，例如序《通雅》的钱澄之就这样说：此书"犹之郑樵之为《通志》，马端临之为《通考》，以言乎无所不该也"。其实方以智在《通雅》凡例的第一句话便否定了这种看法，指出"此书本非类书"，而且他时常批判类书，并把他的书和类书严格地区别开来。例如他在题编《通雅》诗中，表示不苟同于古人的编书，而主张自出创见，责斥前人编书多陷于"鱼鲁空荟蕞，真赝各讹传"。他的自序说前人编书"一袭一臆，两皆不免，沿加辩驳，愈成纰缪；学者纷挐，何所适从？"他在《浮山前集》卷五《曼寓草》中《此藏轩音义杂说引》一文中，指出文字是"载道法、纪事物、合外内、格古今"的器，"士子协于分艺，即薪藏火，安其井灶，要不能离乎此，时移改体，沿变传伪，株守臆造，两皆纷舛。"（按：上引文两个标重点的四句话，曾被鲁迅所注意，套用来批判人们评论人物的错误方法）他更指出："类事之书，始于《皇览》。……《魏志》《刘劭传》：黄初中受诏集群书，以类相从，号《皇览》。……宋李昉等《太平御览》、杨亿等《册府元龟》，各千卷。然《御览》之类，见一字相同则连引之，而本类之应有者反不载；于杂书多引，而见正史与注疏中者往往遗漏。"① 他又说："尚论古今，贵有古今之识，考究家或失则拘，多不能持论，论尽其变；然不考究，何以审其时势，以要其生平？"②

《通雅》也和一般的字书不同。他说："学惟古训，博乃能约，当其博，即有约者通之，博学不能观古今之通，又不能疑，焉贵书籄乎！……小学原流，忽为细故，上下古今数千年，文字屡变，

---

① 《通雅》卷三《释诂》。

② 《浮山前集》卷五《史断》。

音亦屡变。学者相沿不考所称，音义传讹而已。上古眇矣，汉承秦焚，儒以臆决，至郑、许辈起，似为犁然，后世因以为典故。闻道者自立门庭，糟粕文字，不复及此；其能曼词者，又以其一得管见，洸洋自恣，逃之虚空，何便于此？考究根极之士，乃错错然元本，不已苦乎！摭实之病，固自不一，属书赡给，但取渔猎，训诂专已，多半傅会；其以博自诩者，造异志怪学。"① 他因为人们对于《通雅》的音义诸说，只识其小的方面，所以力辩他的书和前人有区别，说："古人说理事之音义，转假譬喻为多，不可执后人之详例以论也，况有卮寓附会者乎！……上古荒唐，随人傅会。……训词喜于深厚，加以上古方言，后世属文，袭取生割。……汉儒解经，类多臆说，宋儒惟守夆理（按指伦理政教），至于考索物理时制，不达其实，半依前人。"②

那么《通雅》的著作志趣是什么呢？著者详考他的论断，认为（1）从著作的体例内容上讲，它部分地是"百科全书"派唯物主义的中国版；（2）单从方法论上讲，它部分地又是笛卡尔思想的中国版，和笛卡尔在某些科学如数学、物理学上的成绩一样。这可从以下几个方面看出：

（一）方以智的著作充满了科学、即他所说的"质测"的研究，和这"质测"之学相联结的是他的唯物主义思想。《通雅》和《物理小识》包括了天文、算学、地理、动植矿物学、医学、文字学、文学、艺术以及他所谓的许多"志艺"之学。他的书，自夸不但荟集古今知识的大成，而且取资于西方的学术。请看他的自豪语：

> 古今以智相积，而我生其后，考古所以决今，然不可泥古也。……智常见数千年不决者，（今）辄通考而求证

① 《通雅·自序》。
② 《通雅·自序》卷首之一《音义杂论》。

之。……生今之世，承诸圣之表章，经群英之辩难，我得以坐集千古之智，折中其间，岂不幸乎！①

农书、医学、算测、工器乃是实务，各存专家，九流各食其力；……总为物理，当作格致全书。……道德、经济、文章、小学、方伎，约之为天道人事，精之止是性理物理，而穷至于命。即器是道，乃一大物理也。践形者，神理泯于事物。……大成贵集，述钞于删，千古之智，惟善读书者享之！②

因地而变者、因时而变者有之，其常有而名变者，则古今殊称。无博学者会通之耳！天裂孛陨，息壤水斗，气形光声，无逃质理。智每因邵蔡为嚆矢（按：此后一句为王夫之所否定），征河洛之通符，借远西为郯子，（按：郯属于东夷，己姓，《春秋》《左传》记鲁邵公十七年郯子朝鲁，曾讲论自然知识，孔子就学，并告人说："吾闻之，天子失官，学在四夷，犹信。"）申禹周之矩积。……常统常变，灼然不惑……通神明之德，类万物之情……或质测或通几，不相坏也。③

今日文教明备，而穷理见性之家，反不能详一物者，言及古者备物致用、物物而宜之之理，则又笑以为迂阔无益，是可笑耳！卑者自便，高者自尊，或舍物以言理，或托空以愚物，学术日裂，物习日变。……安得圣人复起，非体天地之撰，类万物之情，乌能知其故哉！④

由上面的话看来，方以智是以当时的圣人、集大成者、通人

---

① 《通雅》卷首之一《考古通说》。
② 《通雅》卷首之二《藏书删书类略》。
③ 《物理小识·总论》。
④ 同上。

自居，是以大科学家和大哲学家自豪。他对于世界认识的唯物主义的态度，显然和中世纪宋、明的正宗道学家的态度相反。正如他批判道学儒者说："世所为儒者，多有二病，穷理而不博学，闻道而不为善！……拘守苦难（指名教）以尊礼法，与好作诡异以超礼法者，皆好名之徒，桎梏其至性为之者也。"[①] 这种批判的精神，反映了封建制解体过程中社会发展的新旧的矛盾，表现出启蒙学者对封建礼教信仰者的斗争。

他对于新世界曙光的探索的意识，也显然和中世纪科举文士束缚于小天井的偶像意识不同。他自己常说他的态度，"操笔是非，举止异趣；容迹骂世，指斥臧否；条奏急状，不知忌讳；已然诺，分泾渭。"[②] 那些科举之士只是"终年役一编，居它儚儚无所知……不过为利禄资，安用是博学深造也"，而他则"推本经史，讲求古今之成务，则群怪之"[③]。据他说，问题就在于"好古者（按：指通人）计千秋，逢时者计一日"[④]。他又总论他和这样士习的区别说："愚者若得世资，当建草堂，养天下之贤才，删古今之书而统类之，经解、性理、物理、文章、经济、小学、方技、律历、医药之故，各用其所长，各精其极致，编其要而详其事，百卷可举。""尝疑象数专门，须明律历，考察天地人身之故，乃可旁征而会通之。今天下群役于帖括（制义）……何暇及此！适有所疑，皆无从问，必当自作宓羲大挠，岂不难哉！"[⑤] 这就充分表现了他把现实矛盾还原而为超人和俗士的对立。

因此，方以智的《通雅》一书，除开他的社会思想部分，是

① 《嵇古堂文集》二集下《旷达论》。
② 《浮山前集》卷七《寄李舒章书》。
③ 《嵇古堂文集》二集下《士习论》。
④ 《嵇古堂文集》二集下《七解》。
⑤ 《膝寓信笔》。

相似于"百科全书"的编纂。他说:"函雅故,通古今,此鼓箧之必有事也。(按:这句话出于《孟子》,但在《孟子》那里是作正心的道德律来看的)不安其艺,不能乐业,不通古今,何以协艺相传 。……理其理,事其事,时其时,开而辩名当物。……今以经史为慨,遍览所及,辄为要删,古今聚讼,为征考而决之,期于通达……名曰《通雅》。……备物致用,采获省力。"①

为什么说这样的书类似于"百科全书"呢?因为《通雅》正是像《法兰西科学与艺术百科全书》(全名)那样广博的知识武库。编"百科全书"的唯物主义者大概都是从自然史出发的,例如拉梅特里的《人——机器》、荷尔巴赫的《自然体系》、狄德罗的《论自然解释之考察》,而这一点也是《通雅》中的特点。他们之间学术思想的相似的细节,将在下篇详论,这里只把方以智的唯物主义哲学和科学相互联系的观点,所谓"藏智于物之道",也即马克思在《神圣的家族》中评价"百科全书""形而上学的唯物主义与法兰西的自然科学相融合"的特征,叙明于下:

> 老父(指以智)……每有所闻,分条别记,如《山海经》、《白泽图》、张华李石《博物志》、葛洪《抱朴子》、《本草》,采撷所言,或无征,或试之不验,此贵质测,征其确然者耳。……《通雅》残稿,自京携归,《物理小识》原附其后……小子分而编之。生死鬼神,会于惟心,何用思议,则本约矣。象纬、历律,药物同异,验其实际,则甚难也。适以远西为郯子,足以证明大禹、周公之法,而更精求其故,积变以考之。士生今日,收千世之慧,而折中会决,又乌可不自幸乎!②

---

① 《通雅·自序》。
② 方中通:《物理小识·序》。

盈天地间皆物也。人受其中以生，生寓于身，身寓于世，所见所用，无非事也。事一物也。圣人制器利用以安其生，因表理以治其心。器固物也，心一物也。深而言性命，性命一物也，通观天地，天地一物也。推而至于不可知，转以可知者摄也。以费知隐，重玄一实，是物物神神之深几也。寂感之蕴，深究其所自来，是曰"通几"；物有其故，实考究之，大而元会，小而草木蠢蠕，类其性情，征其好恶，推其常变，是曰"质测"。"质测"即藏通几者也。有竟扫"质测"而冒举"通几"，以类其宥密之"神"者，其流遗物。谁是合外内、贯一多而神明者乎？万历年间，远西学入，详于"质测"，而拙于言"通几"。然智士推之，彼之质测犹未备也。儒者守宰理而已。圣人通神明，类万物，藏之于《易》，呼吸图策，端几至精，历律医占，皆可引触。学者几能研极之乎？①

这显然是从自然史出发的唯物主义一元论。这里说的"通几"二字，相当于现在的术语"哲学"，而排斥了那种否认物质存在的神学。"通几"二字出于《易传》，即"惟深也，故能'通'天下之志；惟'几'也，故能成天下之务；惟神也，故不疾而速，不行而至。"方以智把古代思想材料，改变了其中的内容，装潢了他自己的新认识，所谓"寓通几于质测"，即是寓哲学于科学，如果没有新时代的客观条件，就不能有这样"收千世之慧"而"折中会决"的新世界观。同时，他并不是简单地吸收古代的思想资料，而是有所吸取，也有所舍弃。《易传》后一句"惟神也，故不疾而速，不行而至"的唯心主义和有神论的命题，就被他批判了。他一方面说"质测即藏通几"，即是说科学即藏哲学，但另一方面更

---

① 《通雅·自序》。

说"通几护质测之穷",即是说哲学指导科学,反对在事物之先、离物质以空求神学。例如:

> 通几护质测之穷。……即多是一,皆统类于此矣。……大凡推之于先,多属洸洋;任之于后,则动颐而迷。……此中之秩序条理,本自现成,特因几务而显耳。格物之则即天之则,即心之则,岂患执有则胶、执无则荒哉?若空穷其心,则倏忽如幻![1]

方以智的学术不但受了前人的影响,如王宣的《物理所》,而且深受西方知识输入的影响。上面已经提到他对于远西"质测"之学综合批判的话,如果我们通查他的全书,几乎可以看出他在各种科学中都借助于所谓"泰西",这即他说的"智尝因悉昙泰西,两会通之"[2],这也是很自然的。正如列宁在《我们究竟拒绝什么遗产?》中指出的,近代启蒙人物总是欢迎比较走在前面的欧洲文明。当时中国的启蒙学者还没有提出"全面欧化",但如方以智和李之藻等已经主张会通泰西学术而补缀三代的阙典遗文。

方以智积极活动的年代正是利玛窦等传入西学的活跃阶段,当时重要的译述,如《天学初函》等书,他都研究过。他说:

> 今人闻甚深则怖,岂吾深无深浅,而止实哉?……一即一切,一切即一,犹嫌匝匝之波?即务养神,事同理举,犹嫌屑屑之劳欤?"几"失则神明欺,则不能享矣![3]

这些唯物主义命题,将在下篇详论,这里要说明的只是他的唯物主义和神学背离而和自然科学相融合这一点,和荷尔巴赫说的离开宗教,"请教于自然与物质世界"[4] 有些类似。这里面的历

----

① 《愚者智禅师语录》卷三《示中履》。
② 《通雅》卷首之一《音韵通别不紊说》。
③ 《愚者智禅师语录》卷三《示兴伟》。
④ 《自然体系》上册,第189页。

史意义正如恩格斯指出的，"百科全书"派以唯物主义世界观反对经院哲学和宗教所利用的方法。他说：

> 为了证明他们的学说可以普遍应用，他们（指"百科全书派"）选择了最简便的道路：在他们因以得名的巨著《百科全书》中，他们大胆地把这一学说应用于所有的知识对象。这样，唯物主义就以其两种形式中的这种或那种形式——公开的唯物主义或自然神论，成了法国一切有教养的青年的信条。①

方以智所处的时代虽然不同于18世纪的法国，也不是前进思想和农奴制思想的决战时期，然而和列宁所论的下面一点是相似的：

> （法国）唯物主义……忠于一切自然科学学说，仇视迷信、伪善行为及其他等等。②

例如，方以智的一个唯物主义命题，即万物由火生成或五行尊火论，正和荷尔巴赫的学说相似，荷尔巴赫说："这种火，以不同的分量散布于我们种属之存在内，给它们以运动、活动、动物的热，并用之使它们或多或少地活泼起来。"③ "作为原素之火，是一切动力的根源。"④ 不但如此，方以智哲学思想的象数论，也正和法国的唯物主义者的机械观点有程度不等的类似情况。例如在《参两说》中用数字的整齐比拟于《河洛》"一切数度，因地立体，而天用之，以天数统地数"；例如在《象数理气征几小序》中，以为自然物质，"征其端几，不离象数"；在《人身呼吸合天地卦气说》

----

① 《社会主义从空想到科学的发展》，《马克思恩格斯选集》第3卷，第445页。
② 《马克思主义的三个来源和三个组成部分》，《列宁选集》第1卷，人民出版社1960年第1版，第379页。（下同）
③ 《自然体系》下册，第190页。
④ 同上书，第19页。

中，把人体的构造机械地配合于自然，"人身即天地"；在《四体说》中用自然法则比例社会法则，以为"礼"和象数是天然结合的；甚至在《诗乐论》中说："黄钟损益，犹之人身两乳之尺度，各自为长短而不差者也。……伦理天然，不限古今。"① 更如讲人类的智愚拿气候的寒暖来决定，讲历史的变迁拿"数"的定理来决定，讲遭遇拿"命"的好坏来决定，这些都将在下篇详论。总之，当时数学天文学的原理支配了科学领域，科学既然带有形式机械的色彩，因而也就不能不影响于哲学的领域。方以智的象数天然论也带有这样的色彩，好像荷尔巴赫把"一切是必然的"称为伟大的恕道一样；其宿命论又好像荷尔巴赫说的"迷信就是愚昧之必然的结果，压制是愚昧的迷信之必然的结果，风俗之败坏是压制之必然的结果，最后，社会与其成员的不幸又是这种败坏之必然的结果。"②

方以智说："西儒利玛窦，泛重溟入中国，读中国之书，最服孔子，其国有六种学，事天主，通历算，多奇器，智巧过人。著书曰《天学初函》，余读之多所不解。幼随家君长溪见熊公（明遇，号坛石），则草谈此事。顷南中有今梁毕公（即毕方济），诣之，问历算奇器，不肯详言，问事天，则喜。盖以《七克》（庞迪我著）为理学者也。"③

方以智说的"六种学"不知是依据《名理探》的分类法，还是依据《西学凡》的分类法。从前者说，六种学包括"超形性学"、"形性之学"、"审形学"、"克己"、"齐家"、"治世"诸学；从后者说，六种学包括"文"、"理"、"医"、"法"、"教"、"道"

---

① 《浮山前集》卷六《曼寓草》下。
② 《自然体系》下册，第310—311页。
③ 《滕寓信笔》。

诸学，其中所谓"理"指非拉绍非（philosophy）即哲学，而方氏叫做"通几"。他的学科分类法当也受西来学说的影响，他列举各科并批判神学之后，主张三分法如下："有专言德行者，专言经济者，专言文章者，专言技艺者，专言权势者，专言兵符者，专言法纪者，专训诂者，专记事者，专寓喻者，统而言之，无非道也，无非性命也。而有专言性命之道者，离事离法以明心……因有专言生死鬼神者，因有废世事以专言仙定者，因有专言养生者。……考测天地之家，象数、律历、声音、医药之说，皆质之通者也，皆物理也；专言治教，则宰理也；专言通几，则所以为物之至理也。皆以通而通其质者也。"① （按：三种分类法指自然科学、社会科学和哲学。）

方中通记他父亲学习西方科学的情况，曾说：

> 先生（汤若望）崇祯时已入中国，所刊历法故名《崇祯历书》，与家君（方以智）交最善，家君亦精天学，出世后绝口不谈。② （按《膝诗》在别处也说到方以智早精天文，入山后弃置不讲此道。）

方以智的书中提到泰西之学的地方，不下数十处。他讲文字音韵学的时候，一再说要会通西学，例如："今日得《西儒耳目资》是金尼阁所著，字父十五，母五十，有甚、次、中三标，清、浊、上、去、入，五转，是可以证明吾之等切。"③ 此所谓互明，在《通雅》卷首之一，具体指出古音的通转可以借西方文字说明，如"西方字母，'阿'或兼'遏'"。在卷之一，更大胆地提出语文一致说："字之纷也，即缘通与借耳。若事属一字，字各一义，如

---

① 《通雅》卷首之三《文章薪火》。
② 《膝诗》卷二《与汤道末先生论历法诗》注。
③ 《膝寓信笔》。

远西因事乃合音，因音而成字，不重不共，不尤愈乎！"他更说："泰西字，十字皆一画，简便。"①（按：指阿拉伯数码1234567890）又如在《通雅》卷十一天文中，提到利西泰（即利玛窦）历说，指出"今之法密于古"，又说"西图前所未有"，在《地舆》中比较了中西地图，在《考古通说》中承认"至泰西人，始为合图，补开辟所未有"（按在别处对此合图也有批评），在《曼寓草》中痛恨"前年远臣进《坤舆格致》一书，而刘总宪斥之"。其他如讲风引述泰西的风力说②；讲水引艾儒略的水力说③；讲"地游、地动"虽未引西说，但他常批判利玛窦的地圆说之不够服人；讲地圆之说，曾和西儒的说法论难④；讲交通引用利玛窦的船舶制造说⑤；讲中西假设五行、四行的不同，发挥了宇宙形成的创见⑥；他更和利玛窦辩论日大于地的看法⑦。总之，他不仅为学习科学而向西方找寻真理，而且一再提到"借泰西为郯子"，取法其科学的长处，进而研究哲学。例如他说："尝借泰西为问郯，豁然表法，反复卦策，知周公商高之方圆积矩全本于《易》，因吾天地间无非参两也。"⑧ 这也就是他以孔子自居的乐观主义态度，所谓"合天下万世之分，以势其理"，"坐集千古之智，折中其间"⑨，并以古今学问为"薪火"，而由他来烹炮炉炼，如他的诗句所说的："且劈古今薪，冷灶自烧煮！"启蒙学者大都有世界范围的认

---

① 《通雅》卷一。
② 《物理小识》卷二。
③ 同上。
④ 《曼寓草》下。
⑤ 《物理小识》卷八。
⑥ 《物理小识》卷一。
⑦ 同上。
⑧ 《曼寓草》下。
⑨ 《曼寓草》中。

识，大都有折中前人的抱负，方以智正是这样，他说"古人有让后人者"，"学以收其所积之智也，日新其故，其故愈新，是在自得，非可袭掩"①。方中通也综合了他父亲的志趣说："聚古今之议论，以生我之议论；取天下之聪明，以生我之聪明，此之谓择善。"② 因此，在启蒙学者中，或多或少地可以看到"民族的片面性和局限性日益成为不可能"③。

（二）上面我们研究了方以智的《通雅》和"百科全书"相似的情况。同时，我们应指出，他的科学知识还是具有 17 世纪的色彩，而和 18 世纪的法国"百科全书"派是有差别的。这也犹之乎黄宗羲《明夷待访录》的民主思想和卢梭的《社会契约论》有相似之处而又不同。方以智的社会实践和世界观的悲剧矛盾，他对于改造文化方面的方法论的普遍应用和对于政治上的开明专制的无力呻吟，那就和"百科全书"派异趣，而和处于产业落后而专制主义极端凶暴下的"百科全书"派的前行者笛卡尔的思想相接近了。活的萌芽的东西在生长，而死的束缚的东西更在作祟，后者沉重地压迫着前者。历史在发展中，而其发展又处于缓慢而迂回的进程中，这就决定了方以智的思想还没有条件借以走上法国"百科全书"派的典型途径。因此，我们可以这样说，方以智的立基于自然史的唯物主义的世界观和"百科全书"派近似，而其人文主义的色彩又和笛卡尔相似。

好像笛卡尔的人文主义态度那样，他说他是"不适于担任战斗的人物，而是和平舞台（指理想世界）上的旁观者"。方以智也一再表示他是屈原、贾谊型人物，甚至自状为不能有事于功业的

---

① 《通雅》卷首之一、三。

② 《陪古集》。

③ 《共产党宣言》，《马克思恩格斯选集》第 1 卷，第 243 页。

"废人"或"恬退人",但他却自豪能从一切文化方面"通古今,识时务",荟聚古今天下的智慧,而"观天下之变","宇观人间宙观世"!一切都可能安排在至善至美的境地或乐园,然而他在这样恶浊的俗世却无能为力,始而远游,继而逍遥,终而伪装逃佛。

这里应附带指出,方以智虽因躲避清廷的搜索而走了逃禅一路,但他的思想方向并没有因此而改变。我们看他为僧后的著作及语录,除在例行仪式上虚应故事外,毫无坐禅佞佛的迹象。从康熙四年方氏在生辰时与其子中通的对话,可以说明此点:

> 师诞日,侍子中通请上堂。中通问:"桧树即荆条,死路走成生路;祖关穿圣域,钟声敲出铎声。《河图》五十五点恰应地户天门,如何是参天立地处?"师云:"挥空一斧,几人知恩?"进云:"半生先天,半生后天,未免打成两橛。"师云:"直下火炉,是奉是背?"进云:"尼山,鹫岭已同时,谁能不辜负去?"师云:"绝壁奔雷,莫耳聋么?"进云:"冬炼三时传旧火,天留一磬击新声。"师云:"室内不知,儿孙努力!"礼拜退。乃云:"……我这里堂内堂外,个个都似木鸡,事事还他鱼贯。未经桶底,却自忘机现前。松风石涧,摆脱厉色淫声;碓觜茶铛,陶尽凡情圣解。莫道美食,不中饱人。"①

这节对话采用了禅机的形式,其意义却很明白。所说"桧树"、"圣域"、"铎声"、"尼山"均指儒学,"祖关"、"钟声"、"鹫岭"均指佛教。方中通问语的意思是说,方以智在儒学形式中开辟了新途径,现在又以和尚身份讲说象数哲学,这样半生为儒,半生为佛,前后恐有矛盾;禅师的身份是否阻碍人们对他的学说的理解?最后希望方以智重新振作,有所作为。方以智答语则说:自己开辟新境界的功绩有"几人知恩"?又说明自己的思想始终一

---

① 《愚者智禅师语录》卷一。

贯，并未自违本旨，而这种学说好像"绝壁奔雷"，有耳共闻，不会引出误会；最后则把未来的事业寄托于后人的努力。我们由上述对话和方氏末尾的示众语，可知他明知所谓"打破桶底，成佛作祖"的禅宗佛教完全虚妄，不过是借此"摆脱厉色淫声"而已。方以智在改造社会的实践方面虽然无力，装作和尚来"忘机现前"，但他仍志在以"钟声敲出铎声"，没有丧失伟大的学术抱负。

方以智的"通其故"的方法论，也和马克思所批判的笛卡尔的方法论相似。笛卡尔把人类对社会和自然的统治都认为是正确的思想方法的结果。在他的《方法论》中强调了这样一点，即通过方法的帮助，就能掌握哲学，就能占有对人类有利的知识，"能认识实际的哲学，因此可以知道火、水、空气、星、天以及一切环绕在我们周围的物体的力量和作用，正如我们能清楚知道工人的各种不同的手工业一样。……因此，我们能使我们成为自然的征服者与占有者。这不仅要发现无穷的技术与艺术，以使我们毫无困难来欣赏地球的果实以及地球上所能寻到的一切好东西，并且能使健康获得保障。"① 他的方法论后来为法国唯物主义者所继承，如荷尔巴赫说："寻找方法打倒那专于使我们迷失的幻影，是很重要的事。"② 然而又应该指出，笛卡尔通过方法，对"任何秘密，都能揭露"的乐观主义，一到了专制主义威力的面前，却怯弱起来，任何战斗性都消失了。

上面我们曾引证过《通雅·自序》开宗明义的话，"函雅故，通古今"，这是方以智的基本方法论。按他的话是说，好像我们清楚各种不同的手工业一样，所谓"不安其艺，不能乐业"，如果"不通古今，何以协艺相传"呢？照他的意思讲，只要"函雅故，

---

① 《方法论》第六章。
② 《自然体系·序》。

通古今"，那末"古今聚讼"的事物，都可以"为征考而决之"！
什么叫做"函雅故，通古今"呢？他说：

> 雅故，雅言训故也。尔雅者，藏远于迩而以深厚训之也。
> 孟坚《叙传》曰：函雅故，通古今。张晏曰：包含雅训之故
> 也。《管子》曰：圣人博闻多见，蓄道以待物，知其故，乃不
> 惑。①

方以智一反理学家以虚玄一路讲贯通的方法，他以为真确的
方法的第一义是从事实出发。这里"故"指的是"故实"，因此他
说"固实即故实"②，更说"《野同录》曰（指方大镇说）用虚于
实、即事显理。此治心之薪火也；感而遂通天下之故，子舆曰：
苟求其故，此故之原。"③ 他以为真确的方法的第二义是通其故，
这里"故"指的是事物的实然或事物的原因。他说，"付墨洛诵，
推至疑始。始作此者，自有其故，不可不知，不可不疑也。……
以音通古，义之原也。"④ 这也就是《通雅·钱序》中引述方氏的
话："吾与方伎游，即欲通其艺也，遇物欲知其名也，物理无可
疑者吾疑之，而必欲深求其故也。"因而方法论的第三义是从事
物的所以然而求得的所谓"义"，也即《通雅·凡例》说的"辨当
名物，征引以证其义"，或他说的"贵明其理，或以考事，或以
辨名当物"⑤。什么是"通"呢？这就是方法论的第四义，也即是
他的哲学的基本思想或"通几"之通，按他说"通几"就是"深
究其所自来"，同时也寓于"质测"之中，"物有其故，实考究
之，类其性情，征其好恶，推其常变，是曰质测；质测即藏通几

----

①　《通雅》卷三《释诂》。
②　同上。
③　同上。
④　《通雅》卷一《疑始》。
⑤　《通雅》卷首之一《考古通说》。

者也。"① 他主张只要根据他的方法，既不"舍物以言理"，又不"托空以愚物"，那么一切自然社会的事物之所以然都是可以认识到的。关于他的哲学思想将在下篇详论，这里仅把他引王宣的话举例如下，就可以知道在这一点上他怎样地和前引笛卡尔的话相似了：

> ……"天有日月岁时，地有山川草木，人有五官八骸，其至虚者即至实者也。天地一物也，心一物也，惟心能通天地万物，知其原即尽其性矣"……本末源流，知则善于统御，舍物则理亦无所得矣，又何格哉！②

方以智应用他的方法论反驳庄子的不可知论，有两个有趣的例子，从这里很可以看出他的"通天下之故"在认识论上的重要意义。

> 愚曰：无知之知乎？择识之知乎？……天人本无分合，执二执一皆非。大宗师应病予药，神在知症，知症神于知故。《孟子》曰：（则）故而已矣。《易》言幽明之故。"故"是何物？至诚默识，而神明通之，则言有言无，言分言合，言其本，言自根，皆"安时处顺，哀乐不能入"之悬解也。……知则不为一切琦辨奥理所惑，而我可以"转"（用《庄子》语汇）之；不知则一端暗合，而他端又纱毂矣！③（按：他甚至敢批判庄子的"大宗师"是"糠粃"。）

> 愚者曰：何处非沃焦师墟乎！中衍曰："人皆谓源一而流分，会（曾？）知源分而流合乎？水出于山，山各一谷，渐合而沟浍，渐合而江河，归于海则大合矣，岂非流合而源分

---

① 《通雅》卷首之一《考古通说》。
② 《物理小识·总论》。
③ 《药地炮庄·大宗师》篇评语。

乎？"然则源一之说奈何？曰：源为流之源，流则源之源也。地形如胡桃肉，凸者为山，凹者为海，海各归地心，地心转出于山顶，犹人身之血也。自非格物者，以费表隐，何能决信！①

从上面两段话看来，方以智从质测和通几，即从科学和哲学，应用"通其故"的方法论，指出庄子不知其故的理论必然走向神秘的唯心主义。方以智的"炮"制《庄子》比王夫之的《庄子通》更高明一筹。

方以智运用"通其故"的方法，特别在文字语言的研究方面，有"知其原"的发现。占《通雅》重要部分的卷之首和卷一、二、三，都是从这方面讲的，但他一再警告人们说，这书是不能从音义之小节处看待的，而是"坐集千古之智"的通几和质测兼有的"一大物理"书。实际上从《通雅·自序》和首篇讲知识是"古今相续而成"的进化观点，一直到末尾讲形神问题和运气问题，都在说明"智藏于物之道"，而例子最多的是他所熟习而在当时容易掌握的一门语言音韵科学。通过他的方法论，他不但从文字语言方面寻求出"即器即道"、"心亦一物"和"质测"藏"通几"等等唯物主义的观点，寻求出"乡谈随世变而改"，"声音之道与天地转"②的进步的历史观点，寻求出"人所贵者心，而不离五官"③的认识从感觉出发的观点，寻求出"学也者，觉悟交通，诵习躬效而兼之"的实践观点，而且他自认在文字语言科学方面，"数千年不决者，辄通考而求证之"④。

他把文字语言比做薪，把道理比做火，所谓"文章薪火"，

① 《药地炮庄·秋水》篇评"北海"寓言。
② 《通雅》卷首之一《方言说》。
③ 《通雅》卷首之一《六书声音转假说》。
④ 《通雅》卷首之一《考古通说》。

"即薪藏火"，"文藏性天，圣人所以大畜古今之神，而安万世之灶。"这就和道学家们把六经形式捧成符咒似的僧侣主义相反了。他指出："声音文字之小学，盖道寓于器，以前用尽神（指知识）者也。"① 古人的文字并不是神秘的东西，文字不过是人们就万事万物而表达名义的东西，"晶光莫文于天，条理莫文于地，配义而昌之以名。人受中生而传呼其中，因表其象。……人心之所吹呴流注，即神不可测者也。"② 因此，与其说天地万物是神而不可测的，毋宁说人类的创造是神不可测的。此所谓"神"是人类的知识能力，它的无限创造发展，就能理解万事万物，掌握了神明，所以他说："天之为天也，神不可知，而神于可知之人。"这一"神于可知之人"的大胆的命题，和笛卡尔的方法论相似，同时又和他的二元世界观相去颇远，而和法国唯物主义的一元世界观相近了。例如荷尔巴赫说："真实的物理学只有导神学于灭亡。"③

拿文字为例，他以为，文字既然是"智藏于物之道"的广阔的工具，人们不但不能把它神化，反而要正视它的起源，这就是《通雅》卷一开首说的："方言者，自然之气也。以音通古，义之原也。"不要以为古文是难懂的，其实它在当时就是方言似的通俗的白话，而文章和语言原来是言文一致的。然而为什么古书字义难识呢？他说这是由于"义随世变而改，声音因天地而转"，因了声音方言的古今变化，于是古书就难通了。早在春秋时代的孔子就觉得三代的制度不容易懂得，然而方以智却以为如果按"通其故"的方法研究，后人就能超过前人，孔子不懂得的东西，后人却可以懂得。方以智在这一点非常自负，他说："古今方言亦变矣

---

① 《曼寓草》中《字汇辩序》。
② 《曼寓草》中《采石文昌三台阁碑记》。
③ 《自然体系》上册，第164页注。

（按他分其历史为五个阶段）。……愚历考古今音义，可知乡谈随世变而改矣，不考世变之言，岂能通古今之诂，而是正名物乎！"① "愚者遍考经籍，证出历代之方言，始知其所以讹、所以通耳。音定填字，伦论不淆，岂人力哉！……此物理微至之门，别有精论。"②

这里我们省略他所举的证据，只引他的书首凡例，就可以了解他的文字学的创见了：

> 各方各代，随时变更。……天地岁时推移，而人随之，声音亦随之，方言可不察乎？古人名物，本系方言，训诂相传，遂为典实。智考古今之声，大概五变。③

从这样的理论出发本来可以得出语文一致的改革方案，但他着重了"观古今之变"，在改革当世之务方面恬退下去。尽管如此，他不失为近代第一个提出文字改革的人物。他已经流露出了这样的意见，他说："字之纷也，即缘通与借耳。若事属一字，字各一音，如远西因事乃合音而成字，不重不共，不尤愈乎！"④ 问题的提出是以时代风云中的人物所能够提出的为限，方以智提出的问题就是封建制解体过程中资本主义萌芽时期近代民族形成过程的反映。

方以智把文字书籍当做随着时代变迁而为人所不断扩充的武库。"吾尝曰：诗、书、礼、乐，扩充之炭斗，优游之桑薪也"，在他看来，文字这一工具和手工业者使用劳动工具进行创造性的生产是一样的，所以他说："士以读书明理为业，犹农工之刀耕也。志道游艺，外内一致，张弛鼓舞，全以此养之而化之。文章

---

① 《通雅》卷首之一《方言说》。
② 《通雅》卷首之二《藏书删书类略》。
③ 《通雅·凡例》。
④ 同上。

即性道，岂曼语哉？进德必居其业，立诚用在修词，大畜日新，道寓于器。"① 对于文字的这种看法，可以说是近代白话文运动的启蒙先觉。其理论根据，即笛卡尔式的知识和手工业的工具相似的论点，同时，从他根据这样的新观点所批判的对象看来，也是近代人向着"文以载道"的国粹论攻击的先觉。他说：

> 闻道者自立门庭，糟魄文字，不复及此。其能曼词者，又以其一得管见，洮洋自恣，逃之虚空。……训故专己，多半傅会，其以博自诩者，造异志怪学！②

> 汉儒解经，类多臆说；宋儒惟守宰理，至于考索物理时制，不达其实，半依前人。③

这样，文字就不是如生产工具似的，借以创造发明，而是妨碍历史发展的束缚物了。因此，他说："执古废今则非，若执古之讹误者更不必矣。断之曰：古通（指古代通假字）有伦，谬误宜正，雅音宜习，正韵为经。学者讲求声韵之故，旁参列证，以补前贤之未尽，使万世奉同文之化，是所望也！……智尝因悉昙、泰西，两会通之！"④ 但历史的进程是迂回曲折的，他所希望的万世同文之化的远景，一直到"五四"运动才完成。

（乙）方以智社会实践的悲剧性

上面我们论述了方以智研讨古今之变的气概，指出了他对于时代条件给予他可能解决万古疑难的幸运的赞美。我们从他的认识世界的乐观主义，即他所谓的"坐集千古之智"而让后人新发明的最"幸"的时代，是不是可以逻辑地得出他对社会改革的乐

---

① 《通雅》卷首之二《读书类略提语》。
② 《通雅·自序》。
③ 《通雅》卷首之一《考古通说》。
④ 同上。

观主义人生观呢？否！否！他在社会活动中，始而屈原其志，继而道人其行，终而假佛逃世。这理论和现实之间悲剧的矛盾怎样解答呢？我们的答案很简单，问题就在于他所处的时代的矛盾的辩证法。既有新世界出现的可能性，又有新世界难以出现的现实，这样的历史决定了方以智的生平，因而在他的生平表现出文化战斗者兼社会咒骂者那样一身而二任的悲剧性格，或刻上了17世纪启蒙者内心矛盾的时代烙印。这不是单单从明代被清代所代替的民族矛盾中所表现的爱国主义可以完全说明的，而更深刻的原因，最后是社会的经济关系。在这一点，方以智虽然和笛卡尔式的"旁观者"相似，却更富于悲剧性，如说"吾处此世，而不能自强，又不能逃"。（早期作品《泊轩记》，《稽古堂文集》二集上）为什么方以智以17世纪中国的唯物主义一元论自居，而又有这样的处境呢？矛盾在他是自觉的，请先看下面他仇恨现状、呼唤光明而又期待不至的心情表白吧！

> 欸斯世之难处兮，又奚之而可适？夜耿耿兮鸡不鸣，睇东方兮何时明？独储与不寐兮，长太息兮人生！[①]（按：此赋作于他的青年时代，约在崇祯初年。这一类的作品，多为他的前辈所不满，责他"无的放矢"，甚至他的至友吴次甫也说他"好不祥之言"。）

诗句的意义，显然表示黎明前的黑暗时代！方以智之和"斯世"不相容而折入悲剧，可以作这样的理解：从其客观的意义上暴露出的社会矛盾讲来，他的人格是伟大的；而从其主观上反映出的市民阶级的意识看来，他的性格却又是软弱的。

首先，且从他的政治观点来研究。他是同情没落的皇权的，然而他对腐朽的统治者的正义期待或政治表白，却客观上暴露出

---

① 《稽古堂文集》二集上《瞻阴雨赋》。

了社会的危机。早期启蒙思想者的特征是对一切阶级一视同仁，用他的话讲，即叫做"上下之情相通"。他期待着的开明专制既没有可能，怀疑着的农民战争又成为现实，客观世界不但如他说的"上下间隔不通"，"天下所以不治"，① 而且暴露了农民战争和市民运动的阶级斗争。这样的坏世界，从启蒙者的"公平"角度去看，好像都是反常的，都不适合于他理想的所谓从文化学术的改造以变革社会的意图，即他说的"天下之故，理尔，势尔，情尔。……不过通上下之情，就天下用天下"，开明专制之道只有"自人主好贤好学始"。② 一切社会政治的改图，仅仅在于上下要读书。③ 这也如荷尔巴赫的教育论所说的，只有教育使人可以获得幸福，方以智以为有知识的帝王和有学问的贤相贤臣士就是政治开明的前提。

启蒙者的一般倾向，善于探求万世的乐土或黄金的世界，而不可能懂得现实社会改造的方向。然而随着时代的发展，他们也可能提出一种乌托邦而客观上仅是民主的要求，也可能提出一种改造方案而客观上仅是公法的要求，黄宗羲属于前者，而以智属于后者。他有一篇《相道》（《曼寓草》上）和《帝学》的君道排在一起，也具有《明夷待访录》的《原君》、《原臣》的意图。他规定"相道"的条件是（1）有权，（2）有学，（3）惟公，（4）惟明，这样就有些和黄宗羲的宰相论接近了。方以智论到虚实的哲学范畴时，曾暗示出君为"虚"、相为"实"的看法，具有和唐甄《潜书·抑尊》篇的相同思想，例如方氏说："善用者用其容者也。……不得宰相，至尊何用？不知徽籥，则顽天顽海顽虚空耳，

---

① 《稽古堂文集》二集上《拟上求读书见人疏》。

② 《曼寓草》上《帝学》。

③ 《稽古堂文集》二集上《拟上求读书见人疏》。

塞上塞下亦胶盃也。"① 这不是骂专制"顽"君的话么？

方以智的政治观点都从心理学伦理学出发，这部分思想大都表现在他的早期著作《稊古堂文集》中。例如他攻击宦官专政，指出他们为害极大："莫谓唐庚任异同，伤心钩党在朝中，款边平腹谈分北，加饷增兵叹大东!"② 指出"用耳目以为察察，而彼（宦官）乃得从中窃其权"，在他看来这是由于缺乏"治莫大于正名，法莫大于定分"的原则。③ 他攻击贪污枉法，指出满朝都是些"贪婪兢进"之徒，在他看来，这是由于"是非不一，赏罚不公，名实不当"，因而"居官为奸"，"寡廉鲜耻"，一切以"私意为是非"，而"公法"就不存在了；④ 他攻击八股取士，指出当世庸俗无知者大都可以崇高尊显，取得富贵，而博学有志之士则被人蔑视，并目之为怪物，在他看来，这是不能"励学官，征通家"以求人才的结果。⑤ 他更看出了社会阶级的矛盾，指出当时"民愁流庸……闾里匈匈，岁一嗛，蜂起耳"；⑥ 甚至描写道："天几日而不黄兮，人何日而不匡惧？""祈羊其将至兮，山且崩而簸其颠，民夫人各有所迷兮，恶可强而合之也？"⑦ 在他看来，这是由于不信于下，则无君权，反之，"因民情利其用，则君权斯行矣"⑧。然而，他最后不能不说，"我生何不辰，天地遂崩裂！"他这样天真的论点，并不是难以理解的，这是一般启蒙学者不能进入历史学的共同特点。

① 《药地炮庄·逍遥游》篇评语。
② 《稊古堂文集》二集上《哀楚》。
③ 《稊古堂文集》二集上《拟上求读书见人疏》。
④ 《稊古堂文集》二集上《拟求贤良诏》。
⑤ 《稊古堂文集》二集上《士习语》。
⑥ 《稊古堂文集》二集上《拟求贤良诏》。
⑦ 《曼寓草》上《顾瞻噫》。
⑧ 《曼寓草》上《钱钞议》。

撇开他的心理和伦理的观点，我们从他暴露出的社会矛盾来分析，他批判政治得失，也是力求忠实于他的方法论的。例如他的《帝学》篇研究帝王专制的心理，从科学的意义看来，它是不正确的、肤浅的，而从历史的意义看来，它却是有价值的。他分析专制帝王有六种心理：一、好胜人，就必然甘于听佞辞；二、耻闻过，就必然忌讳于直谏；三、骋辩给，就必然剿说诡误而压服人言；四、眩聪明，就必然臆度而虞人以诈术；五、厉严威，就必然难于降情以接物；六、恣强愎，就必然不能引咎以受规。如果我们把这些话翻译成经济政治的意义，那就可以了解封建主义超经济强制的特权是和平等的法权对立的。他的心理分析的文章，如对于"大珰"（宦官），对于权贵，对于士习，都是有价值的论断。他的《帝学》等篇是属于进步思想的一类，但不是反清的作品，《浮山集》被清统治者一并宣布为禁书，后来编的《方氏七代遗书》所收的《稽古堂文集》便也把它们删去，其中《曼寓草》则全部落选。

这样从心理伦理推论下去，那就不能不使他把社会内部的新旧矛盾归结为超人和俗人的心理对立，这也是启蒙学者所容易走入的逻辑途径。他把社会真实的矛盾还原于人物之间矛盾的悲剧，一种是"世之所为尊宠者，诡世取容，粥粥以自通……苟得所当，即为人庸伎以求簪笏何惜焉！"[1] 另一种人物是"所拳拳者体天地之撰，明圣人之中道，此必不容自己者也"[2]。前一种人满塞于世途，而后一种人则"路幽拂以长鞠兮，独埋郁乎山之北，山中人兮鸣玉琴，璐错石兰兮珮参参！"[3] （按："山中人"为龚自珍所袭

① 《稽古堂文集》二集《为扬雄与桓谭书》。
② 同上。
③ 《稽古堂文集》二集《瞻阴雨赋》。

用，其意思就更明显了。）

方以智还不仅作这样的个性还原术，而且更把超人个性的人物，集中于自己一身。如果说笛卡尔的"我思故我在"的唯心主义成分是怀疑旧世界的弱者的表现，则方以智的"何妨伤天地之心，听举世妒之，天地妒之"①的自我否定，也是和旧世界势不两立的弱者的表现。这就无怪乎从政治至学术，他都感到孤立了，"不知者以为诽谤朝政矣，知之者又以为物禁已甚，无故而善悲怨，非君子之所喜"②，"穷理者嫌其异于宋儒，而非之者有矣"③。因此，他的究明天下古今的乐观主义，到了最后就不能不变成它的对立物，即悲剧的人生前途，他甚至模仿屈原的《天问》，追问道："天道其终无信兮，吾不知古之人何以为生!?"④ 一个唯物主义者居然请求"昊天降罚"，希望把旧世界改变得清平起来，"苟昊天降罚而世清平兮，君子又何患乎郁郁以终!"⑤ 然而，社会是不可救药的，这是希望不到的，因此，他一方面敢于说世界"无主"，另一方面又自背于自己的理想，感到智者束手无策!

　　百神伏而无主兮，虽巫咸其安卜之?⑥

为了说明方以智生平的悲剧矛盾，我们还必须进一步作些分析。这里我们依据他的诗赋一类无所顾虑的创作，比依据他因忌讳多端而束手束足的一类政治论文，或许更能看出他反映时代的复杂图景。首先就他早年作品《九将》赋（《稽古堂文集》、《浮山集》和《桐城方氏七代遗书》都选载）的思想看。

---

　① 《岭外稿·屈子论》。
　② 《稽古堂文集》二集下《送李舒章序》。
　③ 《稽古堂文集》二集下《又寄尔公书》。
　④ 《曼寓草》上《激楚》。
　⑤ 《稽古堂文集·九将·阴女赫》。
　⑥ 《稽古堂文集·矢神听》。

1.《终永怀》——暴露黑暗世界的生杀予夺：

抚嘉时之长遭兮，哀民生之何能穀！

愍众人之或或兮，莫不夸毗而冯生；掴然贪惏而罔知其究兮，攫纲深爪以相争！

怵居徒之徇贿兮，岂惟仆仆而致也？觇令名之鲜终兮，列士繇来而是也！

2.《念谁昔》——描写启蒙者和这世界不相容的悲剧：

云驾鸾皇以启先驱兮，众固輾然拍张而晒之；策驽台追逐而旋泞兮，众又纷拏辚藉以窘之。

将欲效突梯滑稽以诡适逢遻兮，中顾溳涊而不忍；宁于邑轗轲以侘傺兮，焉得不多瘏而觏闵！

3.《忝自鞠》——太息超人在这样世界进退两难的矛盾：

世溷浊而哗众取宠兮，夫安知嬾我之尚博蹇。进余不足以拖荣于岩廊兮，退余反见诋诃于闬里！

4.《阴女赫》——憧憬新世界的到来：

当乘权而淫威兮，彼鬼蜮其将安极！纵反侧其可极兮，念修嫮者长此困穷！苟昊天降罚而世清平兮，君子又何患乎郁郁以终？

5.《劳作所》——希望新世界而期待难至：

岁云暮兮日已施，路修远兮不得归。

劳劳兮曷其有已，歌者苦兮多悲声。

6.《告台颠》——暴露封建专制的残暴和暗无天日：

昧冥冥以倒行兮，即霹雳吐火而盍惧！

彼以蕙蔺而职噂沓兮，朝频颈而莫陷以连坐，苟得逞私愤以献宠兮，满谰诬天乎亦何不可！

胡我生之多故兮，不自先而不自后？岑岑涕泗以伊嚶兮，吾焉知此何时也？

7.《矢神听》——通过个人的观点，暴白社会的不平等：

悼有昊之弔零兮，何参差以昇不均？

贤者偃蹇而无禄兮，谗夫蝮鸷而有庆，渊愚而终以殀兮，跖横而寿弥昌！

意天轨之贪乱兮，余恶乎痛斯世而哭之；百神伏而无主兮，虽巫咸其安卜之！？

8.《强消遥》——期待推翻旧社会的改革者，而隐约难见：

历横术之广广兮，遥望山中之无人，山无人兮木叶下，羌暳暳兮风以雨。

常羊消遥兮，不知是非；白日已旰兮，恶可以为？

9.《抽乱曲》——最后断定旧世界必然没落崩溃：

徘徊剧骖兮自失，太行岋崱兮将安之？统单亟而干既断兮，陈揭蚕而廪已灾，山将颓而木安植兮，空无云而殷其雷！

《九将》（用《诗》句"忧心京京""亦孔之将"的将字）的悲歌，不是屈原的翻抄，而是17世纪中国社会的哲人利用古代语言形式和思想材料的启蒙式的改造。我们从他的《七解》（同上，作于崇祯十年，即1637年）这样自传式的文中更能看出他的思想背后的时代图景。所谓"七解"，是他假设了七种历史途径而该走那一条路的答问。

他化名为一位抱蜀子。这位少年人物，满腹经纶，气盖一世，一方面意欲"遇时以沛天下"，另一方面又有志于"合古今俯仰，著为一书"，然而他的历史却是悲剧的，"世家好善而善不可为，世家好学而不学者嫉之"。和他从世界观上了解的时代所给予他的幸运相反，这里的时代又对他十分不幸了，"时不遇矣！"那么他该向那一条路走呢？

第一条路是一般庸俗文人所走的，借助于八股制义以取得富贵利禄的官途。这条路是他从来所反对并厌恶的，他以"好古者计千秋，逢时者计一日"的理由，否定了这条世俗龌龊之路。

第二条路是"讲计研之术"，货殖以致富。他的确动过做一个致富商人的心愿。他在《货殖论》中说："论货殖者，悲斯世之不可以不货殖也。"他区别货殖有两种，一是"豪恣作奸"，好像超经济剥削的旧货殖；一是"善施于，磊落急义"，好像等价交换而又博爱似的新货殖。前一种人物，在官僚场中，王侯公卿，大有人在，他们一旦做官一二年，就可以获利巨万，"田宅徧国，竟极上腴"，然而基于权势而得的财富，却可以因了失掉权势而受大祸，因为在这个世界"权之所集，人争附之，豪而无忌，人争畏之"，财产关系是从属于身份特权的。抱蜀子居然看到自由竞争不能在以特权支配的封建生产关系之中存在："权者，势之本也；势者，利之归也。当有之世，廉洁自谨，见侮于世；有权势者暴而益昌！"所以，虽然按照他的"货殖，则天下大治"的道理，似乎可以"勉商贾之术，释豆羹之辱"，但是生产和货殖决不能抵挡住封建的"权势"，他发生了矛盾，"悲夫！俗以相凌，贪风日涨，仆虽喜施与，又不能结交权势，安能免于今之人乎！"于是，怀疑生产致富的途径，似乎隐居起来还好些。这一点反映出复社人物的市民意识。

第三条路是结交天下之士以乘会兴作，做一番大事业。他的确从事过这样任侠的试验，在《嵇古堂文集》中有一篇《结客赋》，在《曼寓草》中还有一篇《任论》，都表白出他有意于结党的市民运动，这一点代表了东林以至复社人物的思想发展的高峰。他在《结客赋》说：

> 古之结客者，意欲以有为也。……同己者党之，异己者排之，此即所谓引义已然诺乎！
>
> 尝惟古人之风，引义慷慨，藉交报仇……养客以乘会立

功，可不谓杰欤？

他在《任论》一篇，更引经据典地发挥出公开结党的大胆言论：

> 子长（司马迁）序《游侠》中篇而叹曰：缓急，人之所时有也。其语未卒，特痛其情耳。已诺必诚，不爱其躯，赴士之厄困，既已存亡死生矣，而不伐其德，此其于正义，何不轨之有？孟坚（班固）责之，故意掩前人以自郑重，不惟不知此情，又何尝明此义乎！……六行之教，任居一焉。侠者，任之糜也。先王之政教息，上失其道，无以属民，故游侠之徒以任得民，慕其风声，延颈愿交者，接毂填门。其人因得藉势作奸……擅主威而干国纪，盖"任侠"之教衰，而后"游侠"之势行。……所谓不轨于仁义，谓以武犯禁，梗功令、夺亡命之类也。必其上之诛罚不当于三代之直，于是里巷之义发愤犯难而任之。若所任非其义，是岂得为侠哉？任而义也，见义不为，孔子耻之。……士君子高则谈道德，次亦立名称，一有不平之事，干涉禁令，则惟恐枝梢之及己，闻声股栗，见影而伏，平素陈、雷、廉、庆者，患难仓卒，则闭门摇手，但不出首，即其德矣！……不过畏祸偷身而已。知其身，则不知其义，波靡至此，举世皆肉而无复骨矣。诩诩自任道德名称者且然，而况从不以一事自任者乎？

由此看来，他虽然区别开"任侠"和"游侠"，婉转地规避说游侠的"犯上作乱"合于正义的行为，但他也指出原因在统治者而不在人民，任侠的结党以及反抗行为，在他看来，是新时代的新道德，和旧时代的畏祸偷生的道学家的道德律是对立的。这的确是启蒙者的进步理论，是东林至复社的市民思想的总结。他虽然不赞成农民起义的宗教号召，也不同意农民暴动的方式，但他却看出人民结社的力量以及知识分子的无能："游侠博贩可惧，其智略足以驾役也，文墨龌龊无能为矣！"① 他的志愿曾倾向于这条道路，例如他说：

> 有游侠公子者，为人雄骏。……尝慕四君之风，门下食客近三千人，担囊命棹，南招乎吴楚闽越，驾辕约结，北暨乎燕赵齐秦。而公子亦好游天下，跛阅九域，浮宅五湖，方内奇行瑰异之士，以迄鼓刀贩缯之徒，莫不折节致税，枉道而顾其庐。②

然而他在《七解》、《结客赋》和《送李舒章序》中都表示出他有心理上的矛盾，一则说"结交豪杰……虽欲散家，如无家可散何？"再则说，结交和社会的势利好尚相矛盾，他动摇了，懦弱了，最后说："徒以为散黄金，多结客，庶可以有为于天下；何乃知振穷周急，颇有国士风，虽陷于刑辟，则亦结客之雄者也，岂可语于世之相轧相攻耶？"既然现实世界不容他做"陷于刑辟"的革命行为，怎么办呢？于是他谢绝结客，旁观起来，"阅天下之变"！从肯定结客而又否定了结客，悲观地歌曰：

> 秋风发兮草木衰，人生结客兮少年时；黄金尽兮故人去，世无知己兮将安归？

《结客赋》和《货殖论》都有二重人格的裂痕，《结客赋》的东郭先生和游侠公子，《货殖论》的澹泊先生和货殖子就是对立人格的写照。游侠公子、货殖子是市民、资产者的化装，各欲挟近代的经纶而有为于天下，然而东郭先生、澹泊先生是怀疑主义的人物，是封建主义统治下黑暗世界的恬退者。一个规劝了游侠不能以刀椎和虎豹相斗，一个规劝了商贾不能以货殖和权势相争，

---

① 《曼寓草》中《防乱》。
② 《嵇古堂文集》《结客赋》。

因此，只有放弃斗争，裹足不前，在隐逸的空想之中，退下阵来！方以智的二重人格，如果用鲁迅《过客》中的过客来比喻，老人和童子的话都对他起了作用，作为精神上的过客，听了童子的话勇往直前，而且走得特别勇敢，创造性地开辟了世界的康庄大道；然而作为生活着的过客，听了老人的话而迷惑地站住了，而且插上老、庄旷达的"遣放"之花，和老人拥抱起来，心弦上弹起了共鸣之曲！

第四条路是向皇帝上书，采取现实的开明专制式的改良，但他完全否定了这条路的可能，他在《诗集》中有这样悲愤的话：

> 几年挟策哭长安，争奈公卿笑不看；坐视虎狼驰殿陛，依然鹓鹭列衣冠。投名已恨滦盘水，上表何颜见秦坛？倘作阴风城下鬼，定将此辈肉供餐！

第五条路是长生不死去学神仙，但他对这种想法也加以否定，指出这种想法是迷信，他的《诗集》中有这样的话："我欲依神仙，神仙不可托。"

第六条路是入山而隐或和山中之民一道反叛，他也对之完全否定，理由是既不能躬耕，又不愿有做"贼"的名义，他哭陈卧子诗的序说，"天下之风已渐变，而天下之乱已极……生此何不幸乎！"那么剩下的道路是什么呢？这就是《七解》中最后一解了，这最后一解的末章，据他说是"为故人责之，哀而勉之"①，不得已而走的穷途末路，这条路不为一般世人所喜，但他不能因世人所笑而不为，即所谓"温古昔，考当世"、"覃精经史"②而已。《送李舒章序》更明白地说到"作《七解》以自况"，最后的解答也是：

> 欲备天地万物古今之"数"，明经论史，核世变之"故"，

---

① 《稽古堂文集》二集下《送李舒章序》。
② 《稽古堂文集》二集下《七解》。

求名山而藏之，然后与故人饮酒，不已迟乎？

从这里方以智离开社会实践的方向，又回归到他的世界认识去了。他既然在现世感到"苦人之薄命"①，"时也势也，英杰生此时之命也"②。那么，在理论上就折入命定论，他说："生寄也，死归也"，"听其自然，俟之之道也，至人不伤其天也，时至则死耳。"③ 这些话虽然主要是表白他的爱国主义的贞洁心，但他在南明上过十次疏，都以隐退为职志，其"旁观者"或"恬退人"的表现是一贯的，后来在《浮山集·谣岗废稿》中还说："权奸乱政，臣每畏忌其锋，不能抗疏劾争，丑□（虏）凭陵，臣仅万苦伏匿，自保短发，不能起义婴城，与肖旷等骂贼而死。"④ 他的世界观和老庄哲学不同，但他的超俗的所谓"高风"，常流露出和老庄思想的命运观相似的论点（特别在《岭外稿》所收集的文章）。恩格斯形容近代启蒙者时指出：他们一些人用口笔，一些人用剑，也有一些人兼用二者，⑤ 方以智虽只会用笔，不会用剑，但他以为用剑斫不动的世界，却可以用笔来伐动！

笛卡尔—荷尔巴赫是世界哲学史上的著名大师，然而中国的启蒙哲学家方以智却被埋没了三百年！

二、方以智的唯物主义哲学思想

（甲）方以智的唯物主义和自然科学

我们研究方以智的哲学思想并研究他的社会思想，好像走进

---

① 《岭外稿》中《又答卫公》。
② 《岭外稿》上《历昭纪略序》。
③ 《岭外稿》上《俟命论》。
④ 《四辞请罪疏》。
⑤ 《自然辩证法》，《马克思恩格斯选集》第3卷，第494页。

完全矛盾的世界，从他的"顾影残生，无复人理，命也苦矣"①
的悲剧世界，折入于"坐集千古之智，折中其间"，而使"数千年
不决者，辄通考而求证之"②的伟大的幸福世界。就前者说，他
在黑暗的、风雨凄凄的、漫长苦恼的深夜之中，潜伏于即将沉沦
的破舟之上，他所看到的一切东西都是灰色的、没落的；就后者
说，他驾驭着智慧的骏马，驰骋于古往今来"开辟未有"③的广
阔大路之上，恰如法国唯物主义者崇赞理性的态度，继承着天下
古今的知识，而勇敢地解决前人所不能解决的种种难题。他对一
切所能作为对象去研究的东西，又都认为是可以"通其故"而
"类其情"的，可以区别其特性的。从前者说，他虽然前后并不十
分一致，青年时代崇赞贾谊、屈原的性格，中年时代仰慕老、庄
的高风，老年时代皈依禅门，但悲剧性是一贯的；从后者说，他
没有因了境遇的变迁而修改他的哲学观点。《通雅》、《物理小识》
等早期著作和《药地炮庄》、《愚者智禅师语录》等晚期著作，虽
然在形式上有些异样，但基本精神却是一致的。总之，在前者与
后者之间是存在着矛盾的，然而这矛盾是相反相成的，正因为有
前者才有后者，也正因为后者才有前者。

　　他的哲学思想，不但始终利用了《周易》这一古代的思想材
料加以改造，并增添了时代所允许增添的新内容，而且也利用了
禅学形式加以自由解释。实际上《易》学和禅学在他的手中仅是
一种托古的形式，因为他的学旨标着"以不自欺为种"，"以学问
为茶饭"，而由自己"折中其间"。所谓"不自欺"是指这样一种
精神，即"设身处地，自忘其心之成见而体之，乃能灼然天下之

①　《岭外稿》上。
②　《通雅》卷首之一。
③　同上。

几"，① 是反对偏见的代用语。所谓"以学问为茶饭"是指着这样一种精神，即"思其义之所指，勿以辞病义，诸子百家，可合观焉。"② 所谓"折中其间"，指的是荟聚古今知识于一炉，不但不为中国古今人物的学术所桎梏，如他批判诸子百家以至宋明理学，而且也不为西来的外国学术所限制，如他批判泰西之学"详于质测而拙于言通几"，或"通几未举"，吸取其科学技艺而否定其神学世界观。从下面的两段语录就可以看出这一消息：

　　宇观人间宙观世，山谷狼藉三藏秘；是谁点燧照一际，不攀断贯索几例！③ （按：第一句话"人间世"三字是借用《庄子》的篇名，而命题却颠倒了庄子的本义，批判了不可知论；第二句话是指书籍并不能为人们解决问题；第四句话是说创造性地研究时空。）

　　青原垂一足，住山唯铏斧，且劈古今薪，冷灶自烧煮！④ （按：末二句话指荟集古今知识而自己独立思考。）

这就是方以智诗所说的"天地一时小，惟余谷口宽"的意思。他在现世只有入山一途，而从世界观讲来，则上下天地的秘密都不算什么难事。所以方中通说他虽然逃佛，而哲学研究从未中辍。所谓"逃世还传救世方"⑤，不过在山中不能研究科学了，方以智的诗句有"冲之（祖）传历意，谁与问青天？"⑥ 中通《陪诗》有和诗，也提到方以智"身外都除尽，山中不问天"，这里的"天"指天文或自然。他晚年的代表作《药地炮庄》，作于庚子（1660

---

① 《曼寓草》中《史统序》。
② 《稽古堂文集》二集下《四书大全辨序》。
③ 《愚者智禅师语录》卷一《示廖生公居士》。
④ 《愚者智禅师语录》卷一《示山足斧》。
⑤ 《陪诗·迎亲集》。
⑥ 《愚者智禅师语录》卷一《除夕示中子兴馨》。

年）前后，《陪诗·省亲集》诗"趋庭无别语，开示总《南华》!"注说："时老父著《药地炮庄》，并说省亲时间在庚子。"这部书一向不为人所注意，在此应先略作介绍。

方以智说《炮庄》一书是承他师父觉浪道盛的遗志而写作的。"痛念丈人借庄托孤，乃与竹关约期炮集，既化死水枯椿，尤悼恶空莽荡。"① 这部书不但荟集了古人的注解，而且也引用了当代名家和其师道盛的评语，最后他用愚者、炮药者、药地、极丸老人等笔名，讲了自己的看法。如果说《通雅》等着重在"寓通几于质测"，则《炮庄》着重在"以通几护质测"。《炮庄》的取义，正如上面引述的《语录》，"且劈古今薪，冷灶自烧煮"，是用《庄子》作典型的"薪"材，烧煮一番，以显示"通几"必须批判代表性的古人的谬误，才能总结出正确的结论。他说："竹关大笑此炮场，霹雳琴歌老法殇，烧着纸灰相供养，种兰阶上一炉香。"② 他更解释道："细同漆园（庄子）之柴，一总送在炮药灶中。"③ 怎样炮制呢？他以为"老庄……息火之药也，圣人则燧薪釜灶，享其功，防其祸而已矣。"④ 这里虽然用"火"作比喻，但已经揭露出宇宙是由"火"这一物质实体而生成，老庄只看到"火"的祸害，主观地想消灭物质运动的本源（息火），而不知道"人身病生于火，然此身者亦此火也。"⑤ 这样看来，《庄子》既然是否定物质实体的唯心主义哲学，那就必须批判他的错误，即必须把《庄子》的薪材重新烧化，而反过来作唯物主义的解释。他说：

> 不为物惑，即为人惑，即为天惑。……恰遇漆园药材，

---

① 《愚者智禅师语录》卷二。
② 同上。
③ 《药地炮庄·胠箧》篇评。
④ 《药地炮庄·外物》篇评。
⑤ 同上。

又有诸公炮制，正可旁通一线，各各就路还家。愚者更有一言，果到不疑时耶？①

我们先看他是怎样"炮"《庄子》的宇宙空无论的：

> 或问药地曰：大有人怕"无"字，何以"炮"之？曰：塞乎天地，谓之无天无地也可乎？惟天下至诚为能化，谓惟天下至诚为能空也可乎？以无而空其有，以有而空其无，以不落而双空，以法位而空其不落；"一用二，二即一"之妙叶本"冥"者乎？笑破漆园老叟，不得走索捕风，化作金山鸟王，只是一番怒笑！②（按：本冥的"冥"字，在这里和庄子书的含义不同，方氏释冥为贯，"贯即冥矣"，注："冥字于义为黑色之水，无汇也。"）

我们再看他怎样"炮"制老庄不知物理和怎样研究物理的话：

> 老曰知雄守雌，庄曰众雌无雄，奚卵焉？惠施存雄而无术。知炮制否？……或问：狮子为甚以璎受制？曰：理因物化；郁刃淬海为甚卷而愈刚？曰：水火不知功；猛虎为甚怕雨伞？曰：疑杀人。③

因此，《药地炮庄》就是庄子批判的形象词，它通过对《庄子》唯心主义的批判，正面发挥了理因物化的唯物主义思想。在方氏《语录》中有一段《示侍子中履》的话，即叙述他为什么要写《炮庄》这样的哲学书，他说：

> ……以通几护质测之穷，何所碍乎！……秩序条理，本自现成，特因"几""务"而显耳。格物之则，即天之则，即心之则。岂患执"有"则胶、执"无"则荒哉？若空穷其心，

---

① 《药地炮庄·大宗师》篇评。
② 《药地炮庄·逍遥游》篇评。
③ 《药地炮庄·应帝王》篇评。

则倏忽如幻！如吾以庄子谈虚无，而乃曰"极物而止"，以有形象无形者而定矣。……《炮庄》是（反对）"遣放"之书……无所不具，可细心看之！

按上面的话很明白，是从现象和本质的统一，批判《庄子》唯心主义遮有而表无的虚无哲学。惟"《炮庄》是遣放之书"一句，似乎难解。作者疑此句"是"字下脱"反对"意义的字眼，因为方氏极力反对"遣放"，如果说《庄子》是遣放之书可通，说《炮庄》是遣放之书则不可通。据《膝寓信笔》方以智引他父亲的话说："文以析理叙事纪物；此外则溢言偏词，曼衍遣放耳。"他自己也说："切忌伪饰高旷之语，且以遣放焉耳。"在《旷达论》一文中他又指出达人遣放，专以任诞，好作诡异，以超礼法。据此看来，他似不能以"遣放"自居。如果参证《炮庄》书眉的"闲翁曼衍"字样，至多可作这样解释："《炮庄》是（似遣放而非）遣放之书。"总之，他把《庄子》看做毒草似的著作，用质测如磁针之类的道理，炮制了庄子中的神秘主义"怪"论，进而栽种香花，也即树立健康的理论，请看《炮庄》的导论：

炮药者曰：苍苍满地，尝毒者希。嘴片破尘，水火自熟。只如息阴大树，是葛藤椿，开手生风，怒号作怪。少不得梦此怪"环"，提此怪"刀"，接此怪"舆"，变此怪"貌"，藏此怪"舟"，逃此怪"壶"。相缘弄眼出神，怪犹不了。……登峰不见，一片迷云，南北幸赖磁针，屋脊常骑日月。鳞羽面前寄信，水旱不忧秕糠，饭龙饮鼠，总塞咽喉。说甚钟鼓文章，泼此瓠樽墨汁。望而止渴，笑后还悲！且道藐姑射山（庄子所说仙人居处）在什么处？……今日三脚铛中，如何下个注脚，免得讹传耶？《庄》不可《庄》，旦暮遇者勿怪。①

---

① 《药地炮庄·逍遥游》篇评。

（文中名词多沿庄子术语）

懂得了《炮庄·诸子燔痏》（按：诸子批判在他的书中还可钩稽出轮廓来，如指出《管子内业篇》似《老子》实发前人所未发之旨。）的著作意义，我们也可以了解这样的研究方法正是启蒙学者的特点，前人是没有这样对诸子百家批判和总结的。

方以智不论从"质测"藏"通几"方面，抑或从"通几"护"质测"方面，就其历史的意义上说，是对于"天"或自然的革命理论。中世纪的神学的"天"虽然是神圣的、不可侵犯的，但启蒙学者对"天"的抗议总比对人的反抗要自然顺当些，同时也更适合于近代思维发展的规律，所以说宗教批判是一切批判的前提。首先，我们要研究他对"天"的革命学说是相当于什么阶段。

方以智的自然科学知识有两方面：一是他把中国古代人的科学知识做了一次综合的记录，用他的话说："因虚舟师《物理所》随闻随决，随时录之，以俟后日之会通。"① 借助于这些广博的知识，他说一切自然现象，"天裂孛阴，息壤水斗，气形光声，无逃质理"②，都是可以会通的；一是他学习了当时西来的科学知识，所谓"藉远西为郯子"。他虽然认为中国古代人的科学知识失传，不得不懂远西以复兴古代文明，但他已经感到时代的大变化并不单纯，他引邓潜谷的话说："区宇之内，土壤少殊，物生随异，而况分华夷，限山海，其恢诡俶怪之变，胡可胜纪？古所无者，何知今非创产；今狎见者，乌知后之不变灭乎？"③ 这在表面上看来，好像他已经超出物质不灭这一定理的早期启蒙阶段，然而这种思想对他仅仅是萌芽的，不是支配的，因而他依然是处于恩格

① 《物理小识·自序》。

② 《物理小识·总论》。

③ 同上。

斯指出的时代："开始时那样革命的自然科学，突然站在一个彻头彻尾保守的自然界面前，在这个自然界中，今天的一切都和一开始的时候一样，而且直到世界末日或永远无穷，一切都将和一开始的时候一样。"① 方以智的思想也相当于这样的阶段，如上面我们所引用他答复神学家的话，天地生成只看今天的样子就够了。他引邓潜谷的话，随即表示了这样的意见："因地而变者，因时而变者，有之其常，有而名变者，则古今殊称。……常统常变。灼然不惑，治教之纲，明伦协艺，各安生理，随分自尽。"特别是他的"象数"观念，更把数的偶合看成自然界早已安排好的绝对关系，以为日月星辰的天体构造，以至人身的生理构造，都是由自然而然的始终如一的定数支配的。"天地之象至定，不定者，气蒙之也；天地之数至定，不定者，事乱之也。达者始终古今，深观时变，仰察蒙气，俯识乱事，而权衡其理，则天官备矣。"② 这一理论好像恩格斯所指出的："笛卡尔原理——宇宙中存在的运动的数量永远是一样的——只是在形式上有缺点，即对无限大应用了有限的表现方式。"③ 方以智的理论也相似于宇宙能量守恒原理，宇宙在形式上的缺点是有"蒙"有"乱"的，因而好像"不定"或有限，但是如果总"始终古今"，其象数是一定而不变的。

方以智已经具有"地游"、"地动"的科学知识，有太阳系构成的初步知识，有地圆说的知识，有"火无体而因物见光以为体"的初步光学知识，有几何学的知识，有天文测算的知识，有"炭者火闭气而死者也"的矿物学知识，有从"血气自灵"而认某些动物也具灵性的知识，有"人之智慧系脑之清浊"的生理学知识，

---

① 《自然辩证法》，《马克思恩格斯选集》第 3 卷，第 496 页。

② 《物理小识》卷一《天类》。

③ 《自然辩证法》，《马克思恩格斯选集》第 3 卷，第 537 页。

有药物学的知识。这些如恩格斯标名的"历史的东西",构成方以智的哲学所"藏"所"富"的基础。毫无疑义,这意味着他的哲学可能走向唯物主义的康庄大道。然而,他的革命的科学知识又有其时代的局限性,好多近代的发明是他不知道的。他的科学知识记录式的著作,不是如有些人所说的,是他的知识贫乏的表现,相反地,这正是他的时代的特征。这个时代的科学,如恩格斯说的,是处于"主要还是从事于搜集和初步整理大量的材料"① 的阶段。

近代启蒙者第一次发现地球,是革命的。但早期的学者,依然停留在"保守的自然观"之中,因而他们不能不回到古代人的天才的洞察,以期打开宇宙秘密的缺口。方以智在他哲学护科学的天才的理论指导下,不完全地猜到了能量不灭的原理。例如他说:

> 生有所乎萌,成有所乎归,诚无所逃于终始,相反乎无端也。② (按:以上的话为"通几",下面的话就是"质测"。)
>
> 天"恒动",人生亦"恒动",皆火之为也。……天与火同,火传不知其尽。③ (按:最后一句是用《庄子·养生主》指"穷于为薪,火传也,不知其尽也"句,而加以唯物主义的解释。)
>
> 凡运动皆火之为也,"神"之属也;……凡滋生皆水之为也,"精"之属也。④ 有生必有死,有明必有幽。⑤

这就把中世纪神学家的精神打碎,而建立起自然界的运动滋生的

---

① 《自然辩证法》,《马克思恩格斯选集》第3卷,第495页。
② 《物理小识·总论》。
③ 《物理小识》卷一《天类》。
④ 同上。
⑤ 《物理小识·总论》。

"革命的精神"，其命题是大胆的。他的变化、生死、萌归的无尽循环的"恒动"学说，是天才的创见，不是前人语言的同义反覆。他说知识是古今相续的，历史是可以让后人高明于前人的，因此，他荟集古今哲人而"炮制古今"的精神，尽管在道理上含有极大的形式性，但运动和辩证法已经进入方以智的"质测"之中了。他反对"际先际后"的两橛说，[①] 只承认运动是最高的范畴。例如：

> 李之彦曰：日月运行，天地且不得"闲"，而"闲"岂人所易得哉？药地曰：引得水归灶上，依然柴在山中！[②]

他把五行之气的"火"规定为世界的第一原理，而火这样的气又是运动的同义语，因此"火"的功用，即"神通精气"，而自然的精神又是生于物质，"气生精神"。[③] 在他看来，天地之前的使天地生成的什么神秘东西是没有的，而人们只能知道天地是运动的。

从天地运动的观点出发，方氏得出了关于物质规律的理论：

> 集云：天地孰名之？知所以名天地者，则知所以生天地者，知所以生天地者，则未有天地，犹今而已。……明物之自然，而物之则天之则也。[④]

他从某些物质生长变化的运动，比喻天地的生存发展，他说：

> 深论之，苗末而根亦末也。未之种乃（似）大本也，犹言天地未分前也。（然）种入土生芽，而种已烂，不可得矣！于是上发禾苗，下生禾根，而全禾即全种，全末即全本也。[⑤]

从生成、发展的量变的运动学说，他不但批判了古人本末、先后、

---

① 《药地炮庄·知北游》篇评。
② 《药地炮庄·至乐》篇评。
③ 《药地炮庄·达生》篇评。
④ 《药地炮庄·知北游》篇评。
⑤ 同上。

有无、道器的旧说，而且批判了利玛窦等的上帝创世说，所谓
"泰西……通几未举"，是言之有物的。在生物进化论以及万有引
力、细胞说还没有出现的时候，方以智有这样的定理是最进步的。
但他的运动学说也表现出两点特征，即表现出强调机械的运动和
强调运动的平衡，他叫做"天象原理"。第一，他以为宇宙一切变
化都没有偶然，天地的象数是"至定"的，其所以"不定"是由
于人们不能在"气蒙"或"事乱"的关系中，权衡其理（原文见
上引），天地好像机械似的"本自如也"，一切变化都"是数为之
也"。①尧舜时代和桀纣时代"斯固事数相根，而气操其关籥者
也"②。他甚至说：

> 不独地气，天气亦然。如中国处于赤道北二十度起至四
> 十度止。日俱在南，既不受其亢燥，距日亦不甚远，又复资
> 其温暖，裹气中和，所以诗书礼乐，圣贤豪杰，为四裔朝宗。
> 若过南，逼日太暑，只应生海外诸蛮人；过北，远日太寒，
> 只应生塞外沙漠人；若西方人所处……与中国同纬度者，其
> 人亦无不喜读书，知历理；不同纬度……诸国，忿鸷好杀，
> 此又一端也。③

> 尝考地毬之说，如豆在脬，吹气则豆正在中，其理然
> 矣。……三轮五线，证知中国当胸，西乾当左乳。……黄道
> 之下，人灵物盛，而中国在腰轮之南，天地人相应，其几自
> 应。地势符天，全地应之。④

不要以为这种气候决定人性的说法是幼稚可笑的理论，这里有实
验科学的历史条件的限制，如他举出的西方和中国同纬度的人类

① 《物理小识》卷一。
② 同上。
③ 同上。
④ 《曼寓草》下《星土说》。

性质，就是从他的经验世界的泰西文明而论证的。更进一步地讲来，这正是在一定时代的旧唯物主义者世界观的特点，请看一下法国唯物主义者拉梅特里的话和方以智的话是多么相似哩：

> 如果天气一冷，一件极小的事情也可以使他变得非常暴燥。某一个民族的精神笨重而愚钝，另一个民族的精神却活泼、轻快而敏锐。这种不同，如果不是由于他所用的食物，由于他的父系祖先的精子，以及由于浮游在空中的无数元素所构成的浑沌大气而来，又是从那里来的呢？精神和身体一样，也是有它的瘟疫病和流行症的。①

再看一下荷尔巴赫的相似的理论：

> 一个移植于印度斯坦的欧洲人，对于观念，对于体格，会渐渐地变成完全不同的人。②

这种机械运动的认识，恩格斯指出过，是自然科学发展的时代限制"大大妨碍了对各种过程的清楚的理解"，"抹杀了其他运动形态的特殊性"。③

方以智的运动学说又是同平衡理论相联系着的。他用阴阳之气说明运动和平衡，例如"阴阳之气，各止其所则静（平衡），偏则风，俱则雷，交则电，乱则雾，和则雨"④，而其中的运动变化，又是"独性各别，而公性则一。阴阳和平，中道为贵。"⑤ 从他的著作中的很多地方可以看出，他的运动变化理论中含有一种"时中"或折中的因素，因而不是把统一看做相对的，而是把它看做绝对的。例如，"愚曰：权无我，物有则。可立与权，何远之

---

① 《人是机器》，第24—25页，爱尔维修《精神论》第四讲。
② 《自然体系》上册，第189页。
③ 《自然辩证法》，《马克思恩格斯选集》第3卷，第207页。
④ 《物理小识·总论》注。
⑤ 同上。

有？正中者立也，时中者权也。"① 甚至他常用"时中"之理、奇偶或参两之说，说明"中节"或"折中"是"格物研几之精微"②；并说"天地间无非参两也"，于是形成了他的整齐班列的数度论或均衡论，"一切数度，因地立体，而天用之，以天数统地数"③；他甚至于论诗乐也用自然的数度附会，"伦理天然，不限古今"④，论礼法也用自然的象数附会（如《四礼说》）。在他的用语中，"气"指物质的实体，"几"指运动的平衡，他说：

> 为物不二之至理，隐不可见。"质"皆"气"也，征其端"几"，不离象数。彼扫器言道，离费穷隐者，偏权也。日月星辰，天悬象数如此，官肢经络，天之表人身也如此，图书卦策，圣人之冒准约几如此。……历数律度，是所首重，儒者多半弗问。故秩序变化之原，不能灼然。……核实难，逃虚易，洸洋之流，实不能知其故。……于是乎，两间之真象数，举皆茫然矣。⑤

> 一有天地，无非象数也，大无外，细无间，以此为征，不者，洸洋矣。观玩环中，原其始终，古今一呼吸也。⑥

这里，平衡不是相对的、暂时的，而成了绝对的、永恒的。对于这点，恩格斯有一段名言：

> 平衡是和运动分不开的。在天体的运动中是平衡中的运动和运动中的平衡（相对的）。……在太阳上没有个别实物的平衡，而只有整个质量的平衡。……在地球上，运动分化为

---

① 《药地炮庄·秋水》篇评。
② 《物理小识·总论》。
③ 《参两说》。
④ 《诗乐论》。
⑤ 《物理小识》卷一。
⑥ 《曼寓草》中《周易时论·后跋》。

运动和平衡的交替：个别运动趋向于平衡，而整个运动又破坏个别的平衡。……在活的机体中……这种运动在正常的生活时期是以整个机体的持续平衡为其结果，然而又经常地处在运动之中，这是运动和平衡的活的统一。一切平衡都只是相对的和暂时的。①

我们可以这样说，在方以智的革命的自然体系的运动说中，存在着保守的自然体系的形而上学。这就同时表现了他的哲学的光辉和局限。

（乙）方以智的无神论和唯物主义一元论

首先，我们研究方以智怎样打落了上帝的神圣的光轮。

在他的时代，中国不但有土生土长的神学，而且也输入了泰西的洋神学。对这些神学说教的攻击，方以智是勇敢的。他说："士子协于分艺，即薪藏火，安其井灶，要不能离乎此（指文字）。时移改体，沿变传伪；株守臆造，两皆纷舛！"② 这不仅是对于文字研究而进行的批判，而且是泛论一般的道理。这即是说，不论时髦的古经解释，抑或守旧的古经笺注，离开唯物主义而传伪、而臆造，都是胡说。当时来华的基督教徒对于《诗》、《书》"钦若"、"昭事"的经说，傅会出一套上帝的新说，更有传统的儒家出来保卫国粹，反对这种基督教徒的中西合璧的上帝说。前者可以说是"时移改体"，后者可以说是"株守臆说"。在当时的学术界，这样的辩论是相当普遍的，《天主实义》一书的问答反映了争论的实况，甚至从思想上的"辟邪"和"反辟邪"的对立，还引起了政治斗争，如南京教案。这种论争，将专文讨论，这里从略。

---

① 《自然辩证法》，《马克思恩格斯选集》第3卷，第602—603页。
② 《曼寓草》中《此藏轩音义杂说引》。

方以智既反对洋说，又反对旧说，他屡次指出大禹、周公、孔子圣人的真学问在于"质测即藏通几"，而不是如后儒所空谈的玄虚神学。例如他说："头上安头，凿空言高，而惩咽废食，浚恒自快。荀子所谓错人而思天，失万物之情。"① 他更不满意西来传教士乐于谈天主而倦于谈科学，因而"拙于言通几"。他批判中国的古今哲人，有很多中肯的论断，说"儒者……株守常格，至于俯仰远近，历律医占，会通神明（指道理），多半茫然。"② 说庄子"不过以无吓有，以不可知吓一切知见"③。说"公孙龙离坚白（按方氏第一个提出这样的命题，以区别于合异）……不通大小互换"④。说汉儒"考究家或失则拘，多不能持论，论尽其变"⑤。说"晋人……诡随造驰，愈遁愈奇。"⑥ 说宋儒只守"宰理"，"宋明理学"的空谈，"国失之弱"；⑦ 说朱子比庄子更会迷人，庄子不过是声闻禅，朱子却是祖师禅；⑧ 说"心学滑稽易，口耳学圣贤难"⑨。然而他对于惠施提出的自然体系方面的问题却说：

> 惠施……正欲穷大理耳。观黄缭问天地所以不坠不陷、风雨雷霆之故，此似商高之《周髀》与太西之质测，核物究理，毫不可凿空者也。⑩

他对于子贡的货殖，更说：

---

① 《曼寓草》中《名教说后》。
② 《愚者智禅师语录》。
③ 《药地炮庄·秋水》篇评。
④ 同上。
⑤ 《曼寓草》中《史断》。
⑥ 《曼寓草》中《清谈论》。
⑦ 《曼寓草》中《史论序》。
⑧ 《药地炮庄·天地》篇评。
⑨ 《药地炮庄·人间世》篇评。
⑩ 《药地炮庄·天下》篇评。

子贡亿则屡中，是真"畸人"也。①

按《庄子》"畸于人而侔于天"的话，为神秘主义的特种上帝说洞开大门，当时基督教士就用"畸人"而合于天自况。方以智把货殖市民规定成"真畸人"是有思想斗争的意义的，因此他在这里同时批道：有了"真畸人"的产业家，"穷人皆饱矣"。从这里可以看出在他的近代思想方法之下的天人关系，是打上了什么样的时代烙印。庄子说："物不胜天，久矣；吾又何恶焉！"而方氏反对说："物即是天，吾又何恶焉！"② 他批判庄子说的颜子"坐忘"的虚无主义式的"说玄说妙"，指出"颜子入道而贫，子贡入道而富。一个吞杏仁，一个摘杏花。"③ 这样看来，懂得"天"的人不是宗教家，而是科学和产业家了！

方以智也反对西来的宗教思想。在这一点，他的话比较含蓄，但我们仔细推敲他在许多地方的论断，就可以发现所谓西人"拙于言通几"的实质，多半指基督教神学。例如《曼寓草》中的《两端之中》一文讲逻辑名理，显然既受当时《名理探》的影响和《辩学三笔》的刺激，又不赞成借辩诘巧说而证明上帝造化之说。他分析了各持一说的诡辩，最后指出判断要"措事于义之所可，亡于义之所不可"。接着批判说：

或曰：……设曲巧，幸造化，可以得矣，然而未知也，其未可以必之理均，而弃义从邪，先多一失矣。由是观之，将取"畸士"之巧说乎？将由圣人之中道乎？攫以"畸士"之巧变而不动者，真不惑也。（"畸士"即影射利玛窦辈）

当时利玛窦、付泛际一派传来的西方学术，如《寰有诠》、《名理

---

① 《药地炮庄·大宗师》篇评。

② 同上。

③ 同上。

探》等著作，都介绍了亚里士多德的学说，在迎合时代的实际方面讲"形下"，讲"审形"，讲"器"，而从教义的宣传方面讲"形上"，讲"灵学"，讲"道"，前者依然被看成后者的奴婢。在方以智的书中，处处反对了这样的诡辩，如说"即器即道"，"道寓于器"，"上道下器，分而合者也"，"一在二中"，"一多相即"，"合虚实神形而表气中之理"，"理之可征，神在其中"，"物理在一切中……即性命生死鬼神只一大物理也"，"心亦物也"，"两间皆实际，无际先际后"，总括起来还是一句话："不可以质测废通几，不可以通几废质测"。正因为他树立了唯物主义一元论，同时也就树立了无神论的世界观，他也就不能不反对神学，而且更不能不反对基督教神学。基督教教士们把《诗》、《书》中的"钦若"、"昭事"引用来大讲"上帝"是中外古今合辙的，方以智却指出，"钦若"、"昭事"所说的上帝是假的，不过利用它来警惕自己罢了，问题只在于"格天之则，即格物之则"。他说：

> 质文之运，三代循环，兴废有定数，皆自人事酿成……此定理也。占候祈禳原为小数。而警予责己，仰思咎谢，俯答明谴，尧、舜、汤、文以来，自有"钦若"、"昭事"，毋敢戏渝之，道法在焉。……而当前物则，天度同符，格之践之，引触酬酢，信其不二，享其不惑，此则有所以为物、所以为心、所以为天者，岂徒委之气质而已乎？[1]

那么，"上帝"是从哪里来的呢？他说这不过是人们自己所假设的一种称呼罢了："物所以物，即天所以天。心也、性也、命也，圣人贵表其理；其曰'上帝'，就人所尊而称之！"[2] 这就是说，上帝的尊称并没有什么神圣，如果人们愿意剥去其光轮，那

---

① 《物理小识》卷一。

② 《通雅》卷十一。

就可以改用别的名称去表现，称"物"称"天"称"上帝"是随时代而有变化的观念。

为什么有"神"或"上帝"这样的名称呢？方以智指出这是从古代世界传下来的，古人造字的时代本来是和宗教信仰分不开的，但后世却妄加傅会，立起神不灭义来："古天曰神；地曰示，篆从示象旗，岂从'二小'乎？谓古'天'为汀因切，与'神'同韵，地与示同韵，则可；而以此立义则王安石矣！"①

为什么人类要信仰神鬼呢？第一，他从心理分析，指出这是由于人类自己欺骗自己，神鬼观念是一种心理作用的反射。《庄子·达生》篇有一段桓公见鬼的话，庄子在寓言中提到"有鬼乎？曰有"，并举出了一群鬼来。方以智在《炮庄》中批判了这群鬼都是莫须有的。结论说："愚曰：人情闻怪即骇，骇则肝气发而气上舒，或以恐伏之，或以喜引之，此治神之医方也。有则俱有，达者造名，以鬼从类耳。奇在有名，而鬼即因之。惟圣人能知其故而不惑！"

法国唯物主义者荷尔巴赫在他的书中反复提到，宗教是人类愚昧的结果。方以智也从人类知识的有限性，指出神鬼的观念是由于人类对自然规律之不理解，因而神鬼是和人类知识的贫困相联系着的。荷尔巴赫指出："当神学无力对待这种或那种说法时，他们就乞灵于万能的上帝，作为最后的手段，乞灵于神的最高意志，乞灵于奇迹。"② 这正适合于宗教是贫困的反映这一原理。方以智也说：

> 可知之灵以不可知而灵，尤人之所不知者也。有以信致专者，即有以疑致畏者，即有以不信致勇者，此其机一，何

---

① 《通雅》卷十一。
② 《荷尔巴赫致叶甫根尼书信集》俄文版，第11封信。

神乎？积想不已，能生胜气，人心无形，其力最大，是也。

故曰：有体物之鬼神，即有成能之鬼神，即有作怪之鬼神 。

权在自己，正己毕矣，彼如我何？圣人知之，故能挕物。①

他把这种宗教信仰叫做"心神自灵说"，实际上指的是心神自惑自迷说，因为不惑不迷，就不需要神鬼了。神鬼既然只是"达者造名"的东西，那么精神魂魄之类是怎样造成的呢？他从自然现象来答复这个问题。在上面我们已经指出他的"凡运动皆火之为也，神之属也；凡滋生皆水之为也，精之属也"，因此精神就是物质（气）的运动和生长的同义语。从表面上看来，这里好像有作为唯物主义的假面具的泛神论色彩，但实质上这里的精神是作为物质的规律性看待的。他说："两间惟太阳为火，而月五星皆属水；人身骨肉血脉皆水，惟阳火运之则煥，煥气去则死矣。……进而言之，精气，皆水也，神，火也。又进而言之，神不离精气，惟剔而知之，斯贯而理之，精无人，神无我，致中和者享之矣。"② 这种"精神"不但是"气"的规律，而且可以被人所认识。他说："因气化而形化，圣人重在理化，理与心来，知则能用。……精神皆气也。圣人合内外、形神、虚实，而明其中之理，故善用其神化，不则且为精神性命阴阳所惑。"（《通雅》卷十八）这样看来，"精神"在这里指的是"气"或物质的本质，也即在人类认识中的"理"。因为惟有在物质中才能发现精神，所以他又说："虚舟子曰：'蜕形见气，蜕气知神，蜕神归空，蜕空明理，蜕理还物'，则践形者神也。（司马）谈引道家曰：'形神离则死'，而老曰：'死而不亡者寿'，大乘诃鬼窟神我。正须穷尽此心，乃能

---

① 《物理小识》卷十二。

② 《物理小识》卷三。

不惑。"①

我们应该指出，把这种"神"的空话去了吧，剩下的就是物质运动的规律。然而他总是套用着神明或帝则之类的古语，说他自己要说的话，例如："物呈帝则，知而无知，出入以度，不落动静。权衡付之万世，心天本不可欺。……深几神明，惟心体物，颐不可恶，观其会通。易简知险阻，险阻皆易简，森罗节序，本不动丝毫者也。"② 这"帝则"就是出入以度，森罗节序的规律，也就是他说的"格物之则，即天之则"。显然，上帝的紫袍被他剥去了。

他有时也把"神"的外壳否定，指出真正要知道神，反而在于人。"天之为天也，神不可知；而神于可知之人。"③ "孔子屡称鬼神，而黄帝曰道无鬼神。盖体道者，鬼神无如之何!"④ 因为"天地一物也，心一物也，惟心能通天地万物"⑤。人类所以能知天之道，就在于人类的人身构造是一个小天地，"质而稽之，有生之后，资脑髓以藏受也"⑥。他说，"真宰"二字反而属于人自己。但这不是说人类是靠灵魂来生活的，"有生必有死……有明必有幽"，生死是自然现象，"犹草枝木实，种之复萌"⑦，精神不灭以及长生之说，他认为都是唯心影响所致。"生寄也，死归也"，完全是自然之道。⑧ 他说从质测看来，"形神离则死"的无神论命

---

① 《物理小识》卷三。
② 《药地炮庄·骈拇》篇评。
③ 同上。
④ 《通雅》卷首之二。
⑤ 同上。
⑥ 《物理小识》卷三。
⑦ 《物理小识·总论》。
⑧ 《俟命论》上。

题，是正确的。生来死去，"本无限量"①，至于他提到古人的神鬼说在于使"民之信理，不如其信利害"②，却显然是一种非历史主义的曲说了。

方以智的自然史哲学，有时还不脱离古代人的传统的洞察，好像赫拉克里特，把物质生成放在"火"中，然而已经脱离了古代人的局限，开始力求说明"运动的起源"了。

从他的自然体系说来讲，他的世界观是以"火"为中心的唯物主义一元论。中国古代有五行说，17世纪又从西方传来了西洋古代的四行说，有人问他将何以决其是非呢？他说，数字都不过是假的，"谓之"罢了，人们"谓之二即是一，谓之不二不一，谓之三两……谓之四五，谓之五六，无不可者"，实际上天地间不论"虚气"或"实形"，都是一大物理世界，'直是一气而二行交济耳。……气凝为形，蕴发为光，窍激为声，皆气也。……若欲会通正当，合二求一，而后知一在二中。"③他指出，"神"这种不可知的东西，最好不去讲它，应该只从一气方面讲起，努力研究"所以为气而宰其中"的道理。那么，什么是所以为气的"精神"呢？他说："上律天时，凡运动皆火之为也，神之属也；下袭水土，凡滋生皆水之为也，精之属也。"④这样看来，物质生成，没有什么上帝在那里"使之然"，而其所以为物质的"神之属"（即假定说是神一类的概念），原来就是物质的"火"。我们为了理解方以智的火的一元世界观，现在把贯穿于他的书中的这一基本原理中的重要命题，举例于下：

　　　　五行各有其性，惟火有二，曰君火……相火……火内阴

---

① 《神仙说》。
② 同上。
③ 《物理小识》卷一。
④ 同上。

外阳而主动者也，以其名配五行谓之君，以其虚、无守位禀命；因其动而可见，故谓之相。天恒动，人生亦恒动，皆火之为也。……天非此火不能生物，人非此火不能自生。……天与火同，火传不知其尽。故五行尊火曰'君'，畜觉发机曰'相'。……火无体而因物为体，人心亦然。……明乎满空皆火，君相道合者，生死性命之故，又孰得而欺之！①

气者天也。……不识其性，又安所讲君臣炮制乎？……两间皆药也，皆物也，皆理也。阴阳气味生克制化，物无不具，而或以地异，或以时变，惟人亦然。②

《野同录》曰："满空皆火"。物物之生机皆火也，火具生物化物照物之用，而有焚害之祸……必赖灰斗养之，置灶与缸以用之。伦物协艺之灶，夫非即用即藏者乎？剔言天命者，神不可知之冒总也；剔言性者，心不自知之平泯也，其实流行一切中。圣人表此心之条理，用中于民，物物不过乎物，斯中节而两忘矣。③（按：批判庄子"指穷于为薪，火传也，不知其尽也"句，指为"昧于秩序"的不可知论）

愚谓庄子掇拾（按指昆仑神、冯夷神、肩吾泰山神、禺强北海神等等），畅其意耳，其名与事，半真半假；其旨则所谓"神鬼神帝，生天生地"，惟心所造；其理则"自古以固存"者矣。④

张横渠曰："……谓虚生气，则入老庄'有生于无'自然之论，不识有无混一之常"。……此质论也。火弥两间，体物

---

① 《物理小识》卷一。
② 《物理小识·总论》。
③ 《药地炮庄·养生主》篇评。
④ 《药地炮庄·大宗师》篇评。

乃见，惟心亦然，体物而节度见焉。道器不可须臾离也。①

试看天道变化，一寒一暑；炮制火候，一武一文。缓急无非中琴之节，张弛无非养弓之用。且道不落寒暑天，不问文武火，穿却缓急张弛底在什么处？②

满空皆火，惟此燧镜面前，上下左右光交处，一点即燃。……丈人有《五行尊火》之论，金木水土四行皆有形质，独火无体，而因物乃见，吾宗谓之传灯。……药地则曰：土灶、茶铛、油盏、香炉为火焰，现三世诸佛，三世诸佛吐舌笑。……今日特题铸燧堂，为诸仁者发机！③

《野同录》曰：用虚于实，即事显理，此治心之薪火也。感而遂通天下之故；子舆曰：苟求其故，此故之原。④

潜草曰：火丽薪而用其光，安于灶而享其熟物之功，心物交格而享其通。……以斯文藏性天，圣人所以大畜古今之神，而安万世之灶乎！⑤

有谓形为薪，神为火者；有谓事为薪，理为火者；有谓火离薪则灭者；有谓离薪则光灭，而无体之火不灭者；有谓火满空中，而用光必在得薪者。但请善刀（按指用《庄子》"庖丁之刀"句）析烧而续之，若不知析烧，自不知缘经（按指《庄子》"缘督（训中）以为经"句），又何能续哉？⑥

老庄……息火之药也。圣人则燧薪釜灶，享其巧，防其祸而已矣。⑦

---

① 《药地炮庄·大宗师》篇评。
② 《愚者智禅师语录》卷二。
③ 同上。
④ 《通雅》卷三。
⑤ 同上。
⑥ 《药地炮庄·养生主》篇评。
⑦ 《药地炮庄·则阳》篇评。

　　　且劈古今薪，冷灶自烧煮。①

从上面的许多具有创见性的命题中，可以看出：

　　一、世界生成的最初根源，不是唯心所造的神鬼神帝一类的上帝，也不是特种神似的意识（心）或理念（理），更不是息火的虚无或神，而是两间皆物，"一切物，皆气所为也，空皆气所实也，物有则空亦有。"② 气（物质）之所以然，用"一"来讲叫做生成万物之"火"，用"二"来讲，叫做矛盾构成分子的"君、相"或"虚、实"，一在二中，二统于一。"火"的君相道"合"，"火"的用虚于实，就是大物理世界的"故之原"或叫做第一原理。这里最重要的创见在于：他披着五行尊火的传统外衣，超出了物理学家的"最初一击"的神秘说，而洞察到或臆测到对立物统一的自然运动。这种"凡运动皆火之为"，不是说火在自然之先，而是说火体物而显，也即"物之自然，物之则，天之则也"；不是说有生天地的和被生天地的两橛，而是说"知所以生天地者，则未有天地犹今而已"（见前引）。这比王夫之的"絪缊生化论"还高一筹。这一点正如恩格斯所指出的，是科学家的实验不能不落后于哲学家的预见之历史特点。

　　二、按照气是天，满天皆火的命题来看，物质的实体是世界第一性的东西。他以为否定物质，就等于"息火"似地否定世界，谁要想从物质遁去，那就是如庄子，其理论是"毒药"，其言论是"梦话"。他指出："曾知吾身之遁于地水风火乎？曾知苍天之遁于瓦砾矢溺乎？曾知太极之遁于马毛龟甲乎？此物之所不得遁而皆存也。"③ 按照"运动皆火之为"的命题来看，火在天中是规律性

――――――――――

① 《愚者智禅师语录》卷一。
② 《物理小识》卷一。
③ 《药地炮庄·大宗师》篇评。

的东西，如果说这种规律性隐而难见，也不妨以"神"的名称来表示它，然而"神"却不是上帝，而是隐而不见的规律，这种"神之属"是可以"以费（指显）知隐，丝毫不爽其则也；理之可征者也，而神在其中矣。"① 这就是他的"寓通几于质测"的最高原则。掌握了规律或秩序或条理，即抓住了"神"，也即不为神所惑了。但是规律从来常被人视为不可知的东西，当做形而上的一截，或当做形而上的"道"，离器存在于际先，而"唯心所造"地把它说成上帝。以所剩下的可知的东西，当做派生的一截，或当做不值重视的"器"，而居然"离器言道"地把物质世界否定了。他反对这种两橛或两截的二元论，他说："神而明之，知而无知，然岂两截耶？知即无知，故不为一切所惑，乃享其神（指世界本质）。"② 他正确地指出庄子以虚无恫吓存在，以不可知恫吓可知，主张从不知（知而无知）到可知（知即无知）的过程，也即他说的知识是古今之积的发展。《药地炮庄·齐物论》篇评道："集云：不知之知非不知也。……特不知所由来耳"；《大宗师》篇评道："知症神于知故"，就是最好的注脚。因此，规律或法则只在世界的物质运动之中，不是如有神论者说的在世界之外可以寻求超世界的"神"或"道"。请看他的名论：

> 愚曰：或以祖父、儿孙比道之于法……此非喻可喻也。祖父生子生孙，遂为分体，而道则生之而与之同时者也。③ 一切法皆偶也（注：匹也）。丧偶者执一奇耶？奇与偶对，亦偶也。丧之，当立何处耶？莫是一往自迷头耶？莫堕混沌无记空耶？丧二求一，头上安头，执二迷一，斩头求活。④（按

---

① 《物理小识》卷一。
② 同上。
③ 《药地炮庄·大宗师》篇评。
④ 《药地炮庄·齐物论》篇评。

指庄子"丧其偶"句)

道、神、真宰这一类离法则而悬空假设的唯心主义一元论，是头上安头的反自然的怪物，以祖父生子孙来比喻道生法则，是不伦不类的胡说，好像"字经三写，乌焉成马"[①]，把"马"这一实体性的字写成了似是而非的虚而不实的"乌"字或"焉"字！反之，把可知和不可知分成二截，"执二迷一"，于是乎成了"斩头求活"的二元论。要知道一切运动中的事物本身是偶匹二者对立的统一物，"火"就是君火和相火的统一，同时是用虚于实的物质自己运动。如果说"火"这种隐秘难测的东西是"神"，那么其他四行可感知的东西便是"身"，前者不过是抽象的（虚），后者不过是具体的（实），而"身与神为耦"[②]，也是对立的统一。

三、物质的实体和规律既然是"物之自然"，那么人类的认识和实践，也要如实地"炮制"自然，所谓"惟人亦然"，"惟心亦然"。方以智在这一点是前无古人地洞察到形式的真理。从认识论讲，他指出天地所以然之"故"既然是物质运动的秘密，那么人类知识最大的特征是"神于知故"。知其原，识其性就在于"心物交格而享其通"，以心体物，即事显理。物火和心火一致，即所谓"治心之薪火"。从实践上讲，他指出天地间既然是一大炉灶，不断地锻炼出新的东西，传火不尽，那么人类最大的本领是在历史的实践中按置"燧薪釜灶"，把古今万物当作薪，前人续后人地自己烧煮，而炮制出"即用即藏"的文明来，为人类所享受。一切理想如三世诸佛，不过是人类炮制出的妙境罢了。在他看来，所谓"君相炮制之道"，君为虚，相为实，虚为不可见，相为可见，"可见不可见，待与无待，皆反对也，皆贯通也，一不可言，言则

①　《药地炮庄·齐物论》篇评。
②　同上。

是二，一在二中，用二即一。"① 然而统一之中的反对二极，物质实体更比物质规律要实在些，所以说"不得宰相，至尊何用？不知徽籥，则顽天顽海顽虚空耳，塞上塞下，亦胶盉也。"②

明白了方以智唯物主义的"火"一元论的宗旨，我们再分别研究他所坚持的唯物主义范畴以及他和唯心主义的战斗精神。

一、在存在与思维的关系问题方面，他对唯心主义的斗争：

上面所举他的气即天、物即天、天地一大物理、两间皆实、心亦一物等命题，已经意味出物质存在是第一性的。因此，他到处对以心以神为第一性的各种唯心主义学派如儒、佛、道和基督教，提出了批评。这正是市民反对派从光明理想和封建黑暗不相容的悲剧生活，折射到世界观的革命意识。请看他在思维与存在的问题对佛、儒、道唯心主义的笔力劲健的批判：

> 天无七曜五行，天复何用？船无帆樯篙橹，舵手何为？既建丛林，自安职事，纪纲条理，法位现成。譬如一人，五官百骸各称其职，而元气自运，神明斯享。必执以心为内，以法为外，身首异处，岂得复为全人！翻笑达磨分皮分骨分肉分髓，犹是批剥火候，特地一场支离耳！所叮咛者，形骸既分，即有血气之我，有血气之我，即有衣食之我，有衣食之我，即有是非之我。③

> 此中之秩序条理，随在毕具，随物可征。……儒者人事处分，株守常格，至于俯仰远近，历律医占，会通神明，多半茫然。……格物之则，即天之则，即心之则，继之以法，因物用物，是真无我。④

---

① 《药地炮庄·内篇》评。
② 《药地炮庄·逍遥游》篇评。
③ 《愚者智禅师语录》卷二。
④ 《愚者智禅师语录》卷三。

或问十三得（按指庄子说的各神得之），得仙耶？愚曰：
《汉志》《老》《庄》在道家，神仙在方技家。……或问因果。
曰：饭为因，饱为果；耕为因，获为果。切近可见者如此，
则幽远难见者亦然。一不离二也。……与言公理则厌，言福
享则喜，直告之则不信，神奇之则惊！①

自然之理，自然之候，因表自然之法者也。法久自然弊，
不以法必弊而不明法，亦自然也。扫法为高之弊（按指《庄
子》否定规律），更百倍于法久之弊，此亦圣人知其自然者
也。②

从上面看来，方以智断言人是自然的产物，人的身体构造产生人
的智力，这智力是可以认识世界及其规律性的，掌握了规律就等
于说神明为自己所享有了。他有一段对《庄子》的河海寓言提出
的批判，集中地表现出唯心主义神秘化的"河"、"海"观念在方
以智的手中成了有利于人民生活并为人民所能掌握的物质自然：
"或问药地，如何处分（即批判《庄子》）？曰：河水灌田，海水煮
盐，吸到昆仑顶，处处流甘泉！"③ 他对思维与存在的关系问题，
也批判了理学家的客观唯心主义，例子很多，集中地表现在这句
话里："舍物则理亦无所得矣，又何格哉？"④ 他更批判了道学家
所谓的道统心传，集中地表现在"诗书礼乐，扩充之炭斗，优游
之桑薪也。"⑤

二、在运动、时间、空间和常变等规律问题上，他和唯心主
义的斗争：

---

① 《药地炮庄·大宗师》篇评。
② 《药地炮庄·胠箧》篇评。
③ 《药地炮庄·秋水》篇评。
④ 《药地炮庄·秋水》篇评。
⑤ 《通雅》卷首之二。

　　方以智肯定物质和运动的真实性，上面已经详述。他的矛盾产生运动的自然观，在《药地炮庄》中更有具体地说明，例如"揭暄曰：……曲巷密室，虚自生风，衣动蹀行，皆与相鼓。……物击物，物逆气，气触物，气感气，皆噫之类也……皆气也，皆入窍出窍之几也。愚曰：此质测也，通几寓焉。心亦窍于物而风力乘之。"[1] 这是批判庄子尊空虚抑运动之说。物质时时在运动，心也时时在运动。如果如庄子所说，心能虚寂坐忘才合于自然，那么这就是以空虚为心，否定运动。方氏质问道："执血肉为心者陋矣；执空虚为心者庸讵是耶？何以击空不痛，击身则痛；刺身不死，刺心则死耶？……争知不被佛祖遮，何况庄子赚？"[2] 他举出自然运动的速度，是可以被现在的人所质测而知的，同时运动的"通几"就寓其中了："《写天新语》曰：'速'莫如火药之弹，算七日而周地，是太阳四刻即弹之周岁也。鼻一呼吸，日行四千余里，宗动天行十六万余里。愚者曰：更有一'速'于天日者，本自如此，乃今知之。此庄子可怜处（指风速之喻）！"[3]

　　空间和时间是物质运动的形式。如果照他所说，庄子的运动范畴是"以死吓生"，在物质存在范畴是"以无吓有"，则在空间和时间范畴上是"以大吓小"，"以上吓下"，以至以"大年吓小年"。他质问："塞乎天地，谓之无天地也可乎？惟天下至诚为能化，谓惟天下至诚能空也可乎？"[4] 他指出《庄子》第一篇的主旨在于"徒侈其大"，从大而无限的"虚"否定物质的空间形式的"实"，从玄而不定的"逍遥"否定时间形式的始终。因此，他说

---

① 《药地炮庄·齐物论》篇评。
② 同上。
③ 《药地炮庄·秋水》篇评。
④ 《药地炮庄·逍遥游》篇评。

"知芥舟乎？留有余以为用，善用者用其容者也。"① "舍日无岁，大知依然不离小知，大年依然不离小年。"② 大小上下先后之类就表示客观存在的多样的空间和时间形式，然而庄子都根据相对主义的观点把它们否定了。所谓相对主义，如庄子说的"方生方死，方死方生，方可方不可，方不可方可"，必须和辩证法所指的相对性区别开来，正如列宁指出的："作为认识论基础的相对主义，不仅承认我们知识的相对性，并且还否定任何为我们的相对认识所逐渐接近的、不依赖于人类而存在的客观的准绳或模特儿。"③ 作为尺度或模型的空间、时间既然被否定，那就要超出物质世界寻找"无何有之乡"或藐姑射山（仙人住的地方）。方以智质问道："逍遥乎寝卧其下，搏扶摇而上，是二时耶？始终耶？既曰逍遥游，如何添一句云：仿佛［乎无为］其测？无中边耶？乐得旁观耶？"④ 他一再说明"有大必有小"，"有生必有死"，而反对真际实际或际先际后的区别，因此从自然现象形容了物质空间的实在，而痛斥庄子认为物质在空间为多余或多方之说。

> 五行为五经星，又添两个日月。惟日直行黄道，月星皆跳轮打圈。怪哉，大地突然吊在虚空，千山万水，生物无量。你道"骈枝""赘疣"，有过于此乎？庄兄撒急，嫌他多方，首须问罪！⑤

他认为时间是物质运动"古今相续而成"的反复之道，它是实在的："愚曰：终日乾乾（不息），反复道也，曾格致否？［庄子］

---

① 《药地炮庄·逍遥游》篇评。
② 同上。
③ 《唯物主义和经验批判主义》，《列宁全集》第 14 卷，第 136 页。
④ 《药地炮庄·逍遥游》篇评。
⑤ 《药地炮庄·骈拇》篇评。

'疑始'无始，过反复关，乃能不惑。"[1] 时间的未来和过去，既然是反复的物质形式，则过去的形式是实在，现在的形式是实在，将来的形式也是实在，古往今来是"前至不异后至，此'至'之名所以立；前去不异后去，此'去'之名所以立。[若说]今天下无'去'矣，而去者非假哉？既为假矣，而'至'者岂实哉？"[2]

方氏把庄子的"人间世"作唯物主义的时空解释，叫做"宇观人间宙观世"，宇指空间，宙指时间。他为刘某取法名为法周、字华始的一首诗，即表示了他的时空观点："纵横卍字本周天，立地揆方统大圆；无首履施何内外？此中包决在龙渊。"[3] 按卍字是方氏讲天＝自然的象数式的字样，前二句说空间的可知性，后二句说时间的可知性。（"无首"指没有最初的神）

方以智书中有不少精辟的论断，涉及到常变规律，批判了庄子的物质方成方毁、方生方死的无常的片面理论。在《通雅·总论》他指出万物的"独性各别"，即从特殊性方面讲变化，而其"公性则一"，即就一般性方面讲经常。他折中了前人的理论，指出物理世界，"其常也，即其变也"的常变二者统一的规律，一方面物质的变化是没有极限的，"变极自反"，如果忽视变化发展，"则周公之《仪礼》有不可以治世，神农之《本草》有依之足杀人"，因为"古所无者，何知今非创产，今狃见者，乌知后之不变灭乎？"这已经涉及到进化论的观点，对中世纪"天不变，道亦不变"的支配意识是具有火药性的。另一方面，所谓变化又不是庄子说的没有尺度和模型可循的，而第一，"有之其常"，物质的变化后面有变化的物质，"无不同者"是物质一般，"无一同者"是

---

① 《药地炮庄·大宗师》篇评。
② 《药地炮庄·知北游》篇评。
③ 《愚者智禅师语录》卷一。

因时因地的"古今殊称"。第二，变化都是有规律的，因而是实在的，问题在于说明"星辰何以明？雷风何以作？动［物］何以飞走？植［物］何以荣枯？"一切存在不论"天裂孛隙，息壤水斗，象形光声，无逃质理"，而质理之中即寓理论的"通几"，所谓"或质测或通几，不相坏也。"

然而这种规律性和物质运动是自然的"物之则"，此外没有一个超物质的"天之则"，因为"物之则即天之则"。郭象注《庄子·齐物论》说："道无封，故万物得恣其封域。"方以智直截了当指出这是把道放在常的一边，把万物放在变的一边，弄成"两橛"了！郭象注说"圣人不论六合之外，恐引万物以学其所不能也"，方以智对这种从道引申出不可知论的唯心主义，质问道："然则庄子标（道）未始（有封）之三等，是引万物以学其所不能乎？……六合之外亦是一种分域耶？且问道既无待［按指绝对］，以何者为外耶？"因此，万物变化既然有成有毁，则物质在六合之内的成毁就是实在的，而非虚假的。他说："裂缯翦锦以为服装，非成而何？断木伐石以为屋舍，非毁而何？"① 他认为《齐物论》是"破相逃玄"，以"通几废质测"，于是乎成了"梦话"。②

规律有一般也有特殊，有共相也有别相，照方以智说来，它们是"大小互换"的。公孙龙离特殊和别相而坚持一般和共相，庄子又"以大吓小，以无吓有"，把它们还原于相对主义的无常虚境。方以智正确地提出了深刻的批判："公孙龙离坚白、翻名实以因人，不通大小互换耳；庄子取其大小互换以为玄，而又欲压之以为名，公孙龙破口矣！"③

---

① 《药地炮庄·齐物论》篇评。
② 同上。
③ 《药地炮庄·秋水》篇评。

　　庄子批判惠施极物不反，然而方以智却对惠施自然科学的研究极口称道，指出他的历物十事虽然陷于诡辩，但却是"欲穷大理"的。历物十事中含有"言物理变化，本无定形定名"的一面的道理，而他的"自我言之，无所不可"的命题就不正确了。关于"丁子有尾"一条，方以智考证了"丁"字的本义，指出丁子是一种虾蟆或蛙之类，"初生正如丁有尾，及长则有足无尾"，这是从动物生成过程中探原的质测，所谓"指后而见初也"①。这说明生有所萌，成有所归的自然变化；然而从"辩士贪奇，必贪颠倒"来讲，又可以把事物变化中的相对稳定性否定，得出另一种相对之义，得出一切"无定形无定名"的结论，这里指出不能利用科学材料证明"自我言之，无所不可"的诡辩，也即"惠施……历物也，大其小，小其大，长其短，短其长，虚其实，实其虚而已。"②

（丙）方以智的唯物主义认识论

　　方以智认为"心一物也"，不过心这个有会通天下事理作用的特殊物质，是不能离开对象而自显功能的，因此说"心无体，而因事见理以征几也"③。人类的知识藏于物质（藏知于物）才具有认识的作用。他以为主观唯心主义"扫物尊心"，客观唯心主义"离气执理"，从认识论上讲来都是错误的（"皆病也"），他说，"理以心知，知与理来，因为则而后交格以显，岂能离气之质耶？"④

　　按照他的"一切皆气所为也"的命题，气是哲学意义上的物

---

①　《通雅》卷一。
②　《通雅》卷首之三。
③　《物理小识》卷一。
④　同上。

质。"气中之理"在他的术语的总旨中指的是"象数"，分而言之叫做"物则"、"物之则"、"天之则"以及"帝则"。理是客观的规律，"非人之所能为也。天示其度，地产其状，物献其则"，这种不由人的意志而转移的规律不是理学家的气上的天理，而是"气为真象，事为真数"，其"隐不可见，质皆气也"。人类的认识，他叫做"合人于天"，即如实地使主和客接近于一致；认识对客观世界的反映，他叫做"征其端几"，即知其所以然之故，使"真理灿然于吾前"。因此，世界是可知的，理是可征的，知与无知，不是两截。他在《药地炮庄》中反对庄子和郭象注的不可知论，极其中肯，例如：

> 不知之知，非不知也，注不满，酌不竭，众妙之所出，特不知所由来耳。①

> 郭象曰："……知与不知，暗会俱全。"信得及否？……如曰：心不是心，物不是物，天不是天……则二十篇（按：指《庄子》）尾之三知，两端叩竭之无知，皆受用不着矣。②

> 神在知症，知症，神于知故。……知则不为一切琦辩奥理所惑，而我可以转之；不知则暗合，而他端入纱縠矣。③

> 药案曰：不知其故，何可养乎？不以知乱其所不知者，不以不知乱其所当知者，此真能主炉锤者也。……而以两忘诐遁者，俨然大宗师耶？④

> 《易》曰藏用，此〔庄子〕曰应而不藏（指"至人用心若镜，不将不迎"）。……非悟火藏空，阳燧如何应？……质测曰，太虚阳光，久视反隐，而字下牖中，人乃常用。……光

---

① 《药地炮庄·齐物论》篇评。
② 《药地炮庄·大宗师》篇评。
③ 同上。
④ 同上。

之为用，互映曲附，变化岂有穷乎？笑曰：磨镜可也，鄙亦去不了，厌亦无所逃！①

愚曰：人无不以境转，人无不以类合。……化人而不随物现身，其转物也穷矣！②

由此看来，方以智把认识过程比喻作锻炼中的火，在认识运动中随物而"转物"或占有规律，同时即增进主观世界的力能，即所谓"磨镜"似的以烹煮古今中外的经验。这就如他说的："士之明理，犹农工之刀耜"，人类古今相积地劳动着，同时也古今相积地认识着，劳动可以推陈出新，知识也可以由费知隐。他随物现身而又转物的认识观点，是前人所没有提过的光辉的命题！他的弟子兴斧在其师《语录》的跋文有"吾师……烹炮古今，归于鼎薪"的归纳语。在序文中以镜珠来比喻认识，更集中地说明了他的认识论和唯心主义区别的特点：

以镜为有像，珠为有色，非知镜与珠者也；以像呈而镜不受，色至而珠不随，亦非知镜与珠者也；谓镜受像为尘，珠随色为类，必离像以求镜，屏色以求珠，尤非知与珠者也。

那么作为反映客观世界的镜珠（比喻认识）不是死物，而是活物，认识本身就是炮制万物同时炮制自己的运动过程，如果以镜作比，镜要磨，以炮作比，珠要炼，在磨炼之中因物而格物，即用即藏。这里虽然没有显示出客观和主观的对立意义，但已经显示出它们的相转意义。他给王若先居士的诗序，指出唯物主义和唯心主义在认识论上的区别：

万物皆备于我？万我皆备于物！"转"山河大地归自己则

---

① 《药地炮庄·应帝王》篇评。
② 《药地炮庄·则阳》篇评。

易；"转"自己归山河大地则难。①

方中通在该书跋文里也指出他是"以不自欺为薪火"的学旨。从上面的理论看来，转自己（主观）归山河大地（客观）是要如薪火烹煮原料似地改变自然而改变自己，认识的不自欺，更加"耕者耕"②似地"衣食粗足，自是物理"！③因此，庄子唯心地描绘河海，在方氏看来是转山河大地归自己的自欺，而他以"河水灌田""海水煎盐"④的炮制法才是转自己归山河大地的"不自欺"。

理学家把"道统"作为真理的自我外现，力求所谓"核中之仁"，离器而尊道，方以智反过来说性道就在文章中，文章亦即薪火，万世烧炼不绝，"道统且置"，不必论究了。他批判客观唯心主义的认识论说："核仁入土，而上芽生枝，下芽生根，其仁不可得矣。一树之根株花叶，皆全仁也。……与万世共熏性与天道，岂忧其断乎？既知全树全仁矣，不必避树而求仁也明甚，既知全树全仁矣，培根也，护干也，除蠹也，收实也，条理灌输，日用不离也明甚。以冬炼夏，乃贯四时，则无寒无暑之在寒暑中也明甚。"⑤这样看来，古今上下的思维活动即是一个劳动过程，永远不间断地发展，因此，他一再引用《礼运》大同之说（稍改字句），把认识过程规定为古今占有物质的思想发展史，"物恶其弃于地也，不必为己。力恶其不出于身也，不必为己。此《物理小识》之随人集证也。"⑥认识过程有什么道统断续的历史呢？更有

---

① 《愚者智禅师语录》卷一。
② 《药地炮庄·知北游》篇评。
③ 《药地炮庄·让王》篇评。
④ 《药地炮庄·秋水》篇评。
⑤ 《通雅》卷首之三。
⑥ 《愚者智禅师语录》卷一。

什么树外独存的"仁"或器上独存的天理流行呢？既然树外无仁，人们能在离物质全体运动而认识出一个支配运动的东西么？既然全树即全仁，人们能离全树而发现一个另外的"仁"么？这"仁"如果有的话，那就是"特种神"了！

禅学家有什么"心如明镜台"的话，和庄子的"心斋"、"特室"没有两样。对这样主观唯心主义的认识论，方以智责斥道："如何是'特室'？切忌面壁！如何是'至道'？曰：佐五谷即得！"① 他更对于庄子以"文灭质，博溺心"而否定认识作用的话，质问说："伏羲不当画六十四卦，黄帝不当作甲子干支矣！且问：天地许多日月星辰，七十二候，人身生许多经络骨节穴道？是'文'耶？是'质'耶？如何'博'？如何'约'？""庄子书是文灭质否？博溺心否？"② 如果放弃对客观世界的认识，则人是"闲人"，心是"闲心"！

他指出认识或"知言"，是"格人我，格内外，格古今之大用也。不能知言又安能自达其所言乎？"因为世界物质"有所以然者存"，故认识或知言在于通"所以为物之至理"③。

人类的认识既然是思维过程史，那么认识便是一种合规律的物质存在。他首先肯定人类思维的感性认识，他说：

> 人所贵者心，而不离五官。始造文字，皆意也，而不离五者，则当以意为第一。胜先形事者，以就可见（视觉）者起意也。名为五官，用时并用；名为六书，一字并存，如见日月之事，而指为日月之意，即全焉。④

> 音心曰意，而用于形声，其事感宜，其义乃显。……风

---

① 《药地炮庄·在宥》篇评。
② 《药地炮庄·缮性》篇评。
③ 《通雅》卷首之三。
④ 《通雅》卷首之一。

轮噫气，寓窍唱于（指物质运动，秩序自序）。……人生下
地，徵观其窍，中发而收，何人不同？①

"意"指观念，是感觉的混合形态，但观念不能离开感觉。就客观
的形事所指出的名义就是自然规律在人们观念中的收发。这是存
在决定意识的认识起源论。

人类思维又不能仅从感性认识而认识到事物的端几，而尤
"贵明其理"，从"推论"以至"通其故"的理性认识是人类去惑
决疑的高级手段。方以智好像把它指为悟性的活动。他说：

> 悟字不见六经，昉于西乾乎？《黄帝经》云："神乎神，
> 耳不闻，目不明，心开而志光，慧然独悟，若风吹云"，然不
> 必此也。子思曰："吾尝深有思而莫之得也，于学则寤焉。"
> 寤即悟也，悟者吾心也。②

他否定黄、老式的空话，而把悟性和学习结合在一起，指出了理
性认识是一个学习过程。他说："可信学也者，觉悟交通，诵习躬
效，而兼言之者也。"③ 他指出，学训效，效法天地；习则训"双
手而日月相循"④，强调了实践的作用，即他说的"安于灶而享其
熟物之功"⑤。

他的"义随世变而改"的进化观点，也是他的认识论的特点。
《通雅》开宗明义指出："古今以智相积，而我生其后，考古所以
决今，然不可泥古也。"他举出不少的例子说明"古人有让于后人
者"，特别是自西方学术输入中国以来，其质测之精，更补开辟以
来所未有的知识。他以历史观点，对庄子的复古论批评道："上古

① 《通雅》卷首之一。
② 《通雅》卷一。
③ 同上。
④ 《通雅》卷三。
⑤ 同上。

弱肉强食，未必可系羁而游"①，对庄子的怀疑论批评道："中土本不知骑，骑法自塞外来，则伯乐久已废矣！试问日者，如何废得？"②"天无先后，中有条理"，人类的认识也应随着客观世界的变化而发展，因此他的结论是："以秩序变化、寂历同时为宗，方圆同时，奇恒之府，即多即一，皆统类于此矣。……大凡推之于先，多属洸洋；任之于后，则动颐而迷。两头俱抹过者，剔中乎中，不定中也，正明其时也。"③他的唯物主义认识论的发展观点是和他的"通其故"、"知其原"的方法论相联系着的，因而也就和"空穷其心"的唯心主义不可知论是对立的。

（丁）方以智哲学思想的局限性

上面我们对方以智的哲学思想是通过他所谓的"炮制"方法，即通过蒸馏器过滤的方法，总结其积极而精华的主导因素，实际上这样伟大的杰出的理论并不是明白如画地联结成一个环链，而是通过他的烹炮古代语言的隐晦形式，特别是《易经》的象数学的形式，而断续地透露出来的。正因为这样，在他改变古代的思想材料的时候，他就大受古代形式的影响，而不能完全使用自己的语言使其内容翻然一新。他所究明的伏羲、黄帝、周公、孔子的圣训，显然是一种托古改制式的东西，甚至他所称颂的《易传》思想和邵雍的象数思想，不但和他的思想不一样，而且毋宁说是相违异，这已经由王夫之指出（见上篇引文）。这里，我们要指出的是他的唯物主义理论虽然寓通几于质测，比王夫之多走了一步，但依然富于形式性，这种形式性是和他哲学的洞察，和他的科学

---

① 《药地炮庄·马蹄》篇评。
② 《药地炮庄·秋水》篇评。
③ 同上。

知识的时代限制分不开的。从这里派生出他的哲学的形而上学观点，不论他的"五行尊火"论和他的卍字周天说，或他的方圆端几说和奇偶费隐说，都不能自拔于这种局限。例如他说："寓数约几，惟在奇偶方圆，即冒费隐。对待者一也，绝待者一也，可见不可见。"① 尤其讲到神妙的地方，他都拿出象数二字作挡箭牌，来以一御万。他的"征其端几，不离象数"的具体例子很多，例如他的《参两说》，在说明"天地间无非参两"之后，下面排列了许多偶合的数字，整齐于所谓河图洛书，把偶然性降在必然性里去作形而上学的素描。他甚至把一切事物的规律都还原于最高自然法（象数）的比附引申，如他的《人身呼吸合天地卦气说》就是例证。

更需要指出的是，如上篇所已经论究的他和法国唯物主义相似的一点，即机械论的特色。所谓象数，即他说的"非人之所能为也"的东西，是天地万物的最后"端几"，是"为物不二的至理"，他在《曼寓草》中有一篇《星土说》这样说："河图之如星点者，为诸图形象之祖，洛书之如字画者，为六书文字之宗。……文理互显，方圆互用者也。"因此，他剥去了神祖帝宗的目的论，却偷换来了象祖数宗这一机械的支配力。在他的书中处处可以看到上帝神被他所剥光，然而又处处可以看到他的神而明之的机械神明说。他把自然的一切数度长短形象损益，都说成"伦论天然，不限古今，惟神解者，乃可与言。"② 他的定数、定理说更暴露了这种缺点，甚至人间的吉凶也是"数为之也"，人类的性格也是由于其所处的地形所决定，并直认"此定理也"。请看他的一段机械论：

---

① 《药地炮庄·内篇》评。
② 《诗乐论》。

阴、阳、意、言（四字），皆一之因也；你、汝、若、人（四字），皆二之端也；生、死、时、事（四字），皆三四之参也。二，舌声，三、四，齿声，一与五，喉声，而唇腭会矣，九，专腭，八，专唇，七，则齿之精，六，则舌之尽，十者官商之时也，中者官商之统也。东为舌头，西为齿收，南为舌收，北则专合唇以会官者也。春，聚声，夏，放声，秋，收声，冬，偏声。秩序变化，妙哉叶乎！"①

这样看来，概念和自然秩序的妙"叶"（这是他的一个专门术语），都是整齐而机械式的数学。因了机械论的引申，他的社会观和人生观就会有命定论的特点，例如他说，"时也，势也，英杰生此时之命也"，"听其自然，俟之（命）之道也"，甚至说"读书固有命"。② 这固然由于他所处的悲剧时代所影响，如他在不能自拔于悲剧时说："罘罗善类，不留遗巢……豺虎生翼，嗾人诬弹"③，但他的命运、气运的理论却贯串于他的全书，他在 1647 年最后上南明皇帝书，还讲什么明王朝的世运："论元会世运，我太祖开国起元，历数正未艾也！"④ 这就露出机械论的自我讽刺的矛盾来了。他批判庄子说的"知道易，勿言难"，指出庄子的矛盾理论"正好自己一捆"，而不知这里的命定论也是"正好自己一捆"，和他的自然运动的或"烹炮古今"的理论显然矛盾相违了，亦即他批判庄子所说的"其转物也穷矣"！和荷尔巴赫相似，一方面承认没有运动便不能体会自然，而另一方面却用大量的篇幅来恭维宿命论。

前面已经指出，方以智的运动变化理论中的"时中"或折中的因素，也正是他的哲学思想的局限。

---

① 《通雅》卷首之一。
② 《岭外稿》上。
③ 同上。
④ 《徭峒废稿》。

荷尔巴赫说："人呵！当你是几何学家的时候，你是如此地强而且大；当你是神学家的时候，你就是如此地小而弱！"[1]我们在研究了方以智的哲学思想后，也可以这样说：当你是无神论的唯物主义者的时候，你是如此地劲坚而伟大；当你是机械的宿命主义者的时候，你又是如此地软弱而渺小！伟大的杰出的17世纪中国哲学家方以智由于时代的局限所留下的不能解答的问题，只"有让后人"去"烹炮"了。

① 《自然体系》，第159页。

论龚自珍思想*

龚自珍，亦名巩祚，号定盦，浙江仁和人，生于清乾隆五十七年，卒于道光二十一年（公元 1792—1841 年），享年仅五十岁。年长于魏源，而早死于魏氏之前十五年。他死前一年鸦片战争爆发，死后一年即订立破天荒的不平等条约，所谓南京条约，再后九年洪秀全即起义。魏源在太平军入据江宁以后还写出他的《书古微》，然而定盦虽亦探讨过经史（史重于经，另文详论），主以经还经，以子还子之六经正名，多论《春秋》决事的大义，但他早已不能写定群经了，例如他在《古史钩沉论》①里说：

> 友朋……皆语自珍曰，曷不写定《易》《书》《诗》《春秋》？方读百家，好杂家之言，未暇也。内阁姚先生语自珍曰：曷不写定《易》《书》《诗》《春秋》？又有事天地东西南北之学，未暇也。……吾之始猖狂也，憾姬周之末多歧，憾

* 原题为《第十九世纪初中国思想界的一个号筒——龚定盦思想》，载于《大学》月刊 1944 年第 3 卷第 7、8 期。

① 《定盦续集》卷二。

汉博士师弟子之多歧。今也不然……予所憾，日益下，恶如何，恶如何？……卒不能写定《易》《书》《诗》《春秋》。

他所憾日下，不但降于六经之外（如他尊告子之性说，尊列子之学说——谓有真理什之七八，喜儒典的思想，以至搜讨当代掌故之学），而且日益降于"东西南北之学"，故他成为当时真正的一位汉政专家。他思想的结晶，最富于民主性精华，可以说真正在他的"东西南北之学"方面，客观地批判了古文家"学隐"。

他的思想中心是他的社会批判论，而他的经史之学则为附属的东西。他是名古文家、小学家段玉裁的外孙，自然家学渊源，使他少年即有所成就，但这却不是基本原因，主要使他大发议论者是那个时代，如他所云："士大夫……尽奄然而无有生气……不可不为变通者。"故他少年的作品，如《明良论》（四篇）如乙丙之际的诸论文，都没有家学的传统，而是自树一帜，成了时代的号筒。正由于他是"少年"，自云"猖狂"的"少年"，才能在旧的老朽社会，无所顾虑的做其批判，而他所谓"老成之典型……因阅历而审顾，因审顾而退葸，因退葸而尸玩，仕久而恋其籍，年高而顾其子孙"，何能思自表现？

首先，我们研究他少年时期的作品，《明良论》与《乙丙之际著议》诸篇。《明良论》据段玉裁评论，末写甲戌秋日，是年为嘉庆十九年，他自己自注"四论为弱岁后所作"，以是推之，作文年代当在他二十岁以后至二十三岁之间。《乙丙之际著议》当在嘉庆二十年至二十一年，是时他为二十四五岁。在这五年之间，这位少年的思想，真可谓"东西南北之学"惊世骇俗，无怪乎后一辈梁启超说：

晚清思想之解放，自珍确与有功焉。光绪间所谓新学家者，大率人人皆经过崇拜龚氏之一时期，初读定盦文集，若

受电然……①

他的外祖父段玉裁"加墨矜宠",一方面感于时代惊其才,他方面更以"古"字掩其锋,段氏云:

> 四论皆古方也,而中今病;岂必别制一新方哉?耄矣,犹见此才而死,吾不恨矣!②

乙丙之际的论文为《东西南北之学》、《壬癸之际胎观》九篇,则为"天地……之学"。(他在三十一二岁时颇有一番自敛,似乎退而追求一个世界观,这些关于自然的哲学,尽是瑰玮的辞句,看不出其价值的。)

他批判了当时的封建制度,譬之为满身疥癣的病体,没有法子治疗,只有把四肢缚在独木上束缚着,停着不动。封建制度的束缚之病,亦只"一束于不可破之例"中,任满身腐败疥癣自然蔓延,美其名曰"奉公守法"。他的议论曰:

> 人有疥癣之疾,则终日抑搔之,其疮痏则日夜抚摩之,犹惧未艾,手欲勿动不可得,而乃卧之以独木,缚之以长绳,俾四肢不可以屈伸,则虽甚痒且痛,而亦冥心息虑以置之耳,何也?无所措术故也。

> 律令者,吏胥之所守也;政道者,天子与百官之所图也。……为天子者,训迪其百官,使之共治吾天下;但责之以治天下之效,不必问其若之何而以为治……约束之,羁縻之,朝廷一二品之大臣,朝见而免冠……议处、察议之谕不绝于邸抄。部臣工于综核吏部之群臣,都察院之议吏部也,靡月不有,府州县官……大抵逆亿于所未然,而又绝不斠画

---

① 《清代学术概论》,《饮冰室专集》之三十四,上海中华书局 1932 年印行,第54 页。

② 《定盦文拾遗·明良论评》。

其所已然。……官司之命，且倒悬于吏胥之手。彼上下其手，以处夫群臣之不合乎吏胥者，以为例如是。……夫聚大臣群臣而为吏，又使吏得以操切大臣群臣……犹不能以一日善其所为……使奉公守法畏罪而遽可为治，何以今之天下尚有几微之未及于古也？天下无巨细，一束之于不可破之例，则虽以总督之尊，而实不能以行一谋、专一事。……权不重则气不振，气不振则偷，偷则散；权不重则民不畏，不畏则狎，狎则变。待其散且变，而急思所以救之，恐异日之破坏条例，将有甚焉者矣！①

定庵此论，痛斥清政府陵夷衰微的病态，病已深沉，犹不思救治，只怕人不服从，束缚羁縻，一之以不破之"例"，使权无所行，一切束手待毙。他已经预言着，不要怕破你们皇帝的成例，异日破例者不可设想是什么力量，故他又用《春秋》公羊家的义法，说明在这种专制罗网之下，束缚得社会没有黑白是非，戕杀得人心而死，最后有才者求其"一便"，"乱亦不远矣"。后来果然来了太平天国起义。他的议论甚为精到。

> 世有三等，三等之世皆观其才。才之差，治世为一等，乱世为一等，衰世别为一等。衰世者，文类治世，名类治世，声音笑貌类治世：黑白杂而五色可废也，似治世之太素；宫羽淆而五声可铄也，似治世之希声；道路荒而畔岸堕也，似治世之荡荡便便（一本作平平）；人心混混而无口过也，似治世之不议。左无才相，右无才史，阃无才将，庠序无才士，陇无才民，廛无才工，衢无才商，抑巷无才偷，市无才驵，薮泽无才盗，则非但戮君子也，抑小人甚戮。当彼其世也，而才士与才民出，则百不才督之缚之，以至于戮之。戮之非

---

① 《定庵文拾遗·明良论四》。

刀，非锯，非水火；文亦僇之，名亦僇之，声音笑貌亦僇之。僇之权不告于君，不告于大夫，不宣于司市，君大夫亦不任受，其法亦不及要领，徒僇其心，僇其能忧心，能愤心，能思虑心，能作为心，能有廉耻心，能无渣滓心。又非一日而僇之，乃以渐……才者自度将见僇，则蚤夜号以求治，求治而不得，悖悍者则蚤夜号以求乱。夫悖且悍，且瞑然聩然以思世之一便己，才不可问矣！嬲之伦愍有辞矣。然而起视其世，乱亦竟不远矣！是故智者受三千年史氏之书，则能以良史之忧忧天下。忧不才而庸，如其忧才而悖；忧不才而众怜，如其忧才而众畏。……探世变也，圣之至也！①

这是何等深刻的预言！他所描绘的当时贪污、剥削、因袭现象，可谓尊史者的直言。他说：

客问龚自珍曰，子之南也，奚所睹？曰：异哉！……（上略所睹者四）……佐杂书小狱者，必交于州县，佐杂畏此人矣；州县之书狱者，必交于府，州县畏此人矣；府之书狱者，必交于司道，府畏此人矣；司道之书狱者，必交于督抚，司道畏此人矣；督抚之上客，必纳交于部之吏，督抚畏此人矣。吾睹五。其乡之籍同亦有师，其教同，亦有弟子，其尊师同，其约齐号令同，十八行省皆有之：豺踞而鸮视，蔓引而蝇孳，亦有爱憎恩仇，其相朋相攻，声音状貌同，官去弗与迁也，吏满弗与徙也，各行省又大抵同。吾睹六。狎富久亦自富也，狎贵久亦自贵也。农夫织女之出，于是乎共之，官室车马衣服仆妾备。吾睹七。七者之睹，非忧、非剧、非醒、非疟、非鞭、非箠、非符、非约，析四民而五，附九流

---

① 《定盦文集》卷上《乙丙之际著议第九》。

而十，扶百执事而颠倒上下，哀哉，谁为之而壹至此极哉？①

这显然已经接触到封建政治的要害，四民而外的第五种人，自然是超经济剥削的官僚群了，农夫织女之出仅备他们荒淫无耻，故他又有《明良论》二以阐明之：

士皆知有耻，则国家永无（按即云无国耻）耻矣；士不知耻，为国之大耻！……官益久则气愈媮；望愈崇则谄愈固；地益迈则媚益工。……臣节之盛，扫地尽矣！……郭隗说燕王曰："帝者与师处，王者与友处，伯者与臣处，亡者与役处，凭几其仗，顾盼指使，则徒隶之人至；恣睢奋击，呴籍叱咄，则厮役之人至。"……坐而论道，谓之三公。唐、宋盛时大臣讲官不辍赐坐、赐茶之举，从容乎便殿之下，因得讲论古道，儒硕兴起；及其季也，朝见长跪，夕见长跪之余，无此事矣。……殿陛之仪，渐相悬以相绝也……窃窥今政要之官，知车马、服饰、言词捷给而已，外此非所知也。清眼之官，知作书法、赓诗而已，外此非所问也。堂陛之言，探喜怒以为之节，蒙色笑获燕闲之赏，则扬扬然以喜，出夸其门生、妻子，小不霁，则头抢地而出，别求夫可以受眷之法。……务车马、捷给者……曰：我早晚直公所，已贤矣，已劳矣。作书、赋诗者……以为苟安其位一日，则一日荣。……且愿其子孙世世以退缩为老成，国事我家何知焉？嗟呼哉！如是而封疆万万，之一有缓急，则纷纷鸠燕逝而已。伏栋下求俱压焉者慰矣。……有缓急之举，主人忧之，至戚忧之……至其家求寄食焉之寓公，旅进而旅蘩焉之仆从，伺主人喜怒之狎客，试召而诘之，则岂有为主人分一夕之愁苦

① 《定盦文集补编》卷一《乙丙之际塾议第三》。

者哉?①

他把封建政治之下第五种人,形容得如此无耻,一旦国家有事,这些人便因了廉耻丧亡,群作鸟兽散。他探求为什么造成这样现象,结论非常胆大,专制政治贵贱之仪相悬相绝使然。他敢于把国家事,在君臣之间作为"坐而论道"的平等看待,这含有近代的开明思想,反乎此,则专制君主必须造成一人之荣、万人之辱,故他在《古史钩沉论》一《觋耻》篇中,明白指出:

> 昔者霸天下之氏,称祖之庙,其力强,其志武,其聪明上,其财多,未尝不仇天下之士,去人之廉,以快号令,去人之耻,以嵩高其身。一人为刚,万夫为柔,以大便其有力强武,而允孙乃不可长,乃诽,乃怨,乃责问,其臣乃辱。荣之亢,辱之始也;辨之亢,诽之始也;使之便,任法之便,责问之始也。……积百年之力,以震荡摧锄天下之廉耻,既殄,既弥,既夷,顾乃席虎视之余萌,一旦责有气于臣,不亦暮乎!②

这样看来,"摧锄天下之廉耻"者;不自衰世起,似归源于清代的多尔衮这样人物。专制政治为了养成无耻的仆从与狎客,必须使臣下都无生气,故制定一套"资格",在几十年的无耻基尔特之中,世故阅历得奄然一息,他的《明良论三》③中具体言之:

> 凡满洲、汉人之仕宦者,大抵由其始宦之日,凡三十五年而至一品,极速亦三十年。贤智者终不得越,而愚不肖者亦得以驯而到,此今日用人论"资格"之大略也。夫自三十进身,以至于为宰辅、为一品大臣,其齿发固已老矣,精神

---

① 《定盦文拾遗·明良论二》。
② 《定盦续集》卷二。
③ 《定盦文拾遗》。

固已惫矣，虽有耆寿之德，老成之典型，亦足以示"新进"，然而因阅历而审顾，因审顾而退葸，因退葸而尸玩，仕久而恋其籍，年高而顾其子孙，傫然终日，不肯自请去。……其"资"浅者曰：我积俸以俟时，安静以守格……冀终得尚书、侍郎，奈何"资格"未至，哓哓然以自丧其官为？其"资"深者曰：我既积俸以俟之，安静以守之，久久而危致乎是，奈何忘其积累之苦，而哓哓然以自负其岁月为？……此士大夫所以尽奄然而无有生气者也。当今之弊，亦或出于此，此不可不为变通者也。

定菴暴露得太深刻了，他的议论多从心理学上研究起，还没有进到人类学的研究，更没有进至历史学的研究。近代的理论思维开始以前，首初要求人文主义或个人主义的思想，大抵都从心理学的分析入手。定菴的《明良论》，在上面所引述中看来，不是一般的知耻论，而是带有近代意义的批判，他的最后目的是存于不可不变革，由奄然无生气的无耻社会，改革为跃然欲生的有耻社会，人民有耻，于是便无国耻了。他的"更法论"，实在是维新的先驱者。他说：

仿古法以行之，正以救今日束缚之病……奈之何不思"更法"？琐琐焉，屑屑焉，惟此之是行而不虞其陟也？……删弃文法，捐除科条，裁损吏议……以进退一世。而又命大臣以所当为，端群臣以所当从。……而勿苛细以绳其身。将见堂廉之地，所图者大，所议者远，所望者深。……盛世君臣之所有为……必非吏胥之私智所得而仰窥。①

他的"更法论"不但是基于理之当然，而且是基于势之必然，他直言如不更法，"乱将不远"，甚至于预言兴亡在于"改图"，天

_____

① 《定菴文拾遗·明良论四》。

并不长乐一姓统治天下的，这话正议到爱新觉罗氏的没落，而被后一代所"革"了。他说：

> ……拘一祖之法，惮千夫之议，听其自陟，以俟踵兴者三改图尔。一祖之法无不敝，千夫之议无不靡，与其赠来者以劲改革，孰若自改革？仰思我祖所以兴，岂非"革"前代之败耶？前代所以兴，又非"革"前代之败耶？何莽然其不一姓也？天何必不乐一姓耶？鬼何必不享一姓耶？奋之，奋之！将败则豫师来姓，又将败则豫师来姓！《易》曰："穷则变，变则通，通则久。"①

定盦在当时看到封建社会的种种黑暗面，故语多愤恨，而又憧憬着未来历史的曙光，故语亦近于梦想，然而悲剧的时代在当时并没有使他可以信仰不移的光明前景。在这样矛盾之下，他的话"凉燠"不一。"或问：子之言何数凉而数燠也？告之曰：吾未始欲言也。吾言如治疾，燠病至凉之；凉疾至，燠之。亦有不言，则其无疾者也。（按此语为讽刺）无疾者贤乎？曰：否，有疾贤。疾浅贤乎？疾深贤乎？曰：疾深者贤。……至人之言，人情不得已！"② 故他所议所论，皆出于不得已，然不得已之言则又为世人惊之疑之。于是他不言，不言之隐，所谓"无疾"，然无疾正所以不可救药了！他时而"尊史"之言贵，时而"尊命"之超脱，时而"尊任"之改革，时而"尊隐"之野托，文颇不羁，这正是他的悲剧心理的流露。

他在《尊隐》一篇中，更流露出他悲观的更法论，而隐隐约约借托于"山中之民"，说出将来的光明不在朝而在野了。因他不敢明言，文甚瑰丽难于捉摸，但绅绎之，《尊隐》实不是做隐士

---

① 《定盦文集》卷上《乙丙之际著议第七》。
② 《定盦续集》卷一《凉燠》。

去，而是说把希望寄托于"野"了。读古人的文章要小心他的烟幕。他的这篇文章从开首一句"将与汝枕高林"，至"山中之瘁民"，纯为烟幕。他把历史变迁分了三期，托之于"古史氏"之言，这位古史氏为何氏，不得而知，大约他的文章类似庄子，亦所谓寓言什九吧？第一期、第二期当早时午时，君子生此时际，乐看"京师"之繁荣，人民狎野，然而到了夕时则不然，试看他的图景：

日之将夕，悲风骤至，人思灯烛，惨惨目光，吸饮莫气，与梦为邻，未即于床。丁此也以有国，而君子适生之，不生王家，不生其元妃、嫔嫱之家，不生所世世紫之家。从山川来，止于郊而问之曰：何哉？古先册书，圣智心肝，人工精英，百工魁桀所成。如"京师"，京师弗受也，非但不受，又裂而瀸之。丑类窳呰，诈伪不材，是辇是任，是以为生资，则百宝咸怨，怨则反其"野"矣！贵人故家蒸尝之宗……不乐守先人之所予重器，则窭人子篡之，则"京师"之气泄，京师之气泄，则府于"野"矣！如是则"京师"贫，"京师"贫则四山实矣！古先册书，圣智心肝，不留"京师"，蒸尝之宗之孙，见闻娸娽，则"京师"贱，贱，则"山中之民"，有自公侯者矣！如是则豪杰轻量"京师"，轻量京师，则"中山"之势重矣！如是则"京师"如鼠壤（按鼠壤二字甚露骨），如鼠壤则"山中"之壁垒坚矣，"京师"之日短，"山中"之日长矣！风恶，水泉恶，尘霾恶，"山中"泊然而和，冽然而清矣！人攘臂失度，啾啾如蝇蚋，则"山中"戒而相与修娴靡矣。朝士寡助失亲（按寡助二字亦露骨）则"山中"之民，一啸百吟（按此四字影射农民结社），一呻百问疾矣。朝士偠焉偷息，简焉偷活，侧焉徨徨商去留，则"山中"之岁月定矣，多暴侯者，过"山中"者、生钟簴之思矣，童孙啴嘽，过"山中"者，祝寿考之毋遽死矣！其祖宗曰：我无余荣焉，我以汝为殿矣。其山林之神曰：我无余怒焉，我以汝为殿矣！俄焉寂然，灯烛无光，不闻余言，但闻鼾声，夜之漫漫，鹐旦不鸣，则"山中"之民，有大音声起（按此四字影射民变），天地为之钟鼓，神人为之波涛矣。①（注意：以上有十二个矣字。）

这是定葊的一篇妙文，意思非常明白。他比喻晚清王朝为日之将夕的黑暗社会。在这时最可怕的景象发生了，京师一切失道，反之，山中或野鄙活动起来了，（有十六个矣字）虽祖宗神灵亦悲观于京师的大清王朝，而嘱望于山中之民了，然而在这时还要鼾声睡意，粉饰其太平，一直到将近天明，"山中之民"（按定葊此四字为代数学上的 X，后来真正的实在人名，那就是洪秀全其人），忽然大声响作，起来革命。所谓，"天地为之钟鼓"，即指另一朝天地，所谓"神人为之波涛"，即指当朝贵人之没落。这篇文章，按他的诗句云有"少年尊隐有高文"，可见是他的得意杰作。文章虽然托于"古史氏"之言，寄于"山中之民"之行，但内容则现实之至，故他的诗又云："少年哀乐过于人，歌泣无端字字真，既壮周旋杂痴黠，童心来复梦中身！"这样看来，像这篇文章当是他的真话，没有杂着壮年以后的痴黠心理。此文末之：

　　民之丑生，一纵一横。旦暮为纵，居处为横，百世为纵，一世为横，横收其实，纵收其名。之民也，壄者钦？邱者钦？坷者钦？避其实者钦？能大其生以察三时，以宠灵史氏，将不谓横天地之隐钦？闻之史氏矣，曰：百媚夫不如一猖夫也，百酣民不如一瘁民也，百瘁民不如"一之民"也。则又问之曰：之民也，有待者耶？无待者耶？应之曰：有待。孰待？

①《定葊续集》卷一。

待后史氏。孰为无待？应之曰：其声无声，其行无名，大忧无蹊辙，大患无畔涯……后史氏欲求之，七反而无所睹也。悲夫，悲夫，夫是以又谓之纵之隐。

从这些话又看出对于那位作大声音的"山中之民"有大期待，一方面相信着总有"山中之民"，把历史的"纵"变为现实的"横"。他方面则在后史氏的目前硬要去找寻，还是马上求不到所谓"一之民"，因为他是很神秘的，不让人发觉，惟"纵而隐"不过是时间罢了。龚氏的文章极其瑰玮，而意思不能豁达，然这亦可谓大胆的言论。作者以为这篇文章埋没了一百余年，现在方让我们读懂，他类似这样寓言体裁的文字颇多。例如他说：

主上优闲，海宇平康……士大夫以暇日养子弟之性情，既养之于家，国人又养之于国，天胎地息，以深以安。……乃缚草为形，实之腐肉，教之拜起，以充满于朝市。风且起，一旦荒忽飞扬，化而为沙泥，子列子有言：君子化猿化鹤，小人化虫化沙。等化乎？然而猿鹤似贤矣，噫嘻，噫嘻！①

这亦是对于暴风雨的预测之言，所谓"探世之变，圣之至也。"在暴风雨到来的时候，士大夫都要在时代的风浪中"化而为沙泥"，让残酷的历史去裁判。他亦有时实在地讲出来，不尽然全为寓言。例如他说：

后之为师儒……重于其君，君所以使民者则不知也；重于其民，民所以事君者则不知也。生不荷櫌耡，长不习吏事。故书雅记，十窥三四，昭代功德，瞠目未睹。上不与君处，下不与民处……昧王霸之殊统，文质之异尚。其惑也，则且援古以刺今，嚣然有生气矣。……王治不下究，民隐不上达，

---

① 《定盦文集补编》卷三《与人笺一》。

国有养士之费，士无报国之日，殆夫，殆夫！终必有受其患者。①

他虽然说壮年杂着痴黠，但他逝世前一年，犹给人书中愤慨言之。他说：

> 开辟以来，民之骄悍不畏君上，未有甚于今日中国者也！今之中国，以九重天子之尊，三令五申，公卿以下舌敝唇焦，于今数年，欲使民不吸鸦片烟，而民弗许，此奴仆踞家长，子孙篡祖父之世宙也。即使英吉利不侵不叛，望风纳款，中国尚且可耻而可忧，愿执事且无图英吉利！②

定盦在当时微言大义，要比魏源实在而深刻。魏源多倡"以夷攻夷，以夷款夷"，不着根本之论；而定盦则主要重视国本，尤其集中笔锋对于封建的弊端大施攻击。上面的话即非常显明，没有奴仆踞家长的内政可以御外患的，故他不像魏源的策士态度，而是具有政治家的风度的。他已经憧憬到"山中之民"的大声疾呼，天地风云的扬沙走石，亦可以说是公羊学派新的天人之学。因而他在少年时代就对于执政的满清贵族士大夫痛斥贬责，甚至说你们滚下来吧！闭了你们的宫廷！他说：

> 居廊庙而不讲揖让，不如卧穹庐；衣文绣而不闻德音，不如服犛毹；居民上，正颜色，而患不尊严，不如闭宫廷；有清庐闲馆而不进元儒，不如辟牧薮；荣人之生而不录人之死，不如合客兵；劳人祖父而不问其子孙，不如募客作。③

这些话何等犀利！他巧于文辞，他说上面的话，是"闻之聪古子，聪古子闻之思古子，思古子闻之谛古子"。又谁知这位少年

---

① 《定盦文集》卷上《乙丙之际著议第六》。
② 《定盦文集补编》卷四《与人笺五》。
③ 《定盦续集》卷二《乙丙之际塾议第二十五》。

的勃勃新生气，而没有古风。然而为什么他总是寓言古史氏、古谛子这类人物呢？他知道封建危机的关头，当道的贵族官僚最没有人性，而他又要批评暴露直至想杀死他们，这就难了。于是他的"捕文"便产生了。试看他的三篇"捕文"：

今者有蜮，蜮，一名射工，是性善忌，人衣裳略有文采者辄忌，不忌缧绁（按指亡国奴），能含沙射人影，人不能见，必反书之名字而后噬之。捕之如何？法用蔽影草七茎，自障蔽，则蜮不见人影；又用方渚，取月中水洗眼，著纯墨衣，则人反见蜮，可趋入蜮群；趋入蜮群，则蜮眩瞀。……如是四遍，蜮死，烹其肝。大吉！①

今者有熊罴、鸱鸮、豺狼，是性善慓，必噬有恩者及仁柔者。捕之如何？法用败絮牛皮，伪为人形，手执饲具以示人恩，中实以炽铁，咆哮来吞，絮韦吞已，炽铁火起，麋灼其心肝。……如是四遍，则其种类殄绝，吉。②

今有狗蝇、蚂蚁、蚕蟹、蚊虻，是皆无性，聚散皆适然也，而朋嚼人，使之愤耗。治之如何？法不得殄灭，但用冰一拌，置高屋上，则蝇去；又炼猛火自烧田，则乱草不生，乱草不生则无所依，无所依，则一切虫去。……③

他说这些法都是"法则上古"，这且不论。他写三篇捕文时说："居于彼郊野，魂飞以朝征，魄凄凄而夕处"。可见他在黑暗中要求朝气。他列"蜮"为第一，熊罴等为第二，"狗蝇等"为第三。他以为这些无人性的东西，要以各种方法去"捕"。第一种为神秘法，这类似他的文章作风的"天人之学"；第二种为"色柔内

① 《定盦续集》卷四《捕蜮第一》。
② 《定盦续集》卷四《捕熊罴鸱鸮豺狼第二》。
③ 《定盦续集》卷四《捕狗蝇蚂蚁蚕蟹蚊虻第三》。

刚"法，这类似他的文章作风的"尊史之学"；第三种为悲悯法，这类似他的文章作风的"观变之学"。好个文章圣手！然而他的"著议"亦苦矣，苦在他要在文章内容中有人民性。

他在死前三年（戊戌）送林则徐到广东赴任，上书言三种决定义，三种旁义，三种答难义，一种归墟。三种决定义：言平银价（因从嘉、道之际，中国白银流于外国，银价高涨，物价不平，致生经济危机，文中此点，未说明）；严禁鸦片；重兵防御。三种旁义：言杜绝外货，从奢侈品著手；限止外人，仅居澳门；整修军器。一种归墟义：期林公由一省之治使"中国十八行省银价平，物力实，人心定。"这实在是商业资本主义时代的中国所必走的途径，可谓"尊史"家之言。至于答难义，他详细解释怀疑者的问题以后，便和上面的憎恨相似，献策于林公，"杀一儆百"。他说：

> 关难者皆天下黠猾游说，而貌为老成迂拙者也。粤省僚吏中有之，幕客中有之，游客中有之，商沽中有之，恐绅士中未必无之，宜杀一儆百。公此行此心，为若辈所动，游移万一，此千载之一时，事机一跌，不敢言之矣，不敢言之矣！①

黠猾者正是他看出的封建制度束缚机关中所寄生的奴性人物，这些人布于海宇，"忌文采不忌缥缃"，为谋改革者的大患。定盦所劝林公则徐和这些人奋斗的决心，当是最严重的难题，所谓"积重难返"，即有一二偶出豪士欲返弊改，那些"螆"亦要把他陷害。定盦见于此，林公更见于此，故在答定盦的书中说："谓彼中游说多，恐为多口所动，弟则虑多口之不在彼也，如履如临，曷能已已！"林公所指的"不在彼"者，更有甚于在彼者，显然是

---

① 《定盦文集补编》卷四《送钦差大臣侯官林公序》。

指在朝家奴了。他后来就是被定菴所谓"貌为老成迂拙者"弹劾得负罪远戍新疆，而此时定菴已死不及见，那么他"不敢言之矣，不敢言之矣"的前途，便是深重的民族危机，他除了"不敢言之"，难道在忧愤之中应含有"不敢见者，不敢见者"的话么？

章太炎基于"分析名相"的
经史一元论*

章太炎先生（1868—1936 年）的学术活动，在中国学术史上是 19 世纪末叶的有价值遗产。他的经史一元论，是继承了清初傅青主"经子皆王制"，章实斋"六经皆史"的思想，而发展为一家之言。

但太炎思想颇为复杂。他的"思想变迁之迹"，详见于我最崇敬的亡友经学家吴承仕先生所记录的《菿汉微言》卷末。他说：

> 余自志学，迄今更事既多，观其会通，时有新意。思想变迁之迹，约略可言。少时治经，谨守朴学，所疏通证明者，在文字器数之间。……遭世衰微，不忘经国，寻求政术，历览前史，独于荀卿、韩非所说谓不可易。……继阅佛藏……以分析名相始，以排遣名相终，从入之涂，与平生朴学相似。……出狱东走日本，尽瘁光复之业，鞅掌余闲，旁览彼土所译希腊、德意志哲人之书，时有概述。……从印度学士咨问……其所称述多在常闻之外，以是数者，格以大乘，霍然察其利病，识其流变。……诸生适请讲述许书，余于段桂

* 原载《中山文化季刊》第 2 卷第 2 期，1945 年 9 月。

严王，未能满志，因缅阅大徐本十数过，一旦解寤，旸然见语言文字本原，于是初为《文始》。而经典专崇古文记传，删定大义，往往可知，由是所见，与笺疏琐碎者殊矣。……释齐物，乃与瑜伽、华严相会；……始探其妙，千载之秘，睹于一曙。次及荀卿、墨翟，莫不抽其微言以为仲尼之功，贤于尧舜，其玄远终不敢望老庄矣。癸申之际……始玩爻象，重籀《论语》……《论语》所说，理关盛衰……又以庄证孔，而耳顺绝四之指，居然可明，知其阶位卓绝，诚非功济生民而已。至于程朱陆王……终未足以厌望。……凡古近政俗之消息，社会都野之情状，华梵圣哲之义谛，东西学人之所说，拘者执著而鲜通，短者执中而居间，卒之鲁莽灭裂，而调和之效，终未可睹，譬彼侏儒，解遘于两大之间，无术甚矣；余则操齐物以解纷，明天倪以为量，割制大理，莫不孙顺。……自揣平生学术，始则转俗成真，终乃回真向俗……秦汉以来，依违于彼是之间，局促于一曲之内，盖未尝睹是也。乃若昔人所诮专志精微，反致陆沈；穷研训诂，遂成无用者，余虽无腆，固足以雪斯耻！

按太炎此段自述其思想学术变迁之迹，除了因其"身在幽囚，不可直遂以为览者"（太炎自记），到了末端所述，有调和汉、宋之言，而与其丛书中所评宋儒者有所出入，此外大体上是真实的。他的经、史、百家、文字诸学、政术（此政术二字，多见于其所著制度研究与法家阐扬的诸文），可谓"以分析名相始"。他的《齐物论释》与佛理研究，以及晚年流露出对于宋明理学之妥协，而谓"世故有疏通知远，好为玄谈者，亦有文理密察，实事求是者……亦各从其志尔。"① 实和他治学上一再言文理密察实事求是

---

① 《菿汉微言》卷末。

的学旨有违，故他所云"多言玄理"，可谓"以排遣名相终"。太炎先生在"真""俗"之间的二元论，到晚年始完全显现出来。为什么一位在学术上的斗士，发展了汉学而为史学之后，这样地走入"真"界呢？在作者看来，他对于"俗"界在民国初年前后，没有信赖，冥察民主的前途，实有暗礁横生。而且在中国的变革过程中，他迷惘起来。在世界近代民主政体的矛盾中，他既失去其自信，而尚不可能知道有前进的亚洲，落后的欧洲。所以他在工人阶级独立地登上历史舞台之时，表现出真俗二者之不协调，而复以极端唯心之观念，以调和真俗（甚至弃俗向真）。这种思想要看他的政论，现在仅举几句如下，他说：

> 光复者，义所任，情所迫也，光复以后，复设共和政府，则不得已而为之也，非义所任，情所迫也。①

因此，他在光复的事业中是一位悲壮的学者，表里如一，所谓"义所任，情所迫"，而在光复以后则显示力竭气衰，认为民主共和的事业，"非义所任，非情所迫"，他退下了历史舞台，而"多言玄理"（《菿汉微言》自识）了。甚至就在自述其思想变迁一段文章之前，他看了民国初年"守法"之难能，更有悲观的言论。他说：

> 故为政于今日，两言蔽之，以资劳用人，以刀笔吏守法。虽然，中国民志之弱，民德之衰久矣，欲令富强如汉唐、文明如欧美者，此正夸父逐日之见，吾辈处之，正能上如北宋，次如东晋耳！②

这种悲观思想，和其少年时代"不忘经国，寻求政术"者相反，正是他所谓"排遣名相终"的历史注脚。鲁迅在民初，是和

---

① 《太炎文录》一《官制索隐》。
② 《菿汉微言》。

太炎有脉胳可寻之处。据《呐喊》自述，深感锁在一个铁屋里面，漆黑不见光明，他说自信看不见光明，仅挣扎着姑且假定有光明，亦在历史的安排上呐喊起来，故阿Q的Q（Question）是以一个解决不了的问题提出来的，一直到北伐后，他才对于世界有了答案——参看拙作《阿Q的年代问题》一文。太炎和鲁迅的同点，在于对拆散时代的怀疑，而异点是太炎走入悲观以至隔离于时代，鲁迅从徬徨以至于提出问题。我们在鲁迅言论里，只见有崇敬太炎的话，而没有批评的话，知道颇有时代痛苦的一致感慨，不仅仅是师弟关系缘故。此处尚有一言，即真能继承太炎传统者，就是那位记述《菿汉微言》一书的玄言者，与鲁迅殊途同归。

本文的范围是有限的，上面所言仅是一个概说，我们进而研究他分析名相的经史论。

太炎的经史论，在名义上虽不赞成章实斋"六经皆史"之说，而却称道此说："言六经皆史者，贤于春秋制作之论"①。他论实斋之学曰：

> 章学诚为《文史》《校雠》诸《通义》，以复歆、固之学，其卓约近《史通》。②

> 六经皆史之方，治之则明其行事，识其时制，通其故言。③

所以太炎并不反对"六经皆史"之命题，而主张六经与史不能分别之说。因为经与史既不可分离，则公羊家所言六经为孔子所托古以自作者，当是妄言。他说：

> 问者曰：经不悉官书，今世说今文者以六经为孔子作，

---

① 《国故论衡·原经》。
② 《检论》卷四《清儒》。
③ 《国故论衡·明解故》下。

岂不然哉？应之曰：经不悉官书，官书亦不悉称经。《易》、《诗》、《书》、《礼》、《乐》、《春秋》者，本官书，又得经名。孔子曰述而不作，信而好古。明其亡变改。其次《春秋》以《鲁史记》为本，犹凭依左丘明。左丘明者鲁大史（见《艺文志》），然则圣不空作，因当官之文。……国史之有编年，宜自此始。……晋之《乘》，楚之《梼杌》，鲁之《春秋》，一也。惑者不睹，论纂之科，不铨主客，文辞义理，此也；典章行事，彼也。一得造，一不得造。今以仲尼受天命为素王，变易旧常，虚设事状，以为后世制法，且言左氏与迁、固皆史传，而《春秋》为经，经与史异（刘逢禄、王闿运、皮锡瑞皆同此说）。盖素王者，其名见于《庄子·天下》篇，责实有三。伊尹陈九主素王之法，守府主为素王。庄子道玄圣素王，无其位而德可比于王者。太史公为素王眇论，多道货殖，其《货殖列传》已著素封，无其位有其富厚崇高，小者比封君，大者拟天子。此三素王之辨也。仲尼称素王者，自后生号之。……《春秋》二百四十二年之事，不足尽人事，蕃变典章，亦非具举之。……今以不尽之事，寄不明之典，言事则害典，言典则害事，令人若射覆探钩，卒不得其翔实，故有公羊、穀梁、驺夹之传，为说各异，是则为汉制惑，非制法也。言《春秋》者，载其行事，宪章文武，下遵时王，惩恶而劝善有之矣，法制何与焉？[①]

因此他申论《春秋》之上有《尚书》，《春秋》之下有迁、固、孔子是继承前之史学而开启后之史学，经史不能分家。他说：

今文家所贵者家法也，博士固不知有经史之分，则分经史者与家法不相应。夫《春秋》之为志也，董仲舒说之，以

---

① 《国故论衡·原经》。

为上明三王之道，下辨人事之纪，万物之散聚，皆在《春秋》。然太史公自叙其书亦曰：厥协六经异传，整齐百家异语，俟后世圣人君子。班固亦云：凡《汉书》穷人理，该万方，纬六经，缀道纲，总百氏，赞篇章。其自美何以异《春秋》？《春秋》有义例，其文微婉，迁、固亦非无义例也。……然《春秋》所以独贵者，自仲尼以上，《尚书》则阔略无年次，百国春秋之志，复散乱不循凡例，又亦藏之故府，不下庶人，国亡则人与事偕绝。……史籀纪岁时月日以更《尚书》，传之其人……然后东周之事灿然著明。令仲尼不次《春秋》，今虽欲观定哀之世，求五伯之迹，尚荒忽如草昧。……今异《春秋》于史，是犹异苍颉于史籀、李斯，只见惑也。①

他更以孔子之学为史学，而反对托古改制以及百姓制法之说，其言甚为精当。

汉世五经家，既不逆睹，欲以经术干禄，故言为汉制法，卒其官号，郡县刑辟之制本之秦氏。为汉制法者，李斯也，非孔子甚明；近世缀学之士，又推孔子制法，迄于百世法度者，与民变革，古今异宜，虽圣人安得豫制之？（《易》称开物成务，彰往察来，孔子亦言百世可知，皆明其大体耳。盖险阻日通，阶级日夷，工巧日繁，礼节日杀，鬼神日远，刑法日宽，法契日明，此在周代可以豫知后世者也；若夫官号、爵秩、税则、军制之繁，地域广轮，郡县增减之数，孔子安得豫知之？譬如观象日月星辰之行，虽在数百岁上，可以预知风雨旱潦之变，非临时测候不能知也。盖变迁有常者可知，变迁无常者不可知。是故纬候之言不能傅会孔氏也。）《春秋》

① 《国故论衡·原经》。

言治乱，虽繁识治之原，上不如老聃、韩非，下不逮仲长统。故曰：《春秋》经世先王之志，圣人议而不辩。(《庄子·齐物论》语经犹纪也，三十年为一世，经世犹纪年耳；志，即史志之志，世多误解!) 明其藏往，不亟为后王仪法。左氏有议，至于公羊而辩（范武子云：公羊辩而裁），持《繁露》之法以谒韩非、仲长统，必为二子笑矣! 夫制法以为汉则陋，以为百世则夸，世欲奇伟尊严孔子，顾不知所以奇伟尊严之者! ……孔子不布《春秋》，前人往不能语后人，后人亦无以识前，乍被侵略则相安于舆台之分。……何取神怪之说，不征之辞，云为百世制法乎? 又其诬者，或言孔子以上世颛颛无文教，故六经皆孔子臆作，不竟有其事也（按即指康有为《孔子改制考》卷一）。……三代以往，人事未极，民不知变诈之端，故帝王或以权数周下；若其节族著于官府，礼俗通于蒸民者，则吏职固有常矣，书契固有行矣，四民固有列矣，官室固有等矣，械器固有度矣，历数固有法矣，刑罚固有服矣，约剂固有文矣，学校固有师矣，歌舞固有节矣。彼以远西质文之世相拟，远西自希腊始有文教，其萌芽在幽平间，因推成周以上，中国亦朴陋如麋鹿。①

太炎有《征信》《信史》四篇文字，可谓他的经史之学的重要文字。在此四篇文字中，表现太炎史学与科学的统一认识，以此批评公羊学派，实秋风扫落叶之笔。他首先说：

古人远而往，其籍尚在，籍所不著，推校其疑，事足以中微，而世遂质言之，虽适谓之诬。……凡事无期验，推校而得之者，习俗与事状异其职矣。彼习俗者察之无色，把握之不得其体，推校而得则无害于质言之，若淮南王所订习俗

———————

① 《国故论衡·原经》。

也。……事状者，上有册府，下有私录，殚求而不获，虽善推校，惩其质言矣。二者立言之大齐，不以假借者也。世儒以后之所订，而责前之故然，虽皮傅妄言，输世则浸以为典要。……释迦言空不因于老庄，景教事天不本于墨子，远西之言历算者不资于厉王丧乱畴人在夷，世文取其近似言之，遂若典常……①

他把科学的研究和常识的推校分别开来，进而言"抽史"有史学的范围，史在据"期验"以明因果，而不能以一般名理以此推彼，所谓平议亦以寻史之始卒源流为职志，而不是公羊家的平议大义微言的方法。下面是他最重要的言论：

传曰，圣有谟勋，明征定保。故非独度事为然也，凡学皆然，其于抽史尤重。何者？诸学莫不始于期验，转求其原，视听所不能至，以名理刻之，独治史志者为异，始卒不逾期验之域，而名理却焉。今之散儒，曾不谕是也，故微言以致诬，玄议以成惑。昔者荀卿有言曰："……禹汤有传政而不若周之察，非无善政也，久故也。传者久则论略，近则论详，略则举大，详则举小，愚者闻其略而不知其详，闻其详而不知其大，是以文久而灭，节族久而绝。"（《非相》篇）夫《尚书》者，不具之史，略引大体，文若铭诔，非质言以纪事，故流别异《春秋》。……《春秋》已作，而纪传胪言其道，行事始悉，然犹多所残遗。……学者宜……知其有略不敢妄意其事，妄意之即与巫言等，比邻神仙之国。旧史盖岁有变更，国有贤豪，则为之生事，延缘巷市之语，以造奇辞。往者中土，惟有猥语短书，今殆举于士大夫之口，兔丝缘木，蜗蝓缘墙，苟可以傅丽者，无所不蕲，则是使张鲁撰《记》而寇

① 《太炎文录》—《征信论》上。

谦之为《图》也。……史官陈列往迹详矣，事有巨而因于细……细亦因巨。……愚者徵以为智随，成心以求其情，比于谣诼，是以君子多见阙殆。……（下引韩非的参伍方法论）……治史尽于有征，两征有异，犹两曹各举其契，此必一情一伪矣。往世诸子竞于扬己，著书陈辩，败人则录之，己屈则不述也。转以九流相校，而更为雌雄者众，其有纵横之士，短长之书，必不自言画策无效，或饕天功为己力。（下引史证）……从是仇质自离者，诚有可知，亦或忽怳如不可知，抽史者，若以法吏听两曹辨其成狱，不敢质其疑事，愚者以事有两异，虽本无异辞者，犹疑此，何但史传邪？曩夕之言，今日亦疑也，鸡鸣之事，日中可谰也（按此指任公）。……母子者，犹今所谓因果，因以求果，果以求因，辨异而不过，推类而不悖，是故邪说不能乱，百家无所窜，则终身免于疑，殆是抽文之枢要也。夫礼俗政教之变，可以母子更求者也（按此指变法说），虽然，三统迭起，不能如循环，三世渐进，不能如推毂（按此类船山史论）。……世人欲以成型定之，此则古今之事得以布算而知，虽燔炊史志犹可。且夫因果者，两崇之论耳，无缘（按指条件）则因（按指理由）不能独生，因虽一，其缘众多，故有同因而异果者，有异因而同果者。愚者执其两崇，忘其旁起（按指具体），以断成事，因以起其类例，成事或与类例异，则颠倒而组裂之，是乃殆以终身，蝥之至也。（按此一段暗评维新派之方法论）凡物不欲絓，丝絓于金栈则不解，马絓于曼荆则不驰，夫言则亦有絓，絓于成型，以物曲视人事，其去经世之风亦远矣！（按此即任公所言有为以事物徇其主义者）昔者荀卿有言曰：礼乐法而不说，诗书故而不切，春秋约而不速，方其人之习君子之说，则尊以遍矣，周于世矣。（《劝学篇》按遍周二字，即公羊学以一知十之方法）。夫古今虽异，能相类似者不绝，故引史传以为嵩绪，其周用犹什三四，当其欲用，必骛于辨说者，犹赋诗有断章。愚者……以史尚平议，不尚纪事。……吹毛索疵，事议而物辩之，固无当夫举措之异，利病之分。譬若弈棋……尽于一区，其旁子不具见，时既久远，而更欲求举措之意，利害之势，犹断棋一区，以定弈法，唵口弊舌，犹将无益也。（近世鄙倍之说，谓史有平议者，合于科学，无平议者不合科学。案史本错杂之书，事之因果亦非尽随定，则纵多施平议，亦乌能合科学耶？若夫制度变迁，推其沿革，学术异化，其求本师，风俗殊尚，寻其作始，如班固、沈约、李淳风所志，亦可谓善于平议矣；而今世之平议者，其情异是……犹近苏轼《志林》、吕祖谦《博议》之流，但辞句有异尔。……藉科学之号以自尊，斯所谓大愚不灵者矣。又欲以是施之史官著作，不悟史官著书，师儒口说，本非同剂，惟有书志当尽考索之功，其论一代政化，当引大体而已，若毛举行事，订其利病，是乃科举发策之流，违于作述之志远矣。彼所持论，非独暗于人事，亦不达文章之体。）章炳麟曰：是五志者，皆明德之远言，耆艾之高致也，智者用之以尽伦，愚者用之以绝理。……"信言不美，美言不信"，吾以告今文五经之家，知者不博，博者不知，吾以告治晚书疑前史者；善者不辩，辩者不善，吾以告出入风议，尚论古人之士！①

科学的经史之学，用之可以尽伦，而玄学的经史之学，用之可以绝理。文中所谓继于成型之论针对了康有为，因果之论疑似针对了梁启超，可以作他和公羊学派辩论逻辑的代表作。太炎

---

① 《太炎文录》—《征信论》下。

"分析名相"所本的形式逻辑，因有史识为内容，比一般空谈表德者，卓然异趣。他又辩解"微言"不合于史实。他说：

> 儒有好今文者，谓章炳麟曰："玄圣没矣，其意托之经，经不尽故著微言于纬，不知纬，乃以经为纪事，诚纪事，迁、固优为之，安用玄圣！且夫识五帝之盅事者谁乎？骨骼腐于三泉，方策蚀于蟫蠹，就有遗绪，遭秦火又毁坏，存者缦不可理，别欲实事求是者，当捊视地藏，得其遗迹，谓之石史，又无以六籍为也。"章炳麟曰：诸微言者眇万物而为论，立意造尚异于恒众，非捶其文使不可句度，隐其词使不可解诂，若方士之为神符也！老庄之书，此为微言矣。悉明白可籀读，今秘书完具者，莫如《易纬》，文不可理，自余类此者众，郑玄、宋均犹不能离其文曲也。有可解者，而皆傅会天官，旁摭形法，灵保之词，委巷之辩，又不足当微言。[①]

所谓"文不可理"即不合逻辑之谓，故他复旁征博引，以说明谶纬口说之为汉儒伪造，斥当时今文家之诬史为愚昧。他说：

> 经籍毁于秦，何故纬书不见燔燕？其传在汉，又近起哀平间，无有授受。公执今文以其有师法，今纬书者，诚田何、伏胜、申公、辕固、高堂生、胡母子都所传耶？诚传其书，而迁、固皆不为录，蘖然独起于哀平之间，公以孔子所著，授之大师，其以为左验者云何？或曰自周末已有秦谶，秦谶者梦书之伦，本不傅六经，今之谶纬，即与秦谶异实，不可引援。假令纬书授之口耳，不在竹帛觚椠之间，故秦火弗能烧；夫可以诵习者，非固韵语，则必语近易知者矣。《诗》有韵，《礼记》《春秋传》，语近易知，故假唇舌以为书府，则积薪不能燎，《尚书》多三古旧言，而《礼经》节族，繁碎不为

---

① 《太炎文录》一《信史》上。

韵，则诘诎而难诵，故残余者无几何。今图纬之难知，非直《尚书》也，其涉及星历者节族繁碎，非直礼经也，安得在口耳间乎？（下言方士之书所由来）……公以经典非记事……欲张其义，故假设事类应之。即如是，公言《周官经》《左氏春秋》悉刘歆作伪者，乃不足以诮歆也。等之造事，焉知刘歆不假以张义，以孔子圣人故可，刘歆非圣人故不可，圣与非圣，我与公又不能质也，以知来物定圣名，颜回掇蕖，宰予昼寝，犹弗能踊知之，况百岁以下乎？自《春秋》记获麟，而言经者多惑，晚世宋翔凤辈称述《论语》，各往往傅以奇邪名字相似，不复理辞气，吾非不能，固知其违也。（下编傅会之说，自比翔凤破柝文义犹佳）……以圣人固不能测未来，《论语》口说，犹不可曲，况于六籍邦典可得而迁诬哉！……以公言为类例，经国致用，萧何、诸葛亮所能也；知天善验，管辂、郭璞所能也；修母致子，异物来举，黄龙见凤，皇降麒麟，至河出图雒出书，汉之宣章，魏之明帝所能也，顾安用玄圣耶？……今既无术足以遍知，欲知之乃穿凿无验。然则主以六籍，参以诸子，得其辜较，而条品犹不章者，是固不可知也，非学者之耻也。及夫成周以降，事有左验……撦纬谶以改成事，不及魏晋，纬谶又不足用，乃弃置不一道，且曰史官皆曲笔道谀。夫曲笔道谀则然矣，政有经制，国有大故，固弗能以意损益，今一切以为诬罔，其非诬罔者当云何？曲者又好举异域成事，转以比拟（按有为所讲文字流变者即其例），情异即以为诬，情同即以为是。……地不一时，事不一法，犹稻熟有早晚，果实有甘酸也，以为一致，何其迂阔而远于物情耶？不稽他书，不详同异，鸹鸹以诬旧史，人之利暗昧而憎明察也，固如是哉！信神教之窾言，疑五史之实录，贵不定之琦辞，贱可征之文献，闻一远人之言，则顿颡敛衽，以受大命，后生不悟，从以驰骤。……悲夫，昔者吾友尝从事于斯矣！①

此段科学的名论多暗射康有为的《孔子改制考》与《新学伪经考》二书，以下则以进化论攻击其"大同"说：

> 或言往古小康，则有变复，今世远西之政，一往而不可乱。此宁有图书保任之耶？十世之事，谁可以胸臆度者？观其征兆，不列颠世已衰，法兰西则殆乎灭亡之域矣。……其大齐可知者，惟独后生智巧贤于前民，然非可征之数百年内也。②

以下则总括暗射有为变法的理论根据，谓其所臆度的经典无历史知识：

> 宋世儒者，不明古制，一切以时事相稽，胸臆相验，始疑周秦故言。……六艺明文，旧史世传之说不信，乃信末师拟议之言乎！仆闻之《尚书》《春秋》左右史所记录，学者治之，宜与《史记》《汉书》等视，稽其典礼，明其行事，令后生得以讨类知原……斯其要也。古今异变，宜弗可以同棨。通经致用之说，则汉儒所以求利禄者，以之哗世取宠，非也，以为经典所言，古今恒式，将因其是以检括今世之非，不得则变其文迹，削其成事，虽谀直不同，其于违失经意均也。……不察古今，宪度不同，利害相反，欲以一觇相齐，盖多类此（泥古）。③

按上文前段乃考证周公践祚称王之史实，这种史迹是公羊家不欲知道的，故他未论经典所言，非古今恒式。总之，他的经史论是

---

① 《太炎文录》一《信史》上。
② 《太炎文录》一《信史》下。
③ 《太炎文录》二《与简竹居书》。

以逻辑为指路碑，而内容则为史，他发展了古文家而攻击了今文家。例如：

> 百年以前学者惟患琐碎，今则不然，正患曼衍，不患微言大义之不明也。①

> 当研精覃思，钩发沉伏，字字征实，不蹈空言，语语心得，不因成说，斯乃形名相称；若徒摭旧语，或张大其说以自文，盈辞满幅，又何贵哉！②

这亦有如他和宗教家的辩论，他"以理内之言相稽，彼以理外之言相应"，实道不同不相为谋之关系。他以史学与逻辑说经典，实在是他的特异经学。所以，康有为尊孔子为宗教主，他则尊孔子为良史或历史学家；康氏崇孔子为素王，他则崇孔子为学者。关于第一点，他说："仆以为民族主义，如稼穑然，要以史籍所载人物、制度、地理、风俗之类，为之灌溉，则蔚然以兴矣。不然，徒知主义之可贵，而不知民族之可爱，吾恐其渐就萎黄也。孔氏之教，本以历史为宗，宗孔氏者，当沙汰其干禄致用之术，惟取前王成迹可以感怀者流连弗替。《春秋》而上，则有六经，固孔氏历史之学也；《春秋》而下，则有《史记》、《汉书》，以至历代书志纪传，亦孔氏历史之学也。若局于公羊取义之说，徒以三世三统大言相扇，而视一切历史为刍狗，则违于孔氏远矣！"③

这里所言与实斋之说更相近似，为什么说孔子为历史学家呢？他说：

> 仲尼闻望之隆，则在六籍。六籍者道墨所周闻……而布彰六籍，令人人知前世废兴，中夏所以创业垂统者，孔氏

---

① 《太炎别录》二《与人论国学书》。

② 《太炎别录》二《再与人论国学书》。

③ 《太炎别录》二《答铁铮》。

也。……古者世禄，子就父学，为畴官（参看《原儒》等篇）。……以诒孔氏，然后竹帛下庶人，六籍既定，诸书复稍出金匮石室间，民以昭苏，不为徒役，九流自此作，世卿自此堕，朝命不擅咸于肉食，国史不聚歼于故府，故直诸夏覆亡，虽无与立，而必有与毙也。……五帝不同礼，三王不沿乐，布六籍者，要以识前事，非谓旧章可永循也。……旧章诚不可与永守，政不骤革，斟酌罗今，未有不借资于史。①

这是太炎以孔子为史学家的理由。他又以孔子是第一位良史，刘歆是第二位良史，而与有为之说正相反（有为以孔子为第一任真的作伪者，刘歆为第二位假的作伪者，太炎所谓"等之造事"也）。他说：

> 仲尼，良史也。辅以丘明，而次《春秋》，料比百家若旋机玉斗矣，谈、迁嗣之，后有《七略》，孔子殁，名实足以抗者，汉之刘歆。（书布天下，功由仲尼，其后独有刘歆而已。微孔子则学皆在官，民不知古，乃无定臬，然自秦皇以后，书复不布，汉兴，虽除挟书之禁，建之以还，百家尽黜，民间惟有《五经》《论语》，犹非师授不能得，自余竟无传者。……向歆理校雠之事，书既杀青，复可迻写，而书贾亦赍鬻焉。故后汉之初，王充游洛阳书肆，已见有卖书者……）②

按太炎尊孔乃以良史为理由，且与刘歆对举，是知孔子之史学，除学术下庶人而外，亦一校雠之史家。至关于第二点（学者），太炎既以"仲尼之功，贤于尧舜，其玄远终不敢望老庄"，是就哲理讲来，他并不推赞孔子。而于名法，他既"历览前史，

---

① 《检论》卷三《订孔》上。
② 同上。

独于荀、韩所说谓不可易"，是就名理讲来，他亦不推赞孔子。然则他以什么理由崇拜孔子呢？这里颇与焦循所谓"不执一端之谓圣人"之说相似。他说：

> 圣人之道，罩筜群有……诸所陈说，列于《论语》者，时地异制，人物异训，不以一型锢铸所谓大道。……道在一贯，持其枢者忠恕也。躬行莫先，而方迻以为学，则守文者所不省已。心能推度曰恕，周以察物曰忠。故夫闻一以知十，举一隅而以三隅反者，恕之事也。夫彼是之辨，正处、正色、正味之位，其候度诚未可壹也。守恕者，善比类，诚令比类可以遍知者，是絜矩可以审方圆；物情之纷，非若方圆可以量度也。故用矩者困，而务比类者疑。周以察物，举其征符，而辨其骨理者，忠之事也。故疏通知远者恕，文理密察者忠。"身观焉"忠也，"方不障"恕也。上者，寂然不动，感而遂通天下之故，无有远近幽深，遂知来物，中之方人，用法察迻言也；下者至于原本山川，极命草木，合契比律，审曲面势莫不依。……荀卿盖云，万物莫形而不见，莫见而不论，莫论而失位，此谓用忠者矣。坐于室而见四海，处于今而论久远，疏观万物而知其情，参稽治乱而通其度，经纬天地而材官万物，制割大理而宇宙里，此谓用恕者矣。①

按太炎训诂忠恕之道，归结于逻辑学。忠者，归纳之谓；恕者，演绎之谓。他以墨子、荀子之说，解释孔子，而又以"儒道不相舛牾"，使孔、庄结合，这固然有其主观的认识，是不待言。但他把孔子之学在这里反乎公羊学的迷信宗教观，还原于理性论，认为孔子是与他所服膺的老、庄、荀、韩之理论，相为会通，且以"不以一型铸大道"，可能包容四子（参看他论孔子为泛神论

---

① 《检论》卷三《订孔》下。

者）。因此，他最不称道子思孟轲，以子思之学是一个非理性论的作始者。他说：

> 董生以五行比臣子事君父，古者《洪范》九畴举五行傅人事，义未彰著（按《洪范》，即子思学派的产物），子思始善傅会，旁有燕齐怪迂之士，侈搏其说，以为神奇，燿世诬人自子思始。宜哉！荀卿以为讥也。（即《非十二子》云，案往旧造说，谓之五行。）①

由上讲来，太炎是以历史学与逻辑学而治经学，颇无问题。基于这两条治学途径，他以历史是人类智识的宝库，治经在"存古"，存古则非谓旧章可永远遵循，乃谓据此文明制度流变之学问而"灌溉"吾民；治经不能以历史为刍狗，而归结于某一人的唯心创造，乃谓六籍与历代史书并重。所谓"斟酌古今，未有不资于史"；治经不是一种君学，而是一种匠学，故他以孔子与刘歆皆因校雠之学，使学术下私人，不为帝王所独专，他们做良史之功都甚伟。然而，治经尤在于逻辑，即所谓"理内之言"，"推既见以至微隐"，其方法则为忠恕之学，归纳与演绎并重，而更应重视归纳。故他说：

> 名有新故，推迹古今官制者，尚不可以同名相拟，而况其异名乎？是故广略庶官，唐之吏部非周之大宰也，户部非周之司徒也；明之都御史非汉之御史大夫也；宋之知州、明之知府非汉之太守也；清之布政使非元之行省平章政事也。荀卿有言："状同而为异所者，虽可合，谓之二实，状变而实无别、而为异者，谓之化，有化而无别谓之一实。"自非名家不足与议古今官制。②

---

① 《太炎文录》—《子思孟轲五行说》。
② 《检论》卷七《官统》上。

　　上面我们知道太炎的治史方法，是有价值的遗产，现在我们再看他的治史范例。

　　太炎的经学所以接近于理论的史学者以此。他自己的史学成就，便是他的关于中国官制诸考证，我们且举他的古代官制起源考证，看他的科学精神。按他的史学，不信史前之说，举凡人类以前的地球生成论，人类以后的工具标志（石器、铜器、铁器）论，以及未有文字以前的蒙眬野蛮说，都以为是推察，不足以信征，故他仅从有文字以后的历史作为信史去研究。这种怀疑态度，在太炎时代不完全是错误的，因为他是一个忠实于其方法论的学者，他的形式逻辑所能理会的东西，才能使他坚信不移。反之，他的逻辑所占据不到的材料（当时文化水平所供给者），只能使他多闻阙疑，学者态度的本色应如此。然而他在官制起源论方面，则已经发展了乾嘉朴学的内容，他把经学存古之说，更向科学方面推进一步，"稽古之道，略如写真，修短黑白，期于肖形"，这便不是普通经学家的古代观了。他首先说明他的研究的方法，因为他的官制考源，在当时颇有异端之嫌。他说：

　　　　九服崩离，天地皆闭，吾乃感前王之成迹，而为《官制索隐》四篇。盖古今言是者多矣，高者比次典章，然弗能推既见以至微隐；其次期于致用，一切点污之迹，故非所晓，虽晓亦不欲说。吾今为此，独奇觚，与众异，其趣在实事求是，非致用之术，乃亦不待排比。推迹经脉，尽于孙络，相其阴阳，尝其奥味，其作始至微眇，而终甚钜。为佣众所弗能理者，乃著之于篇，其微旨在使人周知古始，以兴感慕，耿然识旐裘引弓之非。吾族思古人也，而非期于取法，故不欲掩其点污。……或曰：凡事之使人兴慕者，在其可崇可贵。今子为天子居山，宰相用奴诸说，适足酿嘲，而起鄙夷宗国之念，毋乃其自刺谬耶？曰：吾曩者尝言之，以为祖宗手泽，虽至拧拙，其后昆犹宝贵之，若曰尽善，则非也。昔顾宁人，丁明绝胙，发愤考帝王陵寝，彼蒿里中陈死人，岂有毫末足用于当世？然识其兆域，则使人感怀不忘。……若徒就官制言，吾中国专制之世，宰相则用近臣，其乐为近臣者诚丑，然欧美君主共和之政，抑岂有以愈是乎？凡为代议士者，营求入选，所费金无虑钜万，斯与行贿得官何异？民主立宪，世人矜美、法二国以为美谈（按：有为大同之旨即在此），今法之政治，以贿赂成，而美人亦多以苟且致贵显。……然则承天下之下流者，莫政府与官吏议士若。行谊不修，赇赂公行，斯为官吏议士，而总其维纲者为政府，政府之可鄙厌，宁独专制，虽民主立宪犹将拨而去之，藉令死者有知，当操金椎以趣匈墓下，见拿破仑、华盛顿则敲其头矣。凡政体稍优者，特能拥护吏民，为之兴利，愈于专制所为耳，然其官僚犹顽顿无廉耻，非是则弗能被任用。……吾侪所志，在光复中国而已，光复者义所任，情所迫也。……以是反观，则无欣厌于甘辛黑白矣！①

治史不掩其污点，"无厌于甘辛黑白"，不但痛斥了今文家，而且批判了古文家。惟此段文字颇在研究方法之外，具有他的"致用"之学，那便是反专制主义的主观理想。他在此篇文章中，包含着三个题目，第一个是古代天子居山说，第二个是古代官宰为奴说，第三个是法吏起源说。他虽然没有把古代世界与中古世界的历史分别开来，然大体上在字里行间颇具此项分别。第一他论古代天子最初颇近于氏族同盟的社会（王国维据甲骨文研究，以殷时尚无坛禅之制），其后文明社会的制度文物，尚"放物其意"，他说：

① 《太炎文录》—《官制索隐》。

　　惠定字作《明堂大道录》，考明堂者，经师所有事，其言大道则夸也。明堂清庙辟雍之制，古今兴废虽不同，然丽王公奠天位者，其实其名，大抵不出山麓。古之王者，以神道设教，草昧之世，神人未分，而天子为代天之官，因高就丘，为其近于穹苍，是故封泰山、禅梁父，后代以为旷典，然上古视之至恒也。……《诗》称公刘，乃陟南冈，乃觏于京，京师之野，于时处处，于时庐旅。此盖在夏衰戎狄杂居之世。其后则《春秋》以天子所居为京师，亦放物其意而名之。《尔雅释诂》曰：林烝，君也。林为山林，烝即薪蒸，是天子在山林中明甚。后代此制既绝，而古语流传，其迹尚在。故秦汉谓天子所居为禁中，禁从林声，禁者林也。……在上古则圜丘正为王官之地，故附于郊丘者有王官祭日之典，祭日之坛，而命之曰王官，明王官与日坛同处，朝觐于是，祭享于是，治事于是。……后世既不能继故，犹放物其意。……天子居山，三公居麓，麓在山外，所以卫山也。……《左传》曰：山林之木，衡鹿守之。鹿即麓也……如伊尹官阿衡，亦名曰保衡，犹是衡麓之故名也。至汉时有光禄勋为天子门卫，勋者阍也。独光禄之义，至今未有墙解，其实光禄即是衡麓……衡、横、光三字为一也（按此引戴说：光、横之训）。……然则古天子居于山林，而卫门者名为衡鹿，亦即宰相。至汉时，天子虽居官室，然为之守卫者犹曰衡鹿，此亦因于古名。后人不解，随文作训，应劭乃曰光者明也，禄者爵也。……综考古之帝都，则颛顼所居曰帝丘，虞舜所居曰蒲阪，夏禹所居曰嵩山（古无嵩字，但以崇字为之……），商之先相土居商丘，其后又有适山之文（《盘庚》），周之先公刘居京，其后又处旱麓之地。夫曰山，曰丘，曰坂，曰京，皆实地而非虚号。……然则天子居山，其意在尊严神秘，而设险守固之义特其后起者也。① （按太炎尚以尹字、父字从又持杖，明"上世家族政体，父即家君，君即国父立说。"②）

按城市文明的起源，在中国的古经中有迹象存在，那便是邦国的记载文献，太炎没有说明。惟他考天子居山之史迹，则颇名贵，相当于家父长制的上世。他在文字学上研究了演化中上世遗迹的保存，证明着历史是古野蛮而今文明，不是经学家的三代八字心传了。此外，他尚有一个主观的不"可崇可贵"者，天子是也。他根据历史是自然史的过程的这一命题，对于封建君主下了裁判词（因为他说经学家应本法吏断狱的铁笔而治经）。第二，他说：

> 《尚书》载唐虞之世，与天子议大事者为四岳贵族世侯，去共主不过咫尺，议有怫忤，亦无以面折廷争为也。……专制之君厌之，则为己心腹者惟奴仆与近侍。……昔之人主，其心岂异是耶？盖伊尹尝为阿衡（《商颂》），亦为保衡（《书·君奭》），……所谓衡鹿即光禄也，而阿保为女师之称。阿之为名见于《礼记》，称为可者，《说文》阿字作娿，然则《吕览·本味》篇称有姝氏以伊尹媵女，斯不诬矣！孰谓其躬耕乐道耶？……其后相袭，遂以阿保为三公，周有大保……皆自此出；而说着以为阿倚、衡平，则不寻其本柢矣。又《本味》篇云：伊尹说汤以至味，然则割烹要汤之说亦不诬也。（下言《周礼》大宰之职，原自膳人以及其后崇职之流变）……见于《春秋传》者，则列国之宰夫犹是庖人……其后分之，或从本职，则为庖人，或从差遣，则为执政。相沿有宰相之名，其源委至暧昧也。"相"之为名，本医师之扶掖者耳，稍进而赞

---

① 《太炎文录》—《官制索隐》。
② 《太炎别录》—《与刘光汉书》。

揖让槃辟之礼者，亦名为相，其本皆至贱矣（谨按：阮元有《释相》一文，相字后起，比本篇下文，相字早见之据，更确。亦可参考）。……《史记》言由大司寇行摄相事，则以执政归之，盖昵近之臣，易得君旨，故二者往往相兼，此又相国丞相之名所由起矣。"御"之为名，《诗》言贽御是也。周之御史本居柱下，乃亦出巡邦国，至秦世遂以御史监郡，盖其始本以天子近臣刺探邦国密事，犹后世以中贵人衔命也。……"仆射"者亦贱官之名也。《礼记·檀弓》言，君疾，仆人师扶右，射人师扶左，此近臣最微末者。自春秋时以仆人通书札。……秦时……皆天子近臣，而皆有仆射以领之。由是，仆人、射人之名始合为一，其被名非无故也。汉时有尚书令一人，承秦所置……后汉有尚书令，尚书、仆射、中书令，皆为真宰相、奄竖之称，施于执政，而世不以为耻者，由其习惯然矣。"侍中"者，又贱官之名也，汉初侍中非奉唾壶，即执虎子，至东汉则侍中比二千石。……综此数者，则知古之宰相，皆以仆从小臣得人主之信任，其始权藉虽崇，阶位犹下，最后乃直取其名以号公辅。（下言汉唐明清之转变）……其佗古之言"寺"者本为寺人，至汉而百官治所皆称为寺。古之言"官"者，本即馆字，《周礼》遗人言候馆有积，《诗》言适子之馆，授子之粲，……此馆字所以从食，……汉时有大官令丞，主治膳食，足明官馆同字。馆本食舍，引申之则以馆为版图文书之处……最后引申乃为吏事君者。古之言臣者，《书》言臣妾逋逃，《说文》谓臣像屈服之形（卧字从臣，正像其伏），臧获之臧亦从臣字（谨按：臣字在金文像俘人屈服之目形，即男为人臣，女为人妾之命运），最后引申乃训为事君者。观于寺字、官字、臣字之得名，而知古代所贵，唯天子与封君，其非有土，子民之臣僚，则皆等于奴隶陪属，观于大阿、大保、匈宰、丞相、御史、仆射、侍中之得名，而知侍帷幄参密议者，名为帝师或曰王佐，其实乃佞幸之尤，世之乘时窃权而以致君尧舜自伐者，可无愧耶？①

这些考证是语无隐词的。所谓宰相臣官一切后世以为尊者，在古代皆起源于奴仆。历史如此，何尝又不是大义微言？所谓大义者，在太炎古文家的"经世致用"之学上而言，岂不使人觉悟到应从封建社会的君臣之义，解放而为平民的民主制度么？这样史学的"灌溉"，是进步的、革命的，而比之于康有为的托古经学，适成反比例。因此，他最后考证法制：

> 非以阉奴备位，其始作者为谁邪？曰：本于法吏。……余寻古之言士者，《说文》云，士、事也。是士事本为一字，事字从史之声，事史本亦同部，是其声义相禅，原一而流殊（按：王国维释史，证史、事二字更详实，可参考）。史官之文，或借里字为之，则《左传》"史克"鲁语作"里革"是也；或借李字为之，则老聃为征臧史称为李耳是也。而刑官名士师亦或名理。……晋语曰：子舆为理，韦昭曰：子舆士芬字，理士官也，士芬既以官为氏，则知士理不殊。……理官受罪人之语，则谓之辞，《书》称狱之两辞是也，《籀文》辞字从司，《说文》司臣司事于外者。又吏亦从史声，为百官之通号，吏事或有相通。……大凡士、事、史、吏、使、李、理、辞、司九字，古本一言，声义无二。是故观其会通，则有密移之迹。……"士"任其职，斯之谓"事"，士听其讼，斯之为"辞"，讼辞繁而不杀，不得徒以结绳为断，于是初选书契，百官以治，万民以察，而记录讼辞者谓之"史"。邦国

---

① 《太炎文录》—《官制索隐》。

有狱，士师遣其属官就地听之，亦时有密行以洞察者，谓之"行理"、"行李"，而变其文，谓之"使"。……由是而汎记国事者皆以史名，由是而汎通聘问者皆以使及行李名，由士师而分其权，凡长民者皆谓之吏，凡治事者皆谓之司……史以载籍，吏以长民，使以宣情，而原皆出于士师。（下言古代战争中史吏分裂）……①

按这里所谓法吏的起源，是说明古代社会的国民单位之成立，因而非氏族的平民可以问政。在希腊有梭伦变法，在中国则有战国的法家运动。太炎据此，便主张法制了。他说：

夫法字，从廌，谓讼有不直者，则神羊触之。斯固古之神话，然以斯知法字本义，独限于刑律而已。乃其后一切制度皆得称法，此非官制起于士师之明证乎？铺观载籍，以法律为诗书者其治必盛，而反是者其治必衰。且民所望于国家者，不在经国远，犹为民兴利，特欲综核名实，略得其平耳。是故韩、范、三杨为世名臣，民无德而称焉，而宋之包拯，明之况锺，近代之施闰章，稍能慎守法律，为民理冤，则传之歌谣，著之戏剧，名声吟口，逾于日月，虽妇孺皆知敬礼者，岂非人心所尚，历五千岁而不变耶？②

太炎考据法制，虽有离开历史的嫌疑，但他的主观思想则甚值得注意，即他是以一位民主思想家出现于当世的。

① 《太炎文录》—《官制索隐》。
② 同上。

孙中山的哲学思想及其
同政治思想的联系[*]

中山先生的社会政治思想与哲学思想是紧密联系的，因此研究他的思想也应从他的全面的理论体系进行深入的分析。在他的政治思想方面，近年来研究的人较多，并已在主要问题上作出了总结性的评价，而哲学思想方面的研究还只是刚刚开始，有待于进一步开展讨论。这一方面的研究的必要性在于：揭示出中山先生的政治思想的理论（哲学）基础，将有助于更深刻地理解他的革命的、战斗的民主主义实质，将能更好地吸取他的政治思想方面的许多有教益的东西。

我们采取历史主义的科学态度来认真研究中山先生的学说，却还在尝试之中。虽然中山先生自己谦逊地说过，他的学说有待于后起者"匡补阙疑"，但是，我们不能简单地从"阙疑"方面非历史主义地指责前人，而是"要从历史条件加以说明，使人理解，不可以苛求于前人的"，[①] 要从在当时不可避免的"阙疑"中，吸

---

　* 这是作者在 1956 年中国科学院纪念孙中山先生诞辰九十周年会上的学术报告。原载《历史研究》1957 年第 2 期。
　① 《纪念孙中山先生》，《毛泽东选集》第 5 卷，人民出版社 1977 年版，第 312页。

取有价值的成果。

一

　　中山先生不愧为 18 世纪法国伟大启蒙思想家的同志。18 世纪法国的启蒙思想家们信任科学，依靠科学，认为科学有无限发展的前途，认为世界是可知的，这种思想和当时法国革命民主主义的思想是不可分离的。亚洲民主革命的先行者中山先生虽然处在 19 世纪末 20 世纪初的年代，但也具有这样无所顾虑的和革命的乐观主义性格，正如列宁所指出的，当欧美文明国总统完全卖身给百万富翁的时候，"这里的亚洲的共和国临时大总统是充满着崇高精神和英雄气概的革命的民主主义者，这种精神和气概是这样一个阶级所固有的：这个阶级不是在衰落下去，而是在向上发展；它不是惧怕未来，而是相信未来，奋不顾身地为未来而斗争；……西方资产阶级已经腐朽了……在亚洲却还有能够代表真实的、战斗的、彻底的民主主义的资产阶级……"① 这是我们分析中山先生哲学思想应当注意的一个特点。

　　孙中山先生的哲学思想究竟是唯物主义，还是唯心主义或二元论？

　　列宁曾评论亚里士多德动摇于唯心主义和唯物主义之间，指出："亚里士多德是一个经验论者，然而是一个有思想的经验论者。"接着从积极的一面评价道："亚里士多德紧密地接近唯物主义。"② 列宁的这段评语，对我们评价中山先生的哲学思想是有启

---

① 《中国的民主主义和民粹主义》，《列宁选集》第 2 卷，第 359 页。

② 《哲学笔记》，《列宁全集》第 38 卷，人民出版社 1959 年第 1 版，第 316、318 页。（下同）

发意义的。我们认为中山先生的哲学思想是从实验科学出发而在基本方面走到了唯物主义的跟前。他的理论体系虽然是不完整的，含有不少唯心主义的杂质，而且经常表现为摇摆于唯物主义和唯心主义之间的二元论形式，但他的合理的核心思想则是紧紧地接近唯物主义，是"一个有思想的经验论者"。因此，我们可以说中山先生在基本的、主要的方面靠近了唯物主义，这对他的革命斗争起着重大的作用；而他的思想中的唯心主义成分则是非主要的，在他的毕生革命实践中不起决定性的作用。

中山先生确信实验的科学，在他的著作中，列举了这样一些大科学家的名字并且简要地介绍了他们的学说：达尔文——进化论的创始者，牛顿——万有引力的创始者，拉巴剌——天文学家，高弟叶——生物化学家，巴斯德——微生物学的创始者，裴在辂——有机化学的创始者，利里——地质学家，圭哩——细胞说的创始者，高野——日本医学家，等等。中山先生认为自然科学正确地阐明了世界上的各种规律，他从自然科学发展史中得出了两点结论：第一，随着自然科学的发展，人类对于世界的认识加深了；第二，世界是进化的，因而人类的知识也因反映进化的世界而进化。例如，他根据电学发展史，得出了这样的结论：

> 自指南针用后，人类乃从而注意于研究磁针之指南，磁石之引铁，经千百年之时间，竭无穷之心思学力，而后发明电气之理。乃知电者，无质之物也。……往昔电学不明之时，人类视雷电为神明而敬拜之者，今则视之若牛马而役使之矣。今日人类之文明，已进于电气时代矣。① （着重点为引者所加）

---

① 《孙文学说》，《孙中山选集》上卷，人民出版社1956年第1版，第137—138页。（下同）

这里，除开电学是无质之物一命题外，有一些有价值的命题：事物是发展的，科学也是发展的；神学是迷信的敬拜，科学是役使自然的武器等等。他从化学史，又得出了这样的结论：

> 夫近时化学之进步，可谓登峰造极矣，其神妙固非吾古代烧炼之术可比，则二十年前之化学家，亦梦想不到也。前者之化学，有有机体与无机体之分，今则已无界限之可别，因化学之技术，已能使无机体变为有机体矣。又前之所谓元素，所谓元子者，今亦推翻矣。因至镭质发明之后，则知道之所谓元素者，更有元素以成之，元子者，更有元子以成之，从此化学界当另辟一新天地也。①

他又说："自达尔文之书出后，则进化之学，一旦豁然开朗，大放光明，而世界思想为之一变。从此各种学术，皆依归于进化矣。"② 从上面的话看来，中山先生依据自然科学发展史得出了人类知识由不知到知的过程，以及随着世界不断进化而知识也不断发展的过程，这一理论是具有青春性的。跟进化论结合在一起的中山先生的世界观是和封建社会的"天不变道亦不变"的形而上学的僵死教条不两立的。

中山先生接触到细胞学说、进化论这些 19 世纪自然科学上的重大发现，但由于历史条件的限制，他还不能从哲学理论的高度去理解这些科学成就，而只是受到这些成就的影响和推动，在思想上紧紧地靠近唯物主义。这一点在他的自然与人类进化史论中最为集中地表现出来。

中山先生认为，世界经历了以下三个时期：

> 其一为物质进化之时期，其二为物种进化之时期，其三

---

① 《孙文学说》，《孙中山选集》上卷，第 140 页。
② 同上书，第 141 页。

为人类进化之时期。元始之时，太极（此用以译西名伊太也）动而生电子，电子凝而成元素，元素合而成物质，物质聚而成地球，此世界进化之第一时期也。……由生元之始生而至于成人，则为第二期之进化，物种由微而显，由简而繁，本物竞天择之原则，经几许优胜劣败，生存淘汰，新陈代谢，千百万年，而人类乃成。人类初出之时，亦与禽兽无异，再经几许万年之进化，而始长成人性，而人类之进化，于是乎起源。此期之进化原则，则与物种之进化原则不同，物种以竞争为原则，人类则以互助为原则……①

显然，中山先生参取自然科学知识与"进化之学"，把自然与人类的进化史看做是有规律的自然过程（"夫进化者自然之道也"），这是紧紧地接近唯物主义的；但是，如果进一步追寻和分析这一进化史论的若干论点，那就不难发现，中山先生还是动摇于唯物主义与唯心主义之间。

首先，中山先生关于"生元"的理论明显地暴露出这种动摇。一方面，他肯定细胞发现以后，"则前时之哲学家所不能明者，科学家所不能解者，进化论所不能通者，心理学所不能道者，今皆可由此而豁然贯通，另辟一新天地为学问之试验厂矣。"② 他的所谓"生元"指的便是细胞，并以此作为由地球发生过渡到人类发生的一个为"进化论所不能通"的环节。从生物学的细胞观点来理解"生元"，这是唯物主义的。但另一方面，他对"生元"又作了神秘的解释，而向"物活论"的唯心主义动摇过去。他说："生元者，何物也？曰：其为物也，精矣、微矣、神矣、妙矣，不可思议者矣！按今日科学所能窥者，则生元之为物也，乃有知觉灵

---

① 《孙文学说》，《孙中山选集》上卷，第141页。
② 同上书，第110页。

明者也，乃有动作思为者也，乃有主意计划者也。"① 他又把"生元"和孟子的"良知"作牵强的附会："孟子所谓良知良能者非他，即生元之知生元之能而已。"② 因此，"生元"在中山先生的理论体系中就成了一种"特种神"。这种特种的神和莱布尼茨的"单子"相似。对于莱布尼茨的单子论，列宁曾给以尖锐的批评："单子＝特种的灵魂。莱布尼茨＝唯心主义者。"③ 列宁指出，在这种神秘的单子论中，"物质是灵魂的异在"，而物质的意义仅等于是"一种用世俗的、肉体的联系把单子粘在一起的糨糊"。④

这一"物活论"倾向的产生，乃是由于中山先生对细胞说从推论上多滑走了一步，以至模糊了物质与精神的界限，从正确走向了错误。

我们且更进一步考察中山先生在物质和精神这一哲学的根本问题上的看法。

一般说来，中山先生的物质概念没有明确的哲学规定，他只用物理学的观点解释"物质"，把个别的、具体的物体，如茶瓶、木头、手表等等，"其有质象可求"者，称之为"物质"。他规定的精神概念也没有明确的哲学含义，好像精神思维只是一种"见识"，或一种科学实验室中的知识。他曾说："欲知精神之为何，当先下定义……至于精神定义若何，欲求精确之界限，固亦非易，然简括言之，第知凡非物质者，即为精神可矣。"⑤ 这样的提法确乎赋有二元论的形式，但他接着又把物质比做是"体"，精神比做

---

① 《孙文学说》，《孙中山选集》上卷，第110页。

② 同上。

③ 《哲学笔记》，《列宁全集》第38卷，第430页。

④ 同上。

⑤ 《军人精神教育》，《总理全集》第二集之二，上海民智书局1930年初版（胡汉民编，下同）。

是"用"，从中国传统哲学用语的"体""用"关系上说明了物质与精神的关系。

> 在中国学者亦恒言有体有用，何谓体？即物质。何谓用？即精神。譬如人之一身，五官百骸，皆为体，属于物质；其能言语动作者，即为用，由人之精神为之，二者相辅，不可分离。……故全无物质，亦不能表现精神。①

从这里可以看出两点：（1）肯定物质是"体"，精神是"用"，"用"为"体"之"用"，他用朴素的形式肯定了唯物主义世界观的原则；（2）他也反对了心物分离的二元论的说法。

其次，应该指出，中山先生在其自然与人类的进化史论中，并未揭示这一过程之所以发生的动力及其规律。中山先生企图以三个原则来说明三个阶段。

对于第一个阶段，即"物质进化之时期"，中山先生似从力学的原则来说明，把物质的起源归结为"太极"的"动"。我们知道，中山先生受了力学科学很大影响，他在许多地方提到牛顿的"万有引力"的原理是"世界上头一次的发明，是至今科学中的根本原理。近来世界上许多科学原理的新发明，没有哪一种能够驾乎'万有引力'学说之上的。"② 如果以力学原则来说明"太极"之"动"，那就会导致以"最初一击"作为运动的起点，而为唯心主义留下了空隙，虽则说，中山先生并未明确地作出这一结论。

对于第二个阶段，即"物种进化之时期"，中山先生从"物竞天择"的原则来说明；对于第三个阶段，即"人类进化之时期"，中山先生从互助原则来说明。物种原则由于与"物活论"的"生元"说相结合而动摇于唯物主义与唯心主义之间；互助原则更以

---

① 《军人精神教育》，《总理全集》第二集之二，上海民智书局1930年初版。
② 同上。

"天性所趋"而陷于唯心主义，客观上抹杀了阶级斗争的社会发展史。

马克思主义辩证法揭示了事物运动、发展的内在原因是对立面的统一与斗争，正如列宁在《哲学笔记》一书所说的，这种关于事物的发展观"主要的注意力正是放在认识'自己'运动的泉源上。"揭示了事物运动、发展的内在泉源，才能正确地理解事物和现象的由量变到质变的规律以及旧事物的消灭与新事物产生的必然性。因此，对立面的统一与斗争的规律是马克思主义辩证法的核心。

中山先生之所以向唯心主义滑了一步，从思想方法上来考察，就在于他还不能了解世界运动的辩证规律，还不能了解事物运动、发展的内在泉源，因而把这个泉源移到事物的外部，移到神秘的"最初一击"那里去了。

总起来说，中山先生世界观中的唯物主义的进化论内容有很多合理的、有价值的命题，这是他的哲学思想的积极一面，也是主导的一面。但是他也有消极的一面，即当他接触到进化的根源的问题时，就离开进化运动的本身而去形而上学地找寻最后原因，以致不自觉地离开了正确的方向。

中山先生的基于自然科学的自发的、朴素的唯物主义思想，还表现在他对科学与宗教问题的看法上。他肯定了进化是自然本身的规律，肯定科学是关于自然规律的知识，称这是"系统之学也，条理之学也"①，并认为"凡真知特识，必从科学而来也，舍科学而外之所谓知识者，多非真知识也。"② 他又认为"科学知识不服从迷信。对于一件事，须用观察和实验的方法仔细去研究。

① 《孙文学说》，《孙中山选集》上卷，第146页。
② 同上。

研究屡次不错，始认定为知识。宗教的感觉，专是服从古人的经传，古人所说的话，不管他是对不对，总是服从，所以说是迷信。"① 由此他得出结论："就宗教和科学比较起来，科学自然较优。"② 这里虽然没有说明宗教的起源和性质，也没有从世界观上批判和否定宗教，但是却尊崇科学，推崇人的理性，反对了迷信与盲从。

从上面的分析看来，中山先生的自发的朴素的唯物主义世界观，从其思想出发点上说，是基于实验的自然科学，从其社会根源上说，正如列宁所指出的："西方的资产阶级已经腐朽了，在它面前已经站着它的掘墓人——无产阶级。而在亚洲却还有能够代表真实的、战斗的、彻底的民主主义的资产阶级，还有不愧为法国18世纪末叶的伟大宣传家和伟大活动家的同志。"③（着重点为引者所加）

中山先生不仅在依据实验科学而导向唯物主义，这一点，是18世纪法国思想家的同志，而且在以人本主义来解释社会主义这一点上，也和18世纪法国活动家有相似之处。马克思说："法国唯物主义导向社会主义"（《神圣家族》），导向乌托邦的社会主义。乌托邦的社会主义从人本的或博爱的观点而发展唯物主义，是并不正确的，然而从历史意义上讲来，却是有价值的。

在法国，18世纪的唯物主义者和社会主义者是两种人物的联系，但在中国，中山先生的唯物主义导向了民主主义。中山先生在辛亥革命前就说过："社会主义者人道主义也。人道主义主张博爱平等自由。社会主义之真髓亦不外此三者，实为人类之福音。

---

① 《国民要以人格救国》，《总理全集》第二集之二。
② 同上。
③ 《中国的民主主义和民粹主义》，《列宁选集》第2卷，第359页。

我国古代若尧舜之博施济众，孔丘尚仁，墨翟兼爱，有近似博爱也者，然皆狭义之博爱。……社会主义之博爱，广义之博爱也。……"① 又如，他从人本主义的观点斥责资本家："资本家者，以压抑平民为本分者也。对于人之痛苦，全然不负责任者也。一言以蔽之，资本家者无良心者也。"② 中山先生虽然把促进农业中资本主义发展的土地纲领看成是社会主义，流于主观的理想，但是这，恰如列宁所指出："首先是同社会主义空想、同使中国避免走资本主义道路、即防止资本主义的愿望结合在一起的，其次，是同宣传和实行激进的土地改革的计划结合在一起的。正是后面这两种政治思想倾向使民粹主义这个概念具有特殊的意义，即与民主主义的含义不同，比民主主义的含义更广泛。"③ （着重点是引者所加）不论从对民主主义的补充来说，或列宁评中山先生为"民主主义的高涨"来说，都在客观上有着为打开社会主义门户而扫清道路的意义。因此，从哲学的人本观点而导向社会主义，是和从"民主主义的高涨"而接近社会主义，有着相联系的关系。

人本主义原则"是狭隘的……都只是关于唯物主义的不确切的肤浅的表述"④。中山先生在革命活动的后期，似乎也意识到了这一点，他曾批评过乌托邦的社会主义，力图摆脱用人本主义的原则去解释社会主义，而竭力想进一步地去理解它，但他始终跨越不出它的局限。例如他虽然在后来放弃了博爱的观点，但又从人类"天性"方面解释社会主义思想，这里不过是用另一种人本主义的观点代替前一种观点罢了。他说"然而人类自入文明之后，则天性所趋，已莫之为而为，莫之致而致，向于互助之原则，以

---

① 《社会主义之派别与方法》，《总理全集》第二集之二。
② 《社会革命之道路》，《总理全集》第二集之二。
③ 《中国的民主主义和民粹主义》，《列宁选集》第 2 卷，第 360 页。
④ 《哲学笔记》，《列宁全集》第 38 卷，第 78 页。

求达人类进化之目的矣。人类进化之目的为何？即孔子所谓'大道之行也，天下为公'，耶稣所谓'尔旨得成，在地若天'，此人类所希望，化现在之痛苦世界，而为极乐之天堂者是也。"① 中山先生不了解阶级社会发展的动力以及社会主义必然代替资本主义的客观规律性，因此从"天性"上说明"天下为公"等等原则是人类进化的目的，这就走向了历史唯心主义，把世界观建立在心理学的基础上面了。

或者有人认为，中山先生的世界观的基本内核既然只是朴素而自发地接近于唯物主义，好像不够伟大，然而历史主义地讲来，正是由于他的思想是纯真的，甚至表现出二元论的矛盾，他就也具有充分发展的性格，就有可能随着事物的发展而不断地接近唯物主义。这是中山先生思想的最可宝贵的特点，这个特点是和他的政治思想方面信仰将来的青春性格相联系在一起的。

中山先生的认识论也有许多光辉的命题，同样，是紧密地接近于唯物主义。他肯定了"先有事实，然后有言论"，"事实在先，言论在后"，肯定了"行其所不知以致其所知"②，即肯定了先有实践，后有理论。这方面的例证很多，例如他说人们对于事物进行了研究，才产生思想与信仰："大凡人类对于一件事，研究当中道理，最先发生思想，思想贯通以后，便起信仰……"③ 又如，他依据建筑学、造船学等科学的发展史，认为人们先有建筑、造船这方面的实践，然后才有关于这方面的系统科学知识，"夫人类能造屋宇以安居，不知几何年代，而后始有建筑之学。"④ 他十分重视军事在中国革命中的作用，在理论上也谈到先有枪炮的产生，

---

① 《孙文学说》，《孙中山选集》上卷，第 142 页。
② 同上书，第 162 页。
③ 《三民主义》，《孙中山选集》下卷，第 589 页。
④ 《孙文学说》，《孙中山选集》上卷，第 132 页。

然后才有新的战术思想。

中山先生认为知识来源于学习与经验，他说："例如甲乙二人，甲聪明而不好学，乙聪明虽不如甲，而好学过之，乙之所得必多于甲。此则由于力学也。此外亦有不由天生，不由力学，而由经验得来者，谚云：'不经一事，不长一智'，故所历之事既多，知识遂亦增长。所谓增益其所不能者，此由于经验也。"① 中山先生虽然在分析认识发展史的三个时期上，在说明知识的分类上有不正确的地方，但以经验出发而研究知识，则是他的理论核心。

他最后还指出他自己认识到"必须唤起民众及联合世界上以平等待我之民族共同奋斗"这一条革命真理，是由于"积四十年之经验"的总结。因此，我们说他是"有思想的经验论"者，他根据新经验，抛弃旧经验，从而不断接近客观真理，在这里就获得了证明。

中山先生认识论的更进一步的观点，是坚定的认为世界及其规律性是可以认识的。他从科学发展史中得出很多正确的体会，例如他曾举例说：微生物学建立起来后，人们"始知一切疾病，皆由微生物所致"②；人们详细研究了"财货之源流"后，才能知道金钱的作用。他关于人类认识发展史三个分期的表述，虽然不完全合乎理论和实践的科学说明，但其中所贯穿的精神——世界是可知的、人类的知识是日益发展的——却是正确的，他说："世界人类之进化，当分为三个时期，第一由草昧进文明，为不知而行之时期；第二由文明再进文明，为行而后知之时期；第三自然科学发明而后，为知而后行之时期。"③ 我们就他的"行其所不知

---

① 《军人精神教育》，《总理全集》第二集之二。
② 《孙文学说》，《孙中山选集》上卷，第137页。
③ 《孙文学说》，《孙中山选集》上卷，第145—146页。

以致其知"的命题讲来，世界及其规律显然是可知的，因此，他说，人们的"知识要随事物之增加而同时进步，否则渐即于老朽颓唐，灵明日锢，是以知之反面，则为蠢为愚。"① 从这一点出发，中山先生指出应抱乐观主义的态度对待革命事业，坚信革命事业必然取得胜利："予之提倡共和革命于中国也……希望日佳，予敢信终必能达完全之目的也。"②

　　人们怎样获得关于客观事物的知识呢？在这个问题上，中山先生虽然原则上提出"行其所不知以致其知"的命题，但他又把重点放到知行难易的次序上面。他提出的"知难行易"学说，就其命题来说，不是问题的关键，因为在"知"与"行"之间并不存在一般的"难"、"易"的问题，而是存在着以"行"为基础的相互依赖的辩证关系。正确地揭示出它们之间的辩证关系，也就解决了人类知识的来源以及真理的标准的问题。马克思主义哲学正确地解决了这个问题，指出人类的认识是在实践的基础上发生、发展着的，从实践出发，得到感性认识，进而经过分析、整理、概括、抽象的思维过程将感性认识提高为理性认识，形成概念和理论的系统，然后再用以指导实践并在实践中得到检验、补充、修正。因此，实践、认识、再实践、再认识，或者说行、知、再行、再知，这个过程循环往复以至无穷，而实践和认识或行和知的每一循环的内容，都比较地提高了一步、发展了一步、充实了一步。真理不是一次地能寻求到什么"物自身"的本源（如太极、生元之类）的，而是在知行的不断发展中接近于"物自身"的。中山先生把"知""行"从人类认识发展的长流中抽出而孤立地区别它们之间的难易，这在认识论上是没有多大意义的。

---

① 《军人精神教育》，《总理全集》第二集之二。
② 《孙文学说》，《孙中山选集》上卷，第 168 页。

但中山先生所提倡的"知难行易"，就其历史意义说，却是有价值的、进步的。这是因为：第一，中山先生的命题是为了反对封建社会"知之非艰，行之维艰"的传统学说而提出的，是为了反对封建因循苟安思想而提出的。《古文尚书》"知之非艰，行之维艰"之说，是封建社会统治者长期以来所利用为沉滞、苟安的心理辩护的教条，也是清末改良主义者幻想的理论基础。在清末，不少人借口"知之非艰，行之维艰"来阻止革命运动的发展，辛亥革命以后，又有不少借口"知之非艰，行之维艰"以攻击中山先生，讥笑他是"理想家"，是"孙大炮"，而这些人实际上是企图与封建势力相妥协的。中山先生这时提出"知难行易"说，是对于封建社会的传统教条的批判，是对于那些戴着自命"实行家"的帽子而实质上表现资产阶级两面性的妥协一面的国民党人、那些企图在革命时代混水摸鱼的官僚政客和懦夫们的一种反驳和斥责。这一点，中山先生说得很明白："夫中国近代之积弱不振、奄奄待毙者，实为'知之非艰，行之维艰'一说误之也。此说深中于学者之心理，由学者而传于群众，则以难为易，以易为难，遂使暮气畏难之中国，畏其所不当畏，而不畏其所当畏……"① 其次，在解释"知难行易"这个命题时，中山先生肯定地说："且人类之进步，皆发轫于不知而行者也，此自然之理则，即不以科学之发明为之变易者也。故人类之进化，以不知而行者为必要之门径也。夫习练也，试验也，探索也，冒险也，之四事者，乃文明之动机也。"② 又说："古人进步最大的理由，是在能实行，能实行便能知。到了能知，便能进步。"③ 中山先生更指出唯心主义者

---

① 《孙文学说》，《孙中山选集》上卷，第144页。
② 同上书，第162页。
③ 同上书，第143页。

王阳明的"知是行之始，行是知之成"的学说是"与真理背驰"、"究无补于世道人心也"。①

中山先生认为通过"行"，是为的得到"真知"，认为"革命的基础在高深之学问"，没有革命的"真知"，就没有革命的"笃行"。他曾批判过去革命之失败是由于没有真学问所致，因此，"知难行易"说含有由于革命实践的发展而自觉地追求新真理的意义，这看他把"五四"运动赞为心理革命，把"知难行易"说另命名为"心理建设"，就可以理解。

但中山先生所谓的"行"，还不是指生产活动、阶级斗争的变革现实的实践，而仅指的是自然科学的实验，个人的行为与活动。中山先生还不能明确说明"知"（理论）与"行"（实践）的具体的历史统一。其所以是这样，因为他虽然一方面是"有思想的经验论"者，而另一方面毕竟有着经验论的缺点。

在中山先生的著作中，突出表现出这样的一个论点，即他常把"事实"当做是检验真理的标准。在他的著作中，许多地方不论批判他人或表述自己的论点，最后总是高举"事实"来做根据。例如他批判天赋人权说的最后根据，指出是不合"事实"。又如他提出民生主义理论，最后也说到必须"要拿事实做材料"，不能"单拿学理来定方法，这个方法是靠不住的。"② 从这样的论点可以得出正确的结论，但也可以得出错误的结论。例如他承认马克思是社会主义的圣人，把马克思的学说与乌托邦社会主义区别开来。为什么呢？他认为乌托邦社会主义"离事实太远"，"而马克思专从事实与历史方面用功，原原本本把社会问题的经济变迁，

---

① 《孙文学说》，《孙中山选集》上卷，第 143 页。
② 《民生主义》，《孙中山选集》下卷，第 770 页。

阐发无遗。"① 又说："他（马克思）的发明是全凭着经济原理。他照经济原理作透彻的研究之后，便批判从前主张社会主义的人，不过是有个人道德心和群众的感情作用；其实经济问题，不是道德心和感情作用可以解决得了的，必须把社会的情状和社会的进化，研究清楚了之后，才可以解决。这种解决社会问题的原理，可以说是全凭事实，不尚理想。"② 他晚年更根据俄国十月革命后的各方面的事实下一断语，说"（俄国的）这种革命，真是彻底的成功。"③ 我们说，从"事实"或经验出发的认识论是对的，然而以"事实"或经验为标准的真理论却不一定是对的。但中山先生的"有思想的经验论"，或以"事实"为标准的真理论，是和中山先生的世界观中唯物主义的因素及认识论中唯物主义的因素相联系着的，也是和他信仰自然科学这一点相联系着的。

以上所举的例证都说明中山先生主张真理是从事实出发并由事实来验证的。这种观点可以通向唯物主义的正路。然而"事实"这一概念，在中山先生的理论里含有狭隘性，因此，他也时常只看到一些片面、表面的事实现象，并用以代替了对事物本质的分析。例如他一方面指出马克思主义关于阶级斗争的学说是欧美资本主义社会发展的必然产物，肯定马克思主义可能在西方国家实现，理由是欧美国家有阶级悬殊和阶级斗争的"事实"，④ 然而另一方面，他却否认中国社会存在着资本家和劳动者的阶级对立，也声称这是根据于"事实"，即："中国人通通是贫，并没有大富，只有大贫小贫的分别。"⑤ 中国社会贫穷落后，没有欧美式的大资

① 《民生主义》，《孙中山选集》下卷，第 770 页。
② 同上书，第 772 页。
③ 《国民党改组问题》，《孙中山选集》下卷，第 514 页。
④ 《民生主义》，《孙中山选集》下卷，第 792 页。
⑤ 同上书，第 802 页。

本家，这一点确是事实，但由此而否认了中国社会的阶级对立，并得出了"用马克思的办法来解决中国的社会问题，是不可能的"① 这样的错误论断，却又是完全违反了事实。又如，他把德国在第一次世界大战中失败的原因简单而又笼统地归结为"吃饭问题"，说是："因为德国的海口都被联军封锁，国内粮食逐渐缺乏，全国人民和兵士都没有饭吃，甚至于饿死，不能坚持到底，所以终归失败。"② 德国当时的粮食缺乏，促成了它的失败，这固然可说是"事实"，但孤立地抓住一种"事实"，而忽视了这次帝国主义战争的真实的社会本质，以及德国作为一国交战国所处的客观地位、国内外形势变化的总和等等这些更全面、更深刻的事实，则所作出的论断恰恰又是模糊了、曲解了事实。

中山先生之所以一方面根据"事实"能得出正确的结论，另一方面又根据"事实"得出不正确的结论，其原因在哪里呢？当然，这与他的认识论是相为联系的，我们认为在中山先生的哲学思想中有经验论的因素，他的积极的一面正是列宁所指的"有思想的经验论"或毛泽东同志所指的"好的经验论"。但从另一方面看来，既然是经验论，就有它的缺点。经验论者常看不到事物之间内在联系，看不到它们的本质。中山先生往往从社会生活的复杂现象中孤立地抽取事物的某个方面，作为自己论断的例证，在这种情况之下，所谓"事实"，往往不够全面，甚至失去它在整体事实中的本义，而成为某种主观意见的插图。这一点，列宁曾非常正确地指出："社会生活现象极端复杂，随时都可以找得任何数量的例子或个别的材料来证实任何一种意见。"③ 而中山先生所强

---

① 《民生主义》，《孙中山选集》下卷，第803页。
② 同上书，第805页。
③ 《帝国主义是资本主义的最高阶段》，《列宁全集》第22卷，第182页。

调的"一定要根据事实，不能单凭学理"这一具有真理性的主张，在这里就显出了它的相对缺陷的一面。

经验论，就其把人的感官经验看成是知识的来源这一点而言，是正确的。但是，如果只是停留在经验论的基础上，而忽视了人的理论思维的活动，忽视从经验事实中进行的科学的分析，那就往往不能观察现象的本质，就有被片断现象所蒙蔽的危险，就有可能根据片断现象而得出错误的论断。因此，列宁重视这样的理论："为了要理解，必须从经验上开始理解、研究，从经验升到一般。"① (着重点是引者所加) 列宁更从正面发挥说："物质的抽象，自然规律的抽象，价值的抽象及其他等等，一句话，那一切科学的（正确的、郑重的、不是荒唐的）抽象，都更深刻、更正确、更完全地反映着自然。从生动的直观到抽象的思维，并从抽象的思维到实践，这就是认识真理、认识客观实在的辩证的途径。"② 不重视科学的抽象，往往会走向"科学的独断主义"，把个人的片断经验当做给历史下判断的例证，这样，"历史至多不过是一部供哲学家们来使用的例证和插图的汇集罢了。"③ 但中山先生并未堕入"科学的独断主义"，而且因了他是"有思想的经验论"者，他便能根据自身的实践经验而不断改正过去的错误，能奋勇向前地依据新事物的出现，而追求新的真理，重新解释三民主义。他晚年在中国共产党的帮助下，终于认识到"今后之革命非以俄为师断无成就"；认识到要使中国人民得到解放，"便要同时断绝这两个祸根……一个是军阀，一个是帝国主义"④；认识到

① 《哲学笔记》，《列宁全集》第 38 卷，第 221 页。
② 同上书，第 181 页。
③ 恩格斯：《费尔巴哈与德国古典哲学的终结》，《马克思恩格斯选集》第 4 卷，第 210 页。
④ 《革命军应担负救国救民之责任》，《总理全集》第二集之二。

"国民革命之运动，必恃全国农夫工人之参加，然后可以决胜，盖无可疑者。"① 因了新事实在中山先生面前的出现，他显然能够放弃了旧事实的依据。

中山先生不止一次地说过"夫事有顺乎天理，应乎人情，适乎世界之潮流，合乎人群之需要，而为先知先觉者所决志行之，则断无不成者也。"② 依据"适乎世界之潮流，合乎人群之需要，而为先知先觉者所决志行之，则断无不成……"这一段话而论，当人们把握了现实运动的趋势和人民群众的要求，而以革命的实践（决志行之）使可能性转化为现实性，这便不仅是认识世界，而且具有变革世界的意义。这正是中山先生哲学思想的基本的一面。然而依据"夫事有顺乎天理，应乎人情"来引申，又可能从"天理"的最高形式和"人情"的人本主义观点，走向唯心主义，这便是他的哲学思想中的缺点。如果说中山先生在世界观上的推论朝向"生元"多滑了一步，则他在认识论上的推论又拘泥于"事实"而少走了一步，不论多一步或少一步，都使他的理论不自觉地陷于错误的方面。然而又应指出，中山先生通过政治实践的进步，在正确的方面补充修正了他的理论，并没有在多走一步或少走一步方面坚持他的论点，因而他始终能随着时代的发展而向正确的道路上迈进。

二

孙中山是中国伟大革命时代的伟大人物。革命时代和历史的沉静时期不同，"革命是被压迫者和被剥削者的盛大节日。人民群

---

① 《中国国民党第一次代表大会宣言》，《孙中山选集》下卷，第527页。
② 《孙文学说》，《孙中山选集》上卷，第168页。

众在任何时候都不能够像在革命时期这样以新社会秩序的积极创造者的身份出现。"① 这样的时期，社会的矛盾激化了，新生的阶级力量虽然开始是微小的，但是不可战胜的，为了开辟前进的道路，在跟腐旧势力展开猛烈的斗争之中迅速壮大起来。"革命是历史的火车头"，马克思这样地讴歌过人类发展中的革命时期，列宁指出："马克思根据自己的全部历史观点对人类发展的革命时期作了很高的评价，因为正是在这种时期，解决了所谓和平发展时期慢慢积累起来的许多矛盾。"② 站在革命前列的、关心群众斗争的伟大人物的思想集中地表现着社会历史激剧变化时期的图景，反映出新旧交替时代的矛盾的焦点。因此，我们首先必须从理论上认识中山先生所处的时代及其矛盾。

中山先生革命活动的时代，是从 1885 年即他说的"予自乙酉中法战败之年，始决倾覆清廷创建民国之志"③ 开始，以至 1925 年第一次国内革命战争的前夜，这正合于他说的"余致力于国民革命凡四十年"的奋斗过程。

中山先生处在中国人民反对封建主义反对帝国主义的斗争时代；处在先进人物向西方寻求真理、企图按西方资产阶级民主共和国的图样变革中国而又遭到失败的时代；处在无产阶级革命兴起，中国革命已成为世界革命的一部分而不断深入的时代；处在马克思主义传入东方并且和中国革命实践相结合、中国工人阶级成为革命领导力量的时代。正因为这样，中国革命的历史是具有长期艰苦而过程曲折的性质，而革命的高潮和退潮相间，考验着各阶级集团的态度。

---

① 《社会民主党在民主革命中的两种策略》，《列宁全集》第 9 卷，第 98 页。
② 参看《反对抵制》，《列宁全集》第 13 卷，第 20 页。
③ 《孙文学说》，《孙中山选集》上卷，第 168 页。

一方面是民族危机的深入、社会危机的深入，中国人民与帝国主义的矛盾日益激化，人民群众与封建主义势力间的矛盾也日益尖锐。民族危机与社会危机相交错，帝国主义与封建主义结成了反动同盟，沉重的阴影笼罩在中国土地上，人们痛苦、窒息，这是一幅异常悲惨黯淡的图景；但另一方面这却也是酝酿着并显示出大风暴的时代，针对着社会危机和民族危机所爆发的人民的革命运动，后浪推着前浪，日益展示出群众斗争的伟大历史场面。农民、资产阶级和无产阶级都要求显现自己的身手。中国近代革命运动一开始就带有极其广泛的群众性，这不是微弱的改良主义的呼声，而是几万万人民起义的场面，"几万万被压迫的、沉睡在中世纪停滞状态的人民觉醒过来了，他们要求新的生活，要求为争取人的起码权利、为争取民主而斗争。"① 这是"亚洲的觉醒"的时代！在这个急剧变动的时代，中国的革命阶级的同盟，也随历史的发展而不断地变换着阵容，不断地出现新的主力和产生新的斗争路线。

这个时代，中国恰像俄罗斯诗人涅克拉索夫形容自己祖国所用的沉痛的诗句："你又贫穷，你又富足，你又衰弱，你又强大！"中国的强大肢体被束缚着，但是猛烈的冲力要求冲破封建主义和帝国主义的锁链。中国的先进人物从欧美借取了自己的解放思想，曾企图循着资产阶级旧民主主义的道路来变革中国，但是，这种企图失败了。一方面，"在欧美，摆在日程上的问题已经是从资产阶级下面解放出来，即实行社会主义的问题。"② "因此必然产生中国民主派对社会主义的同情，产生他们的主观社会主义。"③ 另

① 《亚洲的觉醒》，《列宁选集》第 2 卷，第 385 页。
② 《中国的民主主义和民粹主义》，《列宁选集》第 2 卷，第 360 页。
③ 同上。

一方面，更重要的是，帝国主义侵略彻底打破了中国人仿效西方国家的迷梦，资产阶级革命的老路被堵死了，"多次奋斗，包括辛亥革命那样全国规模的运动，都失败了"①。人们怀疑、探求、摸索，一个谜样的问题在困扰着人心：中国究竟往哪里去？

历史在中国人民面前提供了一个矛盾的现实：进行民主革命，却不能走资本主义的道路，路只有一条，这就是要走上从民主革命通往社会主义的道路，这就是要"走俄国人的路"！对于中国民族资产阶级说来，这是一个违反本性的矛盾，然而却正如列宁所深刻指出的：这是"中国社会关系的辩证法"②。

这样的时代无疑地考验了资产阶级的革命民主主义者中山先生。他一生的奋斗，在不断的失败中贯串着青春的革命思想，应该说，这和他的哲学思想是紧密结合的。我们不仅要从时代背景和阶级关系来认识中山先生的哲学，而且要通过他的政治思想和政治实践的折射来了解他的哲学。

如果说中山先生哲学思想的合理核心是紧紧地接近唯物主义——有思想的经验论，那么，它在政治思想方面的折射，即是列宁所指出的"政治纲领和土地纲领的革命民主主义内核"③。这可从以下三方面来论证：

第一，在中山先生政治思想中贯串着一条红线，即坚持革命民主主义纲领，最后反对了妥协的错误。中国资产阶级两面性的软弱一面，主要表现在和反动同盟的妥协，这在对所谓外资的利用问题上和对军阀势力的政策上都有历史的证件。在中山先生的早期言论中也不自觉地包含着一些不正确的看法。然而由于他的

---

① 《论人民民主专政》，《毛泽东选集》第4卷，第1475页。
② 《中国的民主主义和民粹主义》，《列宁选集》第2卷，第361页。
③ 同上书，第363页。

进步的世界观和认识论的指引，由于革命实践的进步和发展，中山先生终于认识了这种妥协的危害性，他有以下一段总结语："不期国人之意识……辛亥之役，以为但使清帝退位，则民国告成，讴歌太平，坐待共和幸福之降临，此外无复余事，所有民国一切之设施，与旧制之更张，不特不以为必要，且以为多事。丙辰之役，以为但使袁世凯取消帝制，则民国依然无恙，其他袁世凯所遗留之制度，不妨萧规曹随，似袁世凯所为，除帝制外，无不宜于民国者。……故辛亥之结果，清帝退位而止；丙辰之结果，袁世凯取消帝制而止。"[①]

这样看来，在"行其所不知以致其知"的道路上，他的理论和实践是一致的，在信仰科学的、无所顾虑的、启蒙思想家不为一阶级着想的态度上，他的言行是一致的。他敢于否定妥协的一面，而勇往直前地走向革命的一面，这既反映了矛盾，同时也显示出主导的倾向。

中山先生参加革命活动不久，就和那些违背革命利益而与封建贵族妥协的自由派分道扬镳，兴中会的"兴中"号召，正是曾、左、李"中兴"的对立。他说："乙酉以后……士大夫方醉心功名利禄，唯所谓下流社会仅有三合会之组织，寓反清复明之思想于其中。……苟与之言，犹较缙绅为易入。故予先从联络会党入手。甲午以后，纠合华侨创兴中会，此为以革命主义立党之始。……迄于庚子，以同志之努力，长江会党及两广福建会党，始合并于兴中会，然士林中人，为数犹寥寥焉。"[②]

中山先生与保皇党的斗争，在戊戌政变以后更为显著。中山先生不仅将民主派的政纲"驱逐异族，光复中华，创立民国，平

---

① 《自传》，《总理全集》第一集之一。
② 同上。

均地权"载于致公党的纲领第二条，以揭破保皇党"仇视革命比满清贵族尤甚"的阴谋，而且为了"力辟当时保皇党劝告开明专制要求立宪之谬说"乃创立《民报》为同盟会之喉舌，宣传革命主张，"使革命主义，如日中天"。①

康有为等幻想只用改良的方法，而不用革命的方法来改造国家，尽可能地保持君主政体与地主的土地所有制等等，以中山先生为首的革命派的政纲则是革命民主主义的，就其土地纲领来说，"平均地权"的口号，是正视了农民群众的利益，也意识到群众的力量。和自由派的改良主义相反，辛亥革命虽然如中山先生所言，"仅得中华民国之名，而无民国之实"，但正如列宁所说："能不能做到这一点，能做到什么程度，——这是另一个问题。……以孙中山为代表的资产阶级革命民主派，正在尽量启发农民群众在政治改革和土地改革方面的主动性和勇敢果断精神，从中正确地寻找'复兴'中国的道路。"②辛亥革命以后，资产阶级阵营中的妥协派把中山先生诬蔑为"理想家"，谓中山先生的"理想太高，不易见诸施行"。中山先生后来本着"不怕将来，信仰将来，并为将来而奋斗"的精神，坚持了革命的理想。他说："重实行（按其政治意义指妥协）而轻理想（指科学的态度）"，"是犹治化学，而崇拜三家村之豆腐公，而忽于裴在辂、巴斯德等宿学也，是犹治医学而崇拜蜂虫之蝶蠃而忽于发明蒙药之名医也。……乃今之后知后觉者，悉中此病，所以不能鼓吹舆论、倡导文明，而反足混乱是非、阻碍进化也。是故革命以来，而建设事业不能进行者，此也。予于是乎不得不彻底详辟，欲使……了然于向来之迷误，而

①　《自传》，《总理全集》第一集之一。
②　《中国的民主主义和民粹主义》，《列宁选集》第2卷，第362—363页。

翻然改图……"①

中山先生所要坚持的是革命的政纲,妥协派则忘记了革命政
纲而与袁世凯妥协。所以后来中山先生批评这种妥协派说:"第一
流弊在旧污未由荡涤,新治未由进行;第二流弊在粉饰旧污,以
为新政;第三流弊由发扬旧污,压制新政。更端言之,即第一民
治不能实行,第二为假民治之名行专制之实,第三则并民治之名
而去之也。"②

在俄国十月社会主义革命号召下发生的"五四运动",标志着
中国的民主革命进入了新阶段,即新民主主义革命的阶段。1921
年中国共产党成立,1922 年中国共产党发表《第二次全国代表大
会宣言》,宣言规定了中国新民主主义革命的纲领,并建议组织反
帝国主义、反封建主义的统一战线;这个时候,中山先生毅然地
接受了中国共产党关于组织民族民主革命统一战线的主张,采取
了联俄、联共、扶助农工革命运动的三大政策,重新解释了三民
主义。

1924 年国民党改组,中山先生更明白地总结出过去国民党和
反动派妥协的错误,而坚持贯彻革命民主主义的精神,他说:"我
们从前革命,均未收到好结果,就是因为革命没有彻底成功,其
原因大都是我们同志担负责任没有始终如一,所以不能贯彻革命
主义。现在本党召集此次代表大会,发表此项宣言,就是表示以
后革命与以前不同。前几次革命均因半路上与军阀官僚相妥协,
相调和,以致革命……失败。……此次我们通过宣言,就是从新
担负革命的责任,就是计划彻底的革命,终要把军阀来推倒,把
受压迫的人民完全来解放,这是关于对内的责任。至于对外的责

---

① 《孙文学说》,《孙中山选集》上卷,第 149 页。
② 《自传》,《总理全集》第一集之一。

任，要反抗帝国侵略主义……决不能又蹈从前之覆辙，做到中间，又来妥协；以后应当把妥协调和的手段一概打消，并且要知道妥协是我们彻底革命的大错。"①（着重点为引者所加）中山先生不但有这样对"我们从前革命"犯错误的自觉的言论，而且对国民党的革命委员会的筹组，也显示了这样的决心。中山先生这样写道："革命委员会当要马上成立……汉民、精卫不加入未尝不可，盖今日革命非学俄国不可。……我党今后之革命非以俄为师断无成就，而汉民、精卫恐皆不能降心相从，且性质俱长于调和现状，不长于彻底解决。……今之革命委员会则为筹备以出此种手段，此固非精卫之所宜也。"②

在伟大的时代，中山先生重新解释了三民主义，把民族主义规定为（1）反对帝国主义，以求中国民族的独立；（2）废除国内的民族压迫，以求各民族间的真正平等。把民权主义作了这样的解释："近世各国所谓民权制度，往往为资产阶级所专有，适成为压迫平民之工具。若国民党之民权主义，则为一般平民所共有，非少数人得而私也。"③ 把民生主义解释为（1）耕者有其田；（2）节制资本。

如果说中山先生思想中唯心主义的消极的一面不能不在实践中导致错误，则他的唯物主义的进化论观点和从科学出发的"有思想的经验论"终于指引向正确的道路，并自觉地在《自传》中批判了这"合九洲之铁铸成的大错"——民族资产阶级的妥协性。反过来，如果说妥协性一面的中国资产阶级的特点使唯心主义观点不能不在中山先生的思想中有了成分，则他的革命民主派的政

① 《中国国民党宣言之旨趣》，《孙中山选集》下卷，第532—533页。
② 《遗墨》，《总理全集》第四集。
③ 《国民党第一次代表大会宣言》，《孙中山选集》下卷，第526页。

治实践又使他终于步步接近于唯物主义，紧紧靠近革命的真理，保证了他思想中的积极因素最终占居主导地位，而成为马克思主义者的好朋友。

上面我们已经指出过，中山先生认识论中有价值的命题之一，是关于世界的可知性以及对科学知识的笃信。这一点通过他的政治思想也获得证明，这即是他的追求革命的正确理论的信心。中山先生不止一次地主张必须"铲除旧思想，发展新思想"，"必人人将旧思想全行消除，换入一副崭新思想，方能成功"。中山先生的政治观点确能随着事物的发展而发展，他从俄国革命中受到鼓舞，找到了方法，找到了革命的"真知"。他说："俄国有了这种方法，所以革命……成功，革命……的方法自何而得呢？是自学问而得，先有了学问便有知识，有了知识就有了方法，有了方法来革命，就马到成功。我们从前受良心上的命令去革命……没有好学问好方法……实在是不知行。"① "现在有俄国的方法以为模范。"②

中山先生满怀革命必胜的信心，这种信心是和他的认识论分不开的。他说："革命十年不行，五十年可行，五十年不行，百年可行。""本条理（即科学知识——引者）而筹备计划，按计划而用功夫，则无论其事如何精妙，工程如何浩大，无不指日可以乐成者也。"③ 在他临终时写给苏维埃社会主义共和国联盟中央执行委员会的信中，表达了他的坚强的信念："当此与你们诀别之际，我愿表示我热烈的希望，希望不久即将破晓，斯时苏联以良友及盟国而欢迎强盛独立之中国，两国在争世界被压迫民族自由之大

---

① 《主义胜过武力》，《总理全集》第二集之二。
② 《政党之精神在党员全体不在领袖一人》，《总理全集》第二集之二。
③ 《孙文学说》，《孙中山选集》上卷，第150页。

战中，携手并进以取得胜利。"① 这样无所顾虑的和革命乐观主义的性格，这种不以革命道路曲折艰巨的障碍而坚持民主主义纲领的态度，显然是依靠着这样的哲学思想的理论基础：信任科学、依靠科学、相信科学有无限的前途，承认世界是可知的，世界是可变革的。

第二，中山先生有信任群众的优良传统。从历史的观点上来讲，他对于群众的概念，并不是一开始就明确的，而是随着历史的发展而逐步充实起来的。和他的哲学思想所提出的"先有事实，然后有言论"相联系，他在群众的概念上正是正视了新的现实而获得充实的。因此，他的信任民众的理论核心，是贯串于他的一生革命活动，而最后获得了光辉的命题。在兴中会时代，他的和平渐进以维新中国的政纲虽然有改良主义的倾向，但从兴中会的组织成员来讲，是上承明末志士的传统，下继太平天国的余绪，和一般改良主义有区别的，例如他说："甲午以后，纠合华侨创立兴中会……迨于庚子……长江会党及两广福建会党始合并于兴中会，然士林中人为数犹寥寥。"正因为这样，中山先生在革命过程中，随着历史的发展，而一贯地重视了联合广大群众的统一战线的形式。"中国革命同盟会"就是旧民主主义时代的旧的联盟形式（包括许多派别和会党，如兴中会，日知会，光复会，华兴会等等）。

帝国主义与无产阶级革命时代的民族和殖民地问题，实质上是农民问题，亦即广大的被封建主义与帝国主义压迫的农民群众求得解放的问题。在殖民地或半殖民地国家的民主革命时期，农民的土地问题成为革命的中心内容。中山先生由同情农民到提出"平均地权"的口号，再进而提出"耕者有其田"的口号，表现了

---

① 《致苏联遗书》，《孙中山选集》下卷，第922页。

革命民主主义的革命家关心农民群众这一可贵的性格。

列宁早在 1912 年时就说过:"孙中山……直接提出群众生活状况及群众斗争问题,热烈地同情劳动者和被剥削者,相信他们是正义的和有力量的。"①

辛亥革命的一年,中山先生把民主革命的目的看成是"为国民多数造幸福",向军政界提出"凡事以人民为重,军人与官吏,不过为国家一种机关,为全国人民办事。"② 但他后来曾批判了过去对于民众观点并没有明确的认识,以为以前只知道革命是由于民众发之,而不知道还要由民众成之,以致半途上不与民众共处,而与独夫民贼妥协,因此他在错误的途中找寻到"革命由民众发之,复由民众成之"的道理。

五四运动以后,中国共产党领导的工农革命运动蓬勃地发展起来了。面对着这样的事实,中山先生又通过过去革命实践的经验与教训以及中国共产党的帮助,对于工农群众的认识达到了新的阶段,1924 年他谈到中国工人运动时指出:第一,中国工人是各帝国主义的奴隶,殖民地型的奴隶贱价劳动者,中国工人受本国资本家的压迫小,主要是受外国资本家的压迫,所以中国工人首先要为民族解放而斗争;第二,"要达到这个大目的,便要有大团体",中国工人"既有了团体,要废除不平等条约,使可以做全国的指导,作国民的先锋,在最前线上去奋斗;第三,工人最大的问题,是要解决中国的政治问题。"③

他对于农民最后也有了新的认识,他说:"首先便要一般农民知道,对于国家有什么责任。……农民是我国人民之中的最大多

① 《中国的民主主义和民粹主义》,《列宁选集》第 2 卷,第 358 页。

② 《共和与自由之真谛》,《孙中山选集》上卷,第 90 页。

③ 《中国工人所受不平等条约之害》,《总理全集》第二集之二。

数，如果农民不参加革命，就是我们没有基础。国民党这次改组，要加入农民运动，就是要用农民来做基础。……这样我们的基础可以巩固，我们的革命便可以成功。如果这种基础不能巩固，我们的革命便要失败。"又说："现在俄国把全国田地都分给一般农民，让耕者有其田。……这是一种最公平的办法，我们现在革命要仿效俄国这种公平办法，也要耕者有其田，才算彻底的革命。如果耕者没有田地，每年还要纳田租，那还是不彻底的革命。"①

在新民主主义革命阶段，中山先生毅然地接受了中国共产党关于组织革命民主统一战线的倡议，采取了联俄、联共及扶助农工革命运动的三大革命政策。他在《国民党第一次全国代表大会宣言》中，指出了"国民革命之运动必恃全国农夫工人之参加，然后可以决胜，盖无可疑者。"

但也要指出，中山先生不懂得阶级社会的发展动力，主观地否认阶级斗争是阶级社会发展的直接动力这一事实，因而他不能深刻地认识劳动群众在社会历史中的作用。离开了阶级观点，中山先生用实验的自然科学的规律解释社会历史现象。例如，他在"三民主义"的讲演中把建造新国家，看成"好比是造新轮船一样"，并且希望这只轮船"每小时可以走五十海浬"，成为"世界上最快最大的新轮船"。他把人民执行"直接民权"比做是"做指挥官的人，坐在房中，就测量机的报告，按距离的远近，拨动电机，要用那一门炮，打那一方的敌人，或者是要十二门炮，同时瞄准，同时放炮，都可以如愿，都可以命中。"这样的比拟并不能阐明社会历史现象的实质。因此，在最后，中山先生却以"经济利益相调和"，以人的"生存"欲望来阐明社会历史的发展："社会之所以有进化，是由于社会上大多数的经济利益相调和。……

---

① 《耕者要有其田》，《总理全集》第二集之二。

古今一切人类之所以要努力，就是因为要求生存。""归结到历史的重心是民生，不是物质。"① 这就陷入了历史唯心主义。马克思主义的群众观点是和社会历史发展的阶级观点相联系在一起的，这样，才正确地阐明了劳动群众是历史的创造者这一真理。依据阶级观点，才能理解为什么中国农民的土地问题只有在工人阶级领导下通过革命斗争才能解决。

第三，中山先生更有信仰将来的政治思想或同情社会主义的伟大精神。这和他的世界观中的唯物主义的因素是联系着的。他提出的"以建民国，以进大同"的崇高口号，虽然客观上是革命民主主义的，但他很早就看清楚了欧美资产阶级民主政治原来就是"资本家专制"，他更断言欧洲的革命将要实现马克思主义的科学社会主义的理论。他不但在辛亥革命时期已经有了"理想—社会主义"国家的愿望，而且在后来更描写了中国未来的景象，例如他说："在现在的俄国，什么阶级都没有，他们把全国变成了大公司，在那个公司之内，人人都可以分红利。像这样好的国家，就是我们造成的新世界。"② 我们知道，18 世纪伟大启蒙学者的纯正态度所表现出的理想，并不局限于资产阶级的利益，而是从人民群众的利益着眼的，这就叫做无所顾虑的态度。亚洲民主革命的先驱者中山先生虽处在 19 世纪末 20 世纪初的年代，但他也具有这样无所顾虑的和革命乐观主义的性格。因此，中山先生关于社会主义的愿望，虽然具有主观的理想成分，但它是一种好的理想，和康有为《大同书》的乌托邦是不同性质的。他的彻底民主革命的政纲，事实上曾经成为民主主义者和共产主义者的共同纲领，实现这种纲领就使民主革命能进行到底，能接近社会主义的

---

① 《民生主义》，《孙中山选集》下卷，第 775、779 页。
② 《救国救民之责任在革命军》，《孙中山选集》下卷，第 551 页。

大门，这其间是有联结性的。我们不能把资本主义的概念和资产阶级民主革命的概念等同起来，民主革命和社会主义革命不是如考茨基辈所说的不可逾越的截然两件事。中山先生提出的"毕其功于一役"，虽然没有顾到历史条件的可能性，但他提出的"民权主义与社会主义相连带解决"的话，则是好的命题。从中山先生所说的"我的主义是革命的主义"、"三民主义，是打不平的主义……打到平等为止"、"三民主义与共产主义是好朋友"而言，他对于民主主义和社会主义并没有划一鸿沟。是的，"在三民主义完全达到目的之后"，中国共产党就领导中国人民进入社会主义革命阶段，现在不仅实现了中山先生"节制资本"的理想，而且已基本上完成了社会主义改造。

总起来说，中山先生的革命民主主义政治思想不但不能和他的哲学思想分离，而且正是和他的接近于唯物主义的世界观、世界可知性的认识论紧密地联结在一起的。他的哲学思想中的唯心主义因素的确也渗透在他的政治思想中，特别是在"民生主义"的历史理论和经济理论中，但他的紧紧靠近唯物主义的思想发展却挽救了理论上的危机。他的思想体系，通过他的政治主张的折射，的确反映了一个伟大时代的历史矛盾以及处在这个矛盾中的中国民族资产阶级的阶级性格，但他毕竟在矛盾的辩证法中紧紧地靠近真理而发展了积极前进的因素，表现了伟大的革命民主主义者的典范。中山先生的思想是"历史的正号"！

作者史学论著目录

中国古代社会与老子 1934 年
6 月 1 日由山西国际学社出版

近代中国社会结构与山西票号
发表于《中山文化季刊》1936 年
冬季号

中国学术的传统与现阶段的学
术运动 发表于 1939 年 4 月《理论
与现实》第 1 卷第 1 期

社会史导论 发表于 1939 年 9
月《中苏文化》第 4 卷第 2 期

论晚清百年来金融贵族的成毁
发表于 1941 年 2 月《读书》月刊
第 2 卷第 11 期

阿 Q 年代的"问题" 发表于
1941 年 10 月《中苏文化》第 9 卷第
2、3 期合刊

屈原思想的秘密 发表于 1942
年 1 月《中苏文化》第 11 卷第 1

期,《新华日报》1942 年 2 月 17 日
转载

屈原思想渊源的先决问题 发
表于 1942 年 1 月《中苏文化》第 11
卷第 2 期,《新华日报》1942 年 4 月
22 日转载

申论屈原思想（衡量屈原的尺
度） 发表于 1942 年 1 月《中苏文
化》第 11 卷第 2 期

周代社会诸制度考（署名徐乐
英） 发表于 1942 年 7 月《群众》
周刊第 7 卷第 14 期

中国古典社会史论 1943 年 1
月由重庆五十年代出版社出版

孔子批判主义的社会思想底研
究 发表于 1943 年 4 月《中山文化
季刊》第 1 卷第 1 期

中国古代"贤者"之史的研究

发表于 1943 年 7 月《中山文化季刊》第 1 卷第 2 期

王国维古史考释集解　1943 年由重庆三友书店出版

中国古代文明起源考　发表于 1944 年 1 月《文风》杂志第 1 卷第 2 期

乾嘉时代的汉学潮流与文化史学的抗议　发表于 1944 年 5 月《中山文化季刊》第 1 卷第 4 期

东方古代文明理解之钥匙　发表于 1944 年 5 月《文风》杂志第 2 卷第 5 期

中国十七世纪思想家李二曲评述　发表于 1944 年 5 月《中苏文化》第 15 卷第 3、4 期合刊

颜习斋反玄学的基本思想　发表于 1944 年 6 月《中苏文化》第 15 卷第 5 期

中国古代思想学说史　1944 年 6 月由重庆文风书店初版

黄梨洲的哲学思想与近世思维方法　发表于 1944 年 7 月《中苏文化》第 15 卷第 6、7 期合刊

第十九世纪初中国思想界的一个号筒　发表于 1944 年 8 月《大学》杂志第 3 卷第 7、8 期合刊

中国近世思想学说史（上卷）　1944 年 11 月由重庆三友书店初版

黄梨洲的诗文论　发表于 1944 年 12 月《民主世界》第 1 卷第 14 期

船山学案　1944 年由重庆三友书店出版

康有为在民国初年的反民主理论　发表于 1945 年 2 月《中华论坛》第 1 卷第 2 期

第十七世纪中国的一个新世界观　发表于 1945 年 3 月《中原》月刊第 2 卷第 1 期

章太炎关于民族、民主的政治　发表于 1945 年 3 月《民主世界》第 2 卷第 6 期

康有为与变法运动历史　发表于 1945 年 4 月《中苏文化》第 16 卷第 3 期

中国近世思想学说史（下卷）　1945 年 6 月由重庆三友书店初版

古代文献最初发现的中国古代文明考　发表于 1945 年 6 月《中山文化季刊》第 2 卷第 1 期

谭嗣同的社会思想　发表于 1945 年 7 月《中苏文化》第 16 卷第 6、7 期合刊

戊戌政变健者谭嗣同的思想流派　发表于 1945 年 7 月《民主世界》第 2 卷第 12 期

苏联历史学界诸争论解答
1945 年 8 月由中苏文化协会研究委员会出版

我对于"亚细亚生产方法"之答案与世界历史学家商榷　发表于 1945 年 8 月《中华论坛》第 1 卷第 7、8 期合刊

章太炎基于"分析名相"的经史一元论　发表于 1945 年 9 月《中山文化季刊》第 2 卷第 2 期

王国维古史决疑的诸范例　发表于 1945 年 9 月《中苏文化》第 16 卷第 8 期

中国古代民族专政与统治之起源　发表于 1945 年 10 月《中苏文化》第 16 卷第 9、10 期合刊

中国古代民族专政的修正与否定　发表于 1945 年 12 月《中苏文化》第 16 卷第 12 期

中国古代的变法运动　发表于 1946 年 3 月《中苏文化》第 17 卷第 2、3 期合刊

复苏联历史学家格莱科夫的信　发表于 1946 年 8 月《中国学术》创刊号

中山先生的哲学思想（从经验方面考察）　发表于 1946 年 8 月《中国学术》第 2 号

先秦诸子思想（评价）　发表于 1946 年 10 月《青年知识》新 4 期

中国古代思想学说史（再版）　1946 年由上海文风书局出版

新哲学教程（与罗克汀合著）　1947 年 3 月由上海新知书店出版

司马迁思想的悲剧性　发表于 1947 年 5 月 3 日上海《文汇报》《新思潮》专栏第 10 期

中国近代思想学说史（上、下册）　《新中国大学丛书》于 1947 年 5 月由上海生活书店出版

司马迁怎样说出墨者要旨呢　发表于 1947 年 5 月 24 日上海《文汇报》《新思潮》专栏第 12 期

中国思想通史（第一卷）　与杜守素、赵纪彬合著　1947 年 6 月由上海新知书店出版

司马谈的诸子要旨及其用意　发表于 1947 年 7 月《大学》月刊第 6 卷第 3 期

汉代社会新论　发表于 1947 年 8 月《大学》月刊第 6 卷第 4 期

中国古代社会史　1947 年 10 月由上海新知书店出版

魏晋儒道论争四派中之"儒道合"派　发表于 1948 年 3 月《时代评论》第 5 卷第 9 期

鲁迅与中国思想传统　发表于

1948 年 9 月 22 日香港《文汇报》《新思潮》专栏第 2 期

文天祥思想（答读者问）　发表于 1948 年 9 月 29 日香港《文汇报》《新思潮》专栏第 3 期

孙中山到毛泽东　1949 年由山海书屋出版

中国思想通史——中古编序　发表于 1950 年 4 月 2 日《光明日报》

论汉代思想的阶级性总倾向　发表于 1950 年 4 月 26 日《光明日报》

魏晋思想之历史背景与阶级根源　发表于 1950 年 5 月 1 日《新建设》第 2 卷第 5 期

汉代社会史绪论　1950 年 5 月由北京师范大学出版

中国思想通史（第二卷）　与杜守素、赵纪彬、邱汉生合著《新中国大学丛书》，1950 年 6 月由北京三联书店出版

五世纪末唯物论者范缜研究　发表于 1950 年 8 月《中国科学》第 1 卷第 1 期

魏晋玄学的社会意义——党性　发表于 1950 年 11 月 1 日《新建设》第 3 卷第 2 期

《实践论》——中国思想史（知行关系）的科学总结　发表于 1951 年 3 月 6 日《新建设》第 3 卷第 6 期

中国思想通史（第三卷）　与赵纪彬、杜国庠、邱汉生合著 1951 年 5 月由北京三联书店出版

严复思想批判　发表于 1952 年 3 月 5 日《新建设》第 4 卷第 3 期

论洪秀全与洪仁玕　发表于 1952 年 4 月 6 日《新建设》第 4 卷第 4 期

中国封建社会土地所有制形式的问题　发表于 1954 年 2 月《历史研究》第 1 期，《新华月报》五月号转载

关于亚细亚生产方式适用于古代中国问题　发表于《新建设》1954 年第 4 期

揭露美帝国主义的奴才胡适的反动面貌　发表于 1955 年 2 月《新建设》第 2 期，1955 年 4 月三联书店出版的《胡适思想批判》转载

孙中山——伟大的革命民主主义者　发表于 1955 年 3 月 12 日《中国青年报》

论明清之际的社会阶级关系和启蒙思想的特点　发表于 1955 年 5 月 3 日《新建设》第 5 期

从对待哲学遗产的观点、方法

和立场批判胡适怎样涂抹和诬蔑中国哲学史 发表于《哲学研究》1955 年第 2 期

中国古代社会史论（修订本） 1955 年 6 月由人民出版社出版

司马迁著作中的思想性和人民性 发表于 1955 年 12 月 31 日《人民日报》《新华半月刊》1956 年第 4 期转载

汉代白虎观宗教会议与神学法典《白虎通义》——兼评王充对白虎观神学的批判 发表于《历史研究》1955 年第 5 期

批判梁漱溟反动的历史观点及其复古主义 发表于《历史研究》1956 年第 1 期

论中国封建制的形成及其法典化 发表于《历史研究》1956 年第 8 期，1957 年三联书店出版的《中国古史分期问题讨论集》转载，又载入 1958 年中国人民大学出版的《中国通史参考资料》第 1 集

中国早期启蒙思想史（十七世纪至十九世纪四十年代） 1956 年 8 月由人民出版社出版

孙中山的哲学思想及其同政治思想的联系 发表于《历史研究》1957 年第 2 期

十七世纪的中国社会和启蒙思潮的特点 发表于《历史研究》1957 年第 3 期，同年收入三联书店出版的《中国资本主义萌芽问题讨论集》

关于中国封建社会起于秦汉之际 1957 年 4 月 17 日《人民日报》专题报道

中国思想通史一、二、三卷（增订本） 1957 年 3 至 5 月由人民出版社出版

介绍陈确著书中以仅见刊本《葬书》的思想 发表于《新建设》1957 年第 6 期

方以智——中国的百科全书派大哲学家（上） 发表于《历史研究》1957 年第 6 期

方以智——中国的百科全书派大哲学家（下） 发表于《历史研究》1957 年第 7 期

学习先进理论，加强我们的思想战线 发表于《历史研究》1957 年第 10 期

怎样对待孔德的思想 发表于《哲学研究》1958 年第 2 期

中国哲学史略 1958 年 4 月由中国青年出版社出版，1959 年外文出版社译成英文出版

谈谈文化遗产的继承问题——兼评冯友兰先生的看法 发表于

《争鸣》1958年第5期

古史领域中"厚今薄古"方针的斗争意义 发表于《历史研究》1958年第5期，科学出版社出版的《厚今薄古论文集》选载

《戊戌变法六十周年纪念集》序 1958年9月由科学出版社出版

唯物主义者王安石（与邱汉生合写） 发表于《历史研究》1958年第10期

中国封建社会前后期的农民战争及其纲领口号的发展 发表于《历史研究》1959年第4期

关于封建主义生产关系的一些普遍原理 发表于《新建设》1959年第4期

《中国历代大同理想》序 1959年4月由科学出版社出版

《王廷相哲学选集》序 1959年7月由科学出版社出版，1965年6月由中华书局重印增订本

王廷相的唯物主义哲学思想 发表于《哲学研究》1959年第7期

柳宗元的唯物主义思想 发表于《新建设》1959年第7期

李贽的进步思想（与邱汉生合著） 发表于《历史研究》1959年第7期

吕才的唯物主义思想 发表于《历史研究》1959年第9期

《陈确哲学选集》序 1959年5月由科学出版社出版

《明道编》序 1959年9月由中华书局出版

《伯牙琴》序 1959年9月由中华书局出版

十六世纪中国进步的哲学思潮概述 发表于《历史研究》1959年第10期

中国思想通史第四卷（上册） 与赵纪彬、杜国庠、邱汉生、白寿彝、杨荣国、杨向奎、诸青合著，1959年12月由人民出版社出版

中国思想通史第四卷（下册） 与赵纪彬、杜国庠、邱汉生、白寿彝、杨荣国、杨向奎、诸青合著，1960年4月由人民出版社出版

忆悼杜国庠同志 发表于1961年2月8日《光明日报》

从"兄弟"谈到历史剧的一些问题（笔名常谈） 发表于1961年3月9日《北京晚报》，《文汇报》1965年12月8日转载

刘知几的哲学和史学思想——纪念刘知几诞生一千三百周年 发表于1961年3月12日《人民日报》

中国古代不怕鬼神的思想传统 发表于1961年3月25日《光明

日报》

论刘知几的学术思想——纪念刘知几诞生一千三百周年　发表于《历史研究》1961 年第 4 期

汤显祖《牡丹亭还魂记》外传　发表于 1961 年 5 月 3 日《人民日报》

侯外庐谈如何对待中国哲学史遗产问题（中国科学院吉林省分院历史研究所编写）　发表于 1961 年 5 月 6 日《光明日报》

辛亥革命前资产阶级革命派无神论思想的历史特点　发表于 1961 年 7 月 31 日《光明日报》

论汤显祖《紫钗记》和《南柯记》的思想性　发表于《新建设》1961 年第 7 期

方以智《东西均》一书的哲学思想——纪念方以智诞生二百五十周年　发表于 1961 年 8 月 6 日《人民日报》

汤显祖《邯郸记》的思想与风格　发表于 1961 年 8 月 14 日《人民日报》

方以智对遗产的批判继承态度　发表于 1961 年 9 月 28 日《光明日报》

在严格的要求下从事科学研究工作　发表于《红旗》杂志 1961 年第 19 期

论汤显祖剧作四种　1962 年 6 月由中国戏剧出版社出版

傅山《荀子评论》手稿序言　发表于 1962 年 6 月 3 日《光明日报》

汤显祖著作的人民性和思想性　发表于 1962 年 6 月 25 日《光明日报》

王夫之的哲学思想（与张岂之合写）　发表于 1962 年 7 月 12 日《人民日报》

《吕坤哲学选集》序　1962 年 10 月由中华书局出版

《方以智〈东西均〉》序　1962 年 11 月由中华书局出版

李贽的封建叛逆思想——为纪念李贽逝世三百六十周年而作（与李学勤合写）　发表于 1962 年 12 月 13 日《人民日报》

中国思想通史（第五卷）（原名《中国早期启蒙思想史》）　1963 年 1 月由人民出版社出版

柳宗元唯物主义与无神论思想　发表于 1963 年 2 月 9 日《人民日报》

柳宗元的社会思想（与张岂之合写）　发表于 1963 年 2 月 9 日《光明日报》

柳宗元《天对》在中国唯物主义史上的科学地位——兼看哲学党性原则的具体表现（与李学勤合写）　发表于《历史研究》1963 年第 4 期

中国哲学史中的唯物主义传统　发表于《新建设》1963 年第 4 期

中国哲学简史　1963 年 11 月由中国青年出版社出版

中国封建社会前期的不同哲学流派及其发展　发表于《历史研究》1964 年第 1 期

唐宋之际农民战争的历史特点　发表于《新建设》1964 年第 3 期

略论辛亥革命前后美帝国主义对华精神侵略——近代帝国主义对华文化侵略史料的初步考察之一　发表于《新建设》1964 年第 8、9 期合刊

《柳宗元哲学选集》序　1964 年 9 月由中华书局出版

二十世纪初林乐知念的"和平经"　发表于 1965 年 5 月 28 日《人民日报》

以毛泽东思想为指导，批判地继承历史遗产　发表于 1977 年 9 月 1 日《光明日报》

中国近代哲学史　1978 年 2 月由人民出版社出版

肃清"四人帮"流毒，积极开展哲学史研究　发表于《哲学研究》1978 年第 1、2 期合刊

深切悼念郭沫若同志　发表于《历史研究》1978 年第 7 期

实事求是，搞好史学研究工作　发表于《历史教学》1979 年第 1 期

悼念吴晗同志　发表于 1979 年 2 月 17 日《北京日报》

中国封建社会史论　1979 年 2 月由人民出版社出版

提倡科学的诚实态度　发表于《中国史研究》1979 年第 3 期

五四时期民主和科学思潮　发表于《红旗》1979 年第 5 期

学术研究与"百家争鸣"　发表于《西北大学学报》1979 年第 4 期

中国思想史纲（上册）　1980 年 5 月由中国青年出版社出版

怎样造就社会科学人才　发表于 1980 年 6 月 28 日《文汇报》

怀念吕振羽同志　发表于《中国史研究》1980 年第 4 期，《人民日报》于 1981 年 2 月 17 日转载

翻译《资本论》（回忆录之一）　1980 年 8 月发表于《中国哲学》第 3 辑

坎坷的历程（回忆录之二） 1980 年 10 月发表于《中国哲学》第 4 辑

坎坷的历程（回忆录之三） 1981 年 1 月发表于《中国哲学》第 5 辑

学苑新葩——《中国哲学》评介 发表于 1981 年 1 月 5 日《文汇报》

重视人才的培养 促进哲学史研究工作 发表于《中国哲学史研究》1981 年第 1 期

饱尝甘苦的十年 发表于上海《书林》1981 年第 1 期

深沉的怀念——纪念杜国庠同志逝世二十周年 发表于广东《学术研究》1981 年第 1 期

坎坷的历程（回忆录之四） 1981 年 5 月发表于《中国哲学》第 6 辑

为真理而斗争的李达同志 发表于 1981 年 6 月 18 日《光明日报》

历史的丰碑——纪念辛亥革命七十周年 发表于 1981 年 10 月 19 日《文汇报》

侯外庐自传 发表于山西《晋阳学刊》1981 年第 5 期

中国思想史纲（下册） 1981 年 10 月由中国青年出版社出版

《资本论》译读始末 发表于北京《学习与研究》1981 年试刊第 1 期

坎坷的道路（回忆录之五） 1982 年 5 月发表于《中国哲学》第 7 辑

船山学案（新版） 1982 年 9 月由长沙岳麓书社出版

坎坷的道路（回忆录之六） 1982 年 10 月发表于《中国哲学》第 8 辑

侯外庐论学书札 同上

史林述学——《侯外庐史学论文选集》自序 发表于《文史哲》1982 年第 5 期

研究历史要求新求实——翦伯赞学术纪念会书面发言 发表于 1982 年 11 月 24 日《光明日报》

"只顾攀登莫问高"——纪念郭沫若同志诞辰九十周年 发表于 1982 年 11 月 29 日《人民日报》，又载《学习与思考》1982 年第 6 期

我对中国古代社会的研究（回忆录之七） 1983 年 2 月发表于《中国哲学》第 9 辑

撰著《中国思想通史》（回忆录之八） 1983 年 8 月发表于《中国哲学》第 10 辑

深切悼念尹达同志 发表于

1983 年 8 月 10 日《光明日报》，又载《中国史研究》1983 年第 3 期、《中国史学史研究》1983 年第 4 期

我对中国社会史的研究 发表于《历史研究》1984 年第 2 期

宋明理学史（上卷） 与邱汉生、张岂之主编，1984 年 4 月由人民出版社出版

发扬傅山的优良学术传统——纪念傅山逝世三百周年 发表于《晋阳学刊》1984 年第 5 期

韧的追求（〈回忆录〉） 1985 年 10 月由三联书店出版

民主·科学·创新 发表于《文汇报》1985 年 12 月 2 日

孔子研究发微 发表于《孔子研究》创刊号

宋明理学史（下卷） 与邱汉生、张岂之主编，1987 年 9 月由人民出版社出版

作者年表

1903年　出生于山西省平遥县。

1908年　进旧式书院接受启蒙教育。

1917年　进入平遥县立高小读书。

1919年　考进汾阳县河汾中学。在校期间，接受五四思潮的影响。

1923年　中学毕业，赴北京。考入北京法政大学、北京师范大学，攻读法律和历史。

1924年　经友人高君宇介绍认识了李大钊。在他的引导下，开始信仰马克思主义，创办进步刊物《下层》。

1927年　赴法国留学。

1928年　经成仿吾、章伯韬介绍加入中国共产党。同年，开始翻译《资本论》。

1929年　担任法共"中国语言支部"书记。办《赤光报》，任主编。

1930年　回国。在哈尔滨法政大学任教授。

1931年　任北京大学、北京师范大学教授，加入左翼教师联合会。

1932年　因积极从事抗日救亡和革命思想宣传活动被捕入狱。

1933年　保释出狱。

1934年　回山西太原，继续从事《资本论》翻译。出版《中国古代社会与老子》。

1936年　出版《资本论》第一卷全译本。

1937年　抗日战争爆发，赴山

西临汾民族革命大学任教。

1938年　赴西安。出版《抗日民族统一战线论》和《抗日建国论》。9月赴重庆，担任《中苏文化》杂志主编。完成《资本论》第二、三卷绝大部分译稿。

1939年　发表《社会史导论》。

1941年　从事中国社会史和思想史研究。

1943年　出版《中国古典社会史论》。

1944年　出版《中国古代思想学说史》和《中国近世思想学说史》（上卷）。

1945年　出版《中国近世思想学说史》（下卷）。

1946年　赴上海。受三联书店委托，与杜国庠、赵纪彬等编撰多卷本《中国思想通史》。主编《文汇报·新思潮》副刊。

1947年　《中国思想通史》第一卷出版。11月，赴香港。任达德学院教授，发起组建中国学术工作者协会华南分会，任秘书。

1948年　11月，与郭沫若等由香港赴东北解放区。

1949年　3月，由沈阳抵北京。4月，出席布拉格"世界拥护和平大会"。9月，参加新政协筹备会和出席第一届中国人民政治协商会议。

1950年　任北京大学教授和北京师范大学历史系主任，出版《中国思想通史》第二卷。

1951年　重新加入中国共产党。出版《中国思想通史》第三卷。调任西北大学校长。

1954年　发表《中国封建社会土地所有制形式的问题》。

1954年以后　调任中国科学院历史研究所二所副所长，中国科学院哲学社会科学部委员，第一、二、三、五届全国人民代表大会代表，第六届全国政协委员、常务委员。

1956年　出版《中国早期启蒙思想史》，后改编为《中国思想通史》第五卷。

1957年　《中国思想通史》第一、二、三卷增订本出版。

1958年　主编出版《中国哲学史略》。

1959年　发表《关于封建主义生产关系的一些普遍原理》，主编出版《中国思想通史》第四卷上册。

1960年　主编出版《中国思想通史》第四卷下册。

1963年　主编出版《中国哲学简史》上册。

1978年　主编出版《中国近代

哲学史》。

1979 年　结集出版《中国封建社会史论》。

1980 年　主编出版《中国思想史纲》上册。任中国社会科学院历史研究所所长。

1981 年　主编出版《中国思想史纲》下册。

1982 年　新版《船山学案》出版。任历史研究所名誉所长。

1984 年　与邱汉生、张岂之主编出版《宋明理学史》上卷。

1987 年　与邱汉生、张岂之主编出版《宋明理学史》下卷。9 月，在北京病逝，享年 85 岁。